Andreas May · **Der Bankenpool**

Untersuchungen über das Spar-, Giro- und Kreditwesen

Abteilung B: Rechtswissenschaft

Schriften des Instituts für internationales Recht des Spar-, Giro- und Kreditwesens an der Universität Mainz

Herausgegeben von

Prof. Dr. Walther Hadding und Prof. Dr. Uwe H. Schneider

Band 58

Der Bankenpool

Sicherheitenpoolverträge der Kreditinstitute in der Unternehmenskrise

Von

Andreas May

Duncker & Humblot · Berlin

CIP-Titelaufnahme der Deutschen Bibliothek

May, Andreas:
Der Bankenpool: Sicherheitenpoolverträge der Kreditinstitute in der Unternehmenskrise / von Andreas May. — Berlin: Duncker u. Humblot, 1989
Untersuchungen über das Spar-, Giro- und Kreditwesen: Abt. B, Rechtswissenschaft; Bd. 58)
Zugl.: Freiburg (Breisgau), Univ., Diss., 1988
ISBN 3-428-06730-4
NE: Untersuchungen über das Spar-, Giro- und Kreditwesen / B

Druck: Berliner Buchdruckerei Union GmbH, Berlin 61
Printed in Germany

ISSN 0720-7352
ISBN 3-428-06730-4

Geleitwort

Die zeitweilig dramatische Insolvenzentwicklung der letzten beiden Jahrzehnte wurde im wesentlichen von der Praxis, von Unternehmen, Gerichten und Kautelarjuristen, unterstützt von der Rechtswissenschaft, bewältigt. So blieb die Gesamtwirtschaft vor nachhaltigem Schaden bewahrt. Dazu mußte die Praxis freilich eine Vielzahl von Verfahrensweisen und Instrumenten entwickeln, um sanierungsfähigen Unternehmen zu helfen. Eines dieser Instrumente ist der Bankenpool: Um die Krise des Unternehmens zu überwinden, schließen sich die kreditgebenden Banken zu einer Gesellschaft des bürgerlichen Rechts zusammen, welche die weitere Kreditvergabe koordiniert und vor allem die Sicherheiten gemeinsam verwalten läßt. Dieses Instrument unterscheidet sich mithin deutlich von dem vertrauten und bewährten Kreditkonsortium, in dem die Banken einen Kredit gemeinschaftlich gewähren. Daher konnte die Praxis nur sehr eingeschränkt auf die dort erworbenen Erfahrungen zurückgreifen, sondern mußte, noch dazu in verhältnismäßig sehr kurzer Zeit, sichere und doch flexible Rechtsgrundlagen aufgrund der Privatautonomie schaffen. Sie hatte dabei nicht nur eine Fülle gesellschafts-, vertrags-, verfahrens- und insbesondere insolvenzrechtlicher Probleme zu lösen, sondern auch die kartellrechtliche Flanke abzusichern, zumal sich das Bundeskartellamt der Sache annahm und auf mögliche kartellrechtliche Bedenken hinwies.

Der Verfasser dieser Arbeit behandelt den gesamten Problemkreis des Bankenpools mit wachem praktischen Sinn und bemerkenswerter juristischer Klarheit. Er legt ein rechtliches Kompendium für die Poolverträge vor, das keine Frage ausläßt, zu jedem Problem Judikatur und Literatur sorgfältig berücksichtigt und es einer überzeugenden Lösung zuführt. Ich begrüße es deswegen sehr, daß die Herren Professoren Walther Hadding und Uwe H. Schneider das Buch in die Schriftenreihe „Untersuchungen über das Spar-, Giro- und Kreditwesen – Abteilung B: Rechtswissenschaft" aufgenommen haben, und bin sicher, daß es der Praxis ein verläßlicher Ratgeber sein wird.

Fritz Rittner

Vorwort

Diese Untersuchung lag der Rechtswissenschaftlichen Fakultät der Universität Freiburg im Breisgau im Wintersemester 1988/89 als Dissertation vor. Literatur und Rechtsprechung konnten bis Anfang Februar 1989 berücksichtigt werden.

Mein verehrter Lehrer, Herr Prof. Dr. Fritz Rittner, hat die Arbeit betreut und mich bei ihrer Verwirklichung stets und auf vielfältige Weise unterstützt. Ihm danke ich dafür auch an dieser Stelle sehr herzlich.

Mein Dank gilt ferner Herrn Prof. Dr. Walther Hadding und Herrn Prof. Dr. Uwe H. Schneider für die Aufnahme in die von ihnen herausgegebene Schriftenreihe. Zu danken habe ich auch den Damen und Herren der Bank- und Kartellrechtspraxis, die mir umfangreiches Anschauungsmaterial geboten haben. Schließlich bin ich dem Land Baden-Württemberg für die Gewährung eines Promotionsstipendiums zu Dank verpflichtet.

Freiburg, im Februar 1989

Andreas May

Inhaltsverzeichnis

Einleitung

A. Poolverträge im allgemeinen

Die Bezeichnung „Poolvertrag“ erscheint im Wirtschaftsleben für recht unterschiedliche Formen der Vertragsgestaltung. Dabei erleichtert die Rezeption eines angelsächsischen Ausdrucks nicht unbedingt die rechtliche Einordnung und Beurteilung dieses Phänomens[1]. Die Vokabel hat sich aber in der Praxis weitgehend durchgesetzt, so daß nicht durch eine neue Wortschöpfung unnötige Verwirrung gestiftet werden soll. Angesichts ihrer zunehmenden Beliebtheit darf man vielmehr — die Frage sprachlicher Ästhetik einmal dahingestellt — gespannt sein, was künftig noch alles „gepoolt“ wird.

Eine allumfassende Definition des Pools wäre notgedrungen von einer solchen Weite, daß jegliche Aussagekraft verloren ginge[2]. Poolvereinbarungen beziehen sich auf Rechtspositionen, die sonst typischerweise einzelnen zustehen. Die Vertragstypen sind so verschiedenartig wie die jeweiligen Gegenstände der „Poolung“. An dieser Stelle mag es genügen, einen Überblick über einige bedeutsame der mannigfachen Erscheinungsformen zu geben.

Sogenannte Aktien- oder Stimmrechtspools dienen primär der gemeinschaftlichen Einflußnahme auf ein Unternehmen, an dem die Poolmitglieder beteiligt sind[3]. Gelegentlich ist auch bei Gewinngemeinschaften von einer „Poolung“ des Gewinns die Rede[4]. In der Assekuranz versucht man mit Hilfe von Poolverträgen, Versicherungsrisiken zu streuen. Dem Versicherungsnehmer tritt nur ein Versicherer gegenüber, der sein Geschäft wie alle anderen an der Verabredung beteiligten Versicherer an die Gesamtheit der Vertragsschließenden abgibt, die dem einzelnen Versicherer eine bestimmte Quote an jedem eingebrachten Geschäft überweist[5]. Der Versicherungspool wird daher auch als interne oder

---

[1] Vgl. auch *Stürner,* ZZP 94 (1981), S.276.

[2] Siehe etwa *Buksch,* S.2: „Der Pool ist üblicherweise ein Zusammenschluß von Interessenten — eine Poolung von Interessen — im Rahmen einer Gelegenheitsgesellschaft zum Zwecke der Verfolgung eines bestimmten, gemeinsamen Zwecks oder Zieles“. Das Merkmal des gemeinsamen Zwecks führt gewissermaßen bei jeder Gesellschaft zu einer Interessenpoolung.

[3] *Ulmer,* GbR, Vor § 705 Rdn.41 mwN.; *Scholze,* S.669ff.; *Schrötter* NJW 1979, S.2592ff.; *K.Schmidt,* Gesellschaftsrecht, S.1286f.

[4] *Ballerstedt,* JuS 1963, S.262; vgl. auch *Buksch,* S.2.

[5] *Martin,* in: *Prölss/Martin,* § 187 Anm.6; zur buchmäßigen Behandlung s. *Heinrichs,* ZVersWiss 1963, S.397ff.

versteckte Mitversicherung bezeichnet[6] und wohl überwiegend als besondere Form der Rückversicherung angesehen[7].

B. Sicherheitenpools im besonderen

Sicherheitenpools oder Sicherungspools, die auf der Grundlage des geltenden materiellen Rechts gebildet werden[8], können umschrieben werden als Verbindungen mehrerer Gläubiger eines Unternehmens, die sich vertraglich über eine gemeinschaftliche Besicherung geeinigt haben.

Wenn im Schrifttum teilweise weitergehende und auch voneinander abweichende Definitionsversuche unternommen werden, so dürfte die Hauptursache sein, daß nicht hinreichend zwischen den verschiedenen Varianten von Sicherheitenpoolverträgen unterschieden wird. Die Verfasser haben oft einen bestimmten Typus vor Augen und schließen von diesem auf einen allgemeinen Begriff des Sicherheitenpools.

Der Wert eines solchen Oberbegriffs sollte aber nicht überschätzt werden, zumal Poolverträge als Geschöpfe der Praxis ihre Tauglichkeit im Hinblick auf die ihnen zugedachte Funktion unter Beweis stellen müssen[9]. Vielmehr ist es sachgerechter, die Unterschiede und Gemeinsamkeiten im Rahmen konkreter Fragestellungen und Probleme herauszustellen.

Die wohl wichtigste *Einteilung* der Sicherheitenpoolverträge erfolgt *nach den beteiligten Gläubigern*, weil die weiteren Kriterien maßgeblich von den jeweiligen Interessen abhängen.

---

[6] *Hofmann*, S.29 (2.1.1.4.2).

[7] *Goldberg/Müller*, § 1 VAG Rdn.59; *Hofmann*, aaO.; *Sieg*, ZVersWiss 1969, S.509; ders., ZVersWiss 1986, 286f., wobei derVergleich von Sicherheitenpools mit Versicherungspools zeigt, daß die gleichartige Bezeichnung sehr unterschiedlicher Phänomene leicht zur Erörterung von Scheinproblemen führt: Der Sicherheitenpool ist weder Versicherung noch betreibt er versicherungsvertragliche oder versicherungsähnliche Rechtsgeschäfte.

[8] De lege ferenda wurde bereits eine weitere Poolvariante vorgeschlagen: Im Ersten Bericht der Kommission für Insolvenzrecht ist in der Begründung zu Leitsatz 2.3.10 von einem „Sicherheitenpool" zugunsten der Reorganisationsgläubiger die Rede; zu diesem insolvenzrechtlichen Institut sui generis siehe ausführlich *Serick* VI, S.874ff.

Der hier zu behandelnde Bankenpool dürfte auch nach einer Reform des Insolvenzrechts nicht an Bedeutung verlieren. Die gegenteilige Prognose von *Koenen* (S.58) auf der Grundlage jenes Berichts verkennt, daß Poolverträge nicht nur zur Besicherung eines gemeinsamen Kredits mehrerer Konsorten geschlossen werden. Eine eigenständige Funktion erlangt der Bankenpool gerade bei getrennter Kreditgewährung (s.u. Kap.1 A.III.1.a), 2., C.III.2. und passim). Im übrigen beschränken sich die Vorteile einer Poolung auch bei der Besicherung eines klassischen Konsortialkredits keineswegs nur auf die Verwertung durch den Treuhänder.

[9] Nach *Serick* (Band V, Vorwort S.VIII) sind Poolverträge ein drängendes Anliegen der Wirtschaft geworden; sie könnten Impulse geben, die durchaus vergleichbar seien mit den früheren Anstößen zu Entwicklungen, die heute als gefestigte Institute Bestandteile des Rechtes der Mobiliarsicherheiten geworden sind.

Warenkreditgeber bzw. deren Kreditversicherer schließen sich zu sogenannten *Lieferantenpools* zusammen, um Schwierigkeiten bei der individuellen Durchsetzung ihrer Rechte aus verlängertem oder erweitertem Eigentumsvorbehalt auszuräumen. Ob und inwieweit der Poolvertrag dieses Ziel erreichen kann, wurde in letzter Zeit vielfach erörtert[10]. Die Diskussion dürfte aufgrund einer jüngst ergangenen Entscheidung des Bundesgerichtshofs jedenfalls insofern abgeschlossen sein, als entsprechende Sicherheitenverwertungsverträge nicht wegen der Umgehung konkursspezifischer Regelungen unwirksam sind[11].

Geldkreditgeber haben derartige Verwertungsprobleme normalerweise nicht. Vielleicht ist dies ein Grund, daß die Bildung von *Bankenpools* in der Literatur weniger Beachtung findet[12]. Die Beschränkung auf Lieferantenpools wird aber auch auf die empirische Fehlvorstellung gestützt, daß sich Banken untereinander in der Regel nicht poolen[13]. Selbst wenn gesicherte rechtstatsächliche Erkenntnisse über die Verbreitung von Bankenpools aus guten Gründen — erinnert sei nur an das Bankgeheimnis und und die besseren Erfolgschancen stiller Sanierungen — nicht vorliegen, ist diese Einschätzung nicht haltbar[14]. Richtig ist, daß Poolverträge nicht gerade zum Massengeschäft der Banken gehören. Bedenkt man jedoch, daß dieses Instrument fast ausschließlich in Fällen von erheblicher wirtschaftlicher Tragweite zum Zuge kommt, so erschließt sich erst seine Bedeutung für das Kreditwesen.

Neben den reinen Lieferanten- bzw. Bankenpools existieren auch *Mischformen* in sehr unterschiedlichen Ausgestaltungen.

Die Waren- und Geldkreditgeber können ihre Rechte in ein Gemeinschaftsvermögen des Pools einbringen[15], dessen Verwaltung einem Treuhänder übertragen werden kann[16]. Möglich ist aber auch die Übertragung der Sicherungsrechte auf einen näher bezeichneten Treuhänder[17].

Eine *besondere Ausprägung* stellen die sogenannten *Sicherheitenabgrenzungsverträge* dar, die auf Anregung und unter Beteiligung der Kreditversicherer

---

[10] Vgl. nur die Arbeiten von *Bohlen, Heckel, Heß* und *Hilger; Kilger,* KO, § 43 Anm.3b, bb; *ders.,* KTS 1975, S.163f.; *Kuhn/Uhlenbruck,* § 4 Rdn.13ff.; *Henckel,* Aktuelle Probleme, S.75ff.

[11] BGH WM 1988, S.1784, 1785.

[12] So z.B. *Heß,* S.22.

[13] *Bohlen,* Der Sicherheitenpool, S.8. Der Titel der Arbeit erscheint insofern etwas zu prätentiös. *Bohlen* beruft sich zu Unrecht auf *Marx,* NJW 1978, S.247: Das Zitat bezieht sich nur auf Poolverträge *nach* Eintritt der Insolvenz. Was *Marx* für die Zeit davor als „Bassin" umschreibt, ist der Sache nach der typische Bankenpool.

[14] Der Verfasser kann sich insofern auf eigene Anschauungen stützen; wie hier *Schröter/Graf von Westphalen,* S.112. Die Existenz von Vertragsmustern (vgl. Anh.I und II) spricht für sich.

[15] Vertragsmuster bei *Bohlen,* S.144ff.; *Mohrbutter/Mohrbutter,* Rdn.1735a.

[16] Muster bei *Bohlen,* S.149ff.

[17] *Heß,* S.25; vgl. auch das Poolvertragsmuster bei *Mohrbutter/Mohrbutter,* Rdn.1735b.

zustandekommen[18]. Banken und Lieferanten bringen ihre Rechte aus Sicherungsübertragungen bzw. Eigentumsvorbehalten ein und bestimmen im Hinblick auf denkbare Kollisionen eine feste Quote, mit der die beiden Gläubigergruppen am Verwertungserlös teilhaben. Eine angemessene Quote hat sich an der Werthaltigkeit der einbezogenen Sicherungsrechte zu orientieren[19].

Die Verträge sehen folgende rechtliche Konstruktion vor: Eine als Treuhänderin eingesetzte Bank hält ihre Sicherungsrechte für sich, für die anderen Banken und nunmehr auch für die beigetretenen Lieferanten, die im Gegenzug auf die Geltendmachung ihrer Eigentumsvorbehaltsrechte verzichten[20]. Die Verteilung des auf die jeweilige Gruppe entfallenden Anteils erfolgt außerhalb des Vertrages. Auf Bankenseite geschieht dies regelmäßig in einem Poolvertrag, der der Abgrenzungsvereinbarung „vorgeschaltet" ist[21].

Nur wenige Autoren haben sich bisher speziell mit den Sicherheitenpoolverträgen der Kreditinstitute beschäftigt[22]. Ziel dieser Arbeit ist es, einen Beitrag zur rechtlichen Erschließung des Bankenpools zu leisten.

---

[18] Siehe hierzu *Schröter / Graf v. Westphalen*, S.110ff.(Vertragsmuster S.169ff.); *Bohlen*, S.46ff.; *Beuck*, S.150ff. Ob freilich die Versicherer stets von den Banken als Vertragspartner „gesucht" werden (*Beuck* S.151), muß angesichts der von *Schröter* (aaO., S.112ff.) geschilderten Vorbehalte der Kreditwirtschaft bezweifelt werden. Nicht selten dürfte die künftige Deckungsbereitschaft für Warenkredite des Schuldners als gewichtiges „Argument" den Ausschlag geben.

[19] *Beuck*, S.127; *Schröter / Graf v. Westphalen*, S.114. Die Praxis wird sich insofern mit den Stimmen aus jüngerer Zeit auseinanderzusetzen haben, nach denen der Lieferantenpool bei Abwicklungsschwierigkeiten allenfalls eine begrenzte Bedeutung erlangen kann; s. etwa *Hilger*, S.39f., 88; *Heß*, S.73f., 80, 138, 140, 151; *Graf v. Westphalen*, BB 1987, S.1186ff.; vgl. auch bereits *Reinicke / Tiedtke*, WM 1979, S.194.

[20] Vgl. Ziffer III.2.u.3. des Vertragstextes bei *Schröter / Graf v. Westphalen*, S.173.

[21] Vgl. Ziffer I.1. des Vertragstextes bei *Schröter / Graf v. Westphalen*, S.171.

[22] Zu nennen sind in erster Linie *W. Obermüller*, BuB, Rdn.4/70-4/97; *ders.*, Bank-Betrieb 1970, S.456ff. sowie *Schröter*, in: *Schröter / Graf v. Westphalen*, S.1-48; siehe des weiteren *M. Obermüller*, Die Bank im Konkurs, Rdn.760ff.; *Scholz / Lwowski*, Rdn.216; *Eberding*, BB 1974, S.1004ff.; *Ehlers*, ZKW 1977, S.912ff.; *Jährig / Schuck*, S.288ff.; *Falter*, Rdn.139-141.

1. KAPITEL

Begriff, wirtschaftliche Bedeutung und Rechtsform des Bankenpools

A. Der Begriff des Bankenpools

I. Wesentliche Merkmale des Poolvertrages

Der Poolvertrag ist eine Vereinbarung, die es mehreren Banken[1] ermöglicht, in einem festgelegten Verhältnis an denselben Sicherheiten teilzuhaben.

Im einfachsten Fall steht den Kreditinstituten nur ein Kreditnehmer gegenüber, der gleichzeitig auch Sicherungsgeber ist. Denkbar sind aber auch jeweils mehrere und verschiedene Personen. Die einbezogenen Sicherheiten werden in der Regel einem Treuhänder bestellt oder übertragen, wobei diese Funktion meist die Hausbank übernimmt[2].

Als entscheidender Gedanke kommt die *gemeinsame* Risikotragung der Kreditinstitute hinzu[3]. Werden beispielsweise im Rahmen einer Zwischenfinanzierung oder aufgrund besonderer Abreden Teile von Grundpfandrechten treuhänderisch für ein anderes Institut gehalten, so partizipieren mehrere Kreditgeber an derselben Sicherheit; gleichwohl ist wegen dieser Tatsache allein selbst bei gleichrangiger Teilhabe nicht von einem Pool die Rede. Die Poolvereinbarung trägt dem Risikogedanken dadurch Rechnung, daß sich die Erlösverteilung im Verwertungsfall nach dem Verhältnis der einbezogenen Forderungen richtet. Die Befriedigung erfolgt nicht nur gleichrangig[4], sondern auch gleichmäßig[5]. Mit anderen Worten: Die Ausfallquote soll gleich hoch sein.

---

[1] Die Bezeichnung „Bank" wird im folgenden als Synonym für „Kreditinstitut" (§ 1 Abs.1 KWG) verwandt. Selbstverständlich gelten die Ausführungen in gleicher Weise für Volksbanken und Sparkassen, vgl. §§ 39, 40 KWG.

[2] „Hausbank" ist kein Rechtsbegriff; vgl. *Claussen*, AG 1985, S.179: „Firmen, denen es schlecht geht, befördern gern ihren größten Kreditgeber zur Hausbank".

[3] Vgl. *Eberding*, BB 1974, S.1004; *Ehlers*, ZKW 1977, S.912; *Pottschmidt/Rohr*, Rdn.537.

[4] Gleichrangige Partizipation ist bei Poolverträgen weitaus die Regel. Zwar kann auch vereinbart werden, daß nachrangige Teile einer Sicherheit nur einem Kreditinstitut zustehen; vgl. *Falter*, Rdn.139. Diese Teile wird man indes nicht mehr als „gepoolt" im eigentlichen Sinne anzusehen haben, denn der Pool (d.h. die Gesamtheit seiner Mitglieder) beansprucht dann eben nur den vorrangigen Teil.

[5] *Schröter/Graf von Westphalen*, S.7.

Auf welche Weise dieses Ergebnis im einzelnen erreicht werden kann, wird die Analyse der Vertragsgestaltung zeigen[6].

II. Anlässe einer Poolbildung

Theoretisch sind recht unterschiedliche Situationen denkbar, in denen eine Zusammenfassung von Sicherheiten in einer Hand in Betracht kommt. Die Motive der Beteiligten hängen eng mit der *wirtschaftlichen Lage* des Kreditnehmers zusammen. Teilweise wird insofern auf den Zeitpunkt des Vertragsschlusses abgestellt[7]. In der Sache handelt es sich um das gleiche Kriterium. Das Abstellen auf zeitliche Phasen könnte jedoch dahingehend mißverstanden werden, daß man dasselbe Unternehmen zu verschiedenen Zeitpunkten betrachtet. Zum Glück durchläuft aber nicht jedes Unternehmen alle betrachteten Phasen. Es ist zweckmäßig, drei Möglichkeiten zu unterscheiden:

1. Hinreichende Bonität des Kreditnehmers

In der ersten Fallgruppe bestehen an der Bonität des Kreditnehmers keine ernsthaften Zweifel. Das bedeutet nicht, daß die Kreditwürdigkeitsprüfung[8] einen Blankokredit in nachgefragter Höhe rechtfertigen muß. In diesem Fall würde sich die Frage einer Sicherheitenpoolung kaum stellen.

Das Kriterium ist im Sinne einer Negativabgrenzung zur zweiten Situation, nämlich der Krise des Kreditnehmers, zu verstehen. Man kann insofern auch von einer laufenden, ungetrübten Geschäftsverbindung sprechen[9], in der mit einem Konkurs nicht konkret zu rechnen ist[10].

a) Als Anlaß für eine Poolbildung ist z.B von einem *außergewöhnlich großen Kreditbedarf* — etwa für Investitionszwecke — die Rede, der aus Gründen der Risikoreduzierung zur Gewährung eines Konsortialkredits führt. Der Poolvertrag wird in derartigen Fällen als Mittel empfohlen, um die Besicherung zweckmäßiger zu gestalten[11]. Darin erschöpft sich hier im wesentlichen seine Bedeutung, denn die Sicherheitenbestellung an einen Treuhänder für gemeinschaftliche Kredite war auch vor der „Erfindung" des Sicherheitenpoolvertrages bekannt[12]. Nur wurden die erforderlichen Absprachen im Kreditvertrag einerseits und im Konsortialvertrag andererseits getroffen[13].

---

[6] Siehe 2.Kapitel.

[7] Z.B. *Bohlen*, S.5ff.

[8] Die Kreditwürdigkeit im hier verwandten Sinne umschließt sowohl die persönlichen als auch die sachlichen Voraussetzungen zur Aufnahme eines Kredits; vgl. *Loos*, S.78.

[9] Vgl. *Schröter/Graf von Westphalen*, S.1.

[10] *M.Obermüller*, Die Bank im Konkurs, Rdn.760.

[11] *W.Obermüller*, BuB, Rdn.4/70; *M.Obermüller*, Die Bank im Konkurs, Rdn.760; *Schröter/Graf von Westphalen*, S.6.; *Scholze*, S.108ff., 111.

[12] Vgl. *Schütz*, S.256f. mwN.

Eine eigenständige — über Zweckmäßigkeitserwägungen bei der Vertragsgestaltung hinausgehende Bedeutung erfährt der Poolvertrag erst dann, wenn mangels eines gemeinsamen Kreditvertrages mit dem Kreditnehmer ein geeignetes „Medium" fehlt, in dem die entsprechenden Regelungen stattdessen getroffen werden könnten.

b) Ein Sicherheitenpool soll weiterhin erforderlich sein, wenn die zur Verfügung stehende *Sicherheit,* z.B. der Inhalt von Getreidesilos oder Öltanklagern, *nicht aufgeteilt* werden kann[14].

Bloße Wert- oder Mengenangaben genügen nicht dem Bestimmtheitsgrundsatz bei der Sicherungsübereignung[15]. So können sich etwa drei Banken nicht in getrennten Verträgen jeweils Alleineigentum an einem Drittel der Vorräte verschaffen lassen. Ebensowenig ist eine Übereignung wirksam, die sich an der Höhe der Forderungen zuzüglich einer Sicherheitsmarge orientiert. Die Übereignung entsprechender Miteigentumsanteile am gesamten Bestand wäre zwar möglich. Mit Hilfe des Poolvertrages ist die Besicherung aber einfacher und flexibler als bei der Übereignung nach Bruchteilen, weil sich der Treuhänder das gesamte Warenlager übertragen läßt[16]. Auch dies ist aber nicht der eigentliche Anwendungsfall des Bankenpools.

Zum einen stehen oft mehrere Sicherheiten zur Verfügung, die auf die Kreditgeber verteilt werden können. Bei getrennten Räumen kann der Kreditnehmer jeder Bank ein anderes Lager als Sicherheit anbieten. Vielleicht stehen außerdem Grundpfandrechte zur Disposition. Möglicherweise kann sich eine Bank durch Sicherungsübereignung und eine andere durch Abtretung der Forderungen aus dem Weiterverkauf der Vorräte besichern[17]. Hier sind viele Konstellationen denkbar, in denen ein Pool entbehrlich ist.

Zum anderen tritt der für den Pool entscheidende Gedanke der gemeinsamen Risikotragung selbst dann völlig in den Hintergrund, wenn tatsächlich nur eine nicht aufteilbare Sicherheit zur Verfügung steht. Die Banken sind an einer wirtschaftlich sinnvollen rechtstechnischen Bewältigung der geschilderten Bestimmtheitsproblematik interessiert. Die Risikokalkulation nimmt jedes Institut getrennt vor und orientiert sich eher an dem geschätzten Wert des eigenen Anteils als an einem möglichen Ausfall der anderen Beteiligten.

Durchweg ausreichend wäre es in solchen Fällen, jedem Kreditgeber eine feste Quote am gemeinsamen Treugut zuzuweisen und die weitere Entwicklung der Kreditvergabe zunächst außer acht zu lassen. Sollte der Kreditnehmer aufgrund

---

[13] Siehe die Vertragsmuster bei *Scholze*, S.109ff.; *Schütz*, S.260ff.; *Delorme/Hoessrich*, S.42f.

[14] *Schröter/Graf von Westphalen*, S.7.

[15] *Palandt/Bassenge*, § 930 Anm.2b.

[16] Vgl. *Pottschmidt/Rohr*, Rdn.535ff.

[17] Allerdings ist wegen des Prioritätsprinzips darauf zu achten, daß eine vorher vereinbarte Sicherungsübereignung keine Anschlußzession enthält.

der Bewertungspraxis eines Gläubigers meinen, die vorhandenen Sicherheiten würden nicht optimal genutzt[18], könnte er sich immer noch um eine Änderung der Quoten oder die Ablösung des Kredits durch eine „großzügigere" Bank bemühen.

c) Die gleichen Erwägungen gelten auch für den — freilich sehr seltenen — Fall, daß der *Kreditnehmer* selbst eine einheitliche Sicherheitenbestellung *wünscht,* um statt mehrfacher Sicherheitenprüfung durch einzelne Banken jeweils nur mit einer Prüfung konfrontiert zu werden[19]. Es liegt auf der Hand, daß die dergestalt zu einem gemeisamen Handeln veranlaßten Banken nicht im Sinne gemeinsamer Risikotragung tätig werden.

2. *Die Krise des Kreditnehmers*

Die weitaus meisten Bankenpools kommen in der Krise eines gemeinsamen Schuldnerunternehmens zustande[20].

Die „Krise" wird im Zusammenhang mit der besonderen Konkursanfechtung des § 30 KO oft verstanden als die Zeit zwischen Zahlungseinstellung oder Konkursantrag und der Konkurseröffnung, wobei im Falle des § 30 Nr.2 auch die vorangegangenen zehn Tage einbezogen werden[21]. Nicht von der Krise in diesem engen, technischen Sinne soll im folgenden die Rede sein.

Für die hier angesprochene Unternehmenskrise im weiten Sinne gibt es keine allgemein anerkannte Begriffsbestimmung. Die verschiedenen Definitionsansätze aus betriebswirtschaftlicher Sicht stimmen darin überein, daß die Krise eine existentielle Bedrohung des Unternehmens darstellt[22]. Es besteht jedoch keine Einigkeit über die Intensität der erforderlichen Existenzgefährdung.

Gewisse Anhaltspunkte liefern typische Krisensymptome[23]. Insolvenzprognosen mit Hilfe statistischer Jahresabschlußanalysen werden dagegen zu Recht skeptisch beurteilt, weil an die Stelle der Abgabe eines verantwortlichen Urteils das Abhaken von Zahlen trete[24]. Fingerspitzengefühl und subjektive Wertungen des Beurteilenden sind schon deshalb nicht überflüssig, weil die personelle Qualifikation im „endogenen" Unternehmerbereich rationellen Analysen kaum zugänglich ist[25].

---

[18] Zu diesem Kriterium siehe z.B. *Eberding*, BB 1974, S.1004.

[19] Vgl. *Schröter/Graf von Westphalen*, S.7.

[20] *Schröter/Graf v.Westphalen*, S.2f.,5f.; *Ehlers*, ZKW 1977, S.912; *Scholz/Lwowski* Rdn.216.

[21] *Fr.Baur,* Konkurs- u. Vergleichsrecht, § 13 II c.

[22] *Becker,* S.44, 50 mwN.

[23] Eine anschauliche Darstellung wichtiger Symptome liefert *Groß,* S.4f. Zu den gesetzlichen Krisenwarnsignalen im AktG vgl. *Lutter/Hommelhoff/Timm,* BB 1980, S.739.

[24] *D.Schneider,* DB 1985, S.1494.

[25] Vgl. *Kohler,* S.4, 194; *Kuhn/Uhlenbruck,* Vorbem.4c.

Nach *Hopt* zeichnet sich die freie Sanierung dadurch aus, daß die Beteiligten selbst bestimmen, wann sie das Unternehmen in der „Krise" sehen[26]. Bei der Unterscheidung nach den Anlässen einer Poolbildung bietet es sich an, ein derart subjektives Verständnis von der Krise zugrundezulegen, denn diese Fragestellung berücksichtigt die unterschiedlichen Motive und Absichten der Vertragspartner. Die wiederum richten sich in erster Linie danach, wie die Kreditgeber die Bonität ihres Schuldners einschätzen:

Beruht das gemeinsame Vorgehen aus der Sicht der Banken auf wirtschaftlichen Schwierigkeiten des Unternehmens, ist die Fallgruppe „Krise des Kreditnehmers" einschlägig. Die Frage nach einer genaueren Definition der Krise stellt sich erst, wenn es um die Normierung bestimmter Verhaltenspflichten und die Anwendung konkreter Rechtssätze geht[27].

In einer solchen Situation tritt der Gedanke der gemeinsamen Risikotragung klar zutage. Eine Insolvenz des Schuldnerunternehmen erscheint nicht mehr nur als rein theoretische Möglichkeit. Die Gefahr eines Forderungsausfalls ist je nach Sicherheitenlage nicht völlig von der Hand zu weisen. Verständigen sich nun die Kreditgeber über die einheitliche Besicherung bestimmter Forderungen, so ist die Vorstellung einer einheitlichen Ausfallquote hinsichtlich der einbezogenen Kredite zumindest unausgesprochen eine tragende Erwägung für das weitere Vorgehen der Banken.

Ich möchte daher diesen in der Krise gebildeten Sicherheitenpool den „typischen Bankenpool" oder den „Bankenpool im engeren Sinne" nennen, während der „Bankenpool im weiteren Sinne" auch die Vereinbarungen bei hinreichender Bonität des Kreditnehmers erfaßt. Wenn in den folgenden Ausführungen die *Bezeichnung „Bankenpool"* ohne weiteren Zusatz oder Hinweis erscheint, so ist, dem Titel der Arbeit entsprechend, der Sicherheitenpool der Kreditinstitute in der Unternehmenskrise gemeint.

3. Im Insolvenzverfahren

Das Schrifttum zum Lieferantenpool unterscheidet teilweise „Pools vor Insolvenz" und „Pools nach Insolvenz" und stellt darauf ab, ob die materiellen Voraussetzungen für die Eröffnung eines Konkurs- oder Vergleichsverfahrens vorliegen[28]. Andere sehen in der Konkurseröffnung das geeignete Abgrenzungskriterium[29].

Jedenfalls für den Bankenpool dürfte es sachgerechter sein, auf formelle Gesichtspunkte abzustellen. Einerseits ist die Fixierung des Insolvenzzeitpunkts mit großen Schwierigkeiten verbunden[30]. Zum anderen ist es für die Kreditinsti-

---

[26] *Hopt*, in: Birk/Kreuzer, S.38.

[27] Vgl. *Hopt* aaO.

[28] *Bohlen*, S.5ff.

[29] *Kuhn/Uhlenbruck*, § 4 Rdn.14; *Hilger*, S.2 (Fn.8).

[30] Darauf weist auch *Bohlen* (S.6) hin.

tute, die schon wegen der Erweiterung des Sicherungszwecks regelmäßig auf die Mitwirkung des Sicherungsgebers angewiesen sind, von wesentlicher Bedeutung, ob sie mit ihrem ursprünglichen Kunden oder einer gerichtlich eingesetzten Person in Verhandlungen treten.

Mit Konkurseröffnung geht nach § 6 KO die Verwaltungs- und Verfügungsbefugnis über das mit dem Konkursbeschlag belegte Vermögen auf den Konkursverwalter über. Das Konkursgericht kann aber bereits im Eröffnungsverfahren, gestützt auf § 106 KO, ein allgemeines Veräußerungsverbot erlassen und die Sequestration anordnen. Auch wenn das Verfügungsverbot anders als bei § 6 KO nur ein relatives ist[31], tritt im praktischen Ergebnis der handlungsfähige Sequester nunmehr an die Stelle des handlungsunfähigen Schuldners, der auch die Verwaltungsbefugnis verliert[32]. Ähnlich ist es, wenn im Vergleichsverfahren ein allgemeines Veräußerungsverbot nach §§ 59, 62 VerglO ergeht, weil sich dann der Aufgabenbereich des Vergleichsverwalters weitgehend dem des Konkursverwalters annähert[33]. Für den vorläufigen Vergleichsverwalter gilt dies sinngemäß, § 12 S.3 VerglO.

Die Konkurseröffnung allein erscheint daher als etwas zu enger Anknüpfungspunkt. Sollte eine der dargestellten Maßnahmen ergehen, ist aus der Sicht der Banken bereits mit dieser eine wichtige Zäsur erfolgt. Dafür spricht nicht zuletzt auch, daß mit der öffentlichen Bekanntgabe[34] die Möglichkeit einer stillen Sanierung ausscheidet.

Schröter stellt fest, daß Bankenpoolverträge niemals nach Konkurs- oder Vergleichseröffnung abgeschlossen werden[35]. Ihm ist zuzugeben, daß Poolbildungen der zweiten Fallgruppe bei weitem überwiegen. Es kommt jedoch hin und wieder vor, daß ein Poolvertrag unter Beteiligung eines Verwalters geschlossen wird. So beispielsweise, wenn mehrere Banken dem Konkursverwalter ein Massedarlehen zur Aufrechterhaltung der Produktion gewähren und sich als Sicherheit Eigentum an den Produkten verschaffen oder die Veräußerungserlöse abtreten lassen[36].

---

[31] *Palandt/Heinrichs,* § 136 Anm.1c,cc; 2b.

[32] *Kilger*, FS 100 Jahre KO, S.192; siehe auch *Kilger*, KO, § 106 Anm.4. Die grundlegende Verschiedenheit der Funktionen von Sequester und Konkursverwalter betont BGHZ 104, S.151, 153 = NJW 1988, S.1912, 1913 (zu §§ 25 Abs.1 HGB, 419 BGB). Obwohl der Sequester nicht die Stellung eines „Vorkonkursverwalters" hat, beeinflußt seine Einsetzung doch die Geschäftsbeziehung mit den Banken erheblich. Zu den Aufgaben des Sequesters, der entsprechend § 82 KO haftet, s. auch BGH WM 1988, S.1610, 1611.

[33] *Kilger*, VerglO, § 64 Anm.3 mwN.

[34] § 60 Abs.2 VerglO; im Falle des § 106 KO erfolgt die Bekanntmachung aus Zweckmäßigkeitsgründen, *Kilger*, KO, § 106 Anm.3.

[35] *Schröter/Graf v. Westphalen,* S.2.

[36] Zur Krediteinräumung an Konkursverwalter s. *M.Obermüller*, Die Bank im Konkurs, Rdn.683ff.

Die untergeordnete praktische Bedeutung derartiger Poolbildungen rechtfertigt es, die Untersuchung auf Bankenpools zu konzentrieren, die außerhalb eines staatlichen Insolvenzverfahrens zustande kommen. Im großen und ganzen treffen die folgenden Ausführungen auch für Pools im Insolvenzverfahren ohne wesentliche Besonderheiten zu. Wenn auch ein „Konkurs im Konkurs" nicht von vornherein ausgeschlossen werden kann[37], sind doch wenigstens die rechtlichen Risiken für die Banken in diesem Stadium schon aus tatsächlichen Gründen eher als geringer zu erachten[38].

III. Abgrenzung zu anderen Kooperationsformen[39]

1. Der Bassinvertrag

Der Ausdruck „Bassinvertrag" wird teilweise lediglich als andere Bezeichnung für den Raumsicherungsvertrag verwendet[40]. Damit ist die Bestellung einzelner Sicherheiten angesprochen, während der Poolvertrag an die Existenz von Einzelsicherheiten anknüpft und deren Einbeziehung in den Pool zur Besicherung mehrerer Banken regelt.

Problematischer ist die Abgrenzung zum Bassinvertrag in seiner anderen Bedeutung, auch „Bassinvertrag im weiteren Sinn" genannt[41]. Die Ausdrücke „Pool" und „Bassin" haben als solche keine hinreichende Unterscheidungskraft. Die eigentlichen Schwierigkeiten ergeben sich jedoch daraus, daß es bei beiden Vertragstypen keine allgemein anerkannte Definition gibt.

Einigkeit besteht darüber, daß die Sicherheiten beim Bassinvertrag auf einen Treuhänder übertragen werden und ein Verwertungserlös nach einem festgelegten Schlüssel, meist abhängig von der jeweiligen Forderungshöhe, an die beteiligten Gläubiger ausgekehrt wird[42].

Einige Autoren sehen bereits in der Einschaltung des Treuhänders das wesentliche Unterscheidungsmerkmal zugunsten eines Bassinvertrags[43]. Ande-

---

[37] Vgl. *K.Schmidt,* NJW 1987, S.812ff. zur Konkursverwalterhaftung aus unzulässiger Unternehmensfortführung.

[38] Beispielsweise ist eine Kredittäuschung (§§ 138, 826 BGB) kaum vorstellbar, da die finanzielle Situation für andere Gläubiger erkennbar ist.

[39] Mit Kooperation ist Zusammenarbeit von Unternehmen im weitesten Sinne ohne eine (insbes. kartell-)rechtliche Wertung gemeint. Zum Kooperationsbegriff vgl. *Rittner,* in: Schriften zur Kooperationsforschung, Studien, Bd.3, 1971, S.167ff.

[40] Z.B. *Hagenmüller,* S.30, weitere Nachweise bei *Serick* II, S.186.

[41] *Scholz/Lwowski,* Rdn.215.

[42] *Serick* II, S.186f.; *Uhlenbruck,* Gläubigerberatung, S.136; *Scholz/Lwowski,* S.217; *Beuck,* S.40.

[43] *Stürner,* ZZP 94 (1981), S.279; *Henckel,* S.96; unklar *Uhlenbruck,* Gläubigerberatung, S.136, der beim Bassinvertrag hervorhebt, daß die Gläubiger selbst keine Sicherheiten nehmen, aber auch für den Poolvertrag eine treuhänderische Übertragung für möglich hält.

re stellen auf den Eintritt der Insolvenz ab. Die Verständigung vor Insolvenz sei ein Bassinvertrag, danach käme es zur Bildung eines Sicherheitenpools[44]. Diese Meinungen gehen zu einseitig von der Erscheinungsform des Lieferantenpools aus. Nach dieser Unterscheidung würde es sich beim Bankenpool um einen Bassinvertrag handeln. Die Bezeichnung „Pool" hat sich aber in der Terminologie der Bankpraxis und auch der Rechtsprechung[45] so stark durchgesetzt, daß es an der Realität vorbeiginge, plötzlich von einem „Bankenbassin" zu sprechen.

Ebensowenig ist es sinnvoll, danach zu differenzieren, ob die Sicherungsrechte von vorneherein einem Treuhänder bestellt oder ob sie erst nachträglich zusammengefaßt werden[46]. Die banküblichen Poolverträge sind für beide Möglichkeiten gleichermaßen geeignet. Es können sowohl bereits bestehende als auch neue Sicherheiten einbezogen werden[47]. Nicht selten findet man bei einem Bankenpoolvertrag eine Kombination der zwei Varianten vor.

Des weiteren schließt die Neutralität des Treuhänders, die für den Bassinvertrag teilweise als konstitutiv angesehen wird[48], einen Pool nicht aus. Auch die Poolpartner können einen Außenstehenden — etwa eine Treuhandgesellschaft — einschalten[49]. Andererseits ist es auch beim Bassinvertrag denkbar, daß ein beteiligtes Kreditinstitut die Treuhänderfunktion übernimmt[50].

Schließlich ist auch die für den Bassinvertrag typische gemeinschaftliche Sicherung von Geld- und Warenkreditgebern kein zwingendes Unterscheidungsmerkmal[51], denn auch Poolvereinbarungen können verschiedene Gläubigergruppen einbeziehen[52].

Weder die Technik der Sicherheiteneinbringung noch die Zusammensetzung der Vertragspartner sind daher als Anknüpfungspunkt geeignet. Aufschlußreicher könnten die wirtschaftlichen Gründe sein, die zur Entwicklung des Bassinvertrags geführt haben.

Die frühere Rechtsprechung zum Bestimmtheitsgrundsatz erschwerte die Sicherungsübereignung von Warenlagern, indem sie eine Trennung des Eigentums vom Vorbehaltslager erforderte[53]. Der Bassinvertrag diente in erster Linie dazu, die daraus resultierenden Schwierigkeiten in der vertraglichen Abgrenzung der einzelnen Rechte zu vermeiden[54]. Die Waren- und Geldkreditgeber

---

[44] *Marx*, NJW 1978, S.247; *Hilger*, S.3. Beide stellen wohl zusätzlich auf die Einschaltung eines Treuhänders ab.

[45] Vgl. BGH WM 1982, S.482ff.

[46] *Bohlen*, S.10.

[47] *Schröter / Graf v. Westphalen*, S.18ff.

[48] *Scholz / Lwowski*, Rdn.215.

[49] *W. Obermüller*, BuB, Rdn.4/70.

[50] *Schütz*, S.560.

[51] So aber wohl *Eberding*, BuB, Rdn.4/338.

[52] S. *Bohlen*, S.8f. sowie oben Einl.B zu den Mischformen.

[53] Vgl. *Harms*, S.195 unter Hinweis auf BGHZ 21, S.52, 58.

verzichteten zu diesem Zweck Zug um Zug gegen Übereignung der Bestände an den Treuhänder auf die Einräumung von Sicherungsrechten; das gemeinsame Treuhandlager wurde als Bassin bezeichnet[55].

Seitdem die Rechtsprechung auf die rechtliche Qualifikation bei der Sicherungsübereignung von Sachgesamtheiten verzichtet, sofern jedenfalls entweder Anwartschaftsrecht oder Vollrecht übergehen soll[56], hat der Bassinvertrag an Bedeutung verloren[57]. Soweit bekannt werden unter der Bezeichnung „Bassinvertrag" heute keine Verträge mehr geschlossen[58]. Eine Abgrenzung hat daher eher theoretischen Erkenntniswert, weil sie zur Erklärung des Pools beiträgt.

Der Poolvertrag i.w.S. unterscheidet sich in seiner rechtlichen Konstruktion nicht grundlegend vom Bassinvertrag. Der Bassinvertrag sollte ebenfalls die Kreditbesicherung zweckmäßiger gestalten. Nur standen früher andere Schwierigkeiten im Vordergrund, so daß die Vertragsgestaltung den neuen Situationen angepaßt werden mußte. Man kann daher feststellen, daß der Pool i.w.S. die Funktion des Bassins übernommen hat[59]. Zu Recht wird daher der Bassinvertrag als Muster der später entwickelten Poolverträge bezeichnet[60]. Man sollte der geänderten Terminologie der Praxis Rechnung tragen, indem man den Bassinvertrag als Vorläufer der heutigen Poolverträge i.w.S. und nicht als selbständig danebenstehenden Vertragstyp behandelt[61].

Das eigentlich Neue ist erst der Funktionswandel zum Bankenpool im engeren Sinne. Damit wird die Parallele zum Bassinvertrag verlassen, weil den früheren Verträgen ein über die Besicherung hinausgehender gemeinsamer Risikogedanke fremd war. Der Bankenpool im engeren Sinne erscheint nicht mehr nur als Bassinvertrag „in einem neuen Kleid" und mit moderner Bezeichnung. Er ist Ausdruck eines gemeinsamen Vorgehens der Kreditinstitute in der Unternehmenskrise[62].

---

54 *Przyskowski,* BB 1953, S.549.

55 *Haupt*, DB 1953, S.1009; als Vorbild diente das amerikanische System des „Field Warehousing".

56 BGHZ 28, 16, 25; anders aber, wenn unter Eigentumsvorbehalt stehende Waren ausdrücklich ausgenommen werden, vgl. BGH NJW 1986, S.1985, 1986.

57 Vgl. *Serick* II, S.187.

58 Nach *Scholz/Lwowski,* Rdn. 215 soll der Bassinvertrag unter den besonderen Bedingungen der Fisch-, Obst- und Gemüsekonservenindustrie vorkommen. Auch ohne spezielle Branchenkenntnisse liegt die Vermutung nahe, daß diese rechtstatsächliche Feststellung mittlerweile überholt ist. Bereits *Serick* II (1965) zitiert *Scholz* (2. Auflage 1957) mit dieser Aussage.

59 Dies deckt sich mit *Bohlen*s Erkenntnis, daß *Ehlers* auch den Bassinvertrag i.w.S. als Poolvertrag bezeichnet (S.10, Fn.27).

60 *Bohlen*, S.9.

61 Auch *Beuck*, S.141, sieht im Bassinvertrag einen Vorläufer zu dieser Entwicklung, geht aber andererseits von einem eigenständigen Vertragstyp — wenn auch mit zurückgehender Bedeutung — aus.

2. Das Kreditkonsortium

Bankkonsortien werden definiert als zeitweilige Vereinigungen selbständig bleibender Banken zur Durchführung von Einzelgeschäften auf gemeinsame Rechnung[63]. Der Konsortialkredit verkörpert dementsprechend keine eigene Kreditart, sondern die äußere Form für die gemeinschaftliche Kreditgewährung mehrerer Banken[64].

a) Beim normalen oder *„echten" Konsortialkredit* wird das Kreditkonto ausschließlich bei der Konsortialführerin eingerichtet. Diese schreibt den Kreditbetrag dem Kunden gut und fordert von ihren Mitkonsorten die Anteilsbeträge ein. Rückzahlungen, Zinsen und Provisionen werden ebenso nur über die Konsortialführerin verrechnet[65]. Der typische Bankenpoolvertrag geht dagegen von getrennten Kreditlinien der Poolpartner aus.

b) Beim „unechten" Konsortialkredit oder *„Parallelkredit"* ist der Unterschied nicht so offensichtlich, denn jede Mitgliedsbank stellt ihren Anteil dem Kreditnehmer unmittelbar zur Verfügung, so daß wie beim Pool bei jeder Bank Konten geführt werden[66].

Entscheidend dürfte sein, daß es sich beim Parallelkredit um *einen* Kredit handelt. Den Vertrag über die Gewährung des gemeinschaftlichen Kredits schließt die Konsortialführerin nach vorausgegangenen Besprechungen mit den anderen Banken als Vertreterin des Bankenkonsortiums[67]. Nach vorzugswürdiger Ansicht kommt schon vor der Valutierung bereits ein Darlehensvertrag und nicht lediglich ein Vorvertrag zustande[68].

Es ist zuzugeben, daß aufgrund der üblichen Vertragsgestaltung die Unterschiede zu einer getrennten Kreditvergabe verschwimmen. Hier ist insbesondere der Ausschluß einer gesamtschuldnerischen Haftung der Konsorten zu nennen[69]. Die Konsortialführerin hat im wesentlichen nur noch Koordinierungs-

---

62 Ähnliche Erwägungen dürften *Bohlen* (S.10) zu der Feststellung veranlaßt haben, daß Poolverträge vor Insolvenz anders als Bassinverträge angesichts einer drohenden Krise geschlossen werden. Allerdings ist der Schluß auf verschiedene Konstruktionen der Sicherheitenübertragung nicht zwingend. I.ü. spricht die Bankpraxis auch bei „allgemein üblichen Mitteln der Kreditsicherung" von einem Pool; in dieser Funktion habe ich ihn als Pool i.w.S. bezeichnet.

63 *Scholze*, S.3; *Vallenthin*, S.145; *Lutz Fischer*, S.178; zum Rechtsbegriff des Konsortialgeschäfts in § 102 Abs.1 S.3 GWB s.u. Kap.4 B.II.2.

64 Vgl. *Scholze*, S.102; *Delorme / Hoessrich*, S.10; *Vallenthin*, S.157; *Feldbausch*, S.255; *Herold*, S.190; *Kaeferlein / Simon*, S.230f.; *Möschel*, ZHR 136 (1972), S.275f.; *ders.* Wirtschaftsrecht, S.479.

65 *Scholze*, S.104; *Schütz*, S.256.

66 Vgl. *Scholze*, S.104f.; *Schütz*, S.256.

67 Siehe das Muster bei *Schütz*, S.261.

68 Zum Streit zwischen Konsensual- und Realvertragstheorie vgl. nur *Palandt / Putzo*, Einf.v. § 607 Anm.1b.

69 Vgl. *Graf v. Westphalen*, in: Münchener Vertragshandbuch Bd.3, S.381 (Anm.4).

aufgaben[70]. Dennoch wird man die einzelnen Anteile nicht als rechtlich selbständige Darlehen anzusehen haben[71].

Aber auch bei anderer Wertung ist die Kreditvergabe das Resultat einer einheitlichen Kreditverhandlung, in der die Kreditbedingungen, insbesondere Höhe, Dauer und Sicherung des Kredits sowie Zinsen und Provisionen, festgelegt werden[72]. Meist sind alle diese Bedingungen in dem Kreditvertrag enthalten[73], der als sogenannter Außenvertrag von dem Konsortialvertrag zu unterscheiden ist, in dem die Rechtsverhältnisse zwischen Konsortialführerin und Konsorten und unter den Konsorten geregelt sind[74]. Es ist jedoch technisch möglich und u.U. zweckmäßig, die Modalitäten der Besicherung in einem separaten Poolvertrag i.w.S. zu vereinbaren[75]

Beim Bankenpool i.e.S. existiert demgegenüber kein einheitlicher Kreditvertrag. Zwar knüpft der Poolvertrag an bestimmte Kreditlinien an. Abgesehen von der Sicherheitenfrage erfolgen die Konditionenabsprachen unabhängig voneinander in rechtlich getrennten Verträgen.

Nach *Eberding*[76] soll der Ausdruck „Konsortium" im Zusammenhang mit Poolverträgen vermieden werden, weil er in der Praxis hauptsächlich solchen Gesellschaften vorbehalten sei, die sich zum Zwecke von Neufinanzierungen bilden. Eine klare Abgrenzung ermöglicht dieses Kriterium freilich nicht, weil der Bankenpool i.e.S. auch Neukredite einbeziehen kann. Sicher geht es in der Krise vor allem darum, daß die Banken mit ihren Kreditlinien weiterhin zur Verfügung stehen[77]. Damit allein ist einem Unternehmen in Liquiditätsschwierigkeiten aber nicht immer geholfen, so daß Banken teilweise anläßlich einer Poolbildung ihre bestehenden Kreditlinien erhöhen.

c) Außerdem wird als eine besondere Art des Kreditkonsortiums das sogenannte *Stillhaltekonsortium* erwähnt, bei dem die Kreditgeber vereinbaren, an sich fällige Kredite bis zu einem bestimmten Zeitpunkt offenzuhalten oder sich mit ratenweiser Tilgung zu begnügen[78]. Wenn ein derartiger Zusammen-

---

[70] Vgl.im einzelnen *Scholze*, S.105.

[71] So aber wohl *Ulmer*, GbR, Vor § 705 Rdn.36; m.E. sollte man eher von dezentraler Keditauszahlung oder -verbuchung anstatt von dezentraler Kreditgewährung sprechen.

[72] *Scholze*, S.104. Nach *Jährig/Schuck*, S.112, verhandelt jede Bank selbständig mit dem Kunden. Dennoch sollen Laufzeit, Konditionen und Sicherheiten für die parallelen Kredittranchen gleichlautend sein. Wie dies zustandekommt, wird leider nicht gesagt. Vor allem aber stellt sich die Frage, was dann noch als Verhandlungsgegenstand übrig bleibt.

[73] *Vallenthin*, S.157.

[74] *Delorme/Hoessrich*, S.14.

[75] Siehe oben A.II.1.; so weist *Scholze* (S.111) darauf hin, daß das Vertragsmuster von *W.Obermüller* in Bank-Betrieb 1970, S.456 für Parallelkredite geeignet ist.

[76] BB 1974, S.1004.

[77] *Schröter/Graf v.Westphalen*, S.17.

[78] *Scholze*, S.119; *Delorme/Hoessrich*, S.48; *Ulmer*, GbR, Vor § 705 Rdn.37; *Soergel/Hadding*, Vor § 705 Rdn.47.

schluß — wie es vielfach geschieht — eigens zum Zwecke des Stillhaltens gebildet wird[79], gibt es viele Parallelen zum Bankenpool. Anknüpfungspunkt für eine Unterscheidung könnte auch hier das üblicherweise für das Kreditkonsortium betonte Merkmal einer gemeinschaftlichen Kreditgewährung sein.

Fraglich ist aber, ob sich das Stillhaltekonsortium überhaupt mit der Definition des Kreditkonsortiums vereinbaren läßt. Zunächst müßte eine Kreditgewährung vorliegen. „Stillhalten" bedeutet, daß die Banken keine gerichtlichen Maßnahmen einleiten bzw. weiterbetreiben oder sich mit von den ursprünglichen Fälligkeitsterminen abweichenden Ratenzahlungen begnügen[80]. Im Recht der Gesellschafterdarlehen nach § 32a GmbHG wird das Belassen eines Darlehens jedenfalls dann der Gewährung eines Darlehens gleichgestellt, wenn eine rechtsgeschäftliche Vereinbarung zugrundeliegt[81]. Eine verbreitete Ansicht subsumiert das „Stehenlassen" unter den Wortlaut „Gewähren" eines Darlehens nach § 32a Abs.1 GmbHG[82]. Da der mögliche Wortsinn diese weite Auslegung deckt[83], bestehen keine Bedenken, auch das oben bezeichnete „Stillhalten" als Kreditgewährung anzusehen[84].

Welche Anforderungen sind nun an eine *gemeinschaftliche* Kreditgewährung zu stellen? Man wird nicht unbedingt so weit gehen müssen, daß die verschiedenen Forderungen nachträglich zu einem Darlehen im Rechtssinne zusammenzufassen sind. Andererseits kann man kaum jede mehr oder weniger lockere Verhaltenskoordinierung der Kreditgeber ausreichen lassen.

Es erscheint sachgerecht, in Anlehnung an den Parallelkredit auf den Grad der Vereinheitlichung der Konditionen abzustellen. Werden die Dauer der Stillhaltung, die Höhe der Zins und Provisionssätze und die Verwaltung der Sicherheiten gleichlautend geregelt[85], ist es gerechtfertigt, von einem Stillhaltekonsortium als Spezialfall des Kreditkonsortiums zu sprechen.

Nach dieser Maßgabe ermöglicht auch hier das Kriterium einer gemeinschaftlichen Kreditgewährung die Abgrenzung zum Bankenpool. Der Poolvertrag regelt die Besicherung der einbezogenen Kredite. Daneben enthält er vielfach

---

[79] *Scholze*, S.119.

[80] *Delorme/Hoessrich*, S.48.

[81] Vgl. *Ulmer*, ZIP 1984, S.1167ff.; *Koch*, NJW 1986, S.1656, beide mwN.; BGH NJW 1985, S.2719, 2720 verzichtet auf eine rechtsgeschäftliche Festlegung; siehe auch unten Kap.3 F.III.

[82] *Lutter*, DB 1980, S.1317; *K.Schmidt*, ZGR 1980, S.573f.; *Timm*, GmbH-Rdsch.1980, S.291; aA.: „andere Rechtshandlung" i.S.d. § 32a Abs.3 GmbHG, vgl. *Fischer/Lepper*, ZIP 1986, S.4 (Fn.28) mwN.

[83] *K.Schmidt*, aaO. (Fn.82).

[84] Zumal das Stillhaltekonsortium kein gesetzlich definierter Begriff ist. Anders als bei § 32a Abs.1 GmbHG stellt sich nicht das Problem, den Gesetzgeber durch eine extensive Auslegung zu korrigieren; vgl. *K.Schmidt* aaO. (Fn.82).

[85] Nach *Scholze* (S.119) betreffen die Konsortialvereinbarungen gewöhnlich diese Punkte.

Bestimmungen, durch die eine vorläufige Festschreibung der Kreditlinien erreicht wird. Wie aber diese Kreditlinien im Detail ausgefüllt werden, bleibt im wesentlichen den einzelnen Banken überlassen. Insbesondere richtet sich die Verzinsung nach der jeweiligen Vereinbarung zwischen Bank und Kreditnehmer.

Der Bundesgerichtshof hat den Begriff „Bankenkonsortium" auch in einem Fall verwandt, in dem mehrere Kreditinstitute in einem Stillhalteabkommen ohne weitere Konditionenabsprache vereinbart hatten, ihre Kreditlinien offenzuhalten[86]. *W.Obermüller*[87] hält es für möglich, in einer späteren Sicherheitenpoolung ein Konsortialgeschäft zu sehen.

Ein so verstandenes Stillhaltekonsortium dürfte aber kaum noch mit dem traditionellen Begriff des Konsortialkredits in Einklang zu bringen sein. Es erscheint dann nicht mehr als Spezialfall des Kreditkonsortiums, sondern als Konsortium eigener Art[88].

Die oben vertretene enge Begriffsbestimmung ist indes nicht zwingend. Konsortien lassen sich durchaus in einem weiteren Sinne als Gelegenheitsgesellschaften mit dem wirtschaftlichen Zweck einer bankrechtlichen Transaktion begreifen[89]. Eine auf ein einzelnes Vorhaben ausgerichtete Partnerschaft[90] kann auch in einer weniger engen Bindung gesehen werden. Dann ist in der Tat eine Abgrenzung von Poolverträgen gegenüber Konsortien nicht mit begrifflicher Schärfe möglich[91]. Vom klassischen Kreditkonsortium jedoch unterscheidet sich der Bankenpool durch das Fehlen einer gemeinschaftlichen Kreditgewährung.

---

[86] BGH NJW 1985, 2584 = WM 1984, 1017; siehe auch die Besprechung dieser Entscheidung von *Assmann*, ZHR 152 (1988), S.371 ff., bes. S.374f. Diesem Verständnis dürfte es entsprechen, wenn *Claussen*, AG 1985, S.179 für das „Sanierungskonsortium" das Fehlen eines einheitlichen Kredits feststellt.

[87] BuB, Rdn.4/74; siehe auch unten Kap.4 B.II.2. zum Konsortialgeschäft i.S.d. § 102 GWB.

[88] Ähnliche Erwägungen mögen *Scholze* (S.119) veranlaßt haben, das Stillhaltekonsortium als eine „Abart" des Kreditkonsortiums zu bezeichnen.

[89] *K. Schmidt,* Gesellschaftsrecht, S. 1284; teilweise auch ohne Beschränkung auf den Bankensektor, vgl. *Düringer/Hachenburg/Geiler,* Anm. 325; dagegen: *Delorme/Hoessrich,* S. 8.

[90] *Szantyr*, BuB, Rdn.10/1 f.

[91] *K.Schmidt*, Gesellschaftsrecht, S.1286; in diesem Sinne auch *Ulmer*, GbR, Vor § 705 Rdn.38, 43 für Fälle außerhalb des Bankensektors.

B. Wirtschaftliche Bedeutung der Poolbildung

I. Die Sanierungsaufgabe

Einen allgemeingültigen Rechtsbegriff der Sanierung gibt es nicht[92]. Für die Frage, welche wirtschaftliche Bedeutung der Bankenpool bei der Sanierung von Unternehmen erlangen kann, ist ein solcher auch nicht nötig. Es ist an dieser Stelle ausreichend, die Sanierung mit der Rettung eines Unternehmens aus der Krise zu umschreiben[93].

Angesichts des vagen Begriffs der Krise[94] ist es nicht verwunderlich, daß sich auch die Betriebswirte bisher nicht auf eine einheitliche Definition geeinigt haben[95]. *K.Schmidt* stellt für die rechtspolitische Diskussion auf das kausale Element der Sanierungsbedürftigkeit und das finale Element des angestrebten Sanierungserfolges ab, während er die Frage nach der Sanierungswürdigkeit und den rechtlich zulässigen Sanierungstechniken bei der Bestimmung des Sanierungsbegriffs ausklammert[96]. Ein solches Verständnis ist auch hier sachgerecht.

Die Sanierungswürdigkeit läßt sich wegen der Subjektivität des Begriffes nicht eindeutig bestimmen. Ob das Sanierungsengagement auch nach der persönlichen Interessenlage gerechtfertigt ist[97], beurteilt eine Bank nach anderen Gesichtspunkten als etwa ein Gesellschafter, ein Hauptlieferant oder die öffentliche Hand[98]. Die Frage nach der rechtlichen Zulässigkeit der vielfältigen Sanierungsmethoden kann erst recht nicht pauschal beantwortet werden. Sie stellt sich für jede Maßnahme getrennt[99].

Hier ist nicht der Ort, die Sanierung als rechtspolitisches Legitimationsproblem zu betrachten[100]. Für die Zwecke dieser Untersuchung mag die fast schon banal klingende Erkenntnis genügen, daß jede gelungene Sanierung immer lebhaft zu begrüßen ist[101].

---

[92] *K.Schmidt*, Gutachten, D18f.; mißverständlich *Uhlenbruck*, KTS 1981, S.535f.. § 3 Nr.66 EStG behandelt nur eine ganz bestimmte Sanierungsmaßnahme, nämlich den Forderungserlaß; vgl. *Niehus/Küntzel*, DB 1987, S.246ff. sowie *K.Schmidt* aaO.

[93] Vgl. *Groß*, S.23 mwN.

[94] Siehe oben A.II.2.

[95] *Becker*, S.62.

[96] *K.Schmidt*, Gutachten, D20.

[97] *Groß*, S.26; *Becker*, S.58.

[98] Vgl. *Becker*, S.58ff.

[99] So untersuchen etwa *Lutter/Hommelhoff/Timm*, BB 1980, S.737ff. die Zulässigkeit von Finanzierungsmaßnahmen zur Krisenabwehr in einer AG. Zu den rechtlichen Grenzen, die die Poolbanken bei der Sanierung ihres gemeinsamen Schuldners zu beachten haben, siehe insbes. im 3.Kapitel.

[100] Hierzu *K.Schmidt*, Gutachten, D23ff.; vgl. auch *Flessner*, S.189, der sich gegen eine generelle Begünstigung oder Ablehnung von Sanierungen ausspricht.

Wie können nun die Banken zum Gelingen einer Sanierung beitragen? Gerade mittlere und große Unternehmen arbeiten häufig mit mehreren Kreditinstituten zusammen. Gerät der Kreditnehmer in wirtschaftliche Schwierigkeiten, so sieht sich jede Bank vor verschiedene Handlungsmöglichkeiten gestellt. Im Vordergrund steht dabei zunächst die Frage, ob sie mit ihren bisherigen Krediten stillhält oder gar neue Kredite gewährt, um die Liquidität ihres Schuldners aufrechtzuerhalten bzw. wiederherzustellen[102]. Die Liquiditätsenge kann ein gemeinsames Handeln der Geldinstitute als zwingend notwendig erscheinen lassen[103].

Eine reine Liquiditätskrise kann u.U. bereits durch solche Maßnahmen bewältigt werden. Vielfach sind aber weitere Schritte erforderlich[104]. Besonders augenfällig ist dies bei bereits eingetretener Überschuldung einer Kapitalgesellschaft, die ohne Forderungsverzichte, Umwandlungen von Forderungen in Eigenkapital oder interne Kapitalmaßnahmen[105] nicht beseitigt werden kann. Über die vordringlichen finanziellen Maßnahmen hinaus gilt es oft, die Verlustquellen im leistungswirtschaftlichen Bereich in den Griff zu bekommen[106].

Selbst wo sich der Konkurs eines Unternehmensträgers[107] nicht mehr verhindern läßt, können womöglich das Unternehmen selbst, einzelne Betriebe oder wesentliche Betriebsteile vor einer Zerschlagung bewahrt werden. Eine „übertragende Sanierung“[108] durch Auffang- oder Betriebsübernahmegesellschaften[109] ist auch außerhalb eines Insolvenzverfahrens möglich — freilich unter erschwerten Umständen[110].

---

[101] Vgl. *Meyer-Cording*, NJW 1981, S.1242, der die Gefahren einer übersteigerten Sanierungseuphorie aufzeigt, die m.E. ohnehin nicht feststellbar ist.

[102] Zur Kreditvergabepolitik der Banken im Vorfeld der Insolvenz siehe *Gessner/Rhode/Strate/Ziegert*, S.253ff.

[103] *Eberding*, BB 1974, S.1004; vgl. auch die rechtstatsächlichen Feststellungen zu Abstimmungsversuchen der Banken nach Wahrnehmung von Insolvenzsignalen bei *Gessner/Rhode/Strate/Ziegert*, S.260f.

[104] Zu den verschiedenen Möglichkeiten innerer und äußerer Sanierung vgl. näher *Gottwald*, KTS 1984, S.1ff.

[105] Vgl. im einzelnen *Lutter/Hommelhoff/Timm*, BB 1980, S.740ff.

[106] *Groß*, S.95f.

[107] Zur Unterscheidung zwischen Unternehmenskonkurs (den das geltende Recht im technischen Sinne nicht kennt) und Unternehmensträgerkonkurs vgl. *K.Schmidt*, FS 100 Jahre KO, S.247ff., 250f.

[108] *K.Schmidt*, ZIP 1980, S.336f., äußert grundsätzliche Bedenken gegen diese Art von Sanierungspraktiken, allerdings unter der Prämisse einer Unternehmensveräußerung zum Zerschlagungswert. Eine übertragende Sanierung kann jedoch auch den Fortführungswert des Unternehmens bzw. Betriebs realisieren; vgl. *Balz*, S.20 ff (insbes.Fn.68).

[109] Zu den einzelnen Grundtypen der Fortführungsgesellschaft siehe *Groß*, S.131ff.

[110] Hindernisse werden vor allem in §§ 613a, 419 BGB, 25 HGB gesehen; vgl. *Stürner*, ZIP 182, S.771; *Heinsius*, in: Birk/Kreuzer, S.151; *Schröter/Weber*, ZIP 1982, S.1028. *Timm*, ZIP 1983, S.226 (Fn.14) weist ferner darauf hin, daß ein funktionierender Markt für den Verkauf von Unternehmen gegenwärtig fehlen dürfte .

II. Der Bankenpool als Instrument einer „freien“ Sanierung

1. Die Rolle des Bankenpools

Die Erarbeitung und erst recht die Realisierung eines endgültigen Sanierungskonzepts nehmen meist längere Zeit in Anspruch. Eine Sanierung wäre ernsthaft in Frage gestellt, wenn nur ein Kreditinstitut die Maßnahmen nicht mittragen und etwa auf der Rückführung seiner Kredite bestehen würde[111]. Die Risikobereitschaft der anderen Banken fände häufig ihre Grenze, wenn zusätzlich die Ablösung eines Kreditgebers erforderlich wäre.

Zu einem einvernehmlichen Vorgehen in einer als riskant eingeschätzten Lage sind die Banken regelmäßig nur bereit, wenn sich nicht ein einzelnes Institut Sondervorteile auf Kosten der anderen verschafft. Der Poolvertrag ist ein Mittel, das der „Solidargemeinschaft“[112] der Banken Rechnung trägt und eine Verhaltenskoordinierung ermöglicht: Bestehende oder neue Sicherheiten werden zur gleichmäßigen Besicherung aller Beteiligten zusammengefaßt. Außerdem schreibt der typische Poolvertrag im Rahmen einer Sanierung die einbezogenen Kreditlinien fest[113]. Das Verbot einer einseitigen Reduzierung oder Kündigung der Kreditlinien kann ausdrücklich geregelt sein oder sich mittelbar aus einer Saldenausgleichsklausel ergeben[114]. Ohne die Mitwirkung der Banken wäre fast jede freie Sanierung zum Scheitern verurteilt[115]. Sie besitzen daher eine Schlüsselstellung[116].

2. Vorteile einer „freien“ Sanierung

Gegenüber einem staatlichen Insolvenzverfahren bietet die freie[117] Sanierung eine Reihe von Vorteilen:

Anders als im Insolvenzverfahren stellt sich nicht das Problem eines Eröffnungstatbestandes[118]. Der Unterschied ist nicht nur formaler Art: Die Erfolgsaussichten einer Sanierung steigen erheblich, wenn die Krisenursachen frühzeitig beseitigt werden.

---

[111] Vgl. *M.Obermüller*, ZIP 1980, S.1062f.

[112] *Heinsius*, in: Birk/Kreuzer, S.150.

[113] *Heinsius*, aaO., S.151; *Schröter/Graf von Westphalen*, S.5f.; *W.Obermüller*, BuB, Rdn.4/81f.

[114] Vgl. *W.Obermüller*, BuB, 4/81f. sowie unten Kap.2 B.II.2.

[115] Vgl. *Hess/Fechner*, Rdn.485ff.

[116] *Groß*, S.108.

[117] „Frei“ insofern, als sie außerhalb des Insolvenzverfahrens stattfindet; vgl. *K.Schmidt*, Gutachten, D103. Die freie Sanierung wird teilweise als außergerichtlicher Vergleich mit der Gläubigermehrheit angesehen; vgl. *Rieder*, S.82; wohl auch *Wagner*, S.342f.; zum Begriff des außergerichtlichen Sanierungsvergleichs siehe *Künne*, S.38ff.. Die Einbeziehung sämtlicher Gläubiger(-gruppen) ist indes nicht zwingend.

[118] Vgl. *Hopt*, in: Birk/Kreuzer, S.40; s. auch bereits oben A.I.2.,3.

Der Suchprozeß nach Lösungen verläuft rascher und mit niedrigeren Transaktionskosten als in einem bürokratischen Verfahren. Insbesondere gelingt es in der Regel eher, neues Geld ("fresh Money") bereitzustellen[119].

Ein nicht zu unterschätzender Aspekt ist, daß die wirtschaftliche Notlage des Kreditnehmers nicht in dem Maße nach außen dringt wie bei einem gerichtlichen Verfahren, so daß eine Kreditschädigung und Vermögensentwertung vermieden werden kann[120]. Die Diskretion ist auch deshalb so wichtig, weil es ungleich schwerer ist, alle Gläubiger in eine konstruktive Sanierungsvereinbarung einzubeziehen[121]. Im relativ kleinen Kreis der kreditgebenden Banken gelingt es eher, eine Einigung zu erzielen und einen Alleingang zu verhindern[122].

K.Schmidt faßt daher treffend zusammen: „Die wirksamsten Unternehmenssanierungen erfolgen früh, schnell und still"[123].

Es läßt sich nicht leugnen, daß die freie Sanierung auch Nachteile mit sich bringen kann. In erster Linie werden die Schäden durch erfolglose Sanierungsversuche und die mögliche Gefährdung Unbeteiligter genannt[124]. Angesichts der geschilderten Vorteile spricht dies aber nicht generell gegen freie Sanierungen, sondern ist eine Frage mißbräuchlicher Ausgestaltung im Einzelfall[125]. Den Gefahren läßt sich durch gezielte Pflichten-, Haftungs- und Anfechtungstatbestände entgegensteuern[126].

Diese Untersuchung wird zeigen, inwiefern das geltende Recht einer freien Sanierung mit Hilfe des Bankenpools Grenzen setzt[127].

C. Der Bankenpool als Gesellschaft des bürgerlichen Rechts

Die Mindestmerkmale einer Gellschaft sind nach § 705 BGB, daß sich die *Gesellschafter* in einem *Gesellschaftsvertrag* verpflichten, einen *gemeinsamen Zweck* insbesondere durch die Leistung von *Beiträgen* zu fördern. Als Negativ-

[119] *Hopt*, in: Birk / Kreuzer, S.40f.

[120] *Rieder*, S.83.

[121] *Hopt*, in: Birk / Kreuzer, S.40.

[122] *Schröter* hat u.a. aus diesem Grund Vorbehalte gegen Sicherheitenabgrenzungsverträge; vgl. Schröter / Graf v.Westphalen, S.113f.

[123] *K.Schmidt*, Gutachten, D133. Das rechtspolitische Bekenntnis für die Zulässigkeit freier Sanierungen ist auf breite Zustimmung gestoßen; vgl. statt vieler: *Stürner*, ZIP 1982, S.771; *Schröter / Weber*, ZIP 1982, S.1028; *Timm*, ZIP 1983, S.227.

[124] *Meyer-Cording*, NJW 1981, S.1242 f; *K.Schmidt*, Gutachten, D 104.

[125] Auch hinter dieser Grenzziehung steht das von *Adams*, S.1 angesprochene Grundproblem, ob die Abstimmung durch Bürokratie oder durch freiwillige Vereinbarung der Individuen zu bewerkstelligen ist (was freilich die von *Adams* untersuchte Sicherungsübereignung angeht, so ist m.E. eine Streichung dieses Rechtsinstituts (vgl. aaO., S.278) nicht zu empfehlen).

[126] *Hopt*, in: Birk / Kreuzer, S.41.

[127] Siehe vor allem im 3. Kapitel zu den rechtlichen Risiken des Kreditgeschäfts.

merkmal ist außerdem erforderlich, daß *keine juristische Person oder Handels-Personalgesellschaft* vorliegt[128].

I. Die Gesellschafter

Mehrere Gesellschafter müssen vorhanden sein. Die BGB-Gesellschaft kann nicht als Einmanngesellschaft organisiert werden[129]. Da das Wesen eines Sicherheitenpools gerade in der gemeinschaftlichen Besicherung einer Gläubigermehrheit liegt, sind an einem Bankenpool immer mindestens zwei Kreditinstitute beteiligt.

Auch juristische Personen und nichtrechtsfähige Personenvereinigungen können Gesellschafter sein[130]. Kreditinstitute sind daher unabhängig von ihrer Rechtsform[131] geeignete Vertragspartner.

Der regelmäßig am Vertragsschluß beteiligte Kreditnehmer käme theoretisch ebenfalls in Betracht; er wird jedoch mangels gemeinsamen Zwecks nicht Gesellschafter[132].

II. Der Gesellschaftsvertrag

Der Vertragsschluß ist grundsätzlich nicht formbedürftig. In der Praxis werden Poolverträge so gut wie immer schriftlich verfaßt[133]. Meist erstellt die Hausbank die Vertragsurkunde, nachdem die Beteiligten in vorausgegangenen Besprechungen die wesentlichen Punkte erörtert und ihre grundsätzliche Bereitschaft zum Abschluß eines Poolvertrages signalisiert haben. Oft leitet sie die Urkunde dann auf dem Postwege zur Prüfung und Unterzeichnung an die Vertragspartner weiter.

Mit dem Gesellschaftsvertrag können in derselben Urkunde auch sonstige Verträge verbunden werden[134]. So enthalten die meisten Poolverträge Elemente von Sicherungsvereinbarungen mit dem Kreditnehmer. Einzelne Vertragsbestimmungen sind daher jeweils daraufhin zu untersuchen, ob sie gesellschaftsrechtliche oder sonstige Rechtsbeziehungen regeln[135].

---

[128] *K.Schmidt*, Gesellschaftsrecht, S.1270; *K.Schmidt* spricht von „Personengesellschaft"; s. hierzu *Rittner*, ZIP 1987, S.1626.

[129] *Lutz Fischer*, S.23.

[130] *Palandt/Thomas*, § 705, Anm.3a.

[131] § 2a KWG schließt nur Einzelkaufleute aus.

[132] Siehe unten III.3.

[133] Zusätzliche mündliche oder konkludente Abreden sind damit nicht ausgeschlossen, vgl. *Ulmer*, GbR. § 705 Rdn.98.

[134] *Ulmer*, GbR, § 705 Rdn.98 nennt den Abschluß eines sonstigen Vertrags zwischen den gleichen Parteien. Diese Aussage läßt sich auf Verträge mit Nichtgesellschaftern erweitern.

[135] Auf die verschiedenen Rechtsbeziehungen gehe ich näher in Kap.2 A.II.1. ein.

III. Der gemeinsame Zweck

1. In der Literatur zum *Lieferantenpool* wurde die Frage aufgeworfen, ob der Pool *BGB-Gesellschaft oder unechte Treuhand* sei[136]. Die Fragestellung ist im Ansatz verfehlt und schon deshalb keinesfalls auf den Bankenpool zu übertragen[137].

Bei den Lieferantenpoolverträgen sind unterschiedliche Rechtskonstruktionen anzutreffen[138]. Die Eigentumsvorbehaltsrechte können fiduziarisch auf einen der Gläubiger oder einen Dritten übertragen werden. Wird dieser dergestalt zum Vollrechtsinhaber, handelt es sich um eine sogenannte fiduziarische oder echte Treuhand[139]. Ermächtigen sie jedoch einen Treuhänder zu Verfügungen im eigenen Namen, obwohl sie selbst als Treugeber Vollrechtsinhaber bleiben, liegt eine Ermächtigungstreuhand vor, die auch unechte Treuhand genannt wird[140]. Soll der „Treuhänder" lediglich als Vertreter im Namen der Gläubiger auftreten, spricht man von einer Vollmachtstreuhand, für die schlechthin Stellvertretungsrecht gilt[141].

Zwischen einem Begriffspaar Gesellschaft und Treuhand, in welcher Form letztere auch vorliegen mag, gibt es jedoch keine logische Verknüpfung im Sinne eines gegenseitigen Ausschließlichkeitsverhältnisses; es sind inkommensurable Gebilde. Die Einschaltung eines Treuhänders mag das Erscheinungsbild und die Vermögensordnung einer Gesellschaft beeinflussen. So kann etwa das Gesellschaftsvermögen gesamthänderisch gebunden oder einem Treuhänder übertragen sein[142]. Selbst wenn aber ein Treuhandverhältnis festgestellt wird, ändert dies für die Prüfung, ob eine Gesellschaft vorliegt, nichts an der Notwendigkeit, ihre — von der Vermögensordnung unabhängigen — gesetzlichen Merkmale zu prüfen[143].

---

136 *Kuhn/Uhlenbruck*, § 4 Rdn.13; nach *Mentzel/Kuhn/Uhlenbruck*, 9.Aufl.1979, § 43 Rdn.44 soll im Zweifel Treuhand gegeben sein; *Bohlen*, S.10; *Wagner*, S.204; vgl.a. *Graf von Westphalen*, in: Münchener Vertragshandbuch, Bd.2, II.10, Anm.2.

137 So aber *Uhlenbruck*, Gläubigerberatung, S.136.

138 S. auch oben in der Einl. unter B. zu den entsprechenden Möglichkeiten bei gemischten Pools.

139 Vgl. *Palandt/Bassenge*, § 903 Anm.6a, aa. *Bohlen* (S.11, 13, 95), *Buksch* (S.6) und wohl auch *Mentzel/Kuhn/Uhlenbruck* (§ 43 Rdn.44) nehmen gerade für diesen Fall fälschlicherweise unechte Treuhand an.

140 Vgl. *Palandt/Bassenge*, § 903 Anm.6a, aa.

141 Vgl. *Soergel/Leptien*, Vor §164 Rdn.85a. Teilweise wird auch die Vollmachtstreuhand unechte Treuhand genannt, s. *Palandt/Bassenge* aaO.; nach *Coing* (Die Treuhand, S.97) wird man richtigerweise nur von treuhandähnlicher Rechtsgestaltung oder Quasitreuhand sprechen.

142 Siehe des näheren unten Kap.2 A.II.2.; vgl. auch bereits die privatrechtsgeschichtliche Betrachtung von *Beyerle*, S.16ff., 46, der (neben dem Synallgama) die Gesamthand und die Treuhand als Grundformen der objektiven Ordnung gegenüberstellt.

143 Wie hier auch *Heß*, S.38; *Weitnauer*, FS Baur, S.710 (Fn.5); *Beuck*, S.41; *Schröter*, in: *Schröter/Graf v.Westphalen*, S.9, der zu Recht darauf hinweist, daß die Bildung von

Die Fragesteller mögen eine andere Problematik vor Augen gehabt haben[144], die in diesem Zusammenhang vielfach untersucht wird: Ist der Sicherheitenpool eine Gesellschaft nach § 705 BGB oder eine *schlichte Rechtsgemeinschaft* nach § 741 BGB[145]?

Um Mißverständnissen vorzubeugen, sei zunächst darauf hingewiesen, daß auch die Gesellschaft und die Gemeinschaft sich nicht gegenseitig ausschließen. Es gibt keinen Gegensatz, der aus der Gegenüberstellung der Gesellschaft als einem Gebilde mit gemeinsamen Zweck und der Gemeinschaft als einem Gebilde ohne gemeinsamen Zweck gewonnen werden könnte; auch die Gesellschafter einer BGB-Gesellschaft können Bruchteilseigentum bilden, nur kann dieses nicht gleichzeitig Gesamthandseigentum sein[146]. Bei den Lieferantenpools geht es vielmehr um die Frage, ob aus einer bereits kraft Gesetzes[147] bestehenden Gemeinschaft durch den Abschluß eines Poolvertrages eine Gesellschaft wird.

Hält man die Poolvereinbarungen für bloße Verwaltungs- oder Auseinandersetzungsregelungen, die auch im Rahmen der §§ 741 ff. BGB möglich sind, bleibt es bei einer Bruchteilsgemeinschaft[148]. Für § 705 BGB ist entscheidend, ob die Beteiligten — darüber hinausgehend — einen gemeinsamen Zweck verfolgen[149]. Beim Lieferantenpool wird dies überwiegend angenommen. Gemeinsamer Zweck sei in erster Linie die gemeinsame Geltendmachung der Rechte zur Vermeidung von Schwierigkeiten, die bei der individuellen Durchsetzung bestehen[150].

Beim Bankenpool ist die Situation eine völlig andere. Für eine Gesellschaft spricht zwar noch nicht zwingend, daß der Zusammenschluß erst durch Vertrag begründet wird[151]. Der Zweck des Pools kann hier jedoch nicht die Vermeidung

---

Gesamthandsvermögen nicht notwendige Voraussetzung einer BGB-Gesellschaft ist. Daher kann es hier offenbleiben, ob ggf. die schuldrechtlichen Ansprüche gegen den Treuhänder zum Gesellschaftsvermögen gehören (so *Beuck*, S. 42).

[144] Darauf deutet die Formulierung bei *Kuhn/Uhlenbruck* (§ 4 Rdn.13) hin: „...unechte Treuhand (bzw.Miteigentümergemeinschaft)...".

[145] Vgl. *Stürner*, ZZP 94 (1981), S.275f.; *Henckel*, Aktuelle Probleme, S.75f.; *Heß*, S.32ff.; *Hilger*, S.17; *Soergel/Hadding*, Vor § 705 Rdn.49; *Wagner*, S.204.

[146] *K.Schmidt*, Gesellschaftsrecht, S.6: Der Gegensatz heiße daher nicht „Gemeinschaft oder Gesellschaft", sondern „Gemeinschaft oder Gesamthand"; vgl. auch *Staudinger/Huber*, § 741 Rdn.120, 131; selbst wenn bisweilen die Gemeinsamkeiten von Bruchteils- und Gesamthandsgemeinschaft betont werden (*Schulze-Osterloh*, Das Prinzip der gesamthänderischen Bindung, S.278; a.A.: *Ulmer*, GbR, § 705 Fn.339; *Flume*, S.123; *Hennecke*, S.64), kann doch zumindest nicht beides gleichzeitig vorliegen.

[147] Wegen Verbindung, Vermischung, Vermengung oder Verarbeitung gelieferter Waren, §§ 947ff. BGB.

[148] Nach *Stürner*, ZZP 94 (1981), S.275f. ist dies häufig der Fall; zust. *Hilger*, S.17.

[149] Vgl. *Lehmann/Dietz*, S.87; *Reinhardt/Schultz*, Rdn.23.

[150] *Jaeger/Henckel*, § 15 Rdn.72; *Lwowski*, Insolvenzpraxis für Banken, S.131; *Heß*, S.36f.; *Soergel/Hadding*, Vor § 705 Rdn.49; *Beuck*, S.41.

von Abgrenzungsschwierigkeiten sein, weil zunächst keine gemeinsamen Rechte bestehen[152]. Als Sicherungsnehmer tritt von vornherein nur jeweils eine Person auf, die im Poolvertrag treuhänderische Bindungen eingeht. Auf die Erwägungen zum Lieferantenpool kann daher nicht zurückgegriffen werden.

2. Der gemeinsame Zweck ist für den *Bankenpool eigenständig* zu ermitteln. Als solcher kommt jeder erlaubte Zweck in Betracht[153]. Die Beweggründe für den Poolbeitritt können bei den einzelnen Banken verschiedenartig sein[154]. Während für eine Bank die Rückzahlung der Kredite im Vordergrund stehen mag, geht es einem anderen Kreditinstitut vielleicht (auch) um die Erhaltung der Kundenverbindung oder die Rettung von Arbeitsplätzen[155]. Außerdem können das Image in der Öffentlichkeit oder persönliche Bindungen zur Unternehmensleitung und weitere Aspekte eine Rolle spielen. Die Gemeinsamkeit des Zwecks setzt nicht notwendig Übereinstimmung der Interessen der Beteiligten voraus. Die Motive bleiben als solche außerhalb des Vertrages[156]. Es genügt, wenn der gemeinsame Zweck sich nur als Vorzweck und somit als Mittel zur Erreichung getrennter Endzwecke darstellt[157].

Als *einheitlicher Vorzweck* kommt das durch die gleichmäßige Besicherung und sonstige Vertragsbestimmungen bewirkte einvernehmliche Vorgehen aller Banken in der Krise in Betracht[158], das sich insbesondere in der (zumindest vorläufigen) Festschreibung der bestehenden oder gar erhöhten Kreditlinien äußert. Daneben kann die oft in den Vordergrund gestellte[159] optimale Nutzung

---

[151] Auch ein Rechtsgeschäft kann Entstehungsgrund einer Gemeinschaft sein. Nach *Palandt / Thomas*, § 741 Anm.2 wird bei Vertrag allerdings meist ein gemeinsamer Zweck bestehen (dann Gesellschaft).

[152] Es wäre auch widersinnig, Sicherheiten vertraglich zusammenzufassen mit dem Zweck, aus dieser Zusammenfassung resultierende Abgrenzungsschwierigkeiten zu bewältigen.

[153] Siehe z.B. *Hueck*, S.37. Beim Lieferantenpool wurde diskutiert, ob der Gesellschaftszweck gegen § 138 BGB verstößt; vgl. *Heß*, S.39ff., 42ff. mwN. Anknüpfungspunkt war auch hier die Behebung von Abgrenzungsschwierigkeiten, so daß sich diese Frage für den Bankenpool nicht stellt; vgl. auch *Marx*, NJW 1978, S.247, 250f.

[154] Zur Interessenlage der Kreditinstitute bei Sanierungen s. *Groß*, S.109f.

[155] Dies muß nicht einmal aus rein altruistischen Gründen so sein. Es kann auch um die Vermeidung eines negativen Bildes in der Öffentlichkeit gehen. I.ü. kann auch der gemeinsame Zweck durchaus ein altruistischer sein; *Hueck*, S.37.

[156] *Ballerstedt*, JuS 1963, S.254.

[157] *Fikentscher*, FS H.Westermann, S.94f.; *H.Westermann*, Personengesellschaftsrecht, Rdn.27.

[158] Die vereinfachte Sicherheitenverwaltung (vgl. *Schröter / Graf v. Westphalen*, S.7; *W.Obermüller*, BuB , Rdn.4 / 70) mag bei manchen Poolverträgen i.w.S. bezweckt sein. Bei der Poolbildung in der Unternehmenskrise dürfte sie eher ein erwünschter Nebeneffekt sein. Die Notwendigkeit gemeinsamen Handelns betont auch *Eberding* (BB 1974, S.1004), ohne dies aber ausdrücklich dem Merkmal „gemeinsamer Zweck" zuzuordnen.

[159] *Eberding*, BB 1974, S.1004; *Ehlers*, ZKW 1977, S.912; *Scholz / Lwowski*, Rdn.216; *Schröter / Graf v. Westphalen*, S.5ff.

der Sicherungsmittel eine Rolle spielen. Dies ist aber praktisch nur in den Fällen relevant, in denen der zu erwartende Verwertungserlös aus den Sicherheiten einer Bank deren Kreditforderungen übersteigt[160].

Es wurde bereits gezeigt, daß ohne ein einheitliches Vorgehen weitere Sanierungsmaßnahmen kaum zu verwirklichen sind[161]. Ob darüber hinaus ein konkretes Sanierungskonzept zum Vertragsinhalt wird, ist eine Frage der Vereinbarungen — auch außerhalb der Vertragsurkunde — im Einzelfall[162].

Aus den Vertragsbestimmungen ist objektiv erkennbar, daß der so formulierte Vorzweck von allen Banken verfolgt wird[163]. Gemeinsamkeit des Zwecks ist jedoch mehr als inhaltliche Gleichheit. Jeder Teilnehmer muß wissen, daß es auf ein Zusammenwirken ankommt[164]. Er muß versprechen, ihn ebensowohl als den eigenen wie als den Zweck des anderen zu fördern[165]. Der vertraglichen Verschmelzung der Interessen kommt zentrale Bedeutung zu[166]. Man will „gemeinsame Sache" machen, um mit vereinten Kräften mehr oder anderes zu erreichen als in der Vereinzelung[167].

Die Banken handeln in dem Bewußtsein, daß sie die anstehenden Probleme nur zusammen lösen können, und wollen gerade deshalb ein Abspringen einzelner verhindern. Gemessen an den genannten Anforderungen ist der verfolgte Zweck daher allen gemeinsam.

Schulze-Osterloh stellt demgegenüber auf die Gemeinschaftlichkeit des durch die Zweckverfolgung erzielten Ergebnisses ab[168]. Dies soll auch gelten, wenn sich mehrere Personen — wie hier — nicht zum Zwecke der Gewinnerzielung, sondern zur Erreichung anderer wirtschaftlicher Ziele zusammengeschlossen haben. Die Vor- und Nachteile seien daraufhin zu untersuchen, ob sie allen Beteiligten zugute kommen bzw. ob sie alle Beteiligten belasten[169]. Die im Poolvertrag geregelte gleichmäßige Besicherung der festgeschriebenen Kreditlinien führt im Verwertungsfall zu gleichen Ausfallquoten hinsichtlich der einbezogenen Kredite. Die wirtschaftliche Interessenlage zeigt, daß der Banken-

---

[160] Das wirtschaftlich gleiche Ergebnis ist hier zu erreichen, indem sich die „untersicherte" Bank die Rückübertragungsansprüche des Kreditnehmers gegen die „übersicherte" Bank abtreten läßt.

[161] Siehe oben B.II.1.

[162] Die üblichen Vertragsmuster enthalten keine entspr. Regelungen. Dies kann angesichts der Vielzahl möglicher Sanierungsmaßnahmen nicht überraschen.

[163] Damit liegt zumindest partielle inhaltliche Gleichheit der Vorzwecke vor. Weitere Vorzwecke der Beteiligten sind nicht ausgeschlossen; vgl. *Fikentscher*, FS H.Westermann, S.95.

[164] *Fikentscher*, FS H.Westermann, S.96.

[165] *Ballerstedt*, JuS 1963, S.255.

[166] *Ulmer*, GbR, § 705 Rdn.115.

[167] *Wiedemann*, S.9.

[168] *Schulze-Osterloh*, Der gemeinsame Zweck, S.21 u.66; dagegen die h.M., vgl. *Ulmer*, GbR, § 705 Rdn.116f. mwN.

[169] *Schulze-Osterloh*, aaO., S.48f.

pool geradezu ein Paradebeispiel für die Beteiligung aller am Erfolg oder Mißerfolg eines Zusammenschlusses ist. Auch dieser Ansatz führt zu dem Ergebnis, daß der Poolvertrag zu einem gemeinsamen Zweck i.S.d. § 705 BGB geschlossen wird.

3. Fraglich könnte sein, ob auch der die Vertragsurkunde mitunterzeichnende *Kreditnehmer als Gesellschafter* in Betracht kommt[170] Auch er hat ein Interesse an dem einvernehmlichen Vorgehen der Kreditinstitute, namentlich an der Festschreibung der Kreditlinien, und mag also durchaus gleichgerichtete Zwecke verfolgen. Es fehlt jedoch das Merkmal der Gemeinsamkeit, da es auf die vereinten Kräfte der Banken ankommt. So ist denn auch die Einbeziehung des Kreditnehmers als Vertragspartei des Poolvertrages nicht zwingend, sofern nur bestimmte Punkte gesondert mit ihm geregelt werden[171]. Die Vereinbarungen mit ihm betreffen die einbezogenen Darlehen und deren Besicherung, so daß sie den Charakter von Austauschverträgen haben[172]. Der Kreditnehmer scheidet als Gesellschafter aus. Der Klarheit halber sollte man daher nur die Banken und nicht auch ihn als „Poolpartner" bezeichnen.

IV. Die Beitragspflicht

Jeder Gesellschafter ist verpflichtet, einen Beitrag zur Förderung des gemeinsamen Zwecks zu leisten. Dabei genügt jede irgendwie geartete Leistung, die geeignet und darauf gerichtet ist, den Gesellschaftszweck zu fördern[173].

Einen Beitrag leisten zunächst diejenigen Banken, die ihnen bereits zustehende Sicherheiten in den Pool einbringen, indem sie diese auf einen Treuhänder übertragen oder nunmehr selbst treuhänderisch auch für die anderen Partner halten. Aber auch das Hereinnehmen und treuhänderische Halten neuer Sicherheiten „für Rechnung" aller Beteiligten kann Gegenstand der Förderungspflicht sein. Schließlich sind sogar reine Verwaltungs- und Verwertungspflichten ohne gleichzeitige Rechtsinhaberschaft einer Bank möglich[174].

---

[170] Verneinend: *Schröter/Graf v. Westphalen*, S.12f.; *W. Obermüller*, BuB, Rdn.4/94. Bejahend wohl *Eberding*, BB 1974, S.1005, der ein Kündigungsrecht des Kreditnehmers an § 723 BGB mißt. Offengelassen von *Scholz/Lwowski*, Rdn.216.

[171] Insbesondere die Erweiterung des Sicherungszwecks und die Zustimmung zur Übertragung von Sicherheiten; vgl. *W. Obermüller*, BuB, Rdn.4/71 (Fn.1); *Schröter/Graf v. Westphalen*, S.10ff. gegen *Eberding*, BB 1974, S.1004.

[172] Als Parallele sei auf die Kreditkonsortien verwiesen, bei denen das Verhältnis der Banken untereinander im Konsortialvertrag (Innenvertrag) geregelt wird, während mit dem Kreditnehmer ein getrennter Vertrag über Kreditvergabe und Besicherung (Außenvertrag) geschlossen wird (nach *Hinsch/Horn*, S.156 läßt sich diese Praxis bei größeren Eurokrediten kaum noch beobachten). Beim Pool schließen die einzelnen Banken freilich getrennte Kreditverträge mit dem Schuldnerunternehmen.

[173] *H. Westermann*, Personengesellschaftsrecht, Rdn.30; *Ulmer*, GbR, § 705 Rdn.120f.

[174] Vgl. *Schröter/Graf v. Westphalen*, S.22f.; siehe auch unten Kap.2 B.III.1., IV.1. sowie Kap.2 A.II.1.b)(2) zur Abgrenzung von Drittverträgen.

In diesen Leistungen kann sich die Beitragspflicht jedoch nicht erschöpfen. Anderfalls läge bei manchen Konstellationen mangels allseitiger Zweckförderungspflicht keine Gesellschaft vor. Am deutlichsten wird dies in dem Extremfall, daß anläßlich der Poolbildung nur neue Sicherheiten unmittelbar auf einen außenstehenden Treuhänder übertragen werden, weil dann keine Bank eine der genannten Pflichten übernimmt.

Ein Beitrag jeder Bank bei allen Poolsituationen ist aber der Verzicht auf eine individuelle Besicherung der einbezogenen Kredite. Dies äußert sich in der vertraglichen Verpflichtung der Kreditinstitute, Sicherheiten in den Pool einzubeziehen, die sie nachträglich für die poolgebundenen Kredite erhalten[175]. Man kann das Schwergewicht durchaus — negativ formuliert — auf das Absehen von Sondersicherheiten legen, da auch ein bloßes Unterlassen unter den weiten Beitragsbegriff fällt[176]. Außerdem kommt — jedenfalls bei ausdrücklicher Regelung[177] — als Zweckförderungsverpflichtung in Betracht, die Kreditlinien offenzuhalten und nur im gegenseitigen Einvernehmen zu reduzieren.

V. Keine juristische Person oder Handels-Personalgesellschaft

Eine juristische Person des Privatrechts entsteht im Normalfall[178] durch Eintrag in das Vereins- oder Handelsregister, der beim Bankenpool nicht vorliegt. Eine Personalgesellschaft ist jedoch automatisch Handelsgesellschaft, wenn ihr Zweck auf die Ausübung eines Grundhandelsgewerbes unter gemeinsamer Firma gerichtet ist und es sich nicht um den Betrieb eines Minderkaufmanns handelt, §§ 105 Abs. 1, 161 Abs. 2, 1 Abs. 2, 4 HGB.

Der Pool erfüllt diese Voraussetzungen nicht. Er betreibt selbst kein Bankgeschäft nach §§ 1 Abs.2 Nr.4 HGB, 1 Abs.1 Nr.2 KWG, weil die Poolpartner die Kredite getrennt gewähren. Der Bankenpool als solcher handelt auch nicht gewerblich, denn er ist weder auf Dauer angelegt[179] noch auf Gewinnerzielung bzw. entgeltliche Tätigkeit am Markt ausgerichtet[180]. Außerdem existiert keine gemeinsame Firma[181].

Der Bankenpool ist eine Gesellschaft bürgerlichen Rechts.

---

175 Sondersicherheiten sind mit dem Vertragszweck nicht vereinbar (*Schröter/Graf v. Westphalen*, S.21). Selbst ohne eine ausdrückliche Regelung dürfte sich diese Pflicht daher aufgrund ergänzender Vertragsauslegung oder aus der gesellschaftsrechtlichen Treupflicht ergeben.

176 *Ulmer*, GbR, § 705 Rdn.121; *Ballerstedt*, JuS 1963, S.253; *K.Schmidt*, Gesellschaftsrecht, S.1306.

177 Ein entspr. faktisches „Verbot" kann sich aus einer Saldenausgleichsverpflichtung ergeben; vgl. *W.Obermüller*, BuB, Rdn.4/82 sowie unten Kap.2 B.II.2., VI.1.

178 „System der Normativbestimmungen", vgl. z.B. *Fr.Kübler*, S.32; zu den hier nicht einschlägigen Ausnahmen siehe *Rittner*, Die werdende juristische Person, S.19ff.

179 Zur Einordnung als Gelegenheitsgesellschaft s. Kap.2 A.1.

180 Zum Gewerbebegriff siehe des näheren *K.Schmidt*, Handelsrecht, S.254f.

181 Zur Einordnung als Innengesellschaft siehe unten Kap.2 A.II.

2. KAPITEL

Analyse der Vertragsgestaltung

A. Gesellschaftsrechtlicher Strukturtypus des Bankenpools

Die Gesellschaft bürgerlichen Rechts ist ein Allzweckinstrument[1]. Allein mit der Bestimmung der Rechtsform ist der Bankenpool noch nicht erschöpfend charakterisiert, denn die Vertragsgestaltung kann zu recht unterschiedlichen Strukturtypen führen.

I. Gelegenheitsgesellschaft

Das Schrifttum verwendet keine einheitliche Definition der Gelegenheitsgesellschaft. Mitunter wird als gleichbedeutend der Ausdruck Konsortium gebraucht[2]. Einigkeit dürfte bestehen, daß auf den Gesellschaftszweck und nicht auf die tatsächliche Dauer der Gesellschaft abzustellen ist[3]. Eine Gelegenheitsgesellschaft soll vorliegen, wenn der Zusammenschluß nur für einzelne bestimmte geschäftliche Zwecke erfolgt, insbesondere zur Durchführung eines oder mehrerer Einzelgeschäfte[4]. Andere fordern, daß ein nur vorübergehender gemeinsamer Zweck verfolgt wird[5].

Der Bankenpool erfüllt die genannten Anforderungen. Bereits die Abgrenzung im ersten Kapitel hat gezeigt, daß der Pool zwar kein Kreditkonsortium im traditionellen Sinne darstellt, er aber durchaus als Konsortium eigener Art verstanden werden kann, sofern man einen weiten Konsortialbegriff zugrunde legt.

Die Kreditinstitute schließen sich in einem Poolvertrag zu gemeinschaftlicher Besicherung und einheitlichem Vorgehen in der Krise eines konkreten Unter-

---

[1] *K.Schmidt*, JZ 1985, S.910.

[2] *Düringer/Hachenburg/Geiler*, Anm.325, mit Beschränkung auf Erwerbsgesellschaften.

[3] *K.Schmidt*, Gesellschaftsrecht, S.1274.

[4] *Düringer/Hachenburg/Geiler*, Anm.325; ähnlich auch *Ulmer*, GbR, Vor § 705 Rdn.57; *Lutz Fischer*, S.177, mit dem zusätzlichen Kriterium „auf gemeinsame Rechnung".

[5] *H.Westermann*, Personengesellschaftsrecht, Rdn.40; *Soergel/Hadding*, Vor § 705 Rdn.27. Dem dürfte es entsprechen, wenn *K.Schmidt*, Gesellschaftsrecht, S.1274 von einem programmäßigen Ende der Gesellschaft durch Zweckerreichung oder Zweckerledigung spricht.

nehmens zusammen und verfolgen mithin einen auf ein bestimmtes Vorhaben beschränkten Einzelzweck. Dieser ist auch nur vorübergehender Art, denn spätestens nach Rückübertragung der Sicherheiten aufgrund endgültiger Erfüllung der Kreditverpflichtungen[6] oder aber nach erfolgter Verwertung der Sicherheiten und Erlösverteilung endigt die Gesellschaft.

Der Bankenpool ist als Gelegenheitsgesellschaft einzuordnen. Schon aus diesem Grunde hat er auch nicht die Form einer Handelsgesellschaft[7].

II. Innen- oder Außengesellschaft?

Nahezu einhellig wird die Innengesellschaft vom gesetzlichen Normaltyp der Außengesellschaft unterschieden[8]. Bei der Gegenüberstellung wird meist darauf abgestellt, ob die Gesellschaft nach außen auftritt[9]. Umstritten ist jedoch, ob eine Innengesellschaft Gesamthandsvermögen haben kann[10] oder ob dessen Existenz notwendig zur Annahme einer Außengesellschaft führt[11].

Im folgenden soll untersucht werden, ob die Charakterisierung des Bankenpools von dieser Streitfrage abhängt[12]. Zunächst wird daher das Auftreten des Pools nach außen und anschließend dessen Vermögensordnung geprüft. Dabei geht die Betrachtung von dem weitaus häufigsten Fall aus, daß eine der Banken gleichzeitig als Treuhänder fungiert[13].

---

[6] Die Notwendigkeit eines einvernehmlichen Vorgehens kann entfallen, wenn die Krise und ihre Ursachen nachhaltig bewältigt sind. Damit ist die Gesellschaft aber nicht automatisch aufgelöst. Der Gesellschaftszweck beschränkt sich dann auf die gemeinschaftliche Besicherung.

[7] S.o. Kap.1 C.V.; vgl. auch *Hueck*, S.50f.

[8] Nach *Steckhan*, S.129, gibt es kein Bedürfnis für eine solche begriffliche Differenzierung. Gegen diese Kritik vgl. nur *Ulmer*, GbR, § 705 Rdn.232; *K.Schmidt*, Gesellschaftsrecht, S.954.

[9] *Palandt/Thomas*, § 705 Anm.8a; *Sudhoff*, S.31; *Wiedemann*, S.83.

[10] So z.B. *Soergel/Hadding*, Vor § 705 Rdn.28; *Lenz*, S.97ff.; *Ulmer*, GbR, § 705 Rdn.233ff., der bei Fehlen von Gesamthandsvermögen von Innengesellschaften i.e.S. spricht; weitere Nachweise bei *Steckhan*, S.74 (Fn.2).

[11] *K.Schmidt*, Gesellschaftsrecht, S.955, 1275; *Düringer/Hachenburg/Geiler*, Anm. 316; *Hueck*, S.11; *Lehmann/Dietz*, S.89; BGH NJW 1982, S.99; weitere Nachweise bei *Steckhan*, S.74 (Fn.2).

[12] Die Aussage *Ulmers* (GbR, Vor § 705 Rdn.43), daß Sicherungspools Außengesellschaften seien, denen Sicherungsrechte zu Gesamthandseigentum übertragen sind, kann sich nur auf bestimmte Varianten des Lieferantenpools beziehen (In § 705 Rdn.237 sind keine Sicherungspools gemeint). Auch *K.Schmidts* Einordnung als „sonstige Innengesellschaft" (Gesellschaftsrecht, S.1286) geht wohl eher vom Lieferantenpool aus. Das ArbG Siegen, ZIP 1985, S. 1048, 1069 sowie das LAG Hamm, ZIP 1987, S. 91, 99 tendieren beim Bankenpool zur Annahme einer Innengesellschaft, lassen dies aber letztlich dahingestellt.

[13] Zur Einschaltung eines Außenstehenden als Treuhänder s.u. B.IV.6.

1. Das Auftreten nach außen

Man könnte versucht sein, ein Auftreten des Pools nach außen bereits mit dem Argument anzunehmen, daß ja zumindest der den Poolvertrag mitunterzeichnende Kreditnehmer von der Gesellschaft Kenntnis erhält. In diesem Sinne ist das Merkmal jedoch nicht zu verstehen. Auf die Offenlegung oder Geheimhaltung des Gesellschaftsverhältnisses kommt es nicht an[14].

Entscheidend sind die Vereinbarungen im Gesellschaftsvertrag. Soll die Gesellschaft nicht selbst am Rechtsverkehr teilnehmen, sondern sollen die Geschäfte vom geschäftsführenden Gesellschafter zwar auf Rechnung der Gesellschaft, aber im eigenen Namen getätigt werden, liegt eine Innengesellschaft vor[15]. Die Frage, ob der Pool als solcher als Vertragspartner und Rechtssubjekt auftritt, läßt sich nur beantworten, wenn die *diversen Rechtsbeziehungen* zwischen den Beteiligten gedanklich getrennt werden.

a) Zunächst gibt es vertragliche Vereinbarungen *außerhalb des Poolvertrages*, an die jener anknüpft.

So bestehen zwischen dem Unternehmen und den einzelnen Banken rechtlich getrennte Darlehensverträge[16]. Auch wenn Absprachen über das Bereitstellen oder Offenhalten der jeweils zur Verfügung gestellten Kreditlinien getroffen werden, führt diese Verhaltenskoordinierung in bezug auf die Kreditgewährung doch nicht dazu, daß der Pool als solcher im Rechtsverkehr in Erscheinung tritt[17].

Gleichfalls außerhalb des Poolvertrages erfolgt die Übertragung der Sicherheiten durch dingliche Vollzugsgeschäfte. Deren rechtliche Einordnung hängt nicht davon ab, ob bereits bestehende Sicherheiten in den Pool einbezogen werden oder ob anläßlich des Poolvertrages neue Sicherheiten bestellt werden. Charakteristisch für den Bankenpool ist, daß nicht die Gemeinschaft der Kreditgeber, sondern nur jeweils eine Bank als Sicherungsnehmer auftritt, die die Sicherheit dann treuhänderisch auch für die anderen Banken hält.

Schuldrechtliche Sicherungsverträge bestehen in aller Regel ebenfalls außerhalb des Poolvertrages zwischen dem jeweiligen Sicherungsnehmer und dem

---

[14] Vgl. *Ulmer*, GbR, § 705 Rdn.230, 234; *K.Schmidt*, Gesellschaftsrecht, S.954; *Palandt / Thomas*, § 705 Anm.8a.

[15] *Ulmer*, GbR, § 705 Rdn.233.

[16] Dabei kann hier offenbleiben, ob der Krediteröffnungsvertrag von den einzelnen Darlehensgewährungen zu unterscheiden ist; vgl. hierzu *Canaris*, Bankvertragsrecht (2.Bearb.), Rdn.1201.

[17] Vgl. bereits oben Kap.1 A.III.2. zur Unterscheidung vom klassischen Kreditkonsortium. Ob die Entsendung von Bankenvertretern zur Umsetzung und Durchführung eines Stillhalteabkommens die Qualifizierung eines „Stillhaltekonsortiums" als Außengesellschaft trägt, dürfte daher auch nicht so zweifellos anzunehmen sein, wie *Assmann*, ZHR 152 (1988), S.374f. meint. Zum Kreditgeber wird die Gesellschaft selbst damit jedenfalls noch nicht.

Sicherungsgeber. Der Poolvertrag bezieht sich auf diese Abreden und modifiziert sie insbesondere durch Erweiterung des Sicherungszwecks[18].

b) Von größerem Interesse sind hier diejenigen *Rechtsbeziehungen*, die *im Rahmen des Poolvertrages* geregelt sind.

Zentrale Figur der Vereinbarungen ist das als Treuhänder eingeschaltete Kreditinstitut. Die rechtliche Konstruktion läßt sich als doppelseitige Treuhand einordnen, weil treuhänderische Bindungen sowohl gegenüber den Mitgläubigern als auch gegenüber dem Sicherungsgeber bestehen und somit die Interessen mehrerer Parteien zu berücksichtigen sind[19]. Mit dieser Qualifizierung sind die Rechtsbeziehungen zwischen den Beteiligten jedoch noch nicht hinreichend geklärt, weil es einen typischen Treuhandvertrag nicht gibt[20].

(1) Im *Verhältnis zwischen Treuhänder und Sicherungsgeber*[21] dürfte ein schuldrechtlicher Sicherungsvertrag[22] anzunehmen sein, denn der Poolvertrag stellt die Verbindung zwischen den dort bezeichneten Sicherheiten und den gesicherten Forderungen her. Außerdem enthält er Bestimmungen über die Verwaltung des Sicherungsgutes und die Erlösverteilung im Verwertungsfall.

Soweit ersichtlich bezweifelt daher auch niemand, daß der Poolvertrag Elemente einer Sicherungsabrede beinhaltet. Fraglich könnte jedoch sein, zwischen welchen Personen die Absprachen getroffen werden. Teilweise wird die Auffassung vertreten, daß neben dem Treuhandverhältnis zwischen Sicherungsnehmer und den übrigen Kreditinstituten Treuhandbeziehungen zwischen der Gemeinschaft der Kreditgeber und dem Kreditnehmer bestehen[23].

Die Schwierigkeit einer klaren Zuordnung ist darin begründet, daß die üblichen Poolverträge die verschiedenen Rechtsverhältnisse weder strikt tren-

---

[18] *W.Obermüller*, BuB, Rdn.4/86; *Schröter/Graf v.Westphalen*, S.19.

[19] Siehe *M.Obermüller*, DB 1973,S.1834; *Liebich/Mathews*, S.269; *Palandt/Bassenge*, § 903 Anm.6a, bb für den Poolvertrag zur Besicherung eines Konsortialkredits. Vgl. auch *Serick* II, S.73 (Doppeltreuhand beim Bassinvertrag); *Siebert*, S.31, 365 (Einschaltung einer neutralen Zwischenperson); *Coing*, Die Treuhand, S.89. Zur Bilanzierung bei doppelseitiger Treuhandschaft s. *Mathews*, BB 1987, S.645; ders., Rechnungslegung über Treuhandverhältnisse, S.68, 96; *Adler/Düring/Schmalz*, § 149 Rdn.61; *Budde/Karig*, in: Beck'scher Bilanz-Kommentar, § 246 Rdn.12; *Wöhe*, in: Küting/Weber, Rdn.271, 296; jedenfalls wenn der Treuhänder gleichzeitig Kreditgeber ist und somit zumindest auch eigennützig handelt, erscheint eine Ausweisung des Sicherungsguts in dessenBilanz nicht geboten.

[20] *Palandt/Bassenge*, § 903 Anm.6a, cc; zu Begriff und Arten der fiduziarischen Treuhand s. *Gernhuber*, JuS 1988, S.355f. mwN.

[21] Im folgenden wird der Einfachheit halber davon ausgegangen, daß dieser mit dem Kreditnehmer identisch ist.

[22] Die Terminologie ist nicht ganz einheitlich. Von Sicherungsvertrag sprechen z.B. *Bülow*, Rdn.851; *Medicus*, Rdn.495; *Palandt/Bassenge* § 930 Anm.4b, bb; andere nennen die zugrundeliegende obligatorische Vereinbarung Sicherungsabrede; vgl. etwa *Serick* II S.44ff.; *Schlechtriem*, Rdn.546; zur Treuhandabrede s. auch *Gernhuber*, JuS 1988, S.357 f.

[23] *Liebich/Mathews*, S.269; *M.Obermüller*, DB 1973, S.1834.

nen noch ausdrücklich benennen. Für die hier vertretene Einschätzung spricht zunächst, daß nur das die Sicherheiten haltende Kreditinstitut im Vertrag als Treuhänder bezeichnet wird, nicht aber die Gesamtheit der Kreditgeber. Auch ist nicht ersichtlich, wie bei anderer Wertung die Doppelseitigkeit des Treuhandverhältnisses begründet werden kann. Die Doppeltreuhand setzt voraus, daß ein und derselbe Treuhänder nach verschiedenen Seiten, deren widerstrebende Interessen er zu berücksichtigen hat[24], rechtliche Bindungen hinsichtlich des Treugutes eingeht. Diese Personenidentität fehlt, wenn einerseits der Sicherungsnehmer und andererseits die Gemeinschaft der Banken Treuhänder sein sollen[25].

Darüber hinaus spricht gerade die Eigenschaft als Sicherungsnehmer dafür, eine Treuhandbeziehung zwischen der die Sicherheit haltenden Bank und dem Sicherungsgeber anzunehmen, da die Sicherungsabrede den Rechtsgrund der Sicherungsübertragung bildet[26], die ja gleichfalls in diesem Verhältnis[27] vorgenommen wird.

Die Besonderheit dieses Sicherungsvertrages besteht darin, daß außer dem Sicherungsnehmer auch die übrigen Banken an den Sicherheiten teilhaben sollen. Insoweit liegt eine Treuhandschaft mit Drittbegünstigung vor: Der Drittbegünstigte oder mehrere Drittbegünstigte erhalten selbständige Forderungsrechte aus dem Treuhandvertrag, der als echter Vertrag zugunsten Dritter gemäß § 328 BGB auszulegen ist[28]. An diesem Vertragsabschluß ist der begünstigte Dritte nicht beteiligt[29].

(2) Auch im *Verhältnis des Treuhänders zu den übrigen Banken* kommen verschiedene Möglichkeiten für die Ausgestaltung des Treuhandvertrages in Betracht. Die treuhänderische Bindung kann gesellschaftsrechtlicher Art sein oder auf Auftrag bzw. Geschäftsbesorgung beruhen[30].

Der Zusammenschluß der Banken wurde bereits als Gesellschaft bürgerlichen Rechts eingestuft. Es liegt daher nahe, die Tätigkeit des Treuhänders der Geschäftsführung nach §§ 709ff. BGB zuzuordnen. Dabei wäre ihm die Sicherheitenverwaltung und -verwertung nach § 710 BGB als Alleingeschäftsführer übertragen. Diese Lösung ist indes nicht zwingend, da auch echte

---

[24] *Coing*, Die Treuhand, S.89.

[25] Auch *Liebich/Mathews* (S.269) und *M.Obermüller* (DB 1973, S.1834) gehen letztlich davon aus, daß ausschließlich das die Sicherheiten haltende Kreditinstitut Treuhänder ist.

[26] Vgl. *Serick* II, S.44; *Liebich/Mathews*, S.282 mwN.; etwas abweichend *Coing*, Die Treuhand, S.107f.

[27] Außerhalb des Poolvertrages, s. oben a).

[28] Vgl. *Liebich/Mathews*, S.80f.; *Siebert*, S.200f.; *Bley/Mohrbutter*, § 92 Rdn.22 a.E.; die Aussage *Eberdings* (BB 1974, S.1004), der Poolvertrag sei kein Vertrag zugunsten Dritter, bezieht sich nur auf Rechtswirkungen gegenüber nicht am Pool beteiligten Dritten.

[29] *Liebich/Mathews*, aaO.

[30] Vgl. *Palandt/Bassenge*, § 903 Anm.6a, cc.

Drittverhältnisse mit Gesellschaftern möglich sind. Dies sind vom Gesellschaftsverhältnis verschiedenene Rechtsverhältnisse, die ebensogut zwischen der Gesamthand und Dritten bestehen können[31]. Der Gesellschafter nimmt dann eine Doppelrolle ein[32].

In der Literatur gibt es unterschiedliche Auffassungen, wobei freilich keine ausdrückliche Abgrenzung zwischen Geschäftsführung und Drittgeschäft vorgenommen wird. *Schröter* ordnet die Poolführertätigkeit der Geschäftsführung zu[33]. *Scholz/Lwowski* scheinen dagegen ein Drittverhältnis anzunehmen, da über das Gesellschaftsverhältnis hinaus ein besonderes Treuhandverhältnis der übrigen zum jeweils die Sicherheit haltenden Institut feststellt wird[34]. Nach *Liebich/Mathews* liegt ein Geschäftsbesorgungsvertrag gemäß § 675 BGB vor[35]. Auch *W.Obermüller* geht möglicherweise von einem Drittgeschäft aus, wenn er in diesem Verhältnis die Vorschriften über Geschäftsbesorgung bzw. Auftrag für anwendbar erklärt[36].

Die Heranziehung der Normen des BGB über den Auftrag begründet aber nicht zwingend ein zusätzliches Vertragsverhältnis, da die §§ 709ff. BGB dispositiv sind. Im übrigen bestimmen sich nach § 713 BGB auch die Rechte und Pflichten der gschäftsführenden Gesellschafter ergänzend nach §§ 664ff. BGB.

Als Argument für ein Drittgeschäft ließe sich anführen, daß die Treuhänderbank berechtigt ist, jederzeit die Sicherheitenverwaltung einem anderen geeigneten Treuhänder zu übertragen[37]. Die Möglichkeit, einen Nichtgesellschafter in weitem Umfang mit Geschäftsführungsaufgaben zu betrauen, hindert jedoch nicht daran, die Tätigkeit als Geschäftsführung anzusehen, solange keine Übertragung erfolgt ist.

Ob im Einzelfalle eine gesellschaftliche oder aber eine allgemeine schuldrechtliche Verpflichtung angenommen werden muß, ist im Wege der Auslegung der getroffenen Vereinbarungen unter Berücksichtigung der bei Vertragsschluß vorliegenden Gesamtumstände festzustellen[38]. Zwar dürfte die Vermutung, daß alle im Gesellschaftsvertrag enthaltenen Leistungspflichten im Zweifel gesellschaftsrechtlichen Charakter haben[39], im vorliegenden Fall nicht einschlägig sein, da der Poolvertrag schon aufgrund der in derselben Urkunde getroffenen Sicherungsabrede einen Mischvertrag darstellt.

---

31 *Palandt/Thomas*, § 713 Anm.1; § 718 Anm.4b.

32 *Wiedemann*, S.84.

33 *Schröter/Graf v.Westphalen*, S.24f.; dem entspricht die Qualifizierung des treuhänderischen Haltens als Förderung des gemeinsamen Zwecks (S.8).

34 *Scholz/Lwowski*, Rdn.216.

35 *Liebich/Mathews*, S.269, 304.

36 *W.Obermüller*, BuB, Rdn.4/71 und Vertragsmuster Anh.I § 3 Abs.4.

37 Siehe Anh.I § 3 Abs.1; Anh.II § 3 Abs.3 sowie unten B.IV.6.

38 BGHZ 70, S.61, 63 = NJW 1978, S.376, 377.

39 *Ulmer*, GbR, § 706 Rdn.4 mwN., § 709 Rdn.36.

Dennoch ist hier anzunehmen, daß die Rechte und Pflichten gesellschaftlicher Art sein sollen. Wenn es auch gelegentlich vorkommen mag, daß sich die Kreditgeber eines Außenstehenden bedienen, ist eine nachträgliche Einschaltung eines anderen Treuhänders in der Praxis äußerst selten. Die Bestimmung hat den Sinn, daß sich das Treuhänderinstitut in Ausnahmefällen seiner besonderen Verantwortung entledigen kann, ohne den Gesellschaftszweck zu gefährden. Angesichts der besonderen Bedeutung der Sicherheitenfrage dürfte es eher dem Parteiwillen entsprechen, für den Normalfall das Treuhandverhältnis nach gesellschaftsrechtlichen Regeln zu behandeln. Die praktischen Unterschiede mögen wegen § 713 BGB gering sein[40]. Andererseits ist auch kein sachlicher Grund ersichtlich, die Treuhändertätigkeit von der gesellschaftlichen Treupflicht auszunehmen und neben dem Gesellschaftsvertrag ein zusätzliches Vertragsverhältnis zu begründen. Die hier vertretene Wertung wird dadurch bestätigt, daß die Praxis das Treuhänder-Kreditinstitut häufig auch als „Poolführer" bezeichnet[41].

Für die Ausgangsfrage folgt daraus, daß der Pool selbst jedenfalls dann *keine Rechtsbeziehungen nach außen* eingeht, wenn kein Außenstehender als Treuhänder eingeschaltet wird[42].

2. Die Vermögensordnung

a) Die in den Pool einbezogenen *Kreditsicherheiten* sollen der Verfolgung des gemeinsamen Zwecks dienen. Damit ist aber noch nichts über die Existenz eines Gesamthandsvermögens gesagt. Die Gesellschafter einer Gesellschaft bürgerlichen Rechts können Vermögensgegenstände dem gemeinsamen Zweck auch widmen, ohne daß sie ein Gesamthandsvermögen bilden[43]. Ein nur wirtschaftlich gemeinsames Vermögen ist dergestalt möglich, daß die Vermögensgegenstände von einem oder mehreren Gesellschaftern treuhänderisch gehalten werden[44]. Die anderen Gesellschafter sind dann am Gesellschaftsvermögen nicht dinglich beteiligt[45]. Auch ein Nichtgesellschafter kann als Treuhänder

---

[40] Vgl. *Liebich/Mathews,* S. 45.

[41] Vgl. *Schröter/Graf v. Westphalen,* S. 8 und Muster Anh. II; *Scholz/Lwowski,* Rdn. 216. In diesem Sinne wird auch der Alleingeschäftsführer eines Konsortiums als „Konsortialführer" bezeichnet, *Delorme/Hoessrich,* S. 18f.

[42] *Liebich/Mathews,* S.264 scheinen auch von Innengesellschaft auszugehen, wenn ein Nichtgesellschafter Treuhänder ist. Anhand des Kriteriums „Auftreten nach außen" müßte man aber wohl eine Außengesellschaft annehmen. Diese wäre gleichwohl atypisch, weil sich die Außenbeziehungen auf das Verhältnis zum Treuhänder beschränken.

[43] *K.Schmidt*, Gesellschaftsrecht, S.1320, der aber dann nicht von einem Gesellschaftsvermögen (im technischen Sinne) sprechen möchte. *Ulmer*, GbR, § 705 Rdn.221f. verwendet den Begriff dagegen in einem weiteren Sinne.

[44] Siehe *Hueck,* S. 39; *Düringer/Hachenburg/Geiler,* Anm. 304f.; *Lehmann/Dietz,* S. 89; *Ulmer,* GbR, § 705 Rdn. 221.

[45] Vgl. *Schlechtriem,* Rdn. 508.

Subjekt der Rechte und Pflichten sein, die er dann im Interesse und für Rechnung der Gesellschaft ausübt[46].

Die Poolung der Kreditsicherheiten erfolgt auf diese Weise: Die einzelnen Sicherheiten werden technisch nur jeweils einer einzelnen Bank oder gelegentlich auch einem Außenstehenden bestellt[47]. Der Sicherungsnehmer tritt nach außen als alleiniger Rechtsinhaber auf, während die übrigen Kreditgeber wirtschaftlich über das Treuhandverhältnis an den Sicherheiten beteiligt sind[48]. Hinsichtlich der Sicherheiten wird daher ein Gesamthandsvermögen nicht gebildet[49].

b) Teilweise wird bezweifelt, ob Gesellschaften ohne jegliches Gesamthandsvermögen wirklich denkbar seien, da die *Ansprüche auf die Beiträge* bereits mit Abschluß des Gesellschaftsvertrages zum Gesellschaftsvermögen mit der Folge gesamthänderischer Gebundenheit gehören[50]. Gleiches gelte für die *Ansprüche gegen den Treuhänder*, die regelmäßig allen Gesellschaftern zustünden[51].

Fraglich ist, ob selbst bei Einbeziehung dieser Rechte ein Gesamthandsvermögen des Pools existiert. Außer acht zu lassen sind bei der Betrachtung diejenigen Ansprüche, die keinen unmittelbaren Vermögenswert haben. Dies betrifft sowohl die Tätigkeitspflichten des Treuhänders als auch die Verpflichtung sämtlicher Banken, auf eine individuelle Besicherung zu verzichten oder die Kreditlinien offenzuhalten[52].

Als vermögenswert können dagegen die Ansprüche angesehen werden, die auf das Einbringen von Sicherheiten in den Pool oder auf die Verteilung etwa erzielter Verwertungserlöse gerichtet sind. Hinsichtlich dieser Ansprüche ließe sich mit guten Gründen die Meinung vertreten, daß sie entsprechend § 328 BGB für einen oder bestimmte Gesellschafter persönlich begründet werden[53]. Der handelnde Gesellschafter stünde dann nur in schuldrechtlichen Beziehungen zu

---

[46] *H. Westermann*, Personengesellschaftsrecht, Rdn.35; *Düringer / Hachenburg / Geiler*, Anm. 304f.

[47] *Schröter / Graf v. Westphalen*, S.9f.; *W. Obermüller*, BuB, Rdn.4/70.

[48] Nicht immer wird hinreichend deutlich zwischen rechtlicher und wirtschaftlicher Inhaberschaft getrennt. So widerspricht die Aussage in BGH WM 1982, S.482, 483 (II.2.), daß die Bekl. die ihr eingeräumten Sicherheiten durch die Poolbildung auf die drei am Pool beteiligten Banken übertragen habe, den Feststellungen im Tatbestand, wonach die Bekl. die Sicherheiten zugleich für die anderen beiden Banken treuhänderisch halten sollte. In der Entscheidung (zu dieser s. auch *Blaurock*, S.59ff.) ging es um einen Bankenpool, dessen Sicherheiten nach Konkurseröffnung in einen gemischten Pool eingebracht wurden.

[49] Daß die Kreditforderungen nicht gesamthänderisch gebunden sind, versteht sich nach dem oben II.1.a) Gesagten von selbst. Sogar beim klassischen Konsortialkredit wird Gesamthandseigentum fast ausnahmslos ausgeschlossen, *Delorme / Hoessrich*, S.17.

[50] *H. Westermann*, Personengesellschaftsrecht, Rdn.33.; ähnlich *Ulmer*, GbR, § 705 Rdn.223f.

[51] *H. Westermann*, aaO.

[52] S.o. Kap.1 C.IV.

[53] Vgl. *Ulmer*, GbR, § 705 Rdn.224.

jedem der Gesellschafter[54]. Aber selbst wenn man sie für gesamthänderisch gebundene (Sozial-)Ansprüche hält, sind sie zumindest nicht auf Leistung an die Gesamthand gerichtet. Besonders augenfällig ist dies für die Verwertungserlöse, die nach dem vereinbarten Verteilungsschlüssel quotal an die einzelnen Banken auszukehren sind.

Allein von der Existenz solcher Rechte sollte die Einordnung als Innen- oder Außengesellschaft nicht abhängen. Für diejenigen, die Innengesellschaften mit Gesamthandsvermögen für denkbar halten[55], ergibt sich dies als notwendige Folge der zugrundeliegenden Begriffsbestimmung. Aber auch die Gegenansicht, die von der Existenz eines Gesamthandsvermögens auf das Vorliegen einer Außengesellschaft schließt[56], scheint derartige Ansprüche auszuklammern[57].

Nach *H. Westermann* handelt es sich bei den Ansprüchen auf die Beiträge und den Ansprüchen gegen einen Treuhänder um Ansprüche bezüglich des Innenverhältnisses. Gegen die begriffliche Möglichkeit von „Gesellschaften ohne Gesellschaftsvermögen" sei daher nichts einzuwenden, wenn man darunter genauer Gesellschaften ohne Gesellschaftsvermögen mit Außenbeziehung verstehe[58]. Ein solches Verständnis dürften die meisten Vertreter dieser Ansicht zumindest unausgesprochen zugrundelegen, sofern sie nicht stillschweigend Beitrags*forderungen* und als Einlage *erbrachte* Vermögensgegenstände gleichsetzen[59]. Andernfalls wäre das Argument nicht nachvollziehbar, ein gemeinsames Vermögen würde notwendig Beziehungen zu Dritten mit sich bringen[60]. Jedenfalls bei einem so verstandenen Vermögensbegriff hat der Pool *kein Gesamthandsvermögen.*

Als *Ergebnis* kann somit festgehalten werden, daß der Pool als *Innengesellschaft* zu qualifizieren ist[61].

---

[54] Vgl. *Flume*, Die Personengesellschaft, S.6.

[55] So z.B. *Ulmer*, GbR, § 705 Rdn.234; vgl. oben Fn.10.

[56] Nachweise oben in Fn. 11.

[57] Anders aber wohl *Flume*, Die Personengesellschaft, S.7.

[58] *H. Westermann*, Personengesellschaftsrecht, Rdn.33 (dabei sollen auch die Ansprüche gegen einen Treuhänder, der nicht Gesellschafter ist, als Innenbeziehung angesehen werden können). Ähnlich auch *Hueck*, S.38: Gegenüber außenstehenden Dritten sei nur der Treuhänder Träger des Vermögens. Eine weitere Möglichkeit ist es, auf den Inhalt der Einlageansprüche abzustellen; dazu neigt wohl *K.Schmidt*, Gesellschaftsrecht, S.955 (Fn.11): Eine Gesellschaft, deren Gesellschafter durch Beitragsleistungen ein Gesamthandsvermögen aufbringen sollen, sei schon Gesamthand.

[59] Vgl. die Kritik bei *Ulmer*, GbR, § 705 Rdn.224 (Hervorhebungen im Original).

[60] *Hueck*, S.11; vgl. auch *Düringer / Hachenburg / Geiler*, Anm.316: Die ganze Struktur des Gesamthandsvermögens setze ein Hervortreten der Gesellschafter nach außen, insbesondere auch bei der Geschäftsführung und Vertretung voraus.

[61] Als solche kann er nur „schlicht zivilistisch" sein. Des weiteren liegt auch keine „Publikums-GbR" vor. Zu diesen Strukturtypen vgl. *K.Schmidt*, Gesellschaftsrecht, S.1276f.

B. Die einzelnen Vertragsbestimmungen

Die Praxis orientiert sich bei der Abfassung von Poolverträgen häufig an Vertragsmustern. Als erster hat *W. Obermüller* im Jahre 1970 einen Vertragstext vorgestellt und erläutert[62]. Die überarbeitete Fassung, veröffentlicht als Vordruck in „Bankrecht und Bankpraxis“[63], hat in der Kreditwirtschaft eine nicht unerhebliche Verbreitung gefunden. Sie ist als „Anhang I“ dieser Arbeit abgedruckt. Interessante Modifizierungen und hilfreiche Formulierungsvorschläge enthält das von *Schröter* dargestellte Vertragsmuster eines Banken-Poolvertrages[64], das als „Anhang II“ aufgenommen wurde.

Die folgende Beschreibung der einzelnen Elemente dieses „komplexen Gebildes“[65] richtet sich in ihrem Aufbau nach dem Inhalt der beiden Vertragsmuster.

I. Vertragspartner

Am Vertragsschluß beteiligt sind jedenfalls die als Gesellschafter des Bankenpools vorgesehenen Kreditinstitute. Üblicherweise wird an erster Stelle das als Treuhänder eingesetzte Institut genannt[66].

Für nicht teilnahmewillige Geldkreditgeber gibt es unter keinen Umständen eine Zwangsmitgliedschaft in einem Sicherheitenpool[67]. Denkbar ist jedoch, daß sich zunächst nur ein Teil der mit Krediten zur Verfügung stehenden Banken zu einem gemeinsamen Vorgehen entschließen kann. Für diesen Fall kann es sinnvoll sein, den übrigen Instituten den Beitritt offenzuhalten[68]. Allerdings wird in dieser Situation wohl nur in Ausnahmefällen ein Pool zustandekommen, solange nicht alle einigermaßen bedeutsamen Geldkreditgeber ihren Beitrittswillen bekundet haben. Bereits das Ausscheren einer einzigen Bank kann die Erfolgsaussichten einer Sanierung ernsthaft in Frage stellen. Kaum ein Kreditinstitut wird die Bindungen eines Poolvertrages eingehen, wenn zu befürchten ist, daß eine andere Bank einseitig auf Kreditrückführung besteht oder sich Sondervorteile verschafft. Praktisch dürfte eine Beitrittsklausel daher allenfalls hinsichtlich relativ unbedeutender Kredite in Betracht kommen.

---

[62] *W. Obermüller*, Bank-Betrieb 1970, S. 456 ff.

[63] BuB, S. 4/28 f.

[64] In: *Schröter/Graf von Westphalen*, S. 153-162.

[65] *Falter*, Rdn. 140, der sie gleichsam als die Potenz der einfachen Sicherheitenbestellung ansieht.

[66] Wird ausnahmsweise ein Externer eingeschaltet, ist er gleichfalls in den Poolvertrag einzubeziehen, sofern nicht die ihn betreffenden Regelungen außerhalb der Vertragsurkunde vereinbart werden.

[67] Vgl. *Jauernig*, ZIP 1980, S. 318 ff. zum Lieferantenpool im Konkurs.

[68] *Schröter/Graf von Westphalen*, S. 13 ff., mit entsprechendem Formulierungsvorschlag. Weitergehende Regelungen sind erforderlich, wenn eine noch unschlüssige Bank Sicherheiten hat, die im Falle eines Beitritts „gepoolt“ werden sollen.

Die Poolverträge beziehen in aller Regel den Kreditnehmer ein[69]. Da er aber nicht Gesellschafter der BGB-Gesellschaft wird[70], hat dies eher den praktischen Grund, Wiederholungen und Bezugnahmen zu vermeiden. Rechtlich wäre es ohne weiteres möglich, die verschiedenen Rechtsbeziehungen in getrennten Verträgen zu regeln[71]. Auf der Basis der oben getroffenen Einordnung[72] wäre eine separate Vereinbarung mit dem Treuhänder als Sicherungsvertrag (auch) zugunsten Dritter denkbar, dessen wichtigstes Element die Sicherungszweckabrede darstellt[73].

Sofern der Sicherungsgeber nicht mit dem Kreditnehmer identisch ist, ist er ebenfalls in das Vertragswerk zu integrieren[74].

II. Die Kreditlinien

1. Eingangs werden die Kredite genannt, auf die sich die Poolabsprache bezieht. Man spricht in der Regel von *„Kreditlinien"*. Die Bezeichnung „Kreditlimit" ist heute nicht mehr üblich, weil man die Fehleinschätzung vermeiden möchte, daß allein mit der Nennung der poolgebunden Kredite die Vergabe weiterer Kredite an das Schuldnerunternehmen eingeschränkt werden soll. Die gebräuchlichen Muster sehen nämlich die Möglichkeit zusätzlicher Ausleihungen außerhalb des Poolvertrages explizite vor[75]. Wie das Wort „Linie" schon ausdrückt, handelt es sich bei den poolgebundenen Forderungen meist um Kreditrahmen, die der Kreditnehmer ausschöpfen kann, aber nicht muß. Kredite mit besonderen Tilgungs- und Sicherheitenabsprachen, etwa für bestimmte Investitionen, bleiben regelmäßig außerhalb eines Poolvertrages[76].

---

[69] Wenn in den Verträgen von „Firma" die Rede ist, so ist dies nicht streng i.S.d. § 17 Abs.1 HGB zu verstehen. Die Auslegung ergibt unschwer, daß der betr. Unternehmensträger Vertragspartner wird; vgl. *Clemente*, NJW 1983, S.8.

[70] S.o. Kap.1 C.III.3.

[71] Im Fall des ArbG Siegen, ZIP 1985, S. 1048ff. (bes. S. 1050f., 1069; vgl. a. LAG Hamm, ZIP 1987, S. 91ff.) haben nur die Banken den Poolvertrag unterzeichnet. Über Absprachen im Verhältnis zum Sicherungsgeber enthält der Sachverhalt keine näheren Angaben. Man wird unterstellen dürfen, daß das Treuhänderinstitut zumindest Sicherungszweckklärungen zugunsten sämtlicher Poolpartner hereingenommen hat.

[72] Siehe oben A.II.1.b)(1).

[73] Daneben wird die Zustimmung zur Übertragung von Sicherheiten und zur gegenseitigen Unterrichtung genannt; *W.Obermüller*, BuB, 4/71(Fn.1); *Schröter/Graf von Westphalen*, S.11. Darüber hinaus sollten weitere Modalitäten der Treuhändertätigkeit (z.B. die Kostentragung) sowie die Berechtigung der Banken, den Verteilungsschlüssel jederzeit zu ändern oder einen Saldenausgleich vorzunehmen, geregelt werden.

[74] Am einfachsten durch entspr. Änderung bzw. Ergänzung des § 2 der Musterverträge (Anh.I u. II).

[75] *W.Obermüller*, BuB, Rdn.4/76, 78; *Schröter/Graf v.Westphalen*, S.17f. Vgl. Anh.I § 2 Abs.2, § 4 Abs.3; Anh.II § 1 Abs.2 S.2, § 2 Abs.3, § 4 Abs.3 d). Zur kartellrechtlichen Relevanz etwa weitergehender Zusatzabreden s. 4.Kapitel.

[76] *Schröter/Graf v.Westphalen*, S.17.

Freilich ist es nicht ausgeschlossen, auch Tilgungskredite in ihrer effektiven Höhe in einen Pool einzubeziehen[77].

Man kann für Bar-, Diskont- und Avalkredite jeweils getrennte Kreditlinien ausweisen[78] oder sich mit der Angabe der Gesamtkreditlinien jedes Instituts begnügen. Letzteres kommt insbesondere in Betracht, wenn der Anteil der einzelnen Kreditarten individuellen Absprachen zwischen einzelner Bank und Kreditnehmer vorbehalten bleiben soll[79].

2. Der *Fixierung der Kreditlinien* kommt besondere Bedeutung zu, da der Verteilungsschlüssel für etwaige Sicherheitenerlöse daran anknüpft[80]. Möglich, aber wohl entbehrlich, ist eine Regelung über im Laufe der Zeit denkbare Änderungen, deren Ausmaß noch nicht überschaubar ist[81]. Die für den Verteilungsschlüssel maßgeblichen Linien können in dem späteren Zeitpunkt so oder so nur geändert werden, wenn die Beteiligten sich dann einig werden.

Die Kreditlinien können in Poolvereinbarungen auch ausdrücklich festgeschrieben werden[82]. Damit ist nicht etwa der Verteilungsschlüssel, der ohnehin nicht einseitig zum Nachteil anderer Poolpartner abgeändert werden kann, angesprochen, sondern die Bereitschaft zur effektiven Kreditvergabe. In Sanierungsfällen geht es vor allem darum, daß die Banken mit den zugesagten Kreditlinien weiterhin zur Verfügung stehen; die Banken verpflichten sich daher, die Kreditlinien aufrechtzuerhalten und Reduzierungen oder Streichungen nur im gegenseitigen Einvernehmen vorzunehmen[83]. Aus dieser Formulierung ist ersichtlich, daß nur eine Bindung der Poolpartner untereinander und nicht auch gegenüber dem Kreditnehmer gewollt ist.

Damit sind individuelle „Sanierungsverträge" nicht ausgeschlossen. So ist es etwa denkbar, daß die Banken sich in den Kreditverträgen verpflichten, laufende Kredite nicht zu kündigen oder neue Gelder zuzuführen. Dabei könnte auch der Abschluß eines Poolvertrages zur Bedingung gemacht werden. Derartige Sanierungsverträge können ausnahmsweise eine Rechtspflicht zur Stützung des Unternehmens begründen[84].

---

[77] *Scholz / Lwowski*, Rdn.216.

[78] So in Anh.II § 1 Abs.1.

[79] Das Muster Anh.I § 1 ist insofern offen. Bei abgestufter Aufteilung des Verwertungserlöses (vgl. *W.Obermüller*, BuB, Rdn.4/88) ist eine Trennung nach Kreditarten kaum verzichtbar.

[80] Siehe unten V.2.

[81] Vgl. den Formulierungsvorschlag von *W.Obermüller*, BuB, Rdn.4/84.

[82] Die tatsächliche Verbreitung solcher Regelungen ist unklar. Nach *W.Obermüller*, BuB, Rdn.4/81 kommen entsprechende Klauseln vereinzelt vor, während *Schröter / Graf v.Westphalen*, S.17 und wohl auch *Heinsius* (in: Birk / Kreuzer, S.150) sie in Sanierungsfällen für üblich halten.

[83] *Schröter / Graf v.Westphalen*, S.17; in Anh.II Abs.1 S.1 sind auch Erhöhungen genannt; zur kartellrechtlichen Beurteilung s. Kap.4, bes.A.II.2.

[84] Hierzu *Hopt*, ZHR 143 (1979), S.169f.

Selbst ohne eine ausdrückliche Verpflichtung zur Aufrechterhaltung der Kreditlinien wäre zu erwägen, ob sich nicht in Sanierungsfällen entsprechende Bindungen aus dem Vertragszweck und der gesellschaftlichen Treuepflicht ergeben. Auch eine Saldenausgleichsklausel kann letztlich der Sache nach auf ein Verbot der einseitigen Reduzierung oder Streichung der Kreditlinien hinauslaufen[85]. Poolverträge können außerdem entsprechende Bindungen in bezug auf eine Erhöhung der Kreditlinien enthalten[86]. Dabei handelt es sich um flankierende Schutzbestimmungen, die den Risiken einer unkontrollierten Kreditausweitung entgegenwirken sollen[87].

III. Einbeziehung der Sicherheiten

Im Anschluß an die Kreditlinien werden die vom Poolvertrag erfaßten Sicherheiten aufgeführt.

1. Sicherungsnehmer

Neue Sicherheiten werden meist der als Poolführer eingesetzten Hausbank bestellt. Bei bereits bestehenden Sicherheiten kann sich die Frage stellen, ob sie nachträglich in einer Hand zusammengefaßt werden oder ob sie bei den verschiedenen Banken bleiben sollen, die sie dann jeweils treuhänderisch auch für die anderen halten[88]. Man wird im Einzelfall die Vorteile einer einheitlichen Verwaltung und einfacheren Gestaltung des Poolvertrages gegen den Aufwand einer nachträglichen Übertragung der Sicherheiten abzuwägen haben[89].

Die BGB-Gesellschaft, genauer: die Gesamthand der Gesellschafter, tritt schon aus Gründen der Zweckmäßigkeit praktisch nie als Sicherungsnehmer auf[90]. Auch ein neutraler Treuhänder wird nur sehr selten von Anfang an eingesetzt.

---

85 Vgl. *W.Obermüller*, BuB, Rdn.4/82.

86 Vgl. Anh.II § 1 Abs.2 S.1; das Verbot einseitiger Erhöhungen erscheint freilich angesichts der Ausnahme für außerhalb des Pools gewährte Kredite (aaO. S.2) eher mißverständlich. Erhöhungen ohne das geforderte Einvernehmen erfolgen immer „außerhalb des Pools".

87 Zu den kartellrechtlichen Fragen siehe 4.Kapitel, insbes. unter C.

88 Vgl. *Schröter/Graf v.Westphalen*, S.18.

89 Z.B. fallen bei Buchgrundschulden höhere Kosten an, da diese im Gegensatz zu Briefgrundschulden nicht außerhalb des Grundbuchs übertragen werden können. Die Übereignung beweglicher Sachen oder die Abtretung von Forderungen dürfte regelmäßig keinen allzu erheblichen Aufwand bereiten.

90 *Scholz/Lwowski*, Rdn.216; Eberding, BB 1974, S.1004. Daß die BGB-Gesellschaft keine Rechtspersönlichkeit hat, dürfte entgegen *Lwowski/Gößmann* (S.23) eine Grundschuldbestellung zu Gunsten der Personenverbindung als solcher nicht aus Rechtsgründen ausschließen; vgl. *Ulmer*, GbR, Vor § 705 Rdn.8, § 705 Rdn.132.

2. Mögliche Sicherheiten

a) *Nicht akzessorische Sicherheiten* in Form von Grundschuld, Sicherungsübereignung und Sicherungsabtretung sind, wie überhaupt im Kreditgeschäft der Banken[91], auch bei Poolverträgen die Sicherungsformen mit der größten Häufigkeit. Die Bestellung an einen Treuhänder ist unproblematisch, da Gläubiger und Sicherungsnehmer auseinanderfallen können[92].

b) Seltener ist die Einbeziehung *akzessorischer Sicherheiten*. Hypothek und Verpfändung beweglicher Sachen sind in der Praxis kaum noch anzutreffen. Pfandrechte an Rechten, z.B. an Geschäfts- bzw. Gesellschaftsanteilen, können gelegentlich als Sicherheit in Frage kommen. Verbreiteter ist die Bürgschaft. Wie bei allen genannten akzessorischen Sicherheiten ist auch hier streng darauf zu achten, daß Sicherungsnehmer und Forderungsinhaber übereinstimmen müssen[93]. Da hinsichtlich der Kreditforderungen keine Gläubigermehrheit[94] vorliegt, ist die Bürgschaft nicht zugunsten der Gesamthand, sondern zugunsten jeder einzelnen der beteiligten Banken auszustellen, was in einer Urkunde geschehen kann[95].

Tritt nur ein Institut als Sicherungsnehmer auf, so könnte die Personenidentität dadurch erreicht werden, daß diesem auch die Darlehensforderungen der anderen Banken treuhänderisch abgetreten werden[96]. Dieser schon aus buchungstechnischen Gründen aufwendige Weg birgt jedoch zumindest dann Risiken in sich, wenn die Abtretung erst nachträglich und ohne klare Absprachen mit dem Sicherungsgeber vorgenommen wird[97]. In der Mehrzahl der Fälle wird für dieses Verfahren schon deshalb kein zwingendes Bedürfnis bestehen, weil der Wert der in Frage stehenden Einzelsicherheit bereits durch die eigene Forderung des Sicherungsnehmers erschöpft ist und daneben weitere Sicherheiten zur Verfügung stehen. Der Sicherungsnehmer kann dann mit den anderen Banken vereinbaren, daß er sich zunächst aus der betreffenden Sicherheit befriedigt und daß dies wertmäßig bei der Aufteilung des Gesamterlöses berücksichtigt wird.

---

[91] Vgl. *Drukarczyk / Duttle / Rieger*, S.148.

[92] *M.Obermüller*, DB 1973, S.1833.

[93] Als nicht akzessorische Alternative kommt u.U. eine Garantie in Betracht; vgl. *M.Obermüller*, DB 1973, S.1833 mwN.; *Scholze*, S.109 (Fn.19).

[94] Zu den verschiedenen Formen vgl. *Palandt / Heinrichs*, Überbl.v.§ 420 Anm.1.

[95] Vgl. *Scholz / Lwowski*, Rdn.213; zum Konsortialkredit siehe *Scholze*, S.109; *Delorme / Hoessrich*, S.44; *Vallenthin*, S.157; zur Verpfändung vgl. *Schütz*, S.257 (Muster S.262: gleichrangige Pfandrechte für jedes einzelne Mitglied eines Kreditkonsortiums). Der Treuhänder kann in Vertretung der Gläubiger auftreten; vgl. *Lwowski / Gößmann*, S.23.

[96] *M.Obermüller*, DB 1973, S.1833; *Schröter / Graf v.Westphalen*, S.20.

[97] So wäre etwa zu prüfen, ob derart erworbene Forderungen überhaupt der Sicherung unterfallen. Zum Unter-Deckung-Nehmen von Forderungen siehe *M.Obermüller*, Die Bank im Konkurs, Rdn.766ff. Zur Wirksamkeit von Sicherungsklauseln vgl. auch unten 4.b).

c) Als „*Ersatzsicherheiten*" lassen sich verschiedenartige Ersatzkonstruktionen für Kreditsicherheiten bezeichnen, die den Anforderungen an eine bankmäßige Sicherheit, nämlich Verkehrsfähigkeit und problemlose Verwertbarkeit, in der Regel nicht genügen[98]. Schon wegen ihres zweifelhaften Sicherungswertes kommen sie als Poolsicherheiten i.d.R. nicht in Betracht. Außerdem dürfte meist der für solche Konstruktionen typische wirtschaftliche Hintergrund fehlen. So wird eine Patronatserklärung von einer Muttergesellschaft für den Fall einer Verschlechterung der wirtschaftlichen Lage des Schuldners abgegeben[99]. Dieser „Ernstfall" wäre bei Abschluß eines Poolvertrages in der Krise bereits eingetreten. Ähnliches gilt für eine Negativerklärung, u.U. in Kombination mit einer Positiverklärung oder Gleichstellungsverpflichtung, da sich die Banken statt einer Besicherung kaum damit begnügen werden, eine Besserstellung Dritter zu verhindern, um das „Standing" des Schuldnerunternehmens zu verbessern[100].

3. *Weitere Sicherheiten*

Viele Poolverträge enthalten Bestimmungen, durch die Sicherheiten erfaßt werden sollen, die der Kreditnehmer einem der Poolpartner nachträglich bestellt[101]. Soweit damit im Poolvertrag bezeichnete Kredite besichert werden, entspricht ihre Einbeziehung dem Gedanken der gemeinsamen Risikotragung, der eine Bevorzugung einzelner Banken nicht zuläßt.

Sicherheiten für künftig außerhalb des Pools gewährte Kredite kommen nur nachrangig, d.h. mit einem etwaigen Übererlös, allen Partnern zugute[102]. Bestehen bereits bei Vertragsschluß Zusatzkredite mit besonderen Sicherheiten, kann es angebracht sein, auch diese nachrangig heranzuziehen[103].

4. *Der Sicherungszweck*

a) Besonders wichtig ist es, den *Sicherungszweck* der Treuhändersicherheiten zu *erweitern*, d.h. auf die Forderungen sämtlicher Poolbanken zu erstrecken. Dies kann technisch durch Ausdehnung der einzelnen Sicherungsvereinbarungen oder durch einen vollständigen Zweckrevers im Poolvertrag erfolgen[104].

---

98 *M.Obermüller*, Ersatzsicherheiten, S.XIX. Zu den einzelnen Formen siehe nur die Inhaltsübersicht aaO. S.VII.

99 *M.Obermüller*, Ersatzsicherheiten, Rdn.25.

100 Vgl. *M.Obermüller*, Ersatzsicherheiten, Rdn.410. Gerade umgekehrt kann die Sicherheitenpoolung Folge einer Negativklausel sein, weil bei einem ursprünglich ohne bankmäßige Sicherheiten gewährten Konsortialkredit der Besicherungsfall eingetreten ist; siehe *Merkel*, S.193f.

101 Anh.I § 2 Abs.2; Anh.II § 2 Abs.2 u.3.

102 *Schröter/Graf v.Westphalen*, S.21f.; *W.Obermüller*, BuB, Rdn.4/79.

103 Durch Einbringung der Rückgewähransprüche in den Pool oder Ausdehnung der genannten Klauseln auch auf bereits bestellte Sicherheiten.

104 *W.Obermüller*, BuB Rdn.4/86; *Schröter/Graf v.Westphalen*, S.19; Anh.I § 2 Abs.3; Anh.II § 2 Abs.5.

Vom Wortlaut der üblichen Bestimmungen werden alle gegenwärtigen und künftigen Ansprüche gegen den Kreditnehmer aus der Geschäftsverbindung erfaßt.

b) Angesichts der neueren Rechtsprechung zur Wirksamkeit von Sicherungsklauseln könnte fraglich sein, ob dieses Vorgehen nicht im Hinblick auf das *AGB-Gesetz* bedenklich ist.

(1) Zunächst ist zuuntersuchen, ob das *AGB-Gesetz* auch auf die in Poolverträgen enthaltenen Sicherungsklauseln *anwendbar* ist. Dies scheitert nicht schon an § 23 Abs.1 AGBG, weil die das Verhältnis zum Sicherungsgeber regelnden Bestimmungen nicht gesellschaftsrechtlicher Art sind.

Die Bestimmungen müssen weiterhin für eine Vielzahl von Verträgen vorformuliert sein, § 1 AGBG. Soweit ersichtlich existieren noch keine gedruckten Poolvertragsformulare. § 1 Abs.1 S.2 AGBG stellt jedoch klar, daß die Schriftart unerheblich ist. Entscheidend ist, daß die Bedingungen schriftlich oder in sonstiger Weise, z.B. im Programm eines Schreibautomaten, für eine mehrfache Verwendung fixiert sind[105]. Die untere Grenze für eine Vielzahl von Verträgen soll bei drei bis fünf vorgesehenen Verwendungen liegen[106]. Bei größeren Instituten werden diese Voraussetzungen nicht selten vorliegen. Aber auch wenn eine Bank selbst kein Muster für den künftigen eigenen Gebrauch aufgezeichnet hat, findet das AGB-Gesetz Anwendung, wenn sie — auch ohne Wiederholungsabsicht — ein gebräuchliches Vertragsmuster oder Teile desselben verwendet. Der abstrakt-generelle Charakter ergibt sich dann bereits aus der Zweckbestimmung des Aufstellers[107]. Die Ähnlichkeit mit bereits veröffentlichten Vertragsmustern wäre danach ein Indiz für Allgemeine Geschäftsbedingungen[108]. Zu berücksichtigen ist allerdings jeweils, inwiefern die empfohlene Anpassung an den Einzelfall[109] zu Änderungen in der Sache geführt hat[110].

Die recht strengen Voraussetzungen für ein Aushandeln i.S.d. § 1 Abs.2 AGBG[111] werden nicht immer erfüllt sein, zumal der Verwender die Beweislast

---

[105] *Palandt / Heinrichs*, AGBG 1 Anm.2b. Sogar die Aufnahme von Klauseln aus dem Gedächtnis kann nach BGH NJW 1988, S.410 genügen. Entgegen *Scholz / Lwowski*, Rdn.128 dürfte auch ein mehrmaliges Verwenden einer ursprünglich ad hoc entworfenen Klausel dem AGB-Gesetz unterfallen.

[106] *Palandt / Heinrichs*, AGBG 1 Anm.2c.

[107] *Palandt / Heinrichs*, AGBG 1 Anm.2c mwN. *W.Obermüller*, BuB, Rdn.4/72 spricht bezeichnenderweise von einem „Vordruck“.

[108] Gleiches gilt, wenn den Instituten Muster von ihren Verbänden zur Verfügung gestellt werden.

[109] *W.Obermüller*, BuB, Rdn.4/71; *Schröter / Graf v.Westphalen*, S.152.

[110] § 1 AGBG ist auch erfüllt, wenn die Bedingungen lediglich sprachlich variiert werden; vgl. *Palandt / Heinrichs*, AGBG 1 Anm.2b mwN.

[111] S. etwa BGH NJW 1988, S.410; noch nicht abschließend geklärt ist, ob im kaufmännischen Verkehr Besonderheiten gelten; vgl. *Rabe*, NJW 1987, S.1980; *Hensen*, NJW 1987, S.1987.

trägt[112]. Dabei kommt es nicht darauf, in welchem Maße der oft vom künftigen Treuhänder Institut vorgelegte Vertragsentwurf für den Banken untereinander zur Diskussion stand[113]. Entscheidend ist die Verhandlungsbereitschaft gegenüber dem Sicherungsgeber.

Eine pauschale Aussage verbietet sich an dieser Stelle. Es ist aber nicht auszuschließen, daß sich Poolverträge im Verhältnis zum Kreditnehmer bzw. Sicherungsgeber am AGB-Gesetz messen lassen müssen. Dies gilt besonders für die üblichen weitgefaßten Zweckbestimmungsklauseln[114].

(2) Bei der *Prüfung der Sicherungsklauseln* geht die Rechtsprechung von §§ 3, 9 AGBG aus, ohne eine feste Reihenfolge einzuhalten[115]. Die Ausdehnung auf sämtliche Banken einerseits und die Erstreckung auf alle künftigen Forderungen andererseits sind getrennt zu untersuchen, weil die Bestimmungen sprachlich und inhaltlich entsprechend zergliedert werden können[116].

Die Ausdehnung hinsichtlich des *Gläubigerkreises* benachteiligt den Sicherungsgeber nicht unangemessen, da sie aus der Eigenart des Vertrages folgt. Wenn mehrere Banken mit Krediten zur Verfügung stehen, ist es legitim, auch deren Sicherungsinteressen anteilig zu berücksichtigen. Die Vermutung des § 9 Abs.2 Nr.1 AGBG greift nicht ein, weil Art und Umfang der schuldrechtlichen Zweckbindung von Sicherheiten nicht gesetzlich geregelt sind, sondern — in den Grenzen der §§ 134, 138 BGB — freier Vereinbarung unterliegen[117]. Eine Gefährdung des Vertragszwecks nach § 9 Abs.2 Nr.2 AGBG scheidet schon deshalb aus, weil das Wesen eines Poolvertrages gerade in der Besicherung mehrerer Kreditgeber liegt. Dieser Gesichtspunkt spricht auch gegen eine überraschende Klausel i.S.d. § 3 AGBG[118]. Wer anläßlich eines Poolvertrages

---

[112] Vgl. *Palandt/Heinrichs*, AGBG 1 Anm.4, 5.

[113] BGH NJW 1985, S.2477 betrifft andere Fallgestaltungen. Beim Abschluß des Poolvertrages wird der Sicherungsgeber nicht vom Treuhänder vertreten.

[114] Wie sie z.B. in Bürgschaftsformularen, Zweckerklärungen für Grundschulden und Allgemeinen Bedingungen für Sicherungsübereignungen oder Forderungsabtretungen vorkommen (vgl. auch *Ashölter*, S.71: „stets wiederkehrende Klausel").

Die bloße Bezugnahme auf außerhalb des Poolvertrages geschlossene Formularverträge kann an deren AGB-Charakter ohnehin nichts ändern. Dieses Nebeneinander von AGB ist unbedenklich, da die Fallgruppe „hintereinandergeschalteter AGB" (hierzu *Fell*, ZIP 1987, S.690ff.) nicht einschlägig ist.

[115] Z.B. BGHZ 100, S.82, 84ff. = NJW 1987, S.1885 (§ 9 vor § 3) und BGHZ 99, S.203, 206f. = NJW 1987, S.1636, 1637 (§ 3, Verstoß gegen § 9 dahingestellt). Bei Altverträgen wird über § 242 BGB der gleiche Maßstab angelegt; siehe BGH NJW 1982, S.1035.

[116] Selbst bei sprachlicher Verbindung in einem Satz sind die beiden Regelungskomplexe nicht als einheitliche Klausel anzusehen, da eine andere sprachliche Aufteilung möglich ist; vgl. BGH NJW 1982, S.178, 181; *Ulmer*, NJW 1981, S.2031f.; jüngst BGH WM 1989, S.88, 90.

[117] BGHZ 100, S.82, 84 = NJW 1987, S.1885 zur Grundschuld; bei einer Bürgschaft hat BGH NJW 1985, S.848, 849 sogar die Geltung der §§ 9ff. wegen § 8 AGBG verneint.

[118] Wenn nicht gar eine entspr. Individualabrede über diesen Punkt getroffen wurde.

Sicherheiten zur Verfügung stellt, kann sich nicht überrumpelt fühlen, weil die eingangs namentlich bezeichneten Banken wertmäßig an diesen teilhaben.

Bei der Erstreckung auf *alle künftigen Forderungen* differenziert die Rechtsprechung[119]:

Ist der Kreditnehmer gleichzeitig Sicherungsgeber, wird die Erstreckung auf alle Forderungen weder als überraschend noch als unbillig angesehen[120].

Besteht hingegen keine Personenidentität, hängt die Entscheidung von der jeweiligen Fallgestaltung ab[121]. So hat der Bundesgerichtshof die formularmäßige Ausdehnung als überraschende Klausel mißbilligt, als ganz bestimmte, bereits zurückgezahlte Darlehen den Sicherungsanlaß bildeten[122]. Diese Rechtsprechung beschränkt sich nicht auf in besonderer Weise zweckgebundene Kredite[123]. Anders wurden dagegen Fälle beurteilt, in denen es um den Geschäftskredit einer GmbH in laufender Rechnung ging oder der Sicherungsgeber ein mit Kreditgeschäften vertrautes Unternehmen war[124]. Auch eine personelle Verflechtung wird bei der Würdigung berücksichtigt[125].

Überträgt man diese Erwägungen auf die Poolsituation, so bestehen im Hinblick auf § 3 AGBG[126] regelmäßig keine Bedenken. In der Krise geht es nicht um die Gewährung eines einzelnen Darlehens aus bestimmtem Anlaß oder gar für einen begrenzten Zweck. Dem Unternehmen ist nur gedient, wenn die Banken ihm die weitere Abwicklung seiner Zahlungen ermöglichen, indem sie die bisherigen oder gar erhöhten Kreditlinien offenhalten. Im Vordergrund stehen die Geschäftskredite in laufender Rechnung, deren Höhe naturgemäß schwankt. Das schließt notwendigerweise und ohne weiteres erkennbar gerade auch die Absicherung künftiger Forderungen ein[127]. Von einem Überrumpe-

---

[119] Siehe die Zusammenstellung bei *Clemente*, ZIP 1985, S.193, 196ff.

[120] BGH NJW 1981, S.756; zust. *Clemente*, NJW 1983, S.8; *Reithmann*, ZIP 1986, S.1543.

[121] Zum Streben der Gerichte nach Einzelfallgerechtigkeit bei Zweckbestimmungserklärungen siehe *Wolf*, NJW 1987, S.2652.

[122] BGHZ 83, S.56ff. = NJW 1982, S.1035f.; bestätigt in BGHZ 102, S.152, 159f. = WM 1988, S.12 = WuB I F 3. — 5.88 mit Anm. *Schröter*; vgl. auch BGHZ 99, S.203, 205f. = NJW 1987, S.1636, 1637 (formularmäßige Änderung einer mündlichen Sicherungsabrede).

[123] BGH WM 1989, S.88, 89 entgegen *Schiffer*, NJW 1988, S.2779.

[124] BGH NJW 1987, S.946; BGHZ 100, S.82, 85f. = NJW 1987, S.1885; NJW 1987, S.3126, 3127; vgl. auch *Lohmann*, S.51, 53f., 63ff.

[125] BGHZ 100, S. 82, 86 = NJW 1987, S.1885; in BGH NJW 1987, S.947 blieb offen, ob auch das aus einer Gesellschafterstellung folgende eigene wirtschaftliche Interesse herangezogen werden kann.

[126] Bzw. § 242 BGB; Ein Verstoß gegen § 9 AGBG liegt schon aus den oben zum Gläubigerkreis genannten Gründen nicht vor; vgl. BGHZ 100, S. 82 = NJW 1987, S. 1885. I.ü. können auch die zu § 3 AGBG genannten Gesichtspunkte bei einer Interessenabwägung nach § 9 AGBG herangezogen werden.

[127] Vgl. BGH NJW 1987, S. 946.

lungseffekt kann also nicht die Rede sein. Im übrigen handelt es sich oft um Drittsicherheiten, die von personell oder wirtschaftlich verflochtenen und im Kreditgeschäft erfahrenen Sicherungsgebern bestellt werden.

Eine weitere Frage ist, ob die im Poolvertrag genannten Kreditlinien die Obergrenze der Haftung bilden. Auch dies wird man verneinen müssen[128]: Gerade bei wirtschaftlichen Schwierigkeiten eines Unternehmens liegt die Gefahr einer Überziehung nahe[129]. Der künftige Finanzbedarf läßt sich in einer solchen Situation, die flexible Lösungen erfordert, nicht immer exakt vorausplanen. Dies schließt die Notwendigkeit ein, die Kreditvergabe der weiteren Entwicklung anzupassen zu können. Der Sicherungsgeber muß mit dem berechtigten Sicherungsinteresse der Banken rechnen, zumal die erkennbar auf eine umfassende Besicherung angelegten Poolverträge die Möglichkeit zusätzlicher Kredite bzw. Kreditlinienüberschreitungen ausdrücklich erwähnen[130].

Die Erstreckung des Sicherungszwecks auf alle künftigen Forderungen sämtlicher Poolbanken ist daher mit dem AGB-Gesetz vereinbar.

5. *Informationspflichten des Kreditnehmers*

Die Vertragsmuster enthalten die Verpflichtung des Kreditnehmers, Dritten erst nach Unterrichtung der Poolbanken Sicherheiten zu bestellen[131]. Es handelt sich um eine Schutzbestimmung, mit der die Banken anstreben, während der Laufzeit des Vertrages über die Lage und Pläne des Schuldners möglichst gut informiert zu sein, um frühzeitig auf die weitere Entwicklung Einfluß nehmen zu können[132]. Diese Klausel wird zu Recht für unbedenklich gehalten[133].

IV. Verwaltung der Sicherheiten

1. *Die Tätigkeit der Treuhänder-Bank*

Die Tätigkeit einer als Treuhänder eingesetzten Bank beruht gegenüber dem Sicherungsgeber auf einem Sicherungsvertrag (auch) zugunsten Dritter. Der Poolvertrag ergänzt und modifiziert insofern die mit diesem über die Einzelsicherheiten getroffenen Sicherungsvereinbarungen, die bereits ausführliche Regelungen enthalten.

---

[128] In diesem Sinne zur Besicherung einzelner Kreditinstitute auch BGH NJW 1987, S.946f.; NJW 1987, S.3126, 3127; *Rainer*, WM 1988, S.1659; *Lohmann*, S.65.

[129] Vgl. BGH NJW 1987, S.946, 947.

[130] Anh.I § 2 Abs.2, § 4 Abs.2 u.3; Anh.II § 2 Abs.3; § 4 Abs.3 c u.d.

[131] Anh.I § 2 Abs.4; Anh.II § 2 Abs.6.

[132] Einen Überblick über mögliche Schutzbestimmungen in Kreditverträgen und die damit verfolgten Ziele gibt *Stahlschmidt*, S.48ff., 127f.

[133] *W.Obermüller*, BuB, Rdn.4/80; *Schröter/Graf v.Westphalen*, S.44; *Merkel*, S.218 (s.a. S.181, Fn.19). Zur kartellrechtlichen Relevanz etwa weitergehender Schutzbestimmungen s. unten Kap.4, insbes. A.IV.; zur Knebelung s. Kap.3 A.II.1.c).

Im Verhältnis zu den übrigen Banken gibt es außerhalb des Poolvertrages keine weiteren Verträge über Einzelheiten der Sicherheitenverwaltung. Die Treuhändertätigkeit wurde bereits der Geschäftsführung zugeordnet[134]. Deren Ausgestaltung ist in erster Linie den gesellschaftsvertraglichen Bestimmungen des Poolvertrags zu entnehmen. Erweist sich dieser aufgrund der eigentlichen Auslegung als lückenhaft oder unvollständig, kann die sogenannte „ergänzende Vertragsauslegung" den hypothetischen Parteiwillen berücksichtigen, der sich aus dem Gesamtsystem des Vertrages ergibt[135]. Die in vollem Umfang dispositiven Regelungen der §§ 709ff. BGB sind nur heranzuziehen, soweit die Parteien keine abweichende Gestaltung getroffen haben[136].

Die Sicherheitenverwaltung ist funktionell der Treuhänderbank allein übertragen, so daß abweichend von § 709 BGB Einzelgeschäftsführung vorliegt. Soweit bereits bestehende Sicherheiten bei den bisherigen Sicherungsnehmern bleiben, wird der Poolführer zweckmäßigerweise zu Verfügungen im eigenen Namen ermächtigt[137]. Von der Einzelgeschäftsführung ausgenommen ist die Entscheidung über die Freigabe oder Verwertung von Sicherheiten, die grundsätzlich der Zustimmung aller Gesellschafter bedarf[138].

Die laufende Sicherheitenverwaltung erfordert in erster Linie Kontrollmaßnahmen[139]. Die Überprüfungspflicht bezieht sich zum einen auf die rechtliche Wirksamkeit der Sicherheiteneinbringung, besonders im Hinblick auf Vollständigkeit und Ordnungsgemäßheit der jeweiligen Verträge. Aber auch die wirtschaftliche Bewertung der Sicherheiten ist Gegenstand der Treuhändertätigkeit. So kann es angezeigt sein, sich in regelmäßigen Abständen „vor Ort" ein Bild von der Werthaltigkeit des Sicherungsguts zu machen[140].

2. *Der Haftungsmaßstab*

Das Haftungsprivileg des § 708 BGB wird regelmäßig durch eine Bestimmung ersetzt, nach der der Treuhänder die Sicherheit mit der Sorgfalt eines ordentlichen Kaufmanns verwalten muß[141]. Diese Regelung hat nicht nur rein

---

[134] Siehe oben A.II.1.b)(2).

[135] Vgl. *Ulmer*, GbR, § 705 Rdn.144ff., 147.

[136] *Ulmer*, GbR, § 709 Rdn.16. Die hilfsweise Heranziehung der Auftragsvorschriften (vgl. Anh.I § 3 Abs.4 und oben A.II.1.b)(2)) ist wegen § 713 BGB entbehrlich.

[137] Vgl. *Schröter/Graf v. Westphalen*, S.22f. Es liegt dann eine Ermächtigungstreuhand vor, da der Poolführer nicht Vollrechtsinhaber wird.

[138] Anh.I § 3 Abs.6, § 4 Abs.1; Anh.II § 3 Abs.1, § 4 Abs.2; zur Verwertung s. des näheren unten V.1.

[139] Siehe *Schröter/Graf v. Westphalen*, S.22f.

[140] Z.B. durch stichprobenartige Kontrolle des übereigneten Warenlagers anhand von aktuellen Bestandsmeldungen oder durch Überprüfung der Buchhaltung bei Sicherungszessionen.

[141] Anh.I § 3 Abs.1; Anh.II § 3 Abs.1. Nach *Ballerstedt*, JuS 1963, S.258f. ist § 708 BGB für juristische Personen als Gesellschafter unsachgemäß. Zur Haftung für Erfüllungsgehilfen s.a. *Ulmer*, GbR, § 708 Rdn.15.

deklaratorischen Charakter, da § 708 BGB nach überwiegender Ansicht auch für die geschäftsführenden Gesellschafter gilt, selbst wenn für die Tätigkeit ein Sonderentgelt vereinbart ist[142]. Die tatsächlichen Auswirkungen dürften eher gering sein, da sich Kreditinstitute auch in eigenen Angelegenheiten an kaufmännische Standards zu halten pflegen[143].

3. Selbstkontrahieren

Die Vertragsmuster gestatten dem Treuhänder das Selbstkontrahieren i.S.d. § 181 BGB. Konkrete Anwendungsfälle sind in der Literatur nicht genannt. Ob für die — freilich nicht schädliche — Befreiung ein praktisches Bedürfnis besteht, erscheint fraglich. Der Kreditnehmer räumt dem Treuhänder grundsätzlich keine Vertretungsmacht ein. Aber auch Geschäfte des Treuhänders als Vertreter der Banken mit sich im eigenen Namen dürften regelmäßig ausscheiden, da der Pool als Innengesellschaft qualifiziert wurde, bei der die Gesamthand nicht am Rechtsverkehr mit Dritten teilnimmt. Bei Innengesellschaften greift die Auslegungsregel des § 714 BGB nicht ein[144], so daß an die Geschäftsführungsbefugnis des Treuhänders, der nach außen im eigenen Namen auftritt, keine Vertretungsmacht geknüpft ist.

Eine Vertretung kommt nur ausnahmsweise in Betracht, wenn die Verwaltung nachträglich auf einen neuen Treuhänder übertragen wird[145]. Dabei werden aber allenfalls parallele Willenserklärungen abgegeben, da zwischen dem Kreditnehmer und dem Pool keine unmittelbaren Rechtsbeziehungen bestehen[146].

4. Auskunftspflicht

Die Poolverträge geben den anderen Banken das Recht, jederzeit Auskunft über die Verwaltung der Sicherheiten zu verlangen, und enthalten teilweise auch eine Unterrichtungspflicht des Treuhänders[147]. Diese Informationspflichten obliegen dem Treuhänder bereits gemäß §§ 713, 666 BGB. Adressat der zu

---

142 *Ulmer*, GbR, § 708 Rdn.6; *Palandt / Thomas*, § 708 Anm.2; *Canaris*, Bankvertragsrecht (2.Bearb.), Rdn.2309 mwN. gegen *Scholze*, S.18 (für einen Konsortialführer). Neuerdings werden jedoch vermehrt Stimmen laut, die sich gegen die Anwendung des § 708 BGB auf Konsortien aussprechen; vgl. *Assmann*, ZHR 152 (1988), S.376 (Fn.18); *Kübler*, S.49.

143 Vgl. auch § 347 HGB sowie AGB-Banken (abgedruckt bei *Baumbach / Duden / Hopt*, (8)) I vor Nr. 1, S. 3. I. ü. sind an den Nachweis geringerer eigenüblicher Sorgfalt strenge Anforderungen zu stellen, wobei es nicht auf den konkreten Schädigungsfall ankommt; *Ulmer*, GbR § 708 Rdn. 18.

144 *Ulmer*, GbR, § 714 Rdn.14.

145 S. unten bei 6.

146 Siehe oben A.II.1.b)(2). Für die Anwendung des § 181 BGB kommt es grundsätzlich nicht auf die Interessenlage, sondern auf die Art der Vornahme des Rechtsgeschäfts an; *Palandt / Heinrichs*, § 181 Anm.1b.

147 Anh.I § 3 Abs.3; Anh.II § 3 Abs.2.

erteilenden Nachrichten und Auskünfte ist die Gesellschaftergesamtheit. Das Auskunftsverlangen kann bei mehrgliedrigen Gesellschaften von jedem Poolpartner einzeln geltend gemacht werden[148]. Eine Benachrichtigungspflicht auch ohne Verlangen wird zu Recht für das Ergebnis von Sicherheitenprüfungen angenommen[149].

5. *Kosten*

Viele Poolverträge enthalten ausdrückliche Bestimmungen über die Verwaltungskosten, die üblicherweise auf den Kreditnehmer abgewälzt werden[150]. Die Höhe des Entgelts für den Poolführer wird zweckmäßigerweise als Promillesatz aus der Summe der Kreditlinien oder als jährlicher Pauschalbetrag vereinbart[151]. Zwar können die Ansprüche wohl auch auf AGB-Banken Nr.22 gestützt werden[152]. Eine genaue Bezifferung ist jedoch vorzuziehen, um Meinungsverschiedenheiten über die Angemessenheit[153] der Vergütung zu vermeiden.

Teilweise werden die Kosten sekundär auf die Poolpartner umgelegt, wenn sie vom Kreditnehmer nicht bezahlt werden[154]. Das Gesetz sieht keine Vergütung für die Geschäftsführertätigkeit vor[155]. Doch wird man angesichts der mit der Treuhändertätigkeit verbundenen einseitigen Belastung und wegen des Haftungsrisikos auch ohne gesellschaftsvertragliche Klarstellung eine entsprechende stillschweigende Vereinbarung anzunehmen haben[156].

---

[148] Im Rahmen der actio pro socio (anders als die Rechte der einzelnen Gesellschafter aus §§ 713, 721 BGB); Näheres bei *Ulmer*, GbR, § 713 Rdn.7ff.

[149] *Schröter/Graf v.Westphalen*, S.23.

[150] Anh.II § 5; *Schröter/Graf v.Westphalen*, S.23; *Eberding*, BB 1974, S.1005; *Ehlers*, ZKW 1977, S.914; vgl. a. *Serick* II, S.50 (Fn.20).

[151] *Schröter/Graf v.Westphalen*, S.24, mit Stellungnahme zu anderen denkbaren Kostenmaßstäben.

[152] *W.Obermüller*, BuB, Rdn.4/97.

[153] AGB-Banken (abgedruckt bei *Baumbach/Duden/Hopt*, (8)) Nr.22 II verweist auf § 315 BGB.

[154] Anh.II § 5 Abs.2; *Schröter/Graf v.Westphalen*, S.23; *Eberding*, BB 1974, S.1005.

[155] §§ 713, 670 BGB scheiden aus, da eigene Tätigkeit keine Aufwendung ist; *Palandt/Thomas*, § 670 Anm.2b; s.a. *Ulmer*, GbR, § 709 Rdn.32.

[156] Vgl. *Ulmer*, GbR, § 709 Rdn.32 (Fn.44); von einer „Gewinnverteilungsabrede" wird man hier nicht sprechen können, da der Pool keine Erwerbsgesellschaft ist. Dennoch lassen sich zwischen Vorwegbefriedigungsrecht aus einem etwaigen Verwertungserlös (Anh.II § 5 Abs.2) und „Gewinnvoraus" gewisse Parallelen ziehen. Das handelsrechtliche Entgeltprinzip dürfte ebenfalls für eine konkludente Vergütungsabrede sprechen, auch wenn diese rechtlich keine Vereinbarung eines Entgelts für die Leistung von Diensten darstellt (s. *Ulmer*, aaO.).

6. Übertragung auf einen anderen Treuhänder

Die Poolverträge geben dem Poolführer regelmäßig das Recht, jederzeit die Sicherheitenverwaltung nach vorheriger Unterrichtung der Partner auf einen anderen geeigneten Treuhänder zu übertragen[157]. Entgegen § 712 Abs.2 BGB kann er sich seiner Geschäftsführerpflichten auch ohne Vorliegen eines wichtigen Grundes entledigen[158]. Von dieser Möglichkeit wird in der Praxis nur äußerst selten Gebrauch gemacht.

Mit Übertragung der Verwaltung ist nicht nur gemeint, daß ein Dritter zur Ausübung von Verwaltertätigkeiten im eigenen Namen ermächtigt werden kann. Die Bestimmung ist dahingehend auszulegen, daß auch die Sicherungsrechte selbst auf den neuen Treuhänder übertragen werden dürfen[159].

In der Bekanntgabe der erfolgten Einschaltung eines neuen Treuhänders an die anderen Banken wäre die Kündigung der Geschäftsführung zu sehen[160]. Die vorherige Unterrichtung erfolgt dagegen erkennbar nur zu Informationszwecken vorab[161]. Die Aufgabenübertragung kann der bisherige Poolführer noch allein vornehmen. Bei der Einschaltung eines Außenstehenden steht nach der Kündigung die Geschäftsführung gemäß § 709 BGB allen Banken gemeinschaftlich zu, da eine Übertragung der Geschäftsführung an einen Dritten unter Ausschließung aller Gesellschafter unzulässig ist[162]. Der Grundsatz der Selbstorganschaft hindert nicht daran, einem Nichtgesellschafter in sehr weitgehendem Umfang Geschäftsführungsaufgaben zu übertragen, solange die Befugnis des Dritten abgeleiteter Natur bleibt[163].

Übernimmt ein anderer Poolpartner dagegen die Treuhänderrolle, so hat dies lediglich einen Wechsel in der Person des Alleingeschäftsführers zur Folge. Die erforderliche Zustimmung aller Gesellschafter[164] zu dieser Art der Übertragung ist bereits im Poolvertrag enthalten. Die gesellschaftliche Treupflicht dürfte gebieten, einen Außenstehenden erst einzuschalten, wenn sich keine andere Poolbank zur Übernahme der Treuhändertätigkeit bereiterklärt hat[165].

---

[157] Anh.I § 3 Abs.1 S.2; Anh. II § 3 Abs.3.

[158] Siehe bereits oben A.II.1.b.(2); vgl. auch *Hinsch/Horn*, S.189 zur entsprechenden Befugnis des „Agent" bei Eurokonsortialkrediten.

[159] Vgl. *Schröter/Graf v. Westphalen*, S.23. Der Dritte wird mit der Vollrechtsübertragung „echter" Treuhänder.

[160] Zu den Voraussetzungen über das Wirksamwerden empfangsbedürftiger Willenserklärungen vgl. BGH NJW 1979, S.2032, 2033.

[161] Vgl. *Palandt/Heinrichs*, § 130 Anm.2.

[162] Siehe *Ulmer*, GbR, § 709 Rdn.20 mwN.

[163] *Ulmer*, GbR, § 709 Rdn.5; *Palandt/Thomas*, Vorbem. v. §§ 709-715 Anm.1e mwN. Zu den Einschränkungen des Prinzips der Selbstorganschaft durch die Rechtsprechung vgl. näher *Löffler*, NJW 1983, S.2921; *Hönn*, JA 1987, S.339; gegen einen allzu großzügigen Maßstab *Hüffer*, ZHR 151 (1987), S.408.

[164] Änderungen bei der Mitwirkung an der Geschäftsführung betreffen die Gesellschaftsgrundlagen; *Palandt/Thomas*, Vor §§ 709-715 Anm.3a.

Die Gestattung der Übertragung gilt auch im Verhältnis zum Sicherungsgeber[166]. Der bisherige Treuhänder scheidet mit der Einschaltung eines Dritten selbst aus jeder Tätigkeit aus[167].

V. Verwertung und Erlösverteilung

1. Die Verwertung der Sicherheiten

Im Außenverhältnis erfolgt die Verwertung gleich der Verwaltung durch den Treuhänder im eigenen Namen[168]. Im Innenverhältnis wird die Verwertung jedoch von einem gegenseitigen Einvernehmen aller Banken abhängig gemacht[169]. Jedenfalls für die Entscheidung, ob konkret zur Verwertung der Sicherheiten geschritten wird, ist die Geschäftsführungsbefugnis des Treuhänders beschränkt, so daß ein einstimmiger Verwertungsbeschluß erforderlich ist.

In welchem Umfang dem Treuhänder im übrigen die Geschäftsführung übertragen ist, ist durch Auslegung des Gesellschaftsvertrages zu ermitteln. Ist ausdrücklich das „Ob" und „Wann" von Verwertungsmaßnahmen allen Banken zur Entscheidung übertragen[170], so ist im Umkehrschluß von einer weitgehenden Selbständigkeit des Treuhänders bei der Ausführung des Beschlusses auszugehen. Aber auch wenn nur allgemein von einer einvernehmlichen Verwertung die Rede ist[171], würde es der besonderen Vertrauensstellung des Treuhänders widersprechen, wenn er vor jeder einzelnen Verwertungshandlung die Zustimmung sämtlicher Banken einholen müßte. Der Wille der Parteien ist nicht auf eine so große Diskrepanz zwischen rechtlichem „Können" und „Dürfen" gerichtet, die die Vorteile der Einschaltung eines Treuhänders teilweise aufheben und zu einer unzweckmäßigen Behinderung der Verwertung führen würde.

Man könnte jedoch erwägen, die Alleingeschäftsführung auf die Durchführung „gewöhnlicher Verwertungsmaßnahmen" zu beschränken[172]. Bei außerge-

---

165 Abgesehen von der Änderung der Gesellschaftsstruktur dürften mit der Einschaltung eines externen Treuhänders auch höhere Kosten verbunden sein; vgl. *Schütz*, S.559 (zur Sicherungsübereignung).

166 Entgegen der Auslegungsregel des § 664 Abs.1 S.1 BGB, die andernfalls wohl auch ohne Heranziehung der §§ 662ff. BGB wegen der Vertrauensstelllung des Treuhänders zumindest entsprechend anwendbar wäre; vgl. *Palandt / Thomas*, § 664 Anm.4.

167 Zu den verschiedenen Möglichkeiten der Substitution siehe *Palandt / Thomas*, § 664 Anm.1; vgl. auch *Palandt / Heinrichs*, § 398 Anm.10 zur Vertragsübernahme.

168 Alleinige Vertretungsmacht ist nicht erforderlich (so aber *Schröter / Graf v. Westphalen*, S.25), da Vollrechtsübertragung oder allenfalls Ermächtigungstreuhand vorliegt, aber keine Vollmachtstreuhand.

169 Anh. I § 4 Abs. 1; Anh. II § 4 Abs. 2. Bei einer größeren Anzahl von Banken kann eine Mehrheitsklausel zweckmäßig sein; vgl. *Schröter / Graf v. Westphalen*, S. 25. Dabei wird man sich abweichend von § 709 Abs. 2 BGB eher auf die Maßgeblichkeit der Kreditlinienhöhe verständigen.

170 Anh.II § 4 Abs.2.

171 Anh.I § 4 Abs.1; *Eberding*, BB 1974, S.1005; *Ehlers*, ZKW 1977, S.914.

wöhnlichen Verwertungshandlungen[173] wird sich der Treuhänder schon im eigenen Interesse mit den anderen Poolpartnern abstimmen. Es soll nicht verkannt werden, daß die Auslegung und Abgrenzung im Einzelfall mit Unsicherheiten behaftet ist. Eine Klarstellung im Poolvertrag oder in einem Verwertungsbeschluß kann daher angebracht sein.

Manche Poolverträge gestatten dem Poolführer, in eiligen Fällen allein zu entscheiden, auch wenn eigentlich das Einvernehmen aller Banken erforderlich wäre[174]. Ohne vertragliche Regelung kann eine Notgeschäftsführung analog § 744 Abs.2 BGB oder Geschäftsführung ohne Auftrag nach § 677 BGB in Frage kommen[175]. Es ist darauf abzustellen, ob ohne rasches Handeln die Gefahr einer wesentlichen Schmälerung des Verwertungserlöses drohen würde.

Gegenüber dem Sicherungsgeber ergibt sich die Verwertungsbefugnis aus den Sicherungsverträgen. Insbesondere darf der Treuhänder die Sicherheiten grundsätzlich erst verwerten, wenn die gesicherten Kredite bei Fälligkeit nicht zurückgezahlt werden[176]. Außerdem muß er den Grundsatz der Verhältnismäßigkeit wahren[177].

2. *Die Erlösverteilung*

a) Der Verteilung von Verwertungserlösen kommt eine *zentrale Bedeutung* bei der Vertragsgestaltung zu[178]. Entsprechend dem Gedanken einer gemeinsamen Risikotragung[179] steht der genaue Anteil nicht von vorneherein fest, sondern richtet sich nach der jeweiligen Kreditinanspruchnahme. Da die Forderungshöhe schwanken kann, muß ein Stichtag festgelegt werden. Hierfür bietet sich der Zeitpunkt des Verwertungsbeschlusses an[180].

Maßgeblich sind die im Einzelfall getroffenen Absprachen, wobei auf möglichst sorgfältige und eindeutige Formulierungen geachtet werden sollte[181].

---

172 Im dispositiven Recht der GbR ist eine dem § 116 Abs.2 HGB entsprechende Differenzierung nicht vorgesehen; vgl. *Ulmer*, GbR, § 709 Rdn.24.

173 Hierzu würde ich z.B. eine freihändige Verwertung weit unter dem bisher ermittelten und zugrundegelegten Schätzwert zählen.

174 Anh.II § 4 Abs.2 S.2; *Eberding*, BB 1974, S.1005; *Ehlers*, ZKW 1977, S.914.

175 Vgl. *Ulmer*, GbR, § 709, Rdn.21.

176 So ausdrücklich in Anh.I § 4 Abs.1; vgl. des näheren AGB-Banken Nr.20 u.21.

177 *Baumbach/Duden/Hopt*, (8) AGB-Banken 20, Anm.1A.

178 *Scholz/Lwowski*, Rdn.216; *Eberding*, BB 1974, S.1005.

179 Hierzu schon oben Kap.1 A.I.

180 *Schröter/Graf v. Westphalen*, S.26f. (in Eilfällen wird auf die Benachrichtigung der Banken über Verwertungsmaßnahmen abgestellt). Denkbar wäre auch, den ersten Verwertungsakt im Außenverhältnis durch den Treuhänder für maßgeblich zu erklären.

181 *Eberding*, BB 1974, S.1005. Vgl. näher Anh.I § 4 Abs.2-4; Anh.II § 4 Abs.3-7; das Muster Anh.II ist ausführlicher; eine (ergänzende) Auslegung von Anh.I dürfte weitgehend zu gleichen Ergebnissen führen.

Die Banken behalten sich regelmäßig das Recht vor, den Verteilungsschlüssel einseitig zu ändern[182].

Besonders hervorzuheben ist die für alle Poolverträge typische bevorzugte Befriedigung derjenigen Forderungen, die im Rahmen der vertraglich fixierten Kreditlinien bleiben[183]. Nur wenn nach Abdeckung dieser Kredite ein Erlösüberschuß verbleibt, werden „nachrangig" die Überschreitungen dieser Linien — durch zugelassene Überziehungen oder zusätzlich gewährte Kredite[184] — berücksichtigt. Innerhalb der Linien sollte im Hinblick auf die besondere Konkursanfechtung ggf. eine bevorzugte Behandlung von Neukrediten erwogen werden[185].

Diese Anknüpfung an die Kreditlinien ermöglicht den Banken in gewissem Umfang eine eigene Risikokalkulation, da für die vorrangig zu befriedigenden Forderungen der Anteil am Verwertungserlös im voraus annähernd bestimmbar ist. Kreditlinienüberschreitungen schmälern nicht die Sicherheitenposition derjenigen Banken, die sich mit ihren Ausleihungen im zugrundeliegenden Rahmen bewegen[186]. Als nicht unerwünschter Nebeneffekt kann sich eine gewisse „Disziplinierung" bei der Kreditvergabe einstellen, da Überschreitungen ohne Sondersicherheiten ein größeres Risiko darstellen[187]. Hintergrund dieser Überlegung ist die Erkenntnis, daß nicht nur der Abzug von Fremdmitteln, sondern auch deren unkontrollierte Ausweitung anstelle notwendiger Sparmaßnahmen und Änderungen im leistungswirtschaftlichen Bereich des Unternehmens eine Sanierung gefährden kann.

b) Einer *Sonderbehandlung* bedürfen *Diskont und Avalkredite*, da sich bei den bis zum Stichtag angekauften Wechseln und übernommenen Bürgschaften bzw. Garantien erst nachträglich herausstellt, ob und in welchem Maße sich die Forderungen gegen den Kreditnehmer durch Rückgriff der Banken erhöhen. Vielfach stellen Poolverträge ausdrücklich klar, daß Diskont- und Avalkredite erst dann als in Anspruch genommen gelten, wenn ein Ausfall feststeht[188]. Möglich ist es auch, eine abgestufte Aufteilung entsprechend den unterschiedlichen Risiken der Kreditarten vorzunehmen[189].

---

182 Anh.I § 4 Abs.4; Anh.II § 4 Abs.7.

183 Zum Saldenausgleich s.u. VI.

184 Eine abgestufte Behandlung (so in Anh.II § 4 Abs.3 c u.d) erscheint nicht geboten, sofern Sondersicherheiten angerechnet werden; vgl. Anh.II § 4 Abs.3 d a.E. und *W.Obermüller*, BuB, Rdn.4/87.

185 Siehe unten Kap.3 E.II.1.b).

186 *Schröter/Graf v.Westphalen*, S.26.

187 Vgl. *W.Obermüller*, BuB, Rdn.4/87.

188 Anh.II § 4 Abs.4. Zur sofortigen Berücksichtigung von Diskontkrediten und späteren Abführung der Eingänge (bei Einlösung durch den Bezogenen) vgl. *Schröter/Graf v. Westphalen*, S.27. Da Verwertungen meist längere Zeit dauern als die übliche Laufzeit von Diskontkrediten (bis zu 3 Monaten; vgl. § 19 Abs.1 Nr.1 BBankG), wird man im allgemeinen den endgültigen Ausfall abwarten können.

Selbst bei den Barkrediten sind *nachträgliche Erhöhungen* denkbar. Diese können daraus resultieren, daß eingereichte Lastschriften oder Schecks dem Konto des Kreditnehmers bereits vor dem Stichtag gutgeschrieben[190] und erst danach wegen Widerspruchs oder Nichteinlösung zurückgegeben wurden. Auch ohne Klarstellung im Poolvertrag dürfte es dem Parteiwillen entsprechen, diese Retouren bei der Errechnung des Verteilungsschlüssels zu berücksichtigen, soweit sie nicht zu einer Kreditlinienüberschreitung führen[191].

VI. Der Saldenausgleich

1. In Poolverträgen kann eine sogenannte *Saldenausgleichsklausel* enthalten sein[192]. Durch Überträge wird bei einem Saldenausgleich im Ergebnis bewirkt, daß die Höhe derjenigen Forderungen, die die Kreditlinien nicht übersteigen, genau dem Verhältnis der vereinbarten Linien entspricht. Relativ betrachtet führt dies zu einer prozentual gleichen Kreditinanspruchnahme bei den beteiligten Banken[193].

Der Saldenausgleich soll dem Umstand Rechnung tragen, daß der Kreditnehmer seine Dispositionen nicht immer exakt im Verhältnis der Linien planen kann[194]. Damit ist aber der tiefere Sinn dieser Regelung noch nicht hinreichend erfaßt, denn schließlich richtet sich die Erlösverteilung nach der tatsächlichen Inanspruchnahme. Eine überproportionale Kreditlinienausschöpfung hätte auch einen entsprechend höheren Anteil am Verwertungserlös zur Folge. Da jedoch meist nicht absehbar ist, ob der Erlös alle im Rahmen bleibenden Forderungen abdeckt, möchte man eine doppelte Relativität herstellen: Nicht nur die Ausfallquote[195] jeder Bank soll prozentual gleich hoch sein. Auch die absoluten Ausfallbeträge der einzelnen Banken sollen im Verhältnis zueinander proportional zu den vereinbarten Kreditlinien sein[196].

---

[189] *W.Obermüller*, BuB, Rdn.4/88. Die „nachrangige" Berücksichtigung der Diskontkredite kann zu strengerer Wechselprüfung (bes. der Bonität des Bezogenen) führen.

[190] Unter Vorbehalt des Eingangs ("E.v.").

[191] So ausdrücklich in Anh.II § 4 Abs.5. Zu den unterschiedlichen Möglichkeiten siehe näher bei *Schröter / Graf v. Westphalen*, S.27f.

[192] Anh. I § 5; Anh. II § 4 Abs. 3b (2. Abs.). Die Verbreitung solcher Klauseln schätzen auch Kenner der Praxis unterschiedlich ein; vgl. *M. Obermüller,* Die Bank im Konkurs, Rdn. 765 („vereinzelt"); *Schröter / Graf v. Westphalen, S. 28* („häufig"); *Scholz / Lwowski,* Rdn. 216 („sehr häufig").

[193] *Scholz / Lwowski*, Rdn.216.

[194] *Scholz / Lwowski*, Rdn.216; *M.Obermüller*, Die Bank im Konkurs, Rdn.765. Die Möglichkeit von Kreditlinienüberschreitungen (vgl. *W.Obermüller*, BuB, Rdn.4/89; aA.: *Scholz / Lwowski* aaO.) dürfte zumindest für den Verwertungsfall nicht entscheidend sein, da vom Wortlaut der Klauseln nur im Rahmen liegende Forderungen erfaßt werden.

[195] D.h. das Verhältnis des durch Erlöse nicht abgedeckten Teils der Kredite zur gesamten tatsächlichen Inanspruchnahme.

[196] Als Sondervorteil gilt schon eine einseitige geringere Inanspruchnahme. Dahinter steckt wohl unausgesprochen oft die Erwägung, daß eine Bank, die in „guten Zeiten" mehr

Der Gedanke gemeinsamer Risikotragung kommt auf diese Weise besonders zur Geltung. Der Risikoanteil der Institute soll nicht von — mitunter zufälligen — Schwankungen abhängen. Der Saldenausgleich kann dabei einer ausdrücklichen Verpflichtung, die Kreditlinien offenzuhalten, mehr Gewicht verleihen. Mittelbar kann er sogar selbst auf ein solches Verbot hinauslaufen und an die Stelle einer entsprechenden Bestimmung treten, indem er die Anreize für einseitige Reduzierungen schmälert[197]. Nach dem Übertrag hat nämlich die „belastete" Bank die Nachteile eines fremden Kredits (sprich: das erhöhte Risiko) zu tragen, obwohl die Vorteile (sprich: Zinsen) bis zu diesem Zeitpunkt einer anderen Bank zustanden.

Ein Saldenausgleich ist vielfach nur für den Fall einer Insolvenz, Verwertung oder Erlösverteilung geregelt[198]. Manche Poolverträge sehen einen jederzeit möglichen Ausgleich vor[199], doch wird von diesem Recht regelmäßig erst im Verwertungsfall Gebrauch gemacht.

2. Auf welchem *rechtlichen Wege* das Ziel einer proportionalen Inanspruchnahme erreicht werden kann, ist durch Auslegung der Poolverträge zu ermitteln.

Eine Berechtigung jeder Bank, die Forderungsaufteilung sowohl selbst vorzunehmen wie auch von den anderen Partnern zu verlangen[200], deutet auf eine Doppelermächtigung hin, wie sie für die Anweisung typisch ist. Auch wenn keine echte Anweisung i.S.d. § 783 ff. BGB vorliegt, können diese Vorschriften möglicherweise entsprechend anwendbar sein[201]. Zweifelhaft ist jedoch, ob wirklich eine von den zugrunde liegenden Schuldverhältnissen losgelöste Anweisungserklärung gewollt ist[202]. Da jedenfalls § 784 BGB wegen seiner Verkehrsschutzfunktion nur in engen Grenzen und bei klarer Erkennbarkeit eines Annahmewillens anwendbar ist[203], besteht spätestens im Konkurs die Gefahr, daß der Konkursverwalter die Anweisung vor ihrer Ausführung widerruft, § 790 BGB[204].

Meist wird es näherliegen, von einem Überweisungsauftrag des Kreditnehmers auszugehen[205]. Diese Auslegung bietet sich besonders an, wenn von einer

---

von der Geschäftsverbindung profitiert hat, in der Krise ein entspr. höheres Risiko tragen soll; vgl. auch *Claussen*. ZHR 147 (1983), S.200.

[197] Vgl. *W.Obermüller*, BuB, Rdn.4/82.

[198] Siehe das Beispiel bei *Scholz / Lwowski*, Rdn.216 sowie Anh.II § 4 Abs.3 b (2.Abs.).

[199] Anh.I § 5 Abs.1.

[200] Anh.I § 5 Abs.1.

[201] Vgl. *Soergel / Häuser*, Vor § 783 Rdn.18; MünchKomm / *Hüffer*, § 783 Rdn.7f.

[202] Vgl. *Soergel / Häuser*, Vor § 783 Rdn.6; MünchKomm / *Hüffer*, § 783 Rdn.17.

[203] Vgl. MünchKomm / *Vallenthin*, 1.Aufl., § 783 Rdn.20; *Palandt / Thomas*, § 784 Anm.2.

[204] Zur Anweisung im Konkurs des Anweisenden siehe *Kuhn / Uhlenbruck*, § 23 Rdn.13; *Jaeger / Lent*, 8.Aufl., § 23 Rdn.17ff.

[205] Vgl. *Soergel / Häuser*, Vor § 783 Rdn.18.

Verpflichtung „im Auftrag der Firma" die Rede ist[206]. Entgegen der mißverständlichen Bezeichnung ist der Überweisungsauftrag kein echter Auftrag i.S.d. § 662 BGB, sondern eine Weisung (§§ 675, 665 BGB) im Rahmen des Girovertrages[207]. Aber auch ein noch nicht ausgeführter Überweisungsauftrag ist grundsätzlich widerruflich[208]. Außerdem erlischt mit Konkurseröffnug der zugrundeliegende Girovertrag ipso iure gemäß § 23 Abs.2 KO[209]. Der Sonderfall eines unwiderruflichen oder gar bestätigten Überweisungsauftrags[210] dürfte sich selbst bei großzügiger Auslegung aus den Saldenausgleichsklauseln nicht ergeben[211].

Kann die Forderungsaufteilung nicht auf eine Anweisung oder einen „Auftrag" des Kreditnehmers gestützt werden[212], sind die Poolpartner untereinander verpflichtet, die angestrebte Risikoaufteilung auf andere Weise zu bewirken. Zu denken ist zunächst an die gesellschaftsvertragliche Pflicht, ggf. einen Teil der Kreditforderungen von Partnern mit relativ höherer Inanspruchnahme zum Nennwert zu erwerben[213]. Scheitert auch dieser Gläubigerwechsel[214], bleibt schließlich noch die Möglichkeit interner Ausgleichszahlungen[215].

3. Die Frage, ob eine Saldenausgleichsverpflichtung wie ein Aval zu verbuchen und damit in der Bilanz als *Eventualverbindlichkeit* unter dem Strich auszuweisen ist, wird in der Literatur jedenfalls dann verneint, wenn die Firma sich zu anteiliger Inanspruchnahme verpflichtet und die Banken dies regelmäßig

---

[206] Anh.II § 4 Abs.3 b (2.Abs.).

[207] *Canaris*, Bankvertragsrecht, Rdn.320; *Soergel/Häuser*, Vor § 783 Anm.40. Unbedenklich wäre hier die Annahme einer aufschiebenden (u.U. Potestativ-) Bedingung, da berechtigte Interessen der Banken nicht beeinträchtigt werden; vgl. *Palandt/Heinrichs*, Einf.v.§ 158 Anm.4 u.6.

[208] *Canaris*, Bankvertragsrecht, Rdn.352; *Hadding/Häuser*, WM 1988, S.1153 mwN.

[209] *Canaris*, Bankvertragsrecht, Rdn.495; *M.Obermüller*, Rdn.182; *Kuhn/Uhlenbruck*, § 23 Rdn.13a; *Soergel/Mühl*, § 675 Rdn.85; MünchKomm/*Hüffer*, § 783 Rdn.42.

[210] Siehe hierzu näher *M.Obermüller*, Die Bank im Konkurs, Rdn.271 ff.

[211] Ausdrücklich ist das Widerrufsrecht in den üblichen Verträgen nicht ausgeschlossen. Ein formularmäßiger Ausschluß wäre wohl auch unwirksam, da die Unwiderruflichkeit vor allem im Interesse der Banken läge; vgl. BGH NJW 1984, S.2816.

[212] Sei es wegen Widerrufs bzw. Konkurseröffnung oder weil man die Saldenausgleichsklausel ohnehin nur als gegenseitige Verpflichtung der Banken im Innenverhältnis ansieht (so wohl *Scholz/Lwowski*, Rdn.216; *M.Obermüller*, Die Bank im Konkurs, Rdn.765).

[213] *M.Obermüller*, Die Bank im Konkurs, Rdn. 765. Vgl. a. § 437 BGB; eine Haftung für Zahlungsfähigkeit (§ 438 BGB) scheidet naturgemäß aus.

[214] *M.Obermüller* aaO. nennt das Unter-Deckung-Nehmen von Forderungen bei Guthaben des Kreditnehmers; zweifelnd *Schröter/Graf v.Westphalen*, S.29 ff. Jedenfalls dürfte eine Aufrechnung nicht rechtsmißbräuchlich sein, weil der Kreditnehmer aufgrund des Poolvertrages mit dem Forderungserwerb rechnen mußte; vgl. BGH NJW 1987, S.2997, 2998.

[215] Vgl. *M.Obermüller* aaO. u. Anh.I § 5 Abs.2.

überwachen[216]. Dem ist zuzustimmen, und zwar nicht nur für den genannten Fall, denn die Verbuchung sollte nicht von einer Art „Wahrscheinlichkeitsrechnung“ in bezug auf ein späteres Eingreifen der Klausel abhängen.

Beim Avalkredit übernimmt ein Kreditinstitut die Haftung für fremde Verbindlichkeiten in Form einer Bürgschaft oder Garantie und damit ein *zusätzliches* Risiko in Höhe der sogenannten Avalkreditzusage. Abgesehen von der unterschiedlichen rechtlichen Konstruktion muß die Bank beim Saldenausgleich dagegen nur befürchten, bis zur Höhe bereits eingeräumter Linien auch tatsächlich mit Kredit zur Verfügung zu stehen. Bei wirtschaftlicher Betrachtungsweise kann es keinen Unterschied machen, ob der Kreditnehmer selbst die Linien ausschöpft oder dies später durch Überträge „nachgeholt“ wird. Im übrigen sei darauf hingewiesen, daß sich die Übernahme letztlich nur hinsichtlich eines vom Erlös nicht abgedeckten Teils nachteilig auswirkt. Eine Ausweisung unter dem Strich ist nicht geboten[217].

Diese Wertung wird durch die Auffassung des Bundesaufsichtsamts für das Kreditwesen bestätigt, daß die Saldenausgleichsverpflichtung nicht als „sonstige Gewährleistung“ i.S. von § 19 Abs.1 Nr.4 KWG anzusehen sei und somit keine Anzeigepflicht nach den §§ 13ff. KWG bestehe. Wegen des spezifischen Risikogehalts wird lediglich um erläuternde Hinweise über derartige Abreden bei (ungeachtet dieser Klauseln notwendigen) Anzeigen gebeten[218].

Zur Vermeidung von Mißverständnissen ist schließlich anzumerken, daß die *möglichen* Forderungen gegen den Kreditnehmer selbst nicht gemäß § 14 Abs.1 KWG (Millionenkredite) anzeigepflichtig sind, da das Gesetz mit „Verschuldung“ nur in Anspruch genommene Kredite meint[219].

VII. Kündigung des Poolvertrages

1. Die Auflösung eines Pools durch einseitige Kündigung eines Gesellschafters hat keine große *praktische Bedeutung*[220].

Es wurde bereits festgestellt, daß der Bankenpool spätestens endigt, wenn die Sicherheiten bei Kreditrückführung zurückübertragen werden oder im Verwer-

---

[216] *Scholz/Lwowski*, Rdn.216; *Schröter/Graf v.Westphalen*, S.33.

[217] Daran dürfte auch ein neuer Vermerkposten „Kreditrisiken“ nichts ändern; zu diesem Punkt der EG-Bankbilanzrichtlinie siehe *Bauer*, WM 1987, S.866 f.; *Schimann*, DB 1987, S.1501 f.

[218] Schreiben des BAK vom 12. 11. 1986 — I3 — 232 — 1/85, abgedruckt bei *Reischauer/Kleinhans*, Kza. 281 Nr. 7, S. 28f.; vgl. a. Kza. 115, Anh. zu § 14 KWG Rdn. III.3., S. 20.

[219] Vgl. *Reischauer/Kleinhans*, Kza.115, § 14, Anm.10 (S.9); unzutreffend daher *Scholz/Lwowski*, Rdn.216 aE.; bei § 13 Abs.1 KWG (Großkredite) ist dagegen auf die Kreditzusagen abzustellen.

[220] Gleiches gilt für Konsortien; vgl. *Delorme/Hoessrich*, S.20f.; *Vallenthin*, S.151.

tungsfalle die Erlöse verteilt sind (§ 726 BGB)[221]. Einen Verwertungsbeschluß kann man bereits als konkludenten Auflösungsbeschluß ansehen[222].

Ein Auflösungsbeschluß ist andererseits denkbar, wenn sich die wirtschaftliche Lage des Kreditnehmers nachhaltig bessert und die Beteiligten sich für einen Übergang auf individuelle Besicherung entscheiden.

Wenn ein Kreditinstitut die Sanierungsbemühungen nicht mehr mittragen und seine Kreditlinien nicht mehr offenhalten will, ist ein Verwertungsbeschluß meist die unausweichliche Konsequenz. Sollten sich ausnahmsweise Mitgesellschafter oder gar bisher Unbeteiligte bereit finden, die Kredite abzulösen, wird man der Kündigung den Weg über eine Anteilsübertragung unter Zustimmung der Mitgesellschafter vorziehen[223]. Ist die Krise nach Aufassung aller Partner überwunden, besteht für eine gemeinschaftliche Besicherung und vor allem für eine Kreditlinienfestschreibung regelmäßig kein Bedürfnis mehr, so daß es eher zu dem erwähnten Auflösungsbeschluß mit einvernehmlicher Neugestaltung der Sicherheitenfrage statt zu einer einseitigen Kündigung kommen dürfte. Wenn die Poolverträge dennoch Kündigungsklauseln enhalten[224], so möchte man damit wohl hauptsächlich Vorsorge für den Eintritt einer bei Vertragsschluß nicht voraussehbaren Lage treffen[225].

Die meisten Poolverträge werden auf unbestimmte Zeit geschlossen[226]. Im Einzelfall kann es sich empfehlen, eine Mindestdauer als Befristung zu vereinbaren, um für diesen Zeitraum die ordentliche Kündigung auszuschließen; nach Ablauf der Mindestdauer besteht die Gesellschaft als unbefristete fort[227]. Das für unbefristete Gesellschaften in § 723 Abs.1 S.1 BGB vorgesehene jederzeitige Kündigungsrecht wird oft durch Vereinbarung einer Kündigungsfrist ersetzt[228], so daß eine gewisse Zeit für die Suche nach neuen Lösungen zur Verfügung steht.

---

221 S. oben A.I.; *W.Obermüller*, BuB, Rdn.4/94.

222 Zu diesem in §§ 723ff. BGB nicht geregelten Auflösungsgrund siehe *Ulmer*, GbR, Vor § 723 Rdn.12, 18f.

223 Im Ggs. zum „Doppelvertrag" (Ausscheiden und Eintritt) ermöglicht die Anteilsübertragung auch bei einer Zweipersonengesellschaft die Aufrechterhaltung der Gesellschaftsidentität beim Gesellschafterwechsel. Die Gesellschaft endigt aber in jedem Fall, wenn der Erwerber der letzte verbleibende Gesellschafter ist; siehe näher *Ulmer*, GbR, § 719, Rdn.13ff., 19ff. Zum Gesellschafterwechsel vgl. a. *Hüffer*, ZHR 151 (1987), S.400f.

224 Anh.I § 7; Anh.II § 7.

225 Vgl. *Eberding*, BB 1974, S.1005. Gleichzeitig ist damit klargestellt, daß die ordentliche Kündigung nicht konkludent ausgschlossen wird; vgl. *Ulmer*, GbR, § 723 Rdn.15f.

226 So ausdrücklich in Anh.II § 7 Abs.1.

227 *Ulmer*, GbR, Vor § 723 Rdn.14. Entsprechendes gilt für Verlängerungsklauseln (siehe den Wortlaut bei *Schröter/Graf v.Westphalen*, S.37); vgl. *Ulmer* aaO.

228 Anh.I § 7: 1 Monat; Anh.II § 7: 3 Monate zum Ende eines Kalendervierteljahres. Wegen der Gefahr einer — wirksamen (§ 723 Abs.2 BGB) — Kündigung zur Unzeit sollte nach *Schröter/Graf v.Westphalen*, S.34 mindestens ein Vierteljahr vorgesehen werden. Eine kürzere Frist hält auch *Eberding*, BB 1984, S.1005, für unangemessen.

2. Manche Verträge sehen für den Fall einer Kündigung vor, daß die *Gesellschaft* unter den übrigen Banken *fortgesetzt* wird[229]. Der kündigende Gesellschafter scheidet dann aus der Gesellschaft aus, § 736 BGB. Statt einer automatischen Fortsetzung könnte auch ein Fortsetzungsrecht unter Ausschluß des betroffenen Gesellschafters vereinbart werden[230]. Kündigt eine Bank, weil sie die Sanierung als gescheitert ansieht, dürfte eine Fortsetzung allerdings meist deshalb scheitern, weil dadurch noch innerhalb der Kündigungsfrist eine Kettenreaktion ausgelöst wird[231].

Eine Bestimmung, nach der der Ausscheidende seine gesamte Sicherheitenposition einbüßt, wird wegen § 723 Abs.3 BGB zu Recht für unwirksam erachtet[232]. Eine solche „Abfindungsklausel" würde einen kündigungswilligen Gesellschafter wegen der nachteiligen wirtschaftlichen Folgen zum Verzicht auf die Kündigung veranlassen und damit seine Entschließungsfreiheit unvertretbar einengen[233].

3. Die Vertragsmuster geben der *"Firma"* erst dann ein *Kündigungsrecht*, wenn sie ihre Verpflichtungen aus den Krediten erfüllt hat[234]. § 723 BGB ist nicht anwendbar, da der Kreditnehmer nicht Gesellschafter der BGB-Gesellschaft wird[235]. Der Kündigungsausschluß begegnet keinen Bedenken, da die Sicherungstreuhand grundsätzlich erst endet, wenn die gesicherte Forderung bezahlt ist[236]. Aus diesem Grunde ist auch ein jederzeitiges Widerrufsrecht des Sicherungsgebers analog § 671 Abs.1 BGB mit den Sicherungszweck nicht vereinbar[237]. Die Bestimmung hat eher klarstellende Bedeutung, weil sich die Voraussetzungen obligatorischer Rückübertragungsverpflichtungen i.d.R. bereits aus den einzelnen Sicherungsverträgen ergeben[238].

---

[229] Anh.II § 7 Abs.2; in Abs.3 ist auch für diesen Fall die Möglichkeit eines Saldenausgleichs vorgesehen. Da Anh.I von einer zweigliedrigen Gesellschaft ausgeht, käme allenfalls ein Übernahmerecht in Betracht; vgl. *Palandt/Thomas*, § 736 Anm.1c.

[230] Vgl. *Ulmer*, GbR, § 736 Rdn.14.

[231] Der Einfachheit halber wird man dann geneigt sein, sämtliche Kündigungen einvernehmlich zugunsten eines Verwertungsbeschlusses aufzuheben.

[232] *Schröter/Graf v. Westphalen*, S.35.

[233] Vgl. *Ulmer*, GbR, § 738 Rdn.33; § 723 Rdn.42ff., 50ff.; ders., NJW 1979, S.82; BGH NJW 1985, S.192; s.a. *Engel*, NJW 1986, S.347, der bei eigener Kündigung grds. die gleichen Anforderungen an die Abfindung stellt wie bei einem Ausschluß aus der Gesellschaft.

[234] Anh.I § 7 Abs.2; Anh.II § 7 Abs.3; die Texte gehen davon aus, daß Kreditnehmer und Sicherungsgeber identisch sind.

[235] Siehe oben Kap.1 C.III.3.; wie hier auch *W.Obermüller*, BuB, Rdn.4/94 und *Schröter/Graf v. Westphalen*, S.37f. gegen *Eberding*, BB 1974, S.1005.

[236] Vgl. *Coing*, Die Treuhand, S.192.

[237] Vgl. *Serick* II, S.47 mwN.

[238] Eine „Kündigung" ist neben der Geltendmachung von Rückübertragungsansprüchen entbehrlich.

4. Für den Fall, daß die Kündigung einer Bank zu deren Ausscheiden oder zur Auflösung des gesamten Pools ohne Sicherheitenverwertung führt, ist eine *Auseinandersetzung*[239] durch Aufteilung der Sicherheiten vorgesehen.

a) Wie die *Aufteilung* im einzelnen vonstatten gehen soll, wird in den Verträgen weitgehend offengelassen[240]. Die kurze Fassung des Vertragstextes dürfte insofern nicht nur in einer Art „Korpsgeist" der Banken begründet sein, also letztlich auf der Hoffnung beruhen, daß man sich im Wege des gütlichen, außergerichtlichen Ausgleichs verständigen und ernstliche Meinungsverschiedenheiten — zumindest nach außen — nicht aufkommen lassen würde[241]. Vielmehr stützt dies die These, daß mit der Möglichkeit einer einseitigen Kündigung — aus verständlichen Gründen — nicht sehr ernsthaft gerechnet wird.

Der den gesamten Vertrag kennzeichnende Gedanke gleichmäßiger Besicherung wirkt sich auch bei der Auseinandersetzung aus: Sie hat im Verhältnis der (ggf. saldenausgeglichenen) Forderungen und im Zweifel durch gleichrangige Aufteilung sämtlicher Sicherheiten zu erfolgen[242].

Die Problematik weist Parallelen zur sogenannten Gleichstellungsverpflichtung auf, die in Kombination mit einer Negativerklärung vereinbart werden kann. Gleichstellung bedeutet hier im strengen Sinne: gleiche Sicherungsart, gleiches Sicherungsobjekt, gleicher Rang, gleicher Anteil, gleicher Sicherungsgeber (bei Personensicherheiten) und gleicher Besicherungszeitpunkt[243]. Etwas modifiziert läßt sich diese Feststellung auf den Pool übertragen: Die Höhe des Anteils hängt von der jeweiligen Inanspruchnahme ab; an die Stelle des Besicherungszeitpunkts tritt der Aufteilungszeitpunkt.

b) Während die Bildung gleichrangiger Teilgrundschulden ohne weiteres möglich ist, können bei anderen Sicherheiten jedoch *Aufteilungsschwierigkeiten* entstehen. Zu denken ist etwa an akzessorische Sicherheiten zugunsten einzelner Sicherungsnehmer[244]. Erinnert sei aber auch an die Fälle, in denen eine Aufteilung von Sicherheiten zumindest wirtschaftlich unerwünscht ist. So soll teilweise die Sicherungsübertragung von Miteigentumsanteilen durch die Einschaltung eines Treuhänders gerade verhindert werden[245]. Ebenso wäre die Aufteilung einer Globalzession nach Schuldnergruppen (z.B. anhand der Anfangsbuchstaben) der gleichrangigen Teilabtretung sämtlicher Forderungen vorzuziehen[246].

---

[239] Das Ausscheiden eines Gesellschafters läuft auf eine partielle Auseinandersetung hinaus; vgl. *Ulmer*, GbR, § 738 Rdn.1.

[240] Siehe Anh.I § 7 Abs.1 und noch deutlicher in Anh.II § 7 Abs.2 (2.Abs.).

[241] Mit diesen Beobachtungen erklärt *Scholze* (S.8f.) die kurze Fassung der Verträge im „*bank*mäßigen" Konsortialgeschäft.

[242] So ausdrücklich Anh.I § 7 Abs.1 S.3.

[243] *Merkel*, S.232 sowie S.49.

[244] Siehe oben III.2.b).

[245] Vgl. oben Kap.1 A.II.1. zu gegenständlich nicht aufteilbaren Lagerbeständen.

Wohl aus der Erkenntnis heraus, daß eine Gleichstellung im strengen Sinne nicht immer durchführbar oder praktikabel ist, weicht die Kautelarjurisprudenz bei Gleichstellungsverpflichtungen teilweise alternativ oder subsidiär auf die Beschaffung gleichwertiger Sicherheiten aus[247]. Der Sicherheitenwert ist beim Pool ebenfalls ein wesentliches Kriterium für eine interessengerechte Aufteilung. Es darf jedoch nicht übersehen werden, daß die Bewertung von Sicherheiten oft mit mannigfachen Unsicherheiten behaftet ist[248]. Der wirkliche Sicherheitenwert zeigt sich bekanntlich meist erst in der Verwertung und weicht nicht selten von vorherigen Schätzungen erheblich ab[249].

Die Regelungen der §§ 730ff. BGB können zur Bewältigung dieser Auseinandersetzungsschwierigkeiten nicht herangezogen werden, denn sie gehen ersichtlich vom Normaltyp der Gesamthandsgesellschaft aus[250]. Im übrigen würde eine Anwendung der §§ 731 S.2, 752 BGB nicht weiterhelfen, da die Teilung in Natur ebenfalls die Zerlegung in gleichartige Teile erfordert. Eine Teilung durch Verkauf (§ 753 BGB) scheidet beim Pool ebenso aus wie die sonst bei Innengesellschaften erfolgende Abfindung in Geld durch den Vermögensinhaber[251]. Zum einen haben die Banken im Vertrag ihren Willen zum Ausdruck gebracht, daß die Sicherheiten selbst aufzuteilen sind, sofern nicht einvernehmlich eine Verwertung beschlossen wird[252]. Zum anderen steht schon die Tatsache entgegen, daß das wirtschaftlich gemeinsame Vermögen lediglich Sicherungszwecken dient; ein Zahlungsanspruch gegen den Treuhänder ohne vorherige Verwertung widerspricht erkennbar dem Parteiwillen[253].

c) Die *Entscheidung über die Art und Weise der Aufteilung* ist von allen Banken gemeinschaftlich zu treffen[254]. Jede Bank ist zur Mitwirkung an der Aufteilung verpflichtet[255]. Soweit eine Gleichstellung im strengen Sinne nicht möglich oder unzumutbar ist, kann ein Kreditinstitut aufgrund der gesellschaftsrechtlichen

---

[246] Die Teilabtretung einer Forderung ist grds. zulässig; bei unzumutbaren Erschwernissen für den Schuldner kann aber § 242 BGB entgegenstehen; *Palandt/Heinrichs*, § 398 Anm.4b mwN.

[247] Siehe *M.Obermüller*, Ersatzsicherheiten, Rdn.510 und Muster Rdn.515.

[248] Vgl. nur *M.Obermüller*, Die Bank im Konkurs, Rdn.719 unter Hinweis auf die überzeugenden Ausführungen des OLG Celle, ZIP 1982, S.942.

[249] Vgl. *Scholz/Lwowski*, Rdn.294.

[250] Vgl. *Steckhan*, S.51; *Palandt/Thomas*, § 730 Anm.1; *Ulmer*, GbR, § 705 Rdn.239, § 730 Rdn.4, 10.

[251] Hierzu BGH NJW 1983, S.2375 mwN.; BGH NJW 1982, S.99, 100; *Palandt/Thomas*, § 705 Anm.8a aE.; *Düringer/Hachenburg/Geiler*, Anm.310; *Ulmer*, GbR, § 730 Rdn.11.

[252] Vgl. § 731 S.1 BGB: „in Ermangelung einer anderen Vereinbarung".

[253] Außerdem müßte der Treuhänder bei einer Liquidation die Bindungen gegenüber dem Sicherungsgeber beachten.

[254] Siehe § 730 Abs.2 S.2 BGB; darin erschöpft sich auch der Regelungsgehalt des Vorbehalts besonderer Absprachen in Anh.II § 7 Abs.2 (2.Abs.).

[255] Vgl. *Palandt/Thomas*, § 730 Anm.2c. Ggf. ist auch der Sicherungsgeber zur Mitwirkung verpflichtet (ausdrücklich in Anh.I § 7 Abs.1 S.4).

Treupflicht verpflichtet sein, einer andersgearteten Aufteilung zuzustimmen[256]. Es ist evident, daß eine klageweise Durchsetzung über § 894 ZPO[257] sehr problematisch werden kann. Die Schwierigkeiten beginnen schon bei der Formulierung eines vollstreckungsfähigen Klagantrags, da nicht unbedingt nur eine ganz bestimmte Aufteilung in Frage kommt.

Im Einzelfall kann es sogar die beste Lösung sein, auf eine Aufteilung der Sicherheiten selbst zu verzichten und es bei der Einschaltung eines Treuhänders mit der Maßgabe zu belassen, daß die Anteile nunmehr in festen Quoten bestehen und die künftige Entwicklung der Forderungen außer Betracht bleibt[258].

Eine allgemeingültige Aussage über die Auseinandersetzung gekündigter Bankenpools kann wegen der vielfältigen Besicherungsmöglichkeiten nicht getroffen werden. Über dieses unbefriedigende Ergebnis mag vielfach die Erwartung hinwegtrösten, daß man sich schon einigen werde. Insbesondere bei einer größeren Anzahl von Poolpartnern und schwer aufteilbaren Sicherheiten kann es jedoch angebracht sein, von vorneherein eine detaillierte Regelung über eine eventuelle Auseinandersetzung im Poolvertrag zu treffen. Zu erwägen wäre auch, dem Poolführer ein Bestimmungsrecht gemäß §§ 315ff. BGB einzuräumen, so daß dieser im Rahmen billigen Ermessens oder eines anderen vereinbarten Bestimmungsmaßstabs einen Entscheidungsspielraum hat[259]. Stattdessen könnte man schließlich vereinbaren, daß die Aufteilung durch einen oder mehrere Außenstehende vorzunehmen ist. Dabei handelt es sich je nach Ausgestaltung um eine Schiedsgerichts- oder Schiedsgutachtenklausel[260]. Die Abgrenzung richtet sich danach, ob eine inhaltliche Nachprüfung des Spruchs durch ein Staatsgericht möglich sein soll[261].

---

[256] Zur Treupflicht siehe näher *Ulmer*, GbR, § 705 Rdn.181 ff. Der Sache nach geht es auch hier um die Schließung einer Vertragslücke (vgl. *Ulmer*, aaO. Rdn.193), wenngleich damit die Vollbeendigung der Gesellschaft herbeigeführt werden soll.

[257] Hierzu *Ulmer*, GbR, § 705 Rdn.197.

[258] Sämtliche Vertragspflichten, die über eine zweckmäßige gemeinsame Besicherung hinausgehen, würden fortan entfallen. Hier ist insbes. an die Kreditlinienfestschreibung, den Saldenausgleich und den Verzicht auf eine individuelle Besicherung zu denken. Die Zweckänderung hätte eine Umwandlung des Pools i.e.S. in einen Pool i.w.S. zur Folge. Zu den methodischen Fragen bei der Anpassung von Gesellschaftsverträgen an veränderte Umstände vgl. *H.P.Westermann*, FS Hefermehl, S.225ff.

[259] Vgl. *Palandt/Heinrichs*, §315 Anm.2b u.3a; zu gesellschaftsvertraglich vereinbarten Lestungsbestimungsrechten siehe insbesondere *Schilling/Winter*, FS Stiefel, S.665ff.

[260] *H.Westermann*, FS Fischer, S.856 nennt u.a. Abfindungsklauseln als Beispiel für eine „Gemengelage von Rechts- und Wirtschaftsfragen", die einer der Gründe für die Beliebtheit gesellschaftsrechtlicher Schiedsgerichte sei. Schiedsgerichtsklauseln sind auch in Konsortialverträgen anzutreffen (Muster bei *Schütz*, S.261).

[261] Vgl. *Baumbach/Lauterbach/Albers/Hartmann*, Grundz. § 1025 Anm.3)A.c); *Thomas/Putzo*, Vorbem. § 1025 Anm.2a. Eine besondere Urkunde ist für einen Schiedsvertrag der Banken nicht erforderlich (§ 1027 Abs.2 ZPO). Im Zweifel ist von einem Schiedsgutachtenvertrag auszugehen; *Palandt/Heinrichs*, § 317 Anm.2d; *Bulla*, NJW 1978, S.399.

VIII. Sonstiges

1. Gegenseitige Unterrichtung

Die Poolverträge enthalten Bestimmungen, die jede Bank berechtigen und auf Verlangen verpflichten, den anderen Partnern über Forderungen und Sicherheiten Auskunft zu geben, soweit sie den Poolvertrag und seine Abwicklung betreffen[262]. Diese umfassende Auskunftspflicht geht über diejenige des Treuhänders[263] hinaus, da sie von der Geschäftsführungsregelung nicht abhängt und nicht nur die Sicherheitenverwaltung betrifft.

Die Informationspflichten dienen der Durchführung des Poolvertrages und ermöglichen den Banken außerdem, sich jederzeit ein Bild von der aktuellen wirtschaftlichen Lage des Kreditnehmers zu machen.

Die „Berechtigung" soll im Verhältnis zum Kreditnehmer bewirken, daß das Bankgeheimnis einer Auskunftserteilung nicht entgegensteht[264]. Angesichts des eindeutig geäußerten Kundenwillens kann letztlich dahinstehen, ob sich die Freistellung nicht bereits aus dem Interesse des Kreditnehmers an der Vertragsdurchführung ableiten ließe[265].

2. Salvatorische Klausel

Manche Poolverträge enthalten eine sogenannte salvatorische Klausel[266] für den Fall, daß eine Vertragsbestimmung unwirksam sein sollte[267]. Eine derartige Regelung ist wohl meist entbehrlich.

a) Die Bestimmungen des Poolvertrages können im *Verhältnis zum Kreditnehmer* unter das AGB-Gesetz fallen[268]. Soweit die Wirksamkeit des Vertrages im übrigen postuliert wird, ergibt sich die gewünschte Rechtsfolge dann bereits aus § 6 Abs.1 ABGB.

Soweit es um die Ersetzung durch eine Vereinbarung geht, die dem wirtschaftlichen Erfolg der unwirksamen Bestimmung möglichst nahekommt, wäre die Klausel unwirksam, wenn damit § 6 Abs.2 AGBG abbedungen werden sollte[269]. Käme man dagegen auch über § 6 Abs.2 ABGB zu dem mit der Klausel angestrebten Ergebnis, wäre sie zwar wohl unschädlich, aber auch überflüssig.

---

[262] Anh.I § 6; Anh.II § 6.

[263] S. oben IV.4.

[264] *W.Obermüller*, BuB, Rdn.4/93; *Eberding*, BB 1974, S.1005.

[265] Soweit der wirkliche Wille erkennbar ist, kommt es allein auf diesen an; vgl. *Sichtermann*, S.134ff.

[266] Zu den unterschiedlichen Klauseltypen s. *Neumann*, S.103ff.

[267] Anh.II § 8.

[268] S. oben III.4.b)(1). Die Verwendung einer salvatorischen „Klausel" verstärkt diesen Eindruck.

[269] Vgl. z.B. *Palandt/Heinrichs*, AGBG 6 Anm.3; *Wolf*, in: *Wolf/Horn/Lindacher*, § 9 Rdn.128; *Ulmer/H.Schmidt*, in: *Ulmer/Brandner/Hensen*, § 6 Rdn.55; *Neumann*, S.104f.

Letzteres ist eher anzunehmen, da zu den gesetzlichen Vorschriften i.S.d. § 6 Abs.2 AGBG auch die von Rechtsprechung und Lehre herausgebildeten ungeschriebenen Rechtsgrundsätze gehören[270]. So kann nach der Rechtsprechung eine Vertragslücke, die durch die Unwirksamkeit einer AGB-Klausel entsteht, im Wege der ergänzenden Vertragsauslegung geschlossen werden, wenn konkrete gesetzliche Regelungen nicht zur Verfügung stehen und die ersatzlose Streichung zu unangemessenen Lösungen führen würde[271]. Der Poolvertrag entspricht keinem gesetzlich geregelten Vertragstyp. Die Lückenfüllung hätte daher — wie auch bei anderen Rechtsschöpfungen im Kreditsicherungsrecht[272] — nach den Grundsätzen der ergänzenden Vertragsauslegung zu erfolgen. Es träte dann diejenige Gestaltungsmöglichkeit ein, die die Parteien bei sachgerechter Abwägung ihrer beiderseitigen Interessen vereinbart hätten, wenn ihnen die Unwirksamkeit der Klausel bekannt gewesen wäre[273].

b) Im Verhältnis der *Banken untereinander* ist das AGB-Gesetz unanwendbar, § 23 Abs.1 AGBG[274]. Die Gesamtnichtigkeitsvermutung des § 139 BGB ist aber wegen des gemeinsamen Interesses am Bestand der Gesellschaft auch ohne ausdrückliche salvatorische Klausel unanwendbar[275]. Ebenso erfolgt die Lükkenfüllung gerade bei Gesellschaftsverträgen regelmäßig durch ergänzende Vertragsauslegung unter Berücksichtigung des Gesamtsystems des Vertrages[276]. Beim Poolvertrag gilt dies um so mehr, als er in besonderem Maße vom dispositiven Recht der §§ 705ff. BGB abweicht.

---

mwN.; a.A. *Baumann*, NJW 1978, S.1954f., der die salvatorische Klausel als Leistungsbestimmungsrecht nach § 315 BGB deutet. Bei dem in Anh.II verwendeten Wortlaut liegt indes ein Vorvertrag näher. Für diesen stellt auch *Baumann* (S.1954) fest, daß er die Lückenschließung praktisch nur unter denselben Voraussetzungen ermöglicht wie eine ergänzende Vertragsauslegung.

270 *Palandt/Heinrichs*, AGBG 6 Anm.3.

271 BGHZ 90, S.69ff. = NJW 1984, S.1177ff. (Tagespreisklausel beim KFZ-Kauf; zust. *Bunte*, NJW 1984, S.1145ff.); bestätigt von BGH NJW 1985, S.621ff.(mwN.); vgl.a. *Bunte*, NJW 1987, S.928.

272 Vgl. *Bunte*, NJW 1984, S.1148 mwN. in Fn.41 zu verlängertem Eigentumsvorbehalt und Sicherungsübereignungsvertrag.

273 BGHZ 90, S.69, 75 = NJW 1984, S.1177, 1178. Nach *Ulmer*, NJW 1981, S.2031 kommt eine ergänzende Vertragsauslegung umso eher in Betracht, wenn die Vertragslücke für den Verwender nicht erkennbar war. Sollten entgegen der hier vertretenen Auffassung Bedenken gegen einzelne Klauseln bestehen, so ist die Unwirksamkeit zumindest nicht offenkundig.

274 Eine teleologische Reduktion, wie sie nach umstr. Auffassung namentlich bei zweiseitigen Innengesellschaften im Grenzbereich zu partiarischen Rechtsverhältnissen befürwortet wird (vgl. *Ulmer*, GbR, § 705 Rdn.106 mwN.), ist beim Bankenpool nicht geboten, da selbst bei Beteiligung von nur zwei Banken keine derartige Annäherung an Austauschverträge vorliegt.

275 Vgl. *Ulmer*, GbR, § 705 Rdn.46; *ders.* NJW 1979, S.85; MünchKomm/*Mayer-Maly*, § 139 Rdn.4, 8.

276 *Ulmer*, GbR, § 705 Rdn.147 mwN. Es ist unerheblich, ob der Vertrag dies ausdrücklich vorsieht; vgl. *Engel*, NJW 1986, S.349.

3. Allgemeine Geschäftsbedingungen

Teilweise wird ausdrücklich geregelt, daß für den Poolvertrag die Allgemeinen Geschäftsbedingungen der Treuhänder-Bank gelten[277]. Dies soll der Klarstellung dienen, falls die Poolpartner unterschiedliche Bedingungen verwenden[278].

Gegenüber dem Kreditnehmer bzw. Sicherungsgeber kommen nach hier vertretener Ansicht schon deshalb nur diese Bedingungen in Betracht, weil im Rahmen des Poolvertrages unmittelbare Rechtsbeziehungen nur zum Treuhänder bestehen[279]. Für die Geschäftsverbindung zum Kreditnehmer (und damit auch für den Poolvertrag) gelten die Allgemeinen Geschäftsbedingungen ohnehin durch die bereits früher erfolgte Einbeziehung. Stellt ein Dritter Sicherheiten zur Verfügung, werden die Allgemeinen Geschäftsbedingungen regelmäßig in den einzelnen Sicherungsvereinbarungen zugrunde gelegt.

Im Verhältnis der Banken untereinander dürften die Allgemeinen Geschäftsbedingungen keine wesentliche Bedeutung erlangen. Zwar gelten sie in der Regel auch im Verkehr zwischen Banken, weil „Kunde“ auch ein anderes Kreditinstitut sein kann[280]. Sie sind jedoch auf Austauschverträge zugeschnitten, so daß die meisten Bestimmungen für das Gesellschaftsverhältnis nicht passen.

---

[277] Anh.I a.E.; gemeint sind die Grund-AGB.

[278] *W.Obermüller*, BuB, Rdn.4/95; zu den von den AGB-Banken z.T. abweichenden Bedingungen anderer Kreditinstitute siehe *Baumbach/Duden/Hopt*, (8) AGB-Banken, Einl.2.

[279] S. oben A.II.1.b)(1): Sicherungsvertrag (auch) zugunsten Dritter.

[280] *Baumbach/Duden/Hopt*, (8) AGB-Banken, Einl.4B.

3. KAPITEL

Privat- und insolvenzrechtliche Risiken des Kreditgeschäfts unter besonderer Berücksichtigung des Poolvertrages

Die Gewährung und die Besicherung von Krediten ist gerade in der Krise eines Schuldnerunternehmens nicht nur mit wirtschaftlichen, sondern auch mit vielschichtigen rechtlichen Risiken verbunden[1]. Dabei stellt sich allgemein die Frage, inwieweit unsere Rechtsordnung einerseits negative Auswirkungen verhindern kann, ohne andererseits auf die erwünschten Vorteile freier Sanierungen zu verzichten.

Die verschiedenen Problemkreise werden vorwiegend aus der Perspektive einzelner Kreditinstitute behandelt. Im folgenden soll ein Überblick über vieldiskutierte (tatsächliche oder vermeintliche) Gefahren des Kreditgeschäfts gegeben werden. Dabei gilt stets der Frage Aufmerksamkeit, ob im Zusammenhang mit der Poolbildung Besonderheiten gelten.

A. Verstoß gegen die guten Sitten, §§ 138, 826 BGB

I. Voraussetzungen und Rechtsfolgen der §§ 138, 826 BGB

1. Nichtigkeit von Sicherungsverträgen

a) Sicherungsverträge sind nach § 138 BGB nichtig, wenn sie gegen die *guten Sitten* verstoßen. Als Maßstab dient das Anstandsgefühl aller billig und gerecht Denkenden[2]. Dabei ist, soweit sich die Sittenwidrigkeit nicht bereits aus dem Inhalt des Rechtsgeschäfts ergibt, dessen Gesamtcharakter unter Berücksichtigung von Zweck, Beweggründen und sonstigen Umständen zu würdigen[3]. Bei

---

[1] Zum Zielkonflikt zwischen wirtschaftlicher Vernunft und Rechtssicherheit bei der Kumulation kaufmännischer und rechtlicher Kreditrisiken s. *K. Schmidt,* WM 1983, S. 490ff. *Gessner/Rhode/Strate/Ziegert,* S. 238f. folgern daraus, daß vorwiegend kaufmännisch ausgebildetes Personal mit Insolvenzen befaßt sei, die Banken würden überwiegend wirtschaftlich orientiert agieren. Es darf jedoch nicht übersehen werden, daß auch Bankpraktiker in ihrem Bereich über Rechtskenntnisse und ein entsprechendes Problembewußtsein verfügen. Für Zweifelsfragen steht allemal juristischer Beistand bereit.

[2] Zur „Anstandsformel" mit ihren verschiedenen Variationen siehe näher *Sack,* NJW 1985, S. 761ff.

[3] MünchKomm/*Mayer-Maly,* § 138 Rdn. 9; *Palandt/Heinrichs,* § 138 Anm. 1b, c; BGB-RGRK/*Krüger-Nieland/Zöller,* § 138 Rdn. 25.

Sicherungsgeschäften kann ein Sittenverstoß regelmäßig erst aufgrund einer derart umfassenden Prüfung ermittelt werden[4]. Als Anhaltspunkt dienen dabei typische Fallgruppen, deren Kennzeichen noch gesondert besprochen werden.

Der Sittenverstoß kann sich wie bei der Knebelung gegen den Sicherungsgeber als Geschäftspartner richten. In den Fällen der Kredittäuschung ergibt sich die Sittenwidrigkeit aus der Mißachtung schutzwürdiger Belange Dritter. In subjektiver Hinsicht ist bei dieser zweiten großen Fallgruppe erforderlich, daß auch der Sicherungsgeber die entscheidenden Tatumstände kennt oder grob fahrlässig nicht kennt[5]. Davon darf aber normalerweise ausgegangen werden[6].

Die in den Pool einbezogenen Sicherungsverträge werden regelmäßig vom Treuhänder im eigenen Namen geschlossen, so daß hinsichtlich des subjektiven Tatbestandes auf dessen Person abzustellen ist. Da der Informationsstand der Treuhänder-Bank kaum hinter demjenigen der anderen Poolpartner zurückbleibt (zumal oft die Hausbank diesen Part übernimmt), dürften Zurechnungsprobleme nicht auftauchen. Bei Einschaltung eines externen Treuhänders kommt eine entsprechende Anwendung des § 166 Abs.2 BGB in Betracht, weil dieser ähnlich wie ein Vertreter selbständig Interessen der auftraggebenden Banken wahrzunehmen hat[7].

b) Die Nichtigkeit eines sittenwidrigen Verpflichtungsgeschäfts erstreckt sich normalerweise nicht auf das abstrakte *Verfügungsgeschäft*. Eine Ausnahme gilt bei Sicherungsverträgen, die wegen Knebelung oder Kredittäuschung nichtig sind. Die sittenwidrige schuldrechtliche Sicherungsabrede führt hier auch zur Nichtigkeit der Sicherungsübertragung[8]. Die Kreditverträge bleiben aber grundsätzlich unberührt[9]. Sicherungsgeschäfte sind bei einem Verstoß gegen § 138 BGB insgesamt nichtig. Die Aufrechterhaltung eines gerade noch wirksamen Teils, die die Rechtsprechung unter (analoger) Heranziehung des § 139 BGB bei anderen Rechtsgeschäften teilweise zugelassen hat[10], ist bei

---

4 Der Knebelungscharakter eines Vertrages wird teilweise bereits seinem objektiven Inhalt entnommen; vgl. *Soergel/Hefermehl,* § 138 Rdn. 26; BGB-RGRK/*Krüger-Nieland/Zöller,* § 138 Rdn. 26. Nach zutr. Ansicht sind aber auch hier Zwecke und Beweggründe heranzuziehen; vgl. *Serick* III, S. 89ff.

5 Vgl. etwa MünchKomm/*Mayer-Maly;* § 138 Rdn. 111f.; BGB-RGRK/*Krüger-Nieland/Zöller;* § 138 Rdn. 30ff.; *Soergel/Hefermehl;* § 138 Rdn. 34ff., 171. Nach wohl h.M. soll es lediglich bei der sog. Inhalts-Sittenwidrigkeit nicht auf subjektive Voraussetzungen ankommen; BGH NJW 1985, S. 2405, 2406 mwN.

6 *Serick* III, S. 49, 68; BGH NJW 1955, S. 1272.

7 Vgl. MünchKomm/*Thiele,* § 166 Rdn. 30, 40. BGHZ 55, S. 307, 311 (zu § 166 Abs.1 BGB) steht dem nicht entgegen, da der Treuhänder dort weder im Auftrag noch mit Kenntnis des Begünstigten tätig wurde. Andererseits ist auch BGH BB 1984, S. 564 (vgl. *Palandt/Heinrichs,* § 166 Anm. 2a) nicht einschlägig, weil der Treuhänder in diesem Fall als rechtsgeschäftlicher Vertreter tätig wurde.

8 *Soergel/Hefermehl,* § 138 Rdn. 58f.; *Serick* I, S. 64ff.; *Flume,* Das Rechtsgeschäft, S. 385f.; einschränkend: *Fr. Baur,* Sachenrecht, S. 578.

9 *Scholz/Lwowski,* Vor Rdn. 173. Dies gilt jedenfalls, wenn die Darlehen schon ausbezahlt sind; vgl. *Serick* III, S. 24f.

Sicherungsverträgen schon deshalb nicht geboten, weil die Sittenwidrigkeit niemals allein aus dem Ausmaß der übertragenen Sicherheiten folgt[11].

c) Grundsätzlich sind *mehrere Sicherungsverträge* getrennt auf einen Sittenverstoß zu untersuchen. Zwar können bereits bestellte Sicherheiten bei der Beurteilung später geschlossener Verträge berücksichtigt werden, wenn die Sicherungsgeschäfte in ihrer Gesamtheit eine knebelnde oder gläubigergefährdende Wirkung haben. Die Nichtigkeitsfolge erfaßt jedoch nicht mit rückwirkender Kraft auch die früheren einwandfreien Sicherheiten, die die Grenze der Sittenwidrigkeit noch nicht erreicht hatten[12]. Dies gilt erst recht für Verträge, die der Sicherungsgeber mit verschiedenen Sicherungsnehmern abgeschlossen hat[13].

Dieser Grundsatz ist jedoch nicht anwendbar, wenn die Einzelverträge die Erfüllung eines auf einen Sittenverstoß gerichteten Gesamtvertrages darstellen[14]. Selbst bei einer Mehrheit von Sicherungsnehmern entfällt eine getrennte Wertung, wenn diese etwa mit dem Ziel zusammengewirkt haben, den Sicherungsgeber durch die Gesamtheit ihrer Verträge seiner wirtschaftlichen Bewegungsfreiheit zu berauben[15].

d) Für den *Bankenpool* ergibt sich aus dem Gesagten, daß zwischen der nachträglichen Einbeziehung von *Altsicherheiten* und der *Neubestellung von Sicherheiten* anläßlich der Poolbildung zu *differenzieren* ist.

Werden einzelne Sicherungsverträge abgeschlossen, deren *Einbeziehung* in einen bestehenden oder konkret geplanten Poolvertrag *von vornherein beabsichtigt* ist, so ist bei jedem dieser Verträge die Gesamtheit aller Sicherheiten in die Wertung einzubeziehen. Dabei ist unerheblich, in welcher Reihenfolge die Sicherheiten bestellt werden und ob verschiedene Sicherungsnehmer auftreten. Entscheidend ist, daß die Einzelverträge planmäßig aufgrund eines einheitlichen Willensentschlusses im Hinblick auf die Poolbildung zustandekommen. Die Gesamtwürdigung verstößt auch nicht gegen das Prinzip, daß für die Beurteilung eines Rechtsgeschäfts die tatsächlichen Verhältnisse zur Zeit seiner Vornahme maßgebend sind[16]. Auch beim Abschluß des frühesten dieser Neuverträge gehen die Beteiligten von der umgehenden Bestellung der weiteren Poolsicherheiten aus. Diese Beweggründe liegen bereits im Zeitpunkt der Vornahme des ersten Sicherungsgeschäfts vor und können damit als Merkmal in die Würdigung einfließen.

---

[10] Nachweise in MünchKomm/*Mayer-Maly,* § 138 Rdn. 135f.; erneut in BGH NJW 1987, S. 2150 (Anerkenntnis besonders hoher „Zechschulden").

[11] Vgl. *Serick* III, S. 71ff., 77.

[12] *Serick* III, S. 35; *M. Obermüller,* Die Bank im Konkurs, Rdn. 714.

[13] *Serick* III, S. 88.

[14] *M. Obermüller,* Die Bank im Konkurs, Rdn. 715.

[15] *Serick* III, S. 88.

[16] Zu diesem Grundsatz siehe *Soergel/Hefermehl,* § 138 Rdn. 40 mwN.

Anders ist es dagegen bei den Kreditsicherheiten, die rechtswirksam zugunsten einzelner Poolpartner zu einer Zeit bestellt wurden, als ein Poolvertrag noch nicht absehbar war. Die *nachträgliche Einbeziehung* solcher Verträge in den Pool ändert nichts daran, daß diese — wenn auch zunächst nur zur individuellen Besicherung — einwandfrei zustande kamen. Eine rückwirkende Nichtigkeit scheidet aus. Lediglich die künftige Entgegennahme weiterer Sicherungsübertragungen, z.B. bei einer antizipierten Sicherungsübereignung, kann trotz der Gültigkeit der Sicherungsabrede unter Umständen gegen die guten Sitten verstoßen[17].

Aber wenn auch die in der Vergangenheit rechtswirksam vollzogenen Sicherungsübertragungen von den späteren Ereignissen unberührt bleiben, so kann doch die nachträgliche Einbeziehung in den Pool durch Erweiterung des Sicherungszwecks gegen die guten Sitten verstoßen. Dies wäre beispielsweise anzunehmen, wenn die Zusammenfassung der Sicherheiten in Verbindung mit weiteren Umständen dazu dienen würde, den Sicherungsgeber in seiner wirtschaftlichen Bewegungsfreiheit unzumutbar und übermäßig zu beeinträchtigen. Außerdem kann die Nichtigkeit von zusätzlich vereinbarten Neuverträgen aufgrund des hypothetischen Parteiwillens gemäß § 139 BGB die Nichtigkeit sämtlicher Poolvertragsbestimmungen sicherungsvertraglicher Art zur Folge haben. Diese ergänzen die einzelnen Sicherungsverträge und sind damit als Teile eines einheitlichen Rechtsgeschäfts i.S.d. § 139 BGB anzusehen[18].

e) Streng zu trennen ist die Frage, ob der Pool-Gesellschaftsvertrag, der das Verhältnis der Banken untereinander regelt, nichtig ist, weil der *Gesellschaftszweck* gegen die guten Sitten verstößt. Die Nichtigkeit von Sicherungsverträgen führt nicht automatisch zur Sittenwidrigkeit des gemeinsamen Zwecks, solange etwa zu beanstandende Beweggründe nicht Vertragsinhalt geworden sind. Sollte im Einzelfall über das an sich sittlich neutrale einvernehmliche Vorgehen in der Krise verbunden mit gemeinschaftlicher Besicherung hinaus ein sittenwidriger gemeinsamer Zweck vereinbart sein, so wären die Grundsätze über die fehlerhafte Gesellschaft nicht anwendbar, der Bankenpool mithin ex tunc als nichtig anzusehen[19].

---

[17] Vgl. *Serick* III, S. 36f.

[18] Entscheidend ist der Parteiwille, daß die (äußerlich getrennten) Rechtsgeschäfte miteinander stehen und fallen sollen; *Palandt/Heinrichs,* § 139 Anm.3a mwN. (z.T. wird auf den objektiven Sinnzusammenhang abgestellt; MünchKomm/*Mayer-Maly,* § 139 Rdn. 12). Nimmt man kein einheitliches Rechtsgeschäft an, so kann die Wirksamkeit der Neuverträge immer noch Geschäftsgrundlage für den gesamten Pool-Sicherungsvertrag mit dem Sicherungsgeber sein; vgl. *Palandt/Heinrichs,* aaO.

[19] Dies folgt wohl bereits aus der Einordnung als Innengesellschaft; vgl. *Ulmer,* GbR, § 705 Rdn. 239. Jedenfalls würde der Verstoß des Gesellschaftszwecks gegen § 138 BGB zu diesem Ergebnis führen; vgl. *Palandt/Heinrichs,* § 138 Anm.1e. Bei gleichzeitiger Nichtigkeit der Sicherungsverträge bestünde ohnehin kein Bedürfnis, nur Vernichtbarkeit für die Zukunft anzunehmen, da nicht einmal ein wirtschaftlich gemeinschaftliches Vermögen entstanden wäre.

2. Schadensersatzansprüche anderer Gläubiger

a) Ein Verstoß gegen die guten Sitten kann nicht nur zur Nichtigkeit von Sicherungsverträgen führen, sondern außerdem nach § 826 BGB *Schadensersatzansprüche Dritter* auslösen.

Bei § 138 BGB geht es um die Beurteilung eines Rechtsgeschäfts, während Gegenstand des § 826 BGB allgemein ein Verhalten ist. Umstritten ist, ob der *Maßstab der guten Sitten* in beiden Vorschriften notwendigerweise übereinstimmt[20]. Wenn es aber wie hier um Sittenverstöße im Zusammenhang mit Sicherungsverträgen geht, ist eine Differenzierung nicht angezeigt und wohl kaum durchführbar[21], zumal in die Prüfung des § 138 BGB auch außerhalb des Rechtsgeschäfts liegende Umstände einbezogen werden. Aus diesem Grunde erfolgt die nähere Kennzeichnung der Fallgruppen einheitlich im Anschluß an die Besprechung beider Normen.

Eine Rangordnung oder ein Ausschließlichkeitsverhältnis dergestalt, daß bei Kredittäuschungen nur § 826 BGB anwendbar ist, besteht nicht[22]. § 138 BGB könnte allenfalls deshalb ausscheiden, weil man nur dem Sicherungsnehmer und nicht auch dem Sicherungsgeber ein sittenwidriges Verhalten anlastet[23] oder weil die §§ 1ff. AnfG bzw. §§ 29ff. KO als Spezialregeln Vorrang haben[24]. Die andere Frage, ob ein Sittenverstoß durch knebelndes Verhalten für sich genommen zur Schädigung Dritter führen kann[25], ist von geringerer praktischer Bedeutung, weil dieses meist zugleich auch eine Kredittäuschung zur Folge hat[26].

Bei § 826 BGB ist außer den objektiven und subjektiven Elementen eines Sittenverstoßes gesondert der *Schädigungsvorsatz* festzustellen, wobei bedingter Vorsatz ausreicht[27]. Dieser wird vielfach bereits aus der Art und Weise des sittenwidrigen Handelns erschlossen[28].

---

[20] Bejahend z.B.: BGB-RGRK/*Krüger-Nieland/Zöller*, § 138 Rdn. 12; *Serick* III, S. 101; *Soergel/Hönn*, § 826 Rdn. 245; *Staudinger/Dilcher*, § 138 Rdn. 118; a.A.: MünchKomm/*Mayer-Maly*, § 138 Rdn. 19, 92; MünchKomm/*Mertens*, § 826 Rdn. 7.

[21] Dies zeigen schon die mannigfachen wechselseitigen Verweisungen innerhalb der einzelnen Kommentarwerke bei der Erläuterung der einschlägigen Fallgruppen.

[22] So zu Recht *Serick* III, S. 103ff.; a.A. wohl *M. Obermüller*, Die Bank im Konkurs, Rdn. 724.

[23] *Serick* III, S. 104f.

[24] Vgl. BGH NJW-RR 1987, S. 1401; MünchKomm/*Mayer-Maly*, § 138 Rdn. 5; *Serick* II, S. 152ff.

[25] Wohl überwiegend verneint, vgl. z.B. RGZ 143, S. 48, 52; BGH WM 1962, S. 1220, 1222; *Palandt/Thomas*, § 826 Anm. 8h, bb; *M. Obermüller*, Die Bank im Konkurs, Rdn. 716.; a.A.: *Serick* III, S. 106f.; *Staudinger/Schäfer*, § 826 Rdn. 149.

[26] RGZ 143, S. 48, 52.

[27] Statt aller: *Palandt/Thomas*, § 826 Anm. 3a.

[28] Siehe MünchKomm/*Mertens*, § 826 Rdn. 60; *Palandt/Thomas*, § 826 Anm. 3c; *Soergel/Hönn*, § 826 Rdn. 67; vgl. a. BGH NJW 1986, S. 837, 841 (insoweit nicht abgedruckt in BGHZ 96, S. 231ff.).

Zum *Kreis der Geschädigten* können sowohl Altgläubiger als auch Neugläubiger des Schuldnerunternehmens gehören[29]. Hingegen sind die Erwerber (alter) Aktien, die einen nach Lage des Unternehmens zu hohen Preis zahlen, vom Schutzbereich des § 826 BGB nicht erfaßt[30].

Die Haftung einer Bank nach § 826 BGB setzt zunächst voraus, daß sie sich das *Verhalten* der für sie handelnden Personen *zurechnen* lassen muß. Oft wird § 31 BGB anwendbar sein[31], wenn es um das Krisenengagement im Zusammenhang mit Poolverträgen geht: Wegen der wirtschaftlichen Bedeutung sind häufig Personen tätig, die unter den von der Rechtsprechung weit ausgelegten Begriff des „verfassungsmäßig berufenen Vertreters" fallen, da sie das Kreditinstitut nach außen repräsentieren[32]. Andernfalls kommt eine „Fiktionshaftung" für mangelhafte Organisation[33] oder schließlich eine Haftung nach § 831 Abs. 1 S. 1 BGB in Betracht.

Beim Pool stellt sich die weitere Frage, welche Folgerungen aus dem Zusammenschluß *mehrerer Kreditinstitute* zu ziehen sind.

b) Eine gesamthänderische *Haftung* der Banken *für* widerrechtliche Schädigungen durch den *Poolführer* nach § 831 BGB scheidet aus, da dieser kein weisungsgebundener Verrichtungsgehilfe ist und der BGB-Gesellschaft außerdem die Schuldfähigkeit fehlt[34]. Eine Analogie zu § 31 BGB ist — selbst wenn man sie bei einer Gesellschaft bürgerlichen Rechts grundsätzlich für möglich hält[35] — beim Bankenpool deshalb ausgeschlossen, weil dieser als Innengesellschaft qualifiziert wurde[36]. Ihm fehlt die einer Personalhandelsgesellschaft vergleichbare Struktur[37]. Zwar ist der Treuhänderbank die Sicherheitenverwaltung als Einzelgeschäftsführer anvertraut. Dieses Institut erscheint jedoch nach

---

[29] *Serick* III, S. 114ff.; zur Aktivlegitimation des Konkursverwalters siehe BGH NJW 1986, S. 1174, 1175.

[30] BGHZ 96, S. 231, 236f. = NJW 1986, S. 837, 839 (anderes gilt bei jungen Aktien, wenn deren Ausgabe gerade das Mittel einer Konkursverschleppung darstellt); a.A. *Canaris,* Bankvertragsrecht, Rdn. 138.

[31] § 31 BGB gilt praktisch für alle Rechtsformen, in denen Kreditinstitute betrieben werden (lediglich für Einzelkaufleute wird eine entsprechende Anwendung überwiegend abgelehnt; MünchKomm/*Reuter,* § 31 Rdn. 13; vgl. zu diesen aber § 2a KWG).

[32] Z.B. BGH NJW 1977, S. 2259 (Zweigstellenleiter). Es sei hier dahingestellt, ob nicht die analoge Anwendung des § 31 BGB der methodisch richtige Weg ist; vgl. MünchKomm/*Reuter,* § 31 Rdn. 3.

[33] Vgl. BGH NJW 1980, S. 2810, 2811. In der Literatur wird auch insofern eine Analogie zu § 31 BGB bevorzugt; s. MünchKomm/*Reuter,* § 31 Rdn. 4f.

[34] Vgl. *Ulmer,* GbR, § 705 Rdn. 216.

[35] So die heute wohl h.L.; vgl. *Ulmer,* GbR, § 705 Rdn. 218f. mwN.; a.A. aber BGHZ 45, S. 311 f.; *Palandt/Heinrichs,* § 31 Anm.1c.; *Soergel/Hadding,* § 31 Rdn. 7.

[36] S. o. Kap.2 A.II.; zur analogen Anwendung des § 31 BGB auf die Repräsentanten eines „Stillhaltekonsortiums" siehe auch *Assmann,* ZHR 152 (1988), S. 378f., der freilich von einer Außengesellschaft ausgeht (S. 374f.).

[37] Vgl. *Ulmer,* GbR § 705, Rdn. 218f., 238; MünchKomm/*Reuter,* § 31 Rdn. 10.

außen weder als Organ noch als Repräsentant des Pools. Außerdem hat die Gesellschaft kein hinreichend verselbständigtes Sondervermögen[38].

Für eine entsprechende Anwendung des § 31 BGB besteht aber auch kein zwingendes Bedürfnis, weil eine Haftungslücke nicht zu befürchten ist. Abgesehen davon, daß bei einer deliktischen Haftung der Treuhänderbank bereits mit dieser zumeist ein zahlungskräftiger Anspruchsgegner vorhanden wäre, dürfte bei vorsätzlich sittenwidrigen Schädigungen regelmäßig eine gesamtschuldnerische Haftung sämtlicher Pool-Banken nach §§ 830, 840 BGB vorliegen.

c) Der Fall der *gemeinschaftlichen Begehung* einer unerlaubten Handlung (§ 830 Abs. 1 S. 1 BGB) setzt bewußtes und gewolltes Zusammenwirken Mehrerer zur Herbeiführung eines Erfolges voraus[39]. Die subjektive Beziehung zwischen den Banken findet ihren Ausdruck im Poolvertrag, der den gemeinsamen Zweck einvernehmlichen Vorgehens und gemeinschaftlicher Besicherung regelt[40].

Sieht man im Abschluß knebelnder oder gläubigergefährdender Sicherungsverträge den Anknüpfungspunkt für vorwerfbares Verhalten, wäre an eine gemeinschaftliche Anstiftung oder Beihilfe zum Abschluß des Pool-Sicherungsvertrages und zur Hereinnahme neuer Sicherheiten durch den Treuhänder zu denken. Näher liegt es jedoch, auf die gemeinsame Verabredung eines solchen Vorgehens selbst als sittenwidriges Tun abzustellen[41]. Diese erfolgt spätestens mit Unterzeichnung des Poolvertages, u. U. aber auch schon zu einem früheren Zeitpunkt. So kann bereits das mündlich abgestimmte und dem Kreditnehmer gegenüber geäußerte Verlangen von zusätzlichen Sicherheiten als gemeinschaftliche Begehung einer unerlaubten Handlung zu werten sein[42]. Wegen des Interesses aller Banken am Zustandekommen der Verträge und der übernommenen Förderungspflichten erscheint der Tatbeitrag schwerpunktmäßig eher als

---

[38] Deshalb würde auch die Haftungsfolge nicht recht passen: Es gibt kein gesamthänderisches Poolvermögen, auf das die Haftung beschränkt werden könnte. Zum (ebenfalls umstrittenen) Ausschluß einer persönlichen Haftung mit dem Privatvermögen vgl. *Ulmer*, GbR, § 705 Rdn. 219, § 714 Rdn. 44 mwN.

[39] MünchKommm/*Mertens*, § 830 Rdn. 7; *Palandt/Thomas*, § 830 Anm. 2a. Da es um vorsätzliche Schädigungen geht, kann offenbleiben, ob auch gemeinsames (bewußt) fahrlässiges Handeln ausreicht.

[40] S. oben Kap. 1 C.III.2.

[41] Vgl. BGHZ 101, S.153, 158f. = NJW 1987, S. 2370, 2371 f., wo die Verleitung zu sittenwidrigem Widerspruch gegen Lastschriften wegen des Eigeninteresses der Bank ebenfalls als sittenwidrig beurteilt wurde.

[42] So im Fall des ArbG Siegen, ZIP 1985, S. 1048, 1055; der „Poolvereinbarung" wurde nur deklaratoischer Charakter beigemessen. Die im Urteil neben dem Verlangen genannte spätere Entgegennahme der Sicherheiten erfolgte hingegen allein durch die als Treuhänder eingesetzte Sparkasse. Das Urteil wurde aufgehoben, weil das Berufungsgericht die sachliche Zuständigkeit der Arbeitsgerichte für Schadensersatzansprüche aus unerlaubter Handlung verneinte und Ansprüche aus §§ 419, 613a BGB, 25 HGB bereits nach dem Klägervorbringen ausschieden; vgl. LAG Hamm, ZIP 1987, S.91 ff., 96ff., 103.

eigene Begehung denn als Unterstützung einer fremden Tat des Treuhänders. Am Ergebnis ändert diese Unterscheidung freilich nichts, da nach § 830 Abs. 2 BGB Anstifter und Gehilfen Mittätern gleichgestellt sind.

Wird den Banken eine konkursverschleppende Kreditgewährung angelastet, könnte gegen eine gemeinschaftliche Begehung eingewandt werden, daß der Bankenpool im Unterschied zum klassischen Kreditkonsortium ja gerade durch das Fehlen eines gemeinschaftlichen Kredits gekennzeichnet wurde[43]. Diese Feststellung schließt jedoch eine Mittäterschaft i.S.d. § 830 Abs. 1 S. 1 BGB nicht aus. Während es dort um die Abgrenzung zweier Vertragstypen ging, ist für die hier zu beurteilende deliktische Haftung die Vereinheitlichung rechtsgeschäftlicher Konditionen unerheblich. Es kommt einzig darauf an, daß der haftungsrelevante Erfolg durch bewußtes und gewolltes Zusammenwirken herbeigeführt wurde. Eine Schädigung Dritter beruht in dieser Fallgruppe darauf, daß durch das Offenhalten von Kreditlinien der Anschein fortbestehender Kreditwürdigkeit des Unternehmens entsteht. Dieser Anschein hängt nicht davon ab, ob ein einheitlicher Kreditvertrag vereinbart wurde. Entscheidend ist allein die Verhaltenskoordinierung in bezug auf die Kreditlinien. Deren Festschreibung erfolgt aber gerade in dem Bewußtsein, daß es auf das Zusammenwirken aller Banken ankommt[44].

Sittenwidrige vorsätzliche Schädigungen, die an die Vergabe oder Besicherung von Krediten anknüpfen, werden beim Bankenpool von den Poolpartnern gemeinschaftlich begangen (§ 830 Abs. 1 S. 1 BGB). Das bewußte Zusammenwirken schließt eine Beteiligung nach § 830 Abs. 1 S. 2 BGB oder eine (nicht geregelte) Nebentäterschaft aus[45].

d) Welche *Konsequenzen* sind ggf. bei einer gemeinschaftlichen Begehung zu beachten?

In vielen Fällen würde bereits die Nichtbeteiligung einer Bank am Pool die Einleitung eines Insovenzverfahrens nach sich ziehen und damit die Gefahr einer Bonitätstäuschung ausschließen. Derartige Feststellungen erübrigen sich jedoch, weil es bei gemeinschaftlicher Begehung nicht darauf ankommt, daß gerade eine bestimmte Bank den *Schaden verursacht* hat[46].

Nicht verzichtbar ist es hingegen, bei jeder Bank die *subjektiven Voraussetzungen* der Sittenwidrigkeit und zumindest bedingten Schädigungsvorsatz zu ermitteln[47]. Die maßgeblichen Fakten dürften den Bankenvertretern aufgrund

---

[43] S. oben Kap. 1 A.III.2.

[44] Zur Gemeinsamkeit des Zwecks siehe oben Kap. 1 C.III.2.

[45] Zur Abgrenzung siehe *Palandt/Thomas,* § 830 Anm. 1, 3a; MünchKomm/*Mertens,* § 830 Rdn. 5, 21. Die Fälle der § 830 Abs. 1 S.1 und S.2 werden vom ArbG Siegen (ZIP 1985, S.1048, 1054f.) nicht exakt auseinandergehalten.

[46] Vgl. MünchKomm/*Mertens,* § 830 Rdn. 2; *Palandt/Thomas,* § 830 Anm. 1.

[47] Ausführliche Feststellungen enthält das mittlerweile aufgehobene (s. Fn. 42) Urteil des ArbG Siegen, ZIP 1985, S. 1048, 1062ff.

der Vorgespräche in der Regel bekannt sein. Tritt eine Bank ohne genaue Kenntnis von der wirtschaftlichen Situation ihres Kreditnehmers einem Pool bei, wird man ihr den Vorwurf grob fahrlässiger Unkenntnis kaum ersparen können[48].

Bei gemeinschaftlicher Begehung einer sittenwidrigen vorsätzlichen Schädigung haften die Banken nach § 840 Abs. 1 BGB als *Gesamtschuldner.* Im Innenverhältnis sind die Poolpartner nicht zu gleichen Teilen verpflichtet. Eine anderweitige Bestimmung i. S. d. § 421 Abs. 1 S.1 BGB ergibt sich aus dem Poolvertrag. Zwar wird dort ausdrücklich nur das Ausfallrisiko hinsichtlich der Kreditforderungen quotal verteilt. Die ergänzende Vertragsauslegung führt jedoch zu dem Ergebnis, daß sich auch weitere Risiken aus der Durchführung des Poolvertrages grundsätzlich nach dem Verhältnis der Kreditlinien richten[49]. Etwas anderes kann allerdings bei einseitigen Vertragsverletzungen gelten, etwa wenn eine Bank gegenüber den anderen Partnern wichtige Informationen unterdrückt hat.

II. Fallgruppen von Sittenverstößen

In den vorstehenden Ausführungen wurde eine Sittenverstoß als gegeben unterstellt. Nunmehr soll untersucht werden, unter welchen Voraussetzungen der Abschluß und die Durchführung eines Poolvertrages das Anstandsgefühl aller billig und gerecht Denkenden verletzt.

Das Reichsgericht hatte fünf feste Tatbestände sittenwidriger Sicherungsgeschäfte gebildet: Konkursverschleppung, Aussaugung, stille Geschäftsinhaberschaft, Kreditbetrug und Gläubigergefährdung[50]. Demgegenüber hat der Bundesgerichtshof immer wieder betont, daß die Frage der Sittenwidrigkeit nur aufgrund einer umfassenden Gesamtwürdigung beantwortet werden kann[51]. Damit ist aber schon aus Gründen der Rechtssicherheit eine Systematisierung nicht ausgeschlossen.

Die Bildung und auch die Benennung typischer Fallgruppen erfolgt in Rechtsprechung und Literatur nicht immer einheitlich. Teilweise wird eine Fallgruppenbildung überhaupt in Frage gestellt und stattdessen versucht, ein „bewegliches System" zu entwerfen[52]. Diese Kritik ist berechtigt, soweit sie die

---

[48] Vgl. ArbG Siegen, ZIP 1985, S. 1048, 1066.

[49] Vgl. *Immenga,* Emissionskonsortien, S. 13 zur Verlustbeteiligung bei Konsortien (entgegen § 722 BGB) nach Quoten.

[50] RGZ 136, S. 247, 251 f. zu § 826 BGB.

[51] Z.B. BGHZ 10, S. 228, 232; BGH NJW 1955, S. 1272, 1273; BGH WM 1958, S. 249, 250; BGH WM 1962, S. 527, 529.

[52] *Mertens,* ZHR 143 (1979), S. 184 ff., 188 ff.; MünchKomm/*Mertens,* § 826 Rdn. 145 unterscheidet dagegen i.R.d. „Gläubigerbenachteiligung" die Fallgruppen der „Kredittäuschung" und der „Gläubigergefährdung" (Hauptfall: „Konkursverschleppung", aaO. Rdn. 151).

sklavische Anlehnung an die fünf Tatbestände des Reichsgerichts betrifft. Versteht man allerdings die — wie auch immer gebildeten[53] — Fallgruppen richtigerweise nicht als feststehende Tatbestände, sondern als bloße Orientierungshilfen, die Anhaltspunkte und Richtlinien liefern sollen[54], so ermöglichen sie durchaus flexible Lösungen und stellen ihrerseits ein bewegliches System dar. Die Unterschiede dürften denn auch eher terminologischer als grundlegend methodischer Art sein, zumal die vorgeschlagene Alternative ebenfalls an typische Handlungsweisen anknüpft[55].

Zwei große Fallgruppen lassen sich unterscheiden: zum einen die Knebelung, bei der sich der Sittenverstoß vor allem beim Schuldnerunternehmen auswirkt; zum anderen die Kredittäuschung, die sich gegen die Interessen anderer Gläubiger richtet[56].

1. Knebelung

Eine Knebelung liegt vor, wenn eine Vertragspartei in ihrer wirtschaftlichen Bewegungsfreiheit so gelähmt wird, daß sie ihre Selbständigkeit nahezu völlig verliert und dadurch in eine rechtlich zu mißbilligende Abhängigkeit gerät[57].

a) Bei der Poolung von *Sicherheiten* könnten Bedenken aus deren *Umfang* hergeleitet werden. Wenn sämtliche Geldkreditgeber besichert werden sollen, wird oft kein nennenswertes freies Vermögen mehr übrig bleiben. Mit Recht wird aber aus §§ 419, 311 BGB geschlossen, daß sich aus dem Ausmaß der Sicherheiten allein noch keine Sittenwidrigkeit ergeben kann, solange der Sicherungsgeber in bestimmtem Umfang weiterhin über das Sicherungsgut verfügen darf[58]. Die einzelnen Sicherungsverträge beinhalten, soweit die üblichen Muster herangezogen werden, insofern ausreichende Ermächtigungen. Außerdem muß zu Gunsten der Banken berücksichtigt werden, daß durch die Festschreibung der Kreditlinien Geldmittel zur Verfügung gestellt werden, die gerade die weitere Aufrechterhaltung des Geschäftsbetriebs ermöglichen sollen[59]. Wird gar die Anschaffung des Sicherungsgutes erst durch die Finanzie-

---

[53] Pragmatische Gesichtspunkte stehen im Vordergrund. Jedes Fallgruppen-System sollte sich zudem nur als eines unter vielen möglichen verstehen; vgl. *Rittner,* Wettbewerbs- und Kartellrecht, S. 30 (zur vergleichbaren Problematik bei § 1 UWG).

[54] *Serick* III, S. 21 f.

[55] Vgl. *Mertens,* ZHR 143 (1979), S. 188: „Tatbestandsbildung".

[56] Die Darstellung folgt damit der Einteilung von *Serick* III, S. 23, 39 ff., 73 ff.; ebenso *Scholz/Lwowski,* Rdn. 180; *W. Obermüller,* BuB, Rdn. 4/107; vgl. auch bereits RGZ 143, S. 48, 51 f.

[57] Siehe *Soergel/Hefermehl,* § 138 Rdn. 117; *Staudinger/Dilcher,* § 138 Rdn. 31; MünchKomm/*Mayer-Maly,* § 138 Rdn. 64; *Palandt/Heinrichs,* § 138 Anm. 5k; *M. Obermüller,* ZIP 1981, S. 352; *Serick* III, S. 73 ff.; RGZ 143, S. 48, 51.

[58] Zu den Einzelheiten siehe *Serick* III, S. 77 f. mwN.; *M. Obermüller,* Die Bank im Konkurs; Rdn. 703 ff.; *ders.,* ZIP 1981, S. 352 ff.

[59] Vgl. BGH NJW 1965, S.84, 85; *M. Obermüller,* Die Bank im Konkurs, Rdn. 703.

rung der Banken ermöglicht, besteht in bezug auf dieses von Anfang an keine wirtschaftliche Bewegungsfreiheit, die durch eine Sicherungsabrede eingeschränkt werden könnte[60].

b) Eine Knebelung kann auch durch *übermäßige Sicherung* herbeigeführt werden. Eine Übersicherung setzt ein Mißverhältnis zwischen dem Wert des Sicherungsgutes und der gesicherten Forderung voraus[61]. An dieser Stelle ist ersichtlich, daß der Umfang der Sicherheiten allein noch keine befriedigende Beurteilung der Poolsituation ermöglicht. Der Bündelung von Sicherungsrechten steht auf der anderen Seite eine Mehrzahl von Kreditgebern gegenüber. Einem Unternehmen in der Krise dürfte es selbst bei Ausschöpfung des gesamten Vermögens kaum jemals gelingen, überhaupt Sicherheiten in einem Maß bereitzustellen, das völlig außer Verhältnis zur Summe der Forderungen seiner Geldkreditgeber steht. Dies gilt umso mehr, als der Zerschlagungswert der Sicherheiten entscheidend ist und vertretbare Margen nicht beanstandet werden[62]. Schon die Vereinbarung komplizierter Risikoverteilungsklauseln in den Poolverträgen deutet darauf hin, daß die Banken einen Forderungsausfall im Verwertungsfall für wahrscheinlicher halten als die Erzielung eines Übererlöses. Im übrigen beugt die Kautelarpraxis einer Übersicherung regelmäßig durch Freigabeklauseln in den einzelnen Sicherungsverträgen vor[63].

c) Auch wenn die Besicherung als solche unbedenklich ist, kann sich eine Knebelung aus *weiteren* freiheitsbeschränkenden *Umständen* ergeben. Die Grenze des Zulässigen ist sicher in Fällen überschritten, die das Reichsgericht als „stille Geschäftsinhaberschaft" beschrieben hat[64]. Ein Sittenverstoß kann aber schon gegeben sein, ohne daß der Schuldner zu einem „bloßen Strohmann" mit der Stellung eines „abhängigen Verwalters" degradiert wird. Problematisch ist es, übersteigerte Eingriffsrechte von berechtigten Kontrollbefugnissen abzugrenzen[65]. Dabei ist zu bedenken, daß Schutzbestimmungen im allgemeinen keinen Selbstzweck darstellen, sondern daß sie vor allem die Insolvenzwahrscheinlichkeit verringern sollen[66]. Für den Bankenpool gelten insofern die gleichen Grenzen, die auch einzelne Kreditinstitute zu beachten haben[67]. Die Verwendung der hier vorgestellten Vertragsmuster begegnet für sich genommen keinen Bedenken.

---

[60] Insofern zu Recht differenzierend OLG Hamm, NJW-RR 1988, S.117, 118; zu plakativ und allgemein gehalten freilich die schlagwortartige Formulierung: „Ein Habenichts kann nicht geknebelt werden".

[61] *Serick* III, S.79, 82.

[62] Vgl. *Scholz/Lwowski,* Rdn. 187; *Bunte/Schröter,* S.93.

[63] Siehe *Serick* II, S.63f.; III, S.80f.; *Scholz/Lwowski,* Rdn. 187; *Groß,* S.549; *Löwe/Graf v. Westphalen/Trinkner,* Bd.III, S.18.3-14f.; vgl.a. ABG-Banken Nr.19 Abs.6 und hierzu BGH NJW 1983, S.2701, 2702; *Kümpel,* WM 1978, S.972f.

[64] RGZ 136, S.247, 253f.; auch die „Aussaugung" geht in diese Richtung.

[65] *Serick* III, S.83f.

[66] Vgl. *Stahlschmidt,* S.51, 63f.

[67] Siehe näher *M. Obermüller,* Die Bank im Konkurs, Rdn. 708ff. mwN.

Besonders zu erwähnen sind in diesem Zusammenhang noch Bestimmungen, die dem Schuldner untersagen, ohne Zustimmung der Banken zusätzliche Kredite aufzunehmen oder — was wirtschaftlich oft auf das gleiche hinausläuft — anderen Gläubigern Sicherheiten zu bestellen. Auf derartige Vereinbarungen, die in früheren Poolverträgen getroffen wurden, hat man später auf Grund kartellrechtlicher Bedenken verzichtet[68]. Ob das Gesetz gegen Wettbewerbsbeschränkungen wirklich entgegensteht, mag an dieser Stelle offenbleiben[69]. Eine Knebelung jedenfalls folgt noch nicht allein aus einem solchen Verbot[70]. Zur Verwirklichung eines Sanierungskonzepts kann es durchaus angebracht sein, eine unkontrollierte Kreditausweitung zu verhindern[71]. Dennoch besteht die Gefahr, daß derartige Beschränkungen für die Frage der Sittenwidrigkeit zum Nachteil der Banken in die Gesamtwürdigung einfließen[72]. Schon aus diesem Grunde kann es u. U. empfehlenswert sein, von entsprechenden Klauseln Abstand zu nehmen.

2. *Kredittäuschung*

Die Kredittäuschung wird hier als Oberbegriff für sittenwidrige Verhaltensweisen verwandt, die zur Täuschung dritter Personen über die Kreditwürdigkeit des Schuldners führen[73]. Andere verstehen darunter nur den Sonderfall des Kreditbetrugs[74], der dadurch gekennzeichnet ist, daß Dritte unter arglistiger Täuschung zur Kreditgewährung an den Schuldner „bestimmt" werden[75]. Bei dergestalt aktiver Einwirkung auf Dritte[76] ist die Feststellung eines Sittenverstoßes nicht mit besonderen Schwierigkeiten verbunden. Problematischer sind die Fälle der Konkursverschleppung und der Gläubigergefährdung[77].

---

[68] Vgl. *W. Obermüller,* BuB, Rdn. 4/80; *Schröter/Graf v. Westphalen,* S. 44; *Merkel,* S. 218.

[69] S. näher Kap. 4, insbes. A.IV.

[70] *M. Obermüller,* Die Bank im Konkurs, Rdn. 710.

[71] Vgl. *Schröter/Graf v. Westphalen,* S. 42f.; *W. Obermüller,* BuB, Rdn. 4/76, 78.

[72] So geschehen in BGH NJW 1955, S.1272, 1273; OLG Köln WM 1986, S. 452 = WuB IF5. — 1.87 mit Anm. *Fischer/Zotz.* Davon zu trennen ist die Frage, ob die einzelne Klausel mit dem AGB-Gesetz vereinbar ist (vgl. *Merkel,* S.181 f.).

[73] So auch *Serick* III, S. 40; *Scholz/Lwowski,* Rdn. 182.; RGZ 143, S. 48, 51 ff.; BGH NJW 1963, S. 2270.

[74] Z. B. MünchKomm/*Mertens,* § 826 Rdn. 145; diese Kommentierung nennt als Oberbegriff die „Gläubigerbenachteiligung".

[75] RGZ 136, S. 247, 254.

[76] Vgl. *M. Obermüller,* Die Bank im Konkurs, Rdn. 725.

[77] *Dorndorf,* S. 63f. weist auf den Ausnahmecharakter dieser Tatbestände hin und wendet sich zu Recht dagegen, in jeder Begründung eines publizitätslosen Sicherungsrechts einen Akt zu sehen, der über die Kreditwürdigkeit täuscht.

a) Konkursverschleppung

(1) Die Konkursverschleppung ist dadurch *gekennzeichnet*, daß ein Gläubiger einen zur Sanierung unzulänglichen *Kredit an ein konkursreifes Unternehmen* gewährt und dadurch die Einleitung eines Insolvenzverfahrens verzögert[78].

Mit § 826 BGB, dem in der Praxis die weitaus größte Bedeutung zukommt, konkurrieren in dieser Fallgruppe u. U. Ansprüche aus §§ 823 Abs. 2, 830 Abs. 2 BGB i. V. m. den Vorschriften über die Konkursantragspflicht[79]. Bei letzteren ist aber nur der Quotenschaden ersatzfähig[80].

Für die Banken stellt sich die Frage, wie riskant die im Poolvertrag vereinbarte Festschreibung der Kreditlinien ist. Eine Haftung wegen Konkursverschleppung kommt erst in Betracht, wenn bei dem gemeinsamen Schuldner Konkursreife eingetreten ist[81]. Selbst dann bleibt es den Banken grundsätzlich überlassen, ob sie das notleidende Unternehmen fallen lassen wollen; entschließen sie sich zu dem Versuch, das Unternehmen durch weitere Kredite zu stützen, so verstoßen sie nicht schon deshalb gegen die guten Sitten, weil die Möglichkeit eines Mißlingens und damit einer Schädigung anderer Gläubiger besteht[82].

Die Sittenwidrigkeit kann sich aber aus weiteren Umständen ergeben. Die Rechtsprechung nimmt dies insbesondere dann an, wenn ein Kreditgeber den Konkurs lediglich um eigener Vorteile willen hinausschiebt, obwohl ernste Zweifel am Gelingen eines Sanierungsversuchs bestehen; *eigennützige Beweggründe* spielen somit eine ausschlaggebende Rolle[83]. Gegen das Kriterium eigennütziger Motivation wurde mit Recht eingewandt, daß Banken sich an Sanierungsmaßnahmen stets nur im wohlverstandenen Eigeninteresse beteili-

---

[78] Vgl. *Soergel/Hönn*, § 826 Rdn. 149; *Staudinger/Schäfer*, § 826 Rdn. 145; BGHZ 90, S. 381, 399 = NJW 1984, S. 1893, 1900; RGZ 136, S. 247, 253. *Aden*, MDR 1979, S. 893 betont das praktische Gewicht dieser Fallgruppe.

[79] Vgl. *K. Schmidt*, ZIP 1980, S. 329; *ders.*, ZIP 1988, S. 1501 f., der für eine maßvolle Verschärfung der Teilnehmerhaftung eintritt. Zur Konstruktion des österreichischen OGH (ZIP 1987, S. 702) einer fahrlässige Beitragstäterschaft zu fahrlässiger Konkursverschleppung gibt es im deutschen Recht keine Parallele; *Honsell*, ZIP 1987, S. 705.

[80] *Hachenburg/Ulmer*, § 64 Rdn. 49ff., 62; BGHZ 100, S.19, 23ff. = NJW 1987, S. 2433, 2434 (auch bei Verlust von Aussonderungsrechten); vgl. auch BGH NJW-RR 1986, S. 579, 580; ArbG Siegen, ZIP 1985, S. 1048, 1068 (vom LAG aufgehoben, s.o. Fn. 42).

[81] Im Fall des BGH NJW 1970, S. 657, 659 lag bereits diese objektive Voraussetzung nicht vor. *M. Obermüller*, Die Bank im Konkurs, Rdn. 631 nimmt Konkursreife in diesem Zusammenhang nicht erst bei Vorliegen eines Konkursgrundes, sondern bereits bei Sanierungsbedürftigkeit an.

[82] Vgl. BGHZ 90, S.381, 399 = NJW 1984, S. 1893, 1900 („BuM"); BGHZ 75, S. 96, 114 = NJW 1979, S. 1823, 1828 („Herstattbank"); BGH NJW 1970, S. 657, 658; BGH WM 1965, S. 475; BGH WM 1964, S. 671, 673.

[83] Vgl. BGHZ 90, S. 381, 399 = NJW 1984, S. 1893, 1900; BGHZ 75, S. 96, 114 = NJW 1979, S. 1823, 1828; BGH NJW 1970, S. 657, 658. Die Rechtsprechung ersetzt den Ausdruck „eigennützig" teilweise auch durch „eigensüchtig".

gen[84]. Bedenklich klingt es daher, wenn die Rechtsprechung eigennützige Beweggründe für eine Konkursverschleppung schon in der Befürchtung sieht, Ansprüchen oder zumindest moralischen und ansehensmindernden Vorwürfen ausgesetzt zu sein, die nicht einmal objektiv begründet sein müssen[85]. Bei dieser Formulierung hatte man allerdings nicht die Bank vor Augen, die lediglich den Eindruck in der Öffentlichkeit vermeiden möchte, sie habe das Unternehmen fallengelassen[86].

Der Vorwurf eines Sittenverstoßes erscheint nur gerechtfertigt, wenn eine „qualifizierte" Form des Eigennutzes vorliegt, die sich durch besonders rücksichtslose Vernachlässigung fremder Interessen auszeichnet[87]. Man sollte fordern, daß eine materielle Besserstellung angestrebt wird, die durch das Hinausschieben des Zusammenbruchs erst ermöglicht wird. Darunter fällt noch nicht die Erwartung, daß mit dem Gelingen einer Sanierung letztlich eigene Kredite gerettet werden[88], denn in diesem Falle soll der Konkurs nicht verschleppt, sondern vermieden werden. Sittenwidrigkeit kann dagegen vorliegen, wenn die Vorteile auch oder gerade für den Fall des Scheiterns bezweckt werden. Zu denken ist insbesondere an die Fälle, in denen der Zusammenbruch hinausgeschoben wird, um noch im Zustand der Existenzgefährdung Kreditrückführungen durchzusetzen[89] oder bestehende Sicherheiten aufzuwerten[90]. Auch die nachträgliche Besicherung von Krediten kann hier relevant werden, etwa weil das Stillhalten nur dazu dient, dem Gläubiger Sicherheiten zu verschaffen[91] oder den Beginn von Anfechtungsfristen künstlich hinauszuzögern[92].

Die Darstellung muß sich hier mit dieser beispielhaften Aufzählung begnügen. Die von der Rechtsprechung im einzelnen aufgestellten Verhaltenspflichten der Kreditinstitute bei der Gewährung und Belassung von Krediten in der Krise sind im Schrifttum bereits ausführlich und teilweise kontrovers diskutiert

---

[84] *Rümker*, ZHR 143 (1979), S. 205; kritisch auch *Koller*, JZ 1985, S. 1015 u. 1020.

[85] BGH NJW 1986, S. 837, 841 (insoweit nicht abgedruckt in BGHZ 96, S.231 ff.).

[86] Im konkreten Fall ging es um Regreßansprüche, die mit dem früheren Verhalten der Hausbank zusammenhingen; vgl. BGH NJW 1984, S. 1893, 1900 (insoweit nicht abgedr. in BGHZ 90, S. 381, 399).

[87] Beim Wort Eigensucht (s. Fn. 83) klingt dies etwas an.

[88] MünchKomm/*Mertens*, § 826 Rdn. 152; anders aber wohl BGHZ 10, S. 228, 234, allerdings im Rahmen der Prüfungspflicht bei der Gläubigergefährdung.

[89] Vgl. BGH NJW 1984, S. 1893, 1900 (nicht abgedr. in BGHZ 90, S. 381, 399).

[90] Vgl. *M. Obermüller*, ZIP 1980, S. 1060.

[91] *Palandt/Thomas*, § 826 Anm. 8 h, cc mwN.
Soweit es um Umfang und Undurchsichtigkeit der Sicherheiten geht, ist die Fallgruppe „Gläubigergefährdung" angesprochen. Hier ist die Besicherung als Beweggrund der Kreditgewährung zu würdigen, dort knüpft die Beurteilung an die Besicherung selbst an. Die Möglichkeit von Überschneidungen ist evident.

[92] Zur Konkursanfechtung s. unten E.

worden[93]. Sehr eindrucksvoll kommt dabei der Zwiespalt zur Geltung, in dem sich die Banken befinden[94]. Zwar ist eine Rechtspflicht der Kreditinstitute, sanierungsbedürftige Unternehmen weiter zu unterstützen, grundsätzlich nicht gegeben[95]. Die Banken nehmen aber auch soziales Verantwortungsbewußtsein für sich in Anspruch[96]. Deshalb (und nicht zuletzt im Hinblick auf ihr „Standing") können sie die Erwartung, im Interesse der Arbeitsplätze etc. dem gefährdeten Unternehmen beizustehen[97], nicht außer acht lassen[98]. Entschließen sie sich aber zu einem Sanierungsversuch, müssen sie bei dessen Scheitern mit dem Vorwurf der Konkursverschleppung rechnen.

Um diese Gefahr zu vermeiden, haben die Poolbanken die gleichen Grundsätze zu beachten, die auch für einzelne Kreditinstitute herausgearbeitet wurden. Die Problematik besteht hauptsächlich darin, ernstgemeinte Sanierungssachverhalte von „Scheinsanierungen" zu unterscheiden[99].

(2) Mit den Schwierigkeiten, allgemeingültige und vor allem ojektivierbare Aussagen zu treffen[100], gewinnt ein weiterer Punkt umso größeres Gewicht: die *Prüfungspflicht*. Genaugenommen wird der Prüfungspflicht eine doppelte Funktion beigemessen, obwohl eine exakte Trennung nicht immer erkennbar ist:

---

[93] Vgl. nur *Aden*, MDR 1979, S. 891ff.; *Coing*, WM 1980, S. 1026ff.; *Koller*, JZ 1985, S. 1013ff.; *Mertens*, in: MünchKomm, § 826 Rdn. 145ff.; *ders.*, ZHR 143 (1979), S. 175ff.; *M. Obermüller*, Die Bank im Konkurs, Rdn. 600ff.; *ders.*, ZIP 1980, S. 1059ff.; *ders.*, ZIP 1980, S. 337ff; *Rümker*, WM 1982, S. 286ff.; *ders.*, KTS 1981, S. 493ff.; *ders.*, ZHR 143 (1979), S. 195ff.; *Scholz / Lwowski*, Rdn. 173ff.; *Soergel / Hönn*, § 826 Rdn. 148ff.

[94] Siehe *M. Obermüller*, Die Bank im Konkurs, Rdn. 600a; *Mertens*, ZHR 143 (1979), S. 177 (Fn. 9); vgl. a. *Hopt*, ZHR 143 (1979), S. 164; *H. P. Westermann*, KTS 1982, S. 173; *Groß*, S. 85ff.

[95] Vgl. *Hopt*, ZHR 143 (1979), S. 168, 172; *Rümker*, KTS 1981, S. 497f., 503ff.; *M. Obermüller*, ZIP 1980, S. 1061ff.; *ders.*, Die Bank im Konkurs, Rdn. 646ff. mwN.; *Gottwald*, KTS 1984, S. 2; a.A.: *Canaris*, ZHR 143 (1979), S. 113ff., insbes. S. 133ff. Die praktischen Unterschiede dürften indes nicht so groß sein, weil die von *Canaris* grds. geforderten *ausreichenden* Sicherheiten in der Krise vielfach gerade nicht zur Verfügung stehen. Der — m.E. bedenkliche — Verzicht auf das Erfordernis ausreichender Sicherheiten bei bereits ausgereichten Krediten verliert an Brisanz, wenn man den Beurteilungsspielraum bzgl. der Sanierungsfähigkeit (aaO., S. 134) vernünftig handhabt. *K. Schmidt* (ZIP 1988, S. 1507) ist deshalb darin beizupflichten, daß die Tragweite jenes Ansatzes oft überschätzt wird.

[96] Vgl. z. B. Geschäftsbericht der Deutsche Bank AG 1986, S. 19f. Zum Machtvorwurf in bezug auf die Kreditentscheidungs-Kompetenz siehe aaO. S. 15; nach *Meyer-Cording*, NJW 1981, S. 1244 wird in der Krise von der vielberufenen Macht der Banken nur wenig sichtbar, sondern eher eine gewisse Schwäche.

[97] Vgl. *Hopt*, ZHR 143 (1979), S. 164f.

[98] Dementsprechend ist auch der Vorstand einer Bank nach § 76 Abs. 1 AktG grundsätzlich berechtigt, an einer Sanierung mitzuwirken, obwohl das Engagement der Gesellschaft auf absehbare Zeit keinen Nutzen bringen wird; vgl. *Rittner*, AG 1973, S. 113, 121.

[99] Vgl. MünchKomm / *Mertens*, § 826 Rdn. 151ff.

[100] Vgl. *Coing*, WM 1982, S. 1027.

Zum einen läßt sich mit der Verletzung einer Prüfungspflicht die grob fahrlässige Unkenntnis der wesentlichen Tatsachen begründen[101]; diese sind hier sowohl die Konkursreife des Schuldners als auch die mangelnden Erfolgsaussichten der Stützungsmaßnahmen aus objektiver Sicht. Zum anderen soll der Schluß auf einen — mindestens bedingten — Schädigungsvorsatz möglich sein, wenn die Bank eine Prüfung unterläßt oder sie sich der dabei zutage tretenden Erkenntnis verschließt[102].

Wer die Sanierung eines notleidend gewordenen Unternehmens versucht, hat die Erfolgsaussichten der beabsichtigten Maßnahmen sorgfältig zu prüfen[103]. Dies gilt auch für Banken, die sich zur Bildung eines Pools entschließen, um ihren gemeinsamen Schuldner zu stützen.

Die von der früheren Rechtsprechung erhobene Forderung, die Parteien müßten aufgrund der Prüfung vom Sanierungserfolg „überzeugt" gewesen sein[104], ist auf scharfe Kritik gestoßen, weil die Sanierung stets ein Risikogeschäft sei[105]. In den jüngeren Entscheidungen ist diese Formulierung nicht mehr anzutreffen; kritisch wird es erst, wenn „ernste Zweifel" am Gelingen bestehen[106]. Die Tendenz zu gelockerten und damit praxisgerechteren Anforderungen wird in der Literatur zu Recht begrüßt[107].

Während sich das Bestehen einer Prüfungspflicht bei der Sanierung ohne weiteres begründen läßt[108], kann die Bestimmung ihres Umfangs im konkreten Fall schwierig sein und nicht pauschal beurteilt werden[109]. Die Prüfung durch einen branchekundigen Wirtschaftsfachmann sollte selbst bei einem Sanie-

---

101 *Serick* III, S. 42ff., 50ff.

102 BGH NJW 1986, S.837, 841 (insoweit nicht abgedruckt in BGHZ 96, S. 231 ff.). Vor allzu schnellen Folgerungen ist aber zu warnen, da sonst das Vorsatzerfordernis durch tendenzielle Gleichstellung mit grober Fahrlässigkeit unterlaufen würde; vgl. *Canaris*, Bankvertragsrecht, Rdn. 136. Ähnlich auch *Rümker*, ZHR 143 (1979), S. 203 gegen *Mertens*, ZHR 143 (1979), S. 174ff. (vgl. insbes. S. 182, 184).

103 Vgl. BGH NJW 1986, S. 837, 841 (insoweit nicht abgedruckt in BGHZ 96, S. 231 ff.); zur Überbrückung des Prüfungszeitraums durch Kredite siehe *M. Obermüller*, Die Bank im Konkurs, Rdn. 640; *Soergel/Hönn*, § 826 Rdn. 152.

104 BGHZ 10. S. 228, 234.

105 *Mertens*, ZHR 143 (1979), S. 187, der vor einer Überspannung der Anforderungen im Falle der echten Sanierung warnt; zu weitgehend *Aden*, MDR 1979, S. 895, nach dem der Vorwurf der Konkursverschleppung erst in Frage kommt, wenn die Bank *weiß*, daß der Kredit nicht zur Gesundung des Schuldners führt.

106 BGHZ 75, S. 96, 114 = NJW 1979, S. 1823, 1828; vgl. a. OLG Schleswig, WM 1982, S. 25, 27.

107 Siehe *Rümker*, WM 1982, S. 287; *Canaris*, Bankvertragsrecht, Rdn. 130.

108 *Serick* III, S. 61 f.

109 Vgl. *Serick* III, S. 61 f.; *Rümker*, KTS 1981, S. 508ff.(„Plausibilitätskontrolle der Plan- und Ist-Daten der Unternehmensleitung"); *M. Obermüller*, Die Bank im Konkurs, Rdn. 639af.

rungskredit kein Regelerfordernis sein[110]. Eigennützige Beweggründe vermögen den Prüfungsumfang nicht zu beeinflussen[111].

Die Beteiligung anderer Banken an der Sanierungsaktion wird als Indiz gewertet, daß die Bemühungen als sinnvoll erachtet werden konnten[112]. Fraglich ist es jedoch, ob damit die Prüfungsanforderungenverringert werden. Kann der „gute Glaube"[113] einer Bank, eine andere Bank habe bereits die Sanierungsaussichten hinreichend überprüft, geschützt sein? Darf sich also beispielsweise eine Poolbank zu ihrer Entlastung darauf berufen, sie habe bei ihrem Beitritt erfolgversprechende Prüfungen anderer Partner vorausgesetzt? Diese Frage ist jedenfalls dann zu verneinen, wenn keine konkreten Anhaltspunkte für eine solche Annahme bestehen. Anders ist es zu beurteilen, wenn ein Kreditinstitut allen Beteiligten ein betriebswirtschaftliches „Hausgutachten" zur Verfügung stellt und dieses zur Gesprächsgrundlage wird[114]. Hier sollte man von den anderen Banken nur eine Plausibilitätskontrolle verlangen. Die Beteiligung mehrerer Banken als solche kann aber weder eine Prüfung insgesamt entbehrlich machen noch den Umfang der überhaupt (von wem auch immer) vorzunehmenden Untersuchungen beeinflussen. Zwar geht der Umstand, daß alle Banken das Unternehmen stützen wollen, insofern positiv in die Prüfung ein, als dadurch die Sanierung vielfach erst ermöglicht wird[115]. Des weiteren ist bei einer Prüfung durch mehrere Banken die Wahrscheinlichkeit von Fehleinschätzungen geringer[116]. Damit ist aber noch nicht das Prognoseproblem selbst gelöst, nämlich ob der Zusammenbruch auf Dauer verhindert werden kann.

---

[110] So aber BGHZ 10, S. 228 (Leitsatz); dagegen *Serick* III, S. 61; *Barkhausen*, NJW 1953, S. 1665; *M. Obermüller*, Die Bank im Konkurs, Rdn. 639a mwN., der allerdings den Banken die Einschaltung eines Sachverständigen im eigenen Interesse (wegen der entlastenden Wirkung eines neutralen Gutachtens) empfiehlt.

[111] Anders BGHZ 10, S. 228, 234; dagegen zu Recht *Rümker*, ZHR 143 (1979), S. 204. Abgesehen von der Fragwürdigkeit des Kriteriums ergibt sich dies aus der Funktion der Prüfungspflicht: Motivation des Handelns und grob fahrlässige Unkenntnis der Folgen sind unterschiedliche Kategorien.

[112] *Rümker*, WM 1982, S. 288 sowie *M. Obermüller*, Die Bank im Konkurs, Rdn. 639b unter Berufung auf OLG Schleswig, WM 1982, S. 25, 28.

[113] *Serick* III, S. 58f. begründet die Prüfungspflicht mit der Parallele zu den Nachforschungspflichten beim gutgläubigen Erwerb.

[114] Für eine Delegation der Prüfung an ein bestimmtes Kreditinstutut können ähnliche Gründe sprechen wie für die Einschaltung eines außenstehenden Fachmanns. So mag eine Bank aufgrund ihrer Größe oder besonderer Branchenkenntnisse für eine Prüfung prädestiniert sein.

[115] Vgl. BGHZ 75, S. 96, 112 = NJW 1979, S. 1823, 1827 (zu § 92 Abs. 2 S. 1 AktG), wonach für die Bewertung eines Sanierungsplans die Bereitschaft der Großbanken zu Hilfeleistungen einzuschätzen ist.

[116] In diesem Sinne ist wohl das Argument von *Rümker* (WM 1982, S. 288) zu verstehen, jedes Kreditinstitut sei unabhängig von den anderen nach Maßgabe des § 18 KWG zu einer eigenen Prüfung der wirtschaftlichen Verhältnisse verpflichtet. Anzumerken bleibt, daß bei Sanierungsaktionen kaum von „bonitätsmäßig einwandfreien Krediten" (vgl. aaO.) die Rede sein kann.

Die Beteiligung mehrerer Kreditinstitute kann sich aber in anderer Richtung auswirken, und zwar bei der Ermittlung der Beweggründe im Rahmen der Gesamtwürdigung. Speziell die Bildung eines Bankenpools gebietet eine überaus vorsichtige Handhabung des Vorwurfs besonders eigensüchtigen Verhaltens. So spricht eine Kreditlinienfestschreibung gegen die Absicht, zu Lasten anderer Gläubiger Kreditrückführungen durchzusetzen. Auch kann regelmäßig nicht unterstellt werden, daß lediglich bestehende Sicherheiten durch Verlängerung des wirtschaftlichen Todeskampfes aufgewertet werden sollten[117], da vor der Poolung keine einheitlichen Sicherheiten vorhanden waren. Es müßte dann zumindest festgestellt werden, daß die Banken gleichermaßen begünstigte Sicherheiten hatten[118]. Theoretisch ist es zwar nicht ausgeschlossen, daß Banken sich zu einer gemeinschaftlichen Konkursverschleppung verabreden. Die Hemmschwelle dürfte hier aber noch wesentlich höher sein als bei individuellem Vorgehen, so daß derartige Vorwürfe im konkreten Fall außerordentlich kritisch zu durchleuchten sind. So gesehen kann die Existenz eines Bankenpools tatsächlich ein *Indiz* für eine *ernsthafte Sanierung* sein.

b) Gläubigergefährdung

Während die Konkursverschleppung in erster Linie an die Kreditgewährung anknüpft, steht bei der Gläubigergefährdung die Besicherung im Vordergrund. Diese Fallgruppe liegt vor, wenn Umfang und Undurchsichtigkeit der Sicherheiten die Gefahr mit sich bringen, daß andere Kreditgeber zu Schaden kommen[119]. Da jede Sicherungsübertragung die Interessen Dritter potentiell gefährdet, ist in objektiver Hinsicht die besonders naheliegende Möglichkeit der Täuschung und Schädigung anderer Gläubiger zu fordern[120].

Das Merkmal der Undurchsichtigkeit stellt praktisch nur klar, daß bei offenkundigen Sicherheiten eine Schädigung dritter Gläubiger nicht besonders naheliegt[121]. Der Umfang der Sicherheiten reicht für die Annahme eines Sittenverstoßes bereits objektiv nicht aus, wenn genügend freies Vermögen für die Besicherung weiterer benötigter Kredite verbleibt[122]. Viele Poolverträge

---

[117] Als solche kommen praktisch nur Sicherheiten am Umlaufvermögen in Betracht.

[118] Es soll nicht verkannt werden, daß unterschiedliche Beweggründe für den Poolbeitritt vorliegen können. Man wird einer einzelnen Bank aber kaum nachweisen können, sie habe nur um eigener Vorteile willen den Konkurs hinausgeschoben, wenn bei den anderen Partnern entsprechende Vorteile ausscheiden und folglich auch andere Erwägungen das Verhalten erklären können.

[119] *Serick* III, S. 40, 63 ff.; *Soergel/Hönn,* § 826 Rdn. 159; BGH NJW 1970, S. 657, 659; RGZ 136, S. 247, 254. Teilweise wird eingewandt, daß die Gläubigergefährdung tatbestandlich zu wenig umrissen sei; vgl. *Canaris,* Bankvertragsrecht, Rdn. 132.

[120] *Serick* III, S. 64 f. gegen BGHZ 10, S. 228, 233 f., wonach bei weniger naheliegenden Schädigungen Beweggrund und Zweck bedeutsamer sind; zust. *Soergel/Hefermehl,* § 138 Rdn. 171.

[121] Vgl. *Serick* III, S. 66; *M. Obermüller,* Die Bank im Konkurs, Rdn. 720.

beinhalten aber recht umfassende Sicherheitenabsprachen, in die auch neu bestellte publizitätslose Mobiliarsicherheiten einbezogen werden, so daß eine Gläubigergefährdung häufig nicht bereits aus diesen Gründen ausgeschlossen werden kann.

Selbst wenn objektiv die Möglichkeit einer Gläubigergefährdung besteht, ist erst bei Hinzutreten besonderer Umstände ein Sittenverstoß anzunehmen[123]. Stets sind die Beweggründe der Beteiligten und die verfolgten Zwecke zu würdigen[124]. Kennzeichnend für die Sittenwidrigkeit ist auch in dieser Fallgruppe, daß die Belange anderer Personen in rücksichtsloser Weise beiseite gedrängt werden[125].

Bei einem Pool dürfte die Hereinnahme neuer Sicherheiten regelmäßig nicht als Sittenverstoß einzuschätzen sein, wenn der Wert der Neusicherheiten nicht außer Verhältnis zu einer gleichzeitigen Erhöhung der Kreditlinien steht[126]. Schon im Interesse der Einleger kann es den Banken nicht zugemutet werden, bei einer Sanierung zusätzliche Kreditrisiken einzugehen.

Aber auch die nachträgliche Besicherung früher eingeräumter Kredite ist nicht ohne weiteres zu beanstanden[127]. Dies gilt insbesondere, wenn die Banken mit dem Offenhalten der Kreditlinien auch eigene Risiken eingehen, die durch die Sicherheiten nicht beseitigt, sondern nur gemindert werden[128]. Sicherlich bestehen erhebliche Schwierigkeiten, die hypothetische Konkursquote festzustellen und die Sicherung auf dieses Maß zu beschränken[129]. Das mit der Stundung verbundene Eigenrisiko muß deshalb aber nicht außer Betracht bleiben[130]. Nicht jede Gewinnchance einer nachträglichen Besicherung[131] ist als Sittenverstoß zu werten. Jedenfalls solange kein auffälliges Mißverhältnis

---

122 *Serick* III, S. 65; *Soergel/Hefermehl,* § 138 Rdn. 171. Andererseits kann § 826 BGB entgegen Barkhausen, NJW 1955, S. 417 nicht durch § 419 BGB ausgeschlossen werden.

123 *Soergel/Hönn,* § 826 Rdn. 155.

124 *Serick* III, S. 69ff. gegen BGHZ 10, S. 228, 233; *Soergel/Hefermehl,* § 138 Rdn. 171; BGB-RGRK/*Krüger-Nieland/Zöller,* § 138 Rdn. 163.

125 *Soergel/Hönn,* § 826, Rdn. 159.

126 Für die Feststellung einer „relativen Übersicherung" ist nach den allgemeinen Bewertungsgrundsätzen zu verfahren.

127 *M. Obermüller,* Die Bank im Konkurs, Rdn. 701, 717ff. mwN.; *ders.,* ZIP 1981, S. 352, 355ff.; *Soergel/Hönn,* § 826 Rdn. 155; *Canaris,* Bankvertragsrecht, Rdn. 132; vgl. auch die Gesamtwürdigung bei OLG Köln, WM 1986, S. 452 = WuBIF5. — 1.87 mit Anm. *Fischer/Zotz.*

128 Vgl. das Beispiel bei *Serick* III, S. 71.

129 *Koller,* JZ 1985, S. 1023, der die nachträgliche Besicherung im Kern als wucherähnliches Problem zu Lasten der anderen Gläubiger ansieht; kritisch hierzu *Canaris,* Bankvertragsrecht, Rdn. 132.

130 So aber wohl *Koller* JZ 1985, S. 1023.

131 Durch Steigerung des aktuellen Werts der Forderung in Richtung ihres Nominalwerts, der bei voller Sicherung erreicht wird; vgl. *Koller,* JZ 1985, S. 1023. Zum Einfluß der Besicherung auf die Einzelwertberichtigung siehe auch *H. Müller,* Die Bank 1984, S. 529.

zwischen dem Forderungswert zur Zeit der Besicherung und dem Sicherheitenwert besteht, die bloße Chance sich also nicht zu einer konkreten Gewinnerwartung verdichtet hat, sollte man den Banken allein deshalb kein sittenwidriges Verhalten vorwerfen[132]. So verstößt es auch nach der Rechtsprechung in der Regel nicht gegen die guten Sitten, wenn sich ein Gläubiger nachträglich Sicherheiten für einen gewährten Kredit geben läßt[133]. Dennoch sind gewisse Unsicherheiten zu verzeichnen und wohl auch nicht zu vermeiden, da sich das Ergebnis einer „umfassenden Gesamtwürdigung" kaum zuverlässig vorhersagen läßt.

Auch in dieser Fallgruppe kann für die Frage der Sittenwidrigkeit letztlich entscheidend sein, ob zuvor die Lage des Unternehmens geprüft und die Entschließung vom Ergebnis dieser Prüfung abhängig gemacht wurde[134]. Gerade bei einer nachträglichen Besicherung in der Krise des Schuldners kommt daher den Erfolgsaussichten geplanter Sanierungsmaßnahmen erhebliche Bedeutung zu. Hinsichtlich der Prüfungspflicht kann insofern auf die Erörterungen im Rahmen der Konkursverschleppung verwiesen werden.

B. Vermögensübernahme, § 419 BGB

I. Anwendbarkeit des § 419 BGB auf Sicherungsverträge

Nach § 419 BGB haftet jemand, der das Vermögen eines anderen durch Vertrag übernimmt, den Gläubigern des Veräußerers mit dem übernommenen Vermögen. Diese Vorschrift kann für den Bankenpool nur Bedeutung erlangen, wenn sie auf Sicherungsverträge anwendbar ist. Übernahme i. S. von § 419 BGB ist gleichbedeutend mit Rechtsübergang durch Übereignung oder Abtretung[135]. Die Bestellung von Grundpfandrechten und anderen Sicherungsrechten genügt daher nicht[136].

---

[132] Wenn hier in Anlehnung an § 138 Abs. 2 BGB formuliert wird, soll damit nicht der Ansatz von *Koller* aaO. übernommen werden. Die Wortwahl verdeutlicht nur, daß auch bei der Betonung wucherähnlicher Elemente das Eigenrisiko der Banken in die Würdigung einfließen kann. Bei der Bewertung von Forderungen und Sicherheiten ist ein weiter Beurteilungsspielraum anzuerkennen.

[133] BGH NJW 1964, S. 671, 673.

[134] Vgl. BGH NJW 1955, S. 1272, 1273f. = LM § 138 (Bb) BGB Nr.4. Mißverständlich ist es, wenn *Koller* (JZ 1985, S. 1023) die Entscheidung dafür heranzieht, daß der BGH die Sittenwidrigkeit der nachträglichen Besicherung „nur" von der Erkennbarkeit des Zusammenbruchs und der Unzulänglichkeit des freien Vermögens abhängig macht. Auch dieses Urteil enthält eine „umfasssende Gesamtwürdigung". Ob man die einzelnen Gesichtspunkte (vor allem die wirtschaftliche Abhängigkeit; kritisch *Barkhausen*, NJW 1955, S. 1272) für besonders geeignet hält, steht auf einem anderen Blatt.

[135] BGHZ 54, S. 101, 103; MünchKomm/*Möschel*, § 419 Rdn. 25; *Palandt/Heinrichs*, § 419 Anm.3a.

[136] MünchKomm/*Möschel*, § 419 Rdn. 25f. mwN.

Aber auch die Behandlung von Sicherungsübertragungen ist streitig. Eine Ansicht betont die formelle Vollrechts-Inhaberschaft des Sicherungsnehmers und wendet § 419 BGB an[137]. Diese Auffassung ist jedoch auf Kritik gestoßen[138]. Dabei wird insbesondere darauf hingewiesen, daß der Sicherungsnehmer das Vermögen nicht auf Dauer entzieht[139]. Die Sicherungsübertragung sei im Ergebnis wie eine Verpfändung zu behandeln[140].

Der Bundesgerichtshof hat Eckdaten gesetzt[141], die Frage in seinen neueren Entscheidungen aber nicht abschließend beurteilt. Er hielt § 419 BGB zwar in einem Fall für anwendbar, in dem der Rückübertragungsanspruch der Schuldnerin von vorneherein ausgeschlossen war und die Sicherungsübereignung damit zur endgültigen Vermögensübertragung führte[142]. Dagegen wurde in einer neueren Entscheidung eine Vermögensübernahme abgelehnt, weil wegen einer Veräußerungsermächtigung nicht einmal der Bestand des Wertes des Sicherungsgutes gewährleistet war[143]. Den Entscheidungsgründen dürfte insgesamt die Tendenz zu einer restriktiven Auslegung zu entnehmen sein[144].

Zu Recht wird hervorgehoben, daß § 419 BGB auf endgültige Vermögensübertragungen zugeschnitten ist[145]. Für den Regelfall einer Sicherungsübertragung, die dem Sicherungsnehmer nur zur Sicherung seiner Forderung dient und ihm nicht von vorneherein die Verwertungsbefugnis einräumt, sollte § 419 BGB

---

137 Z. B. *Palandt/Heinrichs,* § 419 Anm. 3a; im Ergebnis ebenso *Arens/Lüke,* JuS 1984, S. 267; *Bülow,* Rdn. 887ff.; weitere Nachweise in BGHZ 80, S. 296, 299 = NJW 1981, S. 1835.

138 Vgl. z. B. MünchKomm/*Möschel,* § 419 Rdn. 28; *Paulus,* ZZP 64 (1950/51), S. 169, 185ff., 199; *Serick* III, S. 167ff.; *Wilke,* NJW 1975, S. 2098f.; *Lambsdorff/Lewental,* NJW 1977, S. 1857; *M. Obermüller,* Die Bank im Konkurs, Rdn. 706; *Liebich/Mathews,* S. 148; *Schwab,* S. 156; *Medicus,* Rdn. 524; OLG Düsseldorf WM 1985, S. 1182 = WuB IV A. § 419 BGB 3.85 *(M. Obermüller)*; zweifelnd auch *W. Obermüller,* BuB, Rdn. 4/130; *Rimmelspacher,* Rdn. 540.

139 MünchKomm/*Möschel,* § 419 Rdn. 28.

140 Vgl. *Serick* III, S. 167. Zu den Auswirkungen der verschiedenen Lösungsansätze hinsichtlich § 771 ZPO bzw. § 805 ZPO siehe MünchKomm/*Möschel,* § 419 Rdn. 28 mwN.

141 Vgl. *Gernhuber,* JuS 1988, S. 362 mwN.

142 BGHZ 80, S. 296, 300f. = NJW 1981, S. 1835, 1836; nach *Arens/Lüke,* JuS 1984, S. 267 wich die Vereinbarung hier so erheblich vom Normaltyp der Sicherungsübereignung (i. e. S.) ab, daß sie eher als Vereinbarung einer Leistung erfüllungshalber auszulegen sei. In der Entscheidung blieb dahingestellt, ob ein Darlehen als Entgelt oder Gegenleistung berücksichtigt werden kann; nach *Serick* III, S. 178, ist dies keinesfalls möglich.

143 BGH NJW 1986, S. 1985, 1987f. = WuB I F.5 Sicherungsübereignung 1.86 *(Möschel)*. Auch in BGH WM 1986, S. 978 = WuB IV A. § 419 BGB 2.86 *(Weber)* wurde eine generelle Aussage vermieden: Die Streitfrage brauchte (entgegen der Ansicht des Berufungsgerichts; vgl. OLG Düsseldorf, oben Fn.138) mangels Kenntnis des Erwerbers nicht entschieden zu werden.

144 Vgl. a. MünchKomm/*Möschel,* § 419 Rdn. 4, 28.

145 BGHZ 80, S. 296, 301 = NJW 1981, S. 1835, 1936; auch in BGH NJW 1986, S. 1985, S. 1988 wird vornehmlich auf dieses Kriterium abgestellt.

überhaupt unanwendbar sein[146]. Solange die Frage nicht endgültig entschieden ist, muß die Vorschrift vorsorglich bedacht werden. Den weiteren Ausführungen liegt daher die entgegengesetzte Auffassung zugrunde, daß Sicherungsverträge unter § 419 BGB fallen können.

II. Vermögensübertragung durch mehrere Rechtsgeschäfte

Vermögen i. S. d. § 419 BGB ist das Aktivvermögen; die Übertragung von Sachgesamtheiten oder sogar von einzelnen Gegenständen genügt, wenn diese nahezu das gesamte Vermögen des Schuldners ausmachen[147]. In einen Poolvertrag können mehrere Sicherheiten einbezogen sein, die u.U. sogar verschiedenen Sicherungsnehmern zustehen. Damit stellt sich die Frage, ob trotz rechtlich selbständiger Verträge eine einheitliche Vermögensübertragung vorliegt, wenn die Sicherheiten in ihrer Gesamtheit nahezu das gesamte freie Vermögen umfassen.

Es ist anerkannt, daß ein Vertrag i. S. d. § 419 BGB auch aus einer Mehrheit von Verträgen bestehen kann, wenn zwischen diesen ein enger zeitlicher und sachlicher (wirtschaftlicher) Zusammenhang besteht[148] bzw. die mehreren Vorgänge eine bewußte Zweckeinheit bilden[149]. Bei verschiedenen Sicherungsnehmern ist § 419 BGB entsprechend anwendbar, wenn man — wirtschaftlich gesehen — von einer gleichzeitigen Sicherungsübertragung sprechen kann[150]. Teilweise wird die Haftung auf diejenigen Fälle beschränkt, in denen die Übernehmer untereinander rechtlich verbunden sind[151].

Die rechtliche Verbundenheit folgt beim Bankenpool aus der Einordnung als BGB-Gesellschaft. Durch den Poolvertrag wird bewußt eine gemeinschaftliche Besicherung und damit ein wirtschaftlicher Zusammenhang zwischen den einzelnen Sicherheiten herbeigeführt. Die Anwendung des § 419 BGB hängt daher nicht davon ab, ob alle Sicherheiten in einer Hand zusammengefaßt werden oder verschiedene Sicherungsnehmer vorhanden sind.

Jedenfalls zwischen denjenigen Sicherheiten, die anläßlich des Poolvertrages neu bestellt werden, besteht auch der erforderliche enge zeitliche und sachliche Zusammenhang. War die Einbeziehung in einen Pool von vorneherein vorgesehen, so handelt es sich um eine einheitliche Vermögensübertragung, selbst wenn die einzelnen Vermögensstücke nicht gleichzeitig übergehen.

---

[146] Ausdrücklich offengelassen von BGH NJW 1986, S. 1985, 1987f.

[147] Vgl. *Palandt/Heinrichs,* 419 Anm. 2a.

[148] BGHZ 93, S. 135, 138 = NJW 1985, S. 1331 mwN.; *Palandt/Heinrichs,* § 419 Anm. 3c; *Jauernig/Stürner,* § 419 Anm. 3c; *Serick* III, S. 178; *Baumbach/Duden/Hopt,* § 25 Anm. 3C.

[149] MünchKomm/*Möschel,* § 419 Rdn. 35; BGH NJW 1986, S. 1985, 1987.

[150] *Serick* III, S. 188.

[151] *Lambsdorff/Lewental,* NJW 1977, S. 1857.

Fraglich ist jedoch, ob auch solche Sicherungsverträge, die einzelne Banken zunächst zu ihrer individuellen Besicherung abgeschlossen hatten, zu einer einheitlichen Vermögensübernahme führen können. Zunächst ist der Gesichtspunkt eines engen zeitlichen Zusammenhangs problematisch. Wie lange muß die Sicherungsübertragung zurückliegen, um unberücksichtigt zu bleiben? Die Nennung einer Zeitgrenze hätte eher willkürlichen Charakter. Dieses Unbehagen deckt sich mit der Forderung, daß bei einem engeren wirtschaftlichen Zusammenhang an den zeitlichen Zusammenhang keine allzu strengen Maßstäbe angelegt werden dürfen[152]. Eine unterschiedliche Behandlung der Alt-Sicherheiten ist nicht sachgerecht. Die Unschärfe des zeitlichen Erfordernisses lenkt den Blick auf den wirtschaftlichen Zusammenhang. Ist dieser so eng, daß aufgrund der späteren Einbeziehung in den Pool von einer einheitlichen Vermögensübernahme gesprochen werden kann?

Teilweise wird eine einheitliche Vermögensübernahme für den Fall einer nicht von vorneherein geplanten sukzessiven Sicherungsübertragung angenommen, wenn ein anfänglich gewährter gesicherter Kredit nach und nach ausgedehnt und weiter gesichert wird, bis zum Schluß das ganze Vermögen sicherungshalber übertragen ist[153]. Es ist jedoch zweifelhaft, ob dieser Sachverhalt mit der Pool-Situation vergleichbar ist, da dort der Sicherungszweck nachträglich auf rechtlich getrennte Kreditforderungen erweitert wird. Es fehlt ein einheitlicher Darlehensvertrag als Anknüpfungspunkt, der einen ähnlich engen Zusammenhang vermitteln könnte.

Sinn der Zusammenfassung mehrerer Einzelübertragungen zu einem Vertrag i. S. d. § 419 BGB ist es, eine Umgehung der Vorschrift durch Aufgliederung der — einheitlichen — Vermögensübernahme in mehrere Einzelakte zu verhindern[154]. War bei Hereinnahme der Alt-Sicherheit deren spätere Einbeziehung in einen Pool nicht absehbar, kann eine Umgehung kaum unterstellt werden, weil zu diesem Zeitpunkt die Alternative einer Gesamtvermögensübertragung durch ein Rechtsgeschäft — nur zur individuellen Besicherung — nicht ohne weiteres in Betracht kam.

Die nachträgliche Herstellung des wirtschaftlichen Zusammenhangs durch einen Poolvertrag sollte daher nicht zur Annahme einer einheitlichen Vermögensübertragung führen. Zu diesem Ergebnis kommt man auch, wenn man für die Haftung aus § 419 BGB voraussetzt, daß der Veräußerer von Anfang an die Absicht hatte, sein gesamtes Vermögen zu übertragen[155]. Mit Alt-Sicherheiten,

---

[152] *Serick* III, S. 178.

[153] *Serick* III, S. 178, 186f. mwN.

[154] BGHZ 71, S. 306, 307 = NJW 1978, S. 1520, 1521.

[155] So. z. B. *Lambsdorff/Lewental,* NJW 1977, S. 1857. Ähnlich auch MünchKomm/*Möschel,* § 419 Rdn. 35, wonach ein einzelner Erwerbsakt, bei dem eine Zweckeinheit noch nicht bestand, späteren Übertragungsakten nicht zugerechnet werden kann. In BGHZ 55, S. 111, 114 blieb offen, ob sich der Vertragspartner schon zur Zeit des früheren Vertragsschlusses im klaren sein muß, daß es zu weiteren, in der Gesamtheit eine Vermögensübernahme darstellenden Verträgen kommen werde.

die selbst noch nicht den Tatbestand des § 419 BGB erfüllt hatten, haften deren Erwerber auch nicht aufgrund der späteren Poolung wegen Vermögensübernahme[156].

III. Der Wertvergleich

Ob die anläßlich des Poolvertrages geschlossenen Sicherungsübereignungs- und Zessionsverträge nahezu das gesamte Vermögen erfassen, ist durch einen Wertvergleich zwischen übertragenen und verbliebenen Vermögensbestandteilen zu ermitteln; Belastungen sind jeweils zu berücksichtigen[157]. Hier können Grundschulden und andere Pool-Sicherheiten, die selbst als Gegenstand einer Vermögensübernahme ausscheiden, relevant werden, weil die Zugriffsmöglichkeiten anderer Gläubiger entsprechend geschmälert werden.

Bewertungsstichtag ist eigentlich der Zeitpunkt der Vermögensübernahme[158], wobei grundsätzlich auf den Abschluß des schuldrechtlichen Vertrages abzustellen ist[159]. Jedoch sollte das Ergebnis nicht von der mitunter zufälligen Reihenfolge des Erwerbs neuer Poolsicherheiten abhängen. Selbst wenn etwa die Eintragung einer Grundschuld erst nach Abschluß des Poolvertrages oder gar nach dem Vollzug der letzten Teilübertragung vorgenommen, beantragt[160] oder bewilligt wird, ist hier ebenfalls der enge Zusammenhang bzw. die Zweckeinheit der Sicherheiten zu berücksichtigen. Auch später entstandene Sicherungsrechte, deren Einbeziehung in einen Pool von vorneherein vorgesehen war, sind daher als Belastungen vom Wert der verbliebenen Gegenstände abzusetzen.

Der oder die Erwerber müssen Kenntnis vom Gesamtvermögenscharakter der übernommenen Gegenstände haben[161]. Dafür genügt die Kenntnis der Tatsachen, aus denen sich dies ergibt[162]. Die beteiligten Banken wissen regelmäßig über die Vermögensverhältnisse des Schuldners Bescheid, so daß sie unschwer beurteilen können, ob die im Poolvertrag bezeichneten Neu-Sicherheiten nahezu dessen gesamtes Vermögen umfassen.

---

[156] Bei anderer Wertung würde sich der Umfang der Haftung im einzelnen nach dem Zeitpunkt bestimmen, in dem der Gläubiger seine Forderung erworben hat; vgl. *Serick* III, S. 186f. Je länger die früheren Übertragungen zurückliegen, desto weniger wahrscheinlich wäre danach ein Zugriff auf die Alt-Sicherheiten.

[157] Vgl. MünchKomm/*Möschel,* § 419 Rdn. 13ff.; *Palandt/Heinrichs,* § 419 Anm. 2b.

[158] BGHZ 66, S. 217, 223 = NJW 1976, S. 1398, 1400; MünchKomm/*Möschel* § 419, Rdn. 13; *Palandt/Heinrichs,* § 419 Anm. 2b.

[159] BGH NJW 1987, S. 2863, 2865.

[160] Die Stellung des Antrags (auf Eigentumsumschreibung bzw. Eintragung einer Auflassungsvormerkung) ist z. B. für die Kenntnis beim Erwerb von Grundstücken der entscheidende Zeitpunkt; vgl. MünchKomm/*Möschel,* § 419 Rdn. 10.

[161] BGHZ 93, S. 135, 140 = NJW 1985, S. 1331, 1332; BGH NJW 1986, S. 1985, 1987; siehe dort auch zum maßgeblichen Zeitpunkt für Kenntnis, Haftungsbeginn und Haftungsumfang.

[162] *Palandt/Heinrichs,* § 419 Anm. 2c; MünchKomm/*Möschel,* § 419 Rdn. 9.

IV. Das Vorwegbefriedigungsrecht

Liegt im konkreten Fall eine Vermögensübernahme vor, so ist die praktische Bedeutung des § 419 BGB dennoch gering. Die Haftung erstreckt sich nur auf diejenigen Forderungen anderer Gläubiger, die bis zur Vollendung des dinglichen Rechtserwerbs entstanden sind[163]. Außerdem kann sie gegenständlich auf das übernommene Vermögen beschränkt werden, § 419 Abs. 2 BGB.

Eine besonders starke Einschränkung der Haftung folgt aus dem Vorwegbefriedigungsrecht des Übernehmers. Aus §§ 419 Abs. 2 S. 2, 1991 Abs. 1 u. 2 BGB ergibt sich, daß auch eigene Forderungen aus dem Sicherungsgut befriedigt werden können; grundsätzlich gilt das Präventionsprinzip[164]. Nach § 1991 Abs. 3 BGB wirkt ein rechtskräftiges Urteil eines Gläubigers wie dessen Befriedigung. Da der Sicherungsnehmer sich nicht selbst nach Maßgabe des § 419 BGB verklagen kann, soll er nach herrschender Meinung ohne weiteres einem titulierten Gläubiger gleichstehen[165].

Das Vorwegbefriedigungsrecht steht beim Bankenpool jedenfalls der jeweiligen Treuhänder-Bank hinsichtlich ihrer eigenen Forderungen zu. Die Besonderheiten der Sicherungsabrede sprechen jedoch dafür, daß der Übernehmer das Sicherungsgut auch insoweit zurückbehalten darf, als es zur Befriedigung der anderen Poolpartner benötigt wird. Im Verhältnis zueinander haben die Banken auf eine individuelle Besicherung zugunsten einer Quotenregelung verzichtet und damit das Präventionsprinzip ausgeschlossen. Hinsichtlich der Sicherheiten können die Banken nur anteilige Auskehrung des Erlöses verlangen, sofern eine — regelmäßig einvernehmlich zu beschließende — Verwertung erfolgt. Der Geltendmachung von weitergehenden Ansprüchen[166] steht die Treuhandvereinbarung entgegen. Da die anderen Poolpartner somit gestützt auf § 419 BGB kein Urteil auf Befriedigung aus dem Sicherungsgut erhalten können, ist der Gedanke des § 1991 Abs. 3 BGB auf sie ebenfalls entsprechend anwendbar.

Das Vorwegbefriedigungsrecht ist nach herrschender Meinung auf die gesicherten Forderungen beschränkt, die bereits vor der Vermögensübernahme entstanden waren[167].

---

[163] BGH NJW 1986, S. 1985, 1987; BGHZ 66, S. 217, 225f. = NJW 1976, S. 1398, 1401; zu den Einzelheiten bei sukzessiver Sicherungsübertragung siehe *Serick* III, S. 186f. Bei antizipierter Sicherungsübereignung bleiben Neuzugänge außer Betracht; vgl. *Serick* III, S. 182f.; MünchKomm/*Möschel,* § 419 Rdn. 41.

[164] *Serick* III, S. 189; MünchKomm/*Möschel,* § 419 Rdn. 46.

[165] Siehe nur MünchKomm/*Möschel,* Rdn. 46 mwN.; *Palandt/Heinrichs,* § 419 Anm. 4c; Serick III, S. 189f.; *Medicus,* Rdn. 524; *Harms,* S. 199. Vgl. auch LAG Hamm, ZIP 1987, S. 91, 101; der Fall war insofern unproblematisch, als bereits die Forderungen der Treuhänder-Poolbank den Verwertungserlös überstiegen.

[166] Auf Erfüllung oder Duldung der Zwangsvollstreckung; vgl. MünchKomm/*Möschel,* § 419 Rdn. 51f.

[167] MünchKomm/*Möschel,* § 419 Rdn. 47; *Serick* III, S. 190ff.; *Bülow,* Rdn. 892; *Palandt/Heinrichs,* § 419 Anm. 4c (dem Rechtsgrund nach angelegte Ansprüche); a.A.: *Rimmelspacher,* Rdn. 538; zweifelnd auch *Medicus,* Rdn. 524.

Soweit im Poolvertrag bereits bestehende und zur Zeit der Vermögensübernahme auch tatsächlich in Anspruch genommene Kreditlinien festgeschrieben werden, läuft die Haftung aus § 419 BGB daher leer, wenn diese Kredite den Wert der nachträglich übertragenen Sicherheiten ausschöpfen. Bei Kontokorrentkrediten ist § 356 HGB entsprechend anwendbar[168]. Nach der Rechtsprechung müßte dann auch hier bei vorübergehenden Rückführungen der jeweils niedrigste Saldo (im technischen Sinne, nicht der Stand der Tagesauszüge) unabhängig davon maßgeblich sein, inwieweit die bei der Vermögensübernahme bestehenden Forderungen noch in dem später anerkannten Saldo enthalten sind[169].

Im Falle der Erhöhung von Kreditlinien gilt vorsorglich die Empfehlung, zunächst die Forderungen zu begründen und dann erst das Vermögen zu übernehmen[170].

C. Geschäfts- und Firmenfortführung, § 25 HGB

Neben § 419 BGB werden oft die §§ 25 HGB und 613a BGB als Vorschriften genannt, die eine freie Sanierung unter Umständen erschweren können. Dabei geht es um die Befürchtung, daß die Veräußerung eines Unternehmens, Betriebes oder Betriebsteiles im Rahmen eines Sanierungskonzepts scheitert, weil potentielle Erwerber vor den Folgen dieser Rechtsnormen zurückschrecken[171]. Diese Erwägungen zur Realisierbarkeit einer „übertragenden Sanierung" sind bedeutsam für die Beurteilung der Erfolgsaussichten, wenn sich Banken zum Versuch einer gemeinsamen Krisenbewältigung entschließen. Den Bankenpool unmittelbar berührt die nachstehend erörterte Frage, ob die Kreditinstitute selbst mit der Durchführung des Poolvertrages die Voraussetzungen der §§ 25 HGB, 613a BGB erfüllen.

§ 25 Abs. 1 S. 1 HGB erfordert den Erwerb eines Handelsgeschäfts[172]. Können auch die in den Poolvertrag einbezogenen Sicherungsverträge die Haftungsfolgen auslösen? Erwerb im Sinne dieser Norm ist jede Unternehmens-

---

[168] Siehe *Harms,* S. 199.

[169] Vgl. BGHZ 50, S. 277, 283f.; s.a. BGHZ 70, S. 256, 261 (§§ 366, 367 BGB unanwendbar); gegen eine solche Interpretation des § 356 HGB: *Canaris,* in: Großkommm-HGB (3. Aufl.), § 356, Anm. 6ff., 16ff.; *K. Schmidt,* Handelsrecht, S. 559ff.; *Hopt/Mössle,* Rdn. 595.

[170] Vgl. den entsprechenden kautelarjuristischen Rat von *Serick* III, S. 193; auch *Arens/Lüke,* JuS 1984, S. 266 weisen auf die Verringerung wirtschaftlicher Schwierigkeiten durch entsprechende vertragliche Ausgestaltung hin.

[171] Vgl. *Schröter/Weber,* ZIP 1982, S. 1028; *Heinsius,* in: Birk/Kreuzer, S. 151 (zu § 613a BGB); *K. Schmidt,* Gutachten, D 110f., 134 ist gegen eine Aufweichung der §§ 419, 613a BGB, 25 HGB für den Zweck sanierender Unternehmensübertragungen.

[172] Nach h.M. sind nur Vollkaufleute gemeint; *Baumbach/Duden/Hopt,* § 25 Anm. 1 Ba mwN. *K. Schmidt,* Handelsrecht, S. 213, wendet § 25 HGB analog auf alle anderen Unternehmensträger an.

übertragung oder -überlassung; es muß nicht unbedingt Kauf zugrundeliegen[173]. Die Rechtsgründe können verschiedenster Art sein, wobei gleichgültig ist, ob der Erwerb auf Zeit oder endgültig erfolgt[174]. Entscheidend ist allein, daß der *Unternehmensträger wechselt*[175].

Davon kann indes bei den üblichen Sicherungsverträgen nicht die Rede sein. Der bisherige Unternehmensträger ist als subjektive privatautonome Einheit nach wie vor für die Festlegung der Unternehmensziele zuständig[176]. Auch wenn nahezu das gesamte Aktivvermögen sicherungshalber übertragen wird, betreibt der Sicherungsgeber das Unternehmen weiterhin im eigenen Namen und trägt das unmittelbare Risiko der laufenden Geschäfte[177]. So ist die Sicherungsübereignung von Gegenständen des Anlagevermögens regelmäßig mit einer Nutzungsbefugnis verbunden; Sicherungsübertragungen des Umlaufvermögens enthalten die Ermächtigung zur Veräußerung bzw. Einziehung im eigenen Namen.

Auf typische Sicherungsübertragungen ist § 25 HGB daher unanwendbar[178]. Daran ändert auch die Einbeziehung in einen Pool nichts, da die üblichen Vertragsbestimmungen die Stellung des Unternehmensträgers nicht berühren.

Etwas anderes könnte allenfalls für atypische Gestaltungen gelten. Es soll vorgekommen sein, daß Gläubigerpools, in die alle Vermögenswerte des Schuldners eingebracht wurden, die gesamte Produktion unter ihrer Leitung weitergeführt haben[179]. Mangels Kenntnis von den Absprachen, die in den angesprochenen Fällen zugrundelagen, läßt sich zwar nicht von vorneherein ausschließen, daß die Vereinbarungen in Ausnahmefällen tatsächlich zu einem Wechsel des Unternehmensträgers geführt haben. Zu bedenken ist jedoch, daß der Erwerb im wirtschaftlichen Sinne nicht genügt: Wer ein Handelsgeschäft in

---

173 Vgl. *Baumbach/Duden/Hopt*, § 25 Anm.1 C; *K. Schmidt*, Handelsrecht, S. 213f.

174 *Schlegelberger/Hildebrandt/Steckhan*, § 25 Rdn. 5; *Hüffer*, in: Großkomm/HGB, § 25 Rdn. 38.

175 BGH NJW 1982, S. 1647 m.Anm. *K. Schmidt;* vgl.a. BGH NJW 1984, S. 1186, 1187 m.Anm. *K. Schmidt; K. Schmidt*, Handelsrecht, S. 213; *ders.*, ZHR 151 (1987), S. 316.

176 Vgl. *Rittner*, Wirtschaftsrecht, § 7 Rdn. 10 (zum Begriff des Unternehmensträgers) sowie § 8 Rdn. 27ff. (zu den Unternehmenszielen).

177 Vgl. zu diesen Kriterien *Schlegelberger/Hildebrandt/Steckhan*, § 25 Rdn. 6.

178 So im Ergebnis auch *Serick* III, S. 179, der darauf hinweist, daß der Sicherungsnehmer im Verkehr nicht als nunmehriger Geschäfts- und Firmeninhaber angesehen werden will. Vgl. auch *Würdinger*, in: Großkomm-HGB (3. Aufl.), § 22 Anm. 30 zum Erwerb eines ganzen Warenlagers „namentlich" durch Sicherungsübereignung; der Unternehmenserwerb scheitert hier bereits daran, daß das Warenlager nicht den Kern des Unternehmens ausmacht.

179 Vgl. *Uhlenbruck/Obermüller*, S. 113f.; zip aktuell 048, ZIP 1980, S. A19; die dort beschriebene mißbräuchliche Gestaltung betrifft Gläubigerpools unter Beteiligung von Lieferanten und Banken. Aus dem Bericht ist nicht ersichtlich, ob der Pool oder — was eher zu vermuten ist — ein von diesem eingesetzter Treuhänder als Zurechnungssubjekt in Betracht kommt.

verdeckter Treuhänderschaft durch den bisherigen Inhaber weiterführen läßt, haftet grundsätzlich nicht für die Geschäftsschulden[180].

Selbst bei atypischen Sicherungsgeschäften bleibt es daher in aller Regel bei der materiellen Rechtszuständigkeit des Sicherungsgebers[181]. Eine Haftung nach § 25 Abs. 1 HGB scheidet dann aus.

D. Betriebsübergang, § 613a BGB

I. Geht ein Betrieb oder Betriebsteil durch Rechtsgeschäft auf einen anderen Inhaber über, so tritt dieser nach *§ 613a Abs. 1 S. 1 BGB* in die Rechte und Pflichten aus den bestehenden Arbeitsverhältnissen ein. Während § 25 Abs.1 HGB an den Wechsel des Unternehmensträgers anknüpft, ist hier der *Wechsel des Betriebsinhabers* erforderlich. Fraglich ist, ob ein Betriebsübergang auf einen als Sicherungsnehmer auftretenden Poolpartner in Betracht kommt[182].

Unter *Betrieb oder Betriebsteil* sind organisatorische Einheiten zur Verfolgung arbeitstechnischer Zwecke zu verstehen[183]. Generelle Regeln für die Abgrenzung zwischen der Veräußerung einzelner Wirtschaftsgüter und der Veräußerung eines Betriebes bzw. Betriebsteiles hat die Rechtsprechung bisher nicht entwickelt; sie hat § 613a BGB in einem Fall angenommen, in dem alle Maschinen und Einrichtungsgegenstände erworben wurden, obwohl das Betriebsgrundstück von der Vermögensübertragung ausgenommen blieb[184]. Allerdings beruhte die Veräußerung auf einem Kaufvertrag. Könnte auch die Sicherungsübertragung der entsprechenden Gegenstände zu einem Betriebsübergang führen?

Mit den Worten *„durch Rechtsgeschäft“* sollen lediglich die Fälle der Gesamtrechtsnachfolge abgegrenzt werden[185] Das Rechtsgeschäft kann in Verträgen aller Art bestehen[186].

II. Ein Betriebsübergang durch *Sicherungsverträge* ist daher nicht a priori ausgeschlossen, zumal auch mehrere Rechtsgeschäfte in ihrer Gesamtheit unter § 613a Abs. 1 S. 1 BGB fallen können[187]. Dennoch scheidet ein Wechsel des

---

[180] BGH NJW 1982, S. 1647, 1648; *Baumbach/Duden/Hopt,* § 25 Anm.1 C a („stiller Erwerb“).

[181] Vgl. *Serick* III, S. 180.

[182] Sofern der Pool — wie im Regelfall — als Innengesellschaft organisiert ist, kann allenfalls der jeweilige Treuhänder neuer Betriebsinhaber werden; so zutr. ArbG Siegen, ZIP 1985, S. 1048, 1069 sowie LAG Hamm, ZIP 1987, S. 91, 99, die die Frage letztlich offenlassen konnten.

[183] Vgl. MünchKomm/*Schaub,* § 613a Rdn. 22ff. (zu den teilweise abweichenden Definitionen des Betriebsteils s. aaO. Rdn. 24).

[184] BAG NJW 1976, S. 535.

[185] BAG NJW 1981, S. 2212, 2213; *Palandt/Thomas,* § 613a Anm. 2c.

[186] *Erman/Küchenhoff,* § 613a Rdn. 21.

Betriebsinhabers aufgrund der Ausgestaltung der üblichen Sicherungsgeschäfte aus.

Allein mit dem fiduziarischen Charakter der Rechtsgeschäfte läßt sich dies freilich noch nicht begründen: So hat das Bundesarbeitsgericht im Fall einer Übernahme durch eine Auffanggesellschaft ausgeführt, daß deren treuhänderische Bindung im Innenverhältnis nicht zu einer abweichenden Beurteilung führen könne[188]. Jedoch setzt diese Feststellung zunächst voraus, daß im Außenverhältnis überhaupt ein Betriebsinhaberwechsel stattgefunden hat. Im entschiedenen Fall wurde dies bejaht, denn die Auffanggesellschaft wickelte die Geschäfte mit den übernommenen Betriebsmitteln bei lediglich geänderten Unternehmenszielen ab; die Arbeitnehmer konnten die internen Beschränkungen des Erwerbers nicht kennen[189].

Betreibt hingegen der bisherige Inhaber den Betrieb aufgrund des fiduziarischen Rechtsverhältnisses im eigenen Namen weiter, so ist *kein Inhaberwechsel* eingetreten[190]. Insofern unterscheidet sich die Sicherungsübertragung, die ihr eigentliches Gepräge erst durch die Sicherungsabrede erhält[191], wesentlich von einer Auffanggesellschaft. Obwohl der Sicherungsnehmer Vollrechtsinhaber wird, tritt er nach außen nicht als Betriebserwerber auf, den die Arbeitnehmer als neuen Arbeitgeber betrachten dürfen. Die übereigneten Gegenstände können weiterhin vom Sicherungsgeber, der unmittelbarer Besitzer bleibt, genutzt werden[192]. Der Sicherungsnehmer hingegen ist nicht in der Lage, mit den übertragenen Produktionsmitteln zu arbeiten[193]. Selbst die Sicherungsübereignung des gesamten Anlagevermögens eines Unternehmens führt nicht zum Betriebsübergang im Sinne von § 613a BGB[194]. Die Vereinbarung von Sicherungsverträgen ist typischerweise nicht auf einen Wechsel des Betriebsinhabers gerichtet[195]. Davon scheint auch das Bundesarbeitsgericht stillschweigend

---

187 Sie müssen insgesamt auf den Übergang eines funktionsfähigen Betriebes oder Betriebsteiles ausgerichtet sein; vgl. BAG NJW 1986, S. 448, 449 (auf den Einklang mit der Rechtsprechung des BGH zu § 419 BGB wird ausdrücklich hingewiesen).

188 BAG NJW 1985, S. 1574, 1575.

189 Vgl. BAG NJW 1985, S. 1574, 1575.

190 Siehe MünchKomm/*Schaub,* § 613a Rdn. 27; *Soergel/Kraft,* § 613a Rdn. 13.

191 Vgl. *Serick* II, S. 75.

192 Siehe etwa ArbG Siegen, ZIP 1985, S. 1048, 1069, wo es ebenfalls schon an der tatsächlichen Inbesitznahme des Betriebes fehlte; vgl. auch LAG Hamm, ZIP 1987, S. 91, 99f.

193 Der Erwerber muß nicht Eigentümer werden; es genügt die Nutzungsberechtigung (wie etwa bei Pacht oder Nießbrauch); vgl. BAG NJW 1985, S. 1574, 1757; NJW 1979, S. 2634, 2635. Letztere ist aber zwingend erforderlich, so daß umgekehrt Eigentum ohne Nutzungsberechtigung nicht ausreicht (daher ist auch der Verpächter nicht Betriebsinhaber).

194 So zutr. *M. Obermüller,* WuB IV A. § 419 BGB 3.85.

195 An dieser Einschätzung ändert auch eine etwa durch Knebelung bedingte wirtschaftliche Abhängigkeit des Sicherungsnehmers nichts; vgl. ArbG Siegen, ZIP 1985, S. 1048, 1070.

auszugehen, wenn es den Erwerb von einem Sicherungseigentümer als Betriebsübergang durch Rechtsgeschäft mit einem Dritten ansieht[196].

Es mögen extreme Fälle denkbar sein, in denen ein Sicherungsnehmer oder Treuhänder die Stellung eines Betriebsinhabers einnimmt, etwa indem er die Produktion des nach einem Zusammenbruch des Schuldnerunternehmens ruhenden Betriebes wieder aufnimmt, den bisherigen Betriebsinhaber völlig ausschaltet oder ihm nur noch eine Nebenrolle zukommen läßt und selbst in letzter Instanz über das Ob und Wie des Produktionsablaufes entscheidet[197]. Darunter fällt aber noch nicht die Durchführung von weitreichenden Kontrollmaßnahmen, die sich bei der Ausübung des Verwertungsrechts als notwendig erweisen. Erforderlich ist vielmehr, daß der eingesetzte Treuhänder nicht nur die Sicherungsinteressen der Kreditgeber wahrnimmt und dadurch mittelbar die Betriebsführung beeinflußt, sondern selbst die betriebliche Leitungskompetenz des bisherigen Betriebsinhabers innehat[198].

§ 613 a BGB ist regelmäßig weder bei der Übertragung noch bei einer etwaigen späteren Verwertung von Poolsicherheiten einschlägig.

E. Anfechtbarkeit der Sicherung, §§ 30, 31 KO bzw. § 3 AnfG

I. Voraussetzungen und Rechtsfolgen der Anfechtung

1. Gläubigerbenachteiligende Rechtshandlungen

Eine Anfechtung nach §§ 29ff. KO bzw. §§ 1ff. AnfG setzt eine Rechtshandlung voraus, die objektiv eine Gläubigerbenachteiligung zur Folge hat[199]. Bei der Besicherung der Poolbanken ist zwischen der Bestellung neuer Sicherheiten und der Einbeziehung bereits bestehender Sicherheiten zu unterscheiden.

Soweit zu einem früheren Zeitpunkt einwandfrei gewährte Altsicherheiten nunmehr auch die Forderungen der anderen Poolpartner sichern sollen, stellt die Erweiterung des Sicherungszwecks die Rechtshandlung dar, an welche die

---

[196] BAG NJW 1986, S. 448. Freilich wies der entschiedene Fall einige Besonderheiten auf: Das Warenlager erwarb der neue Inhaber unmittelbar von der Bank, während die ebenfalls in deren Sicherungseigentum stehenden Produktionsmaschinen zunächst an weitere Personen veräußert und sodann vom neuen Inhaber geleast wurden; die zwangsverwalteten Betriebsgrundstücke schließlich wurden gepachtet.

[197] Siehe den vom ArbG Siegen, ZIP 1985, S. 1048, 1071 gebildeten Beispielsfall; vgl. auch *Gagel,* S. 32, der es angesichts der oben C. angesprochenen Mißbrauchsformen je nach Lage des Falles für möglich hält, daß der Pool zum Arbeitgeber wird.

[198] So zu Recht das ArbG Siegen, ZIP 1985, S. 1048, 1072. Die Anwendung dieser Grundsätze führte im konkreten Fall zur Ablehnung eines Betriebsübergangs, was auch durch das LAG Hamm, ZIP 1987, S. 91, 99f. unter zutreffender Würdigung des Verwertungsrechts bestätigt wurde.

[199] *Kilger,* KO § 29, Rdn. 8, 13; *Serick* III, S. 135, 321; *Kuhn/Uhlenbruck,* § 29 Rdn. 19; BGHZ 104, S. 355, 357.

Prüfung anzuknüpfen hat[200]. Eine Gläubigerbenachteiligung kommt hier nur dann in Betracht, wenn der Sicherungswert nicht schon durch die Forderungen der ursprünglich allein besicherten Bank ausgeschöpft ist[201]. Andernfalls bewirkt die Erweiterung des Sicherungszwecks nämlich nur eine Umverteilung von Werten, die dem Zugriff anderer Gläubiger bzw. der Konkursmasse ohnehin entzogen wären. Insofern besteht eine Parallele zum sogenannten Unter-Deckung-Nehmen von Forderungen[202], bei der die Abtretung bisher ungesicherter Forderungen der Anknüpfungspunkt ist: Auch in dieser Fallgruppe muß eine nicht voll valutierende Sicherheit existieren, die „aufgefüllt" werden soll[203].

Weitaus größere praktische Bedeutung können die Anfechtungsvorschriften erlangen, wenn einem Treuhänder eigens zum Zwecke der Poolung neue Sicherheiten bestellt werden. Die weiteren Ausführungen haben vornehmlich diese Neusicherheiten im Auge.

2. *Denkbare Anfechtungsgründe*

Anfechtbar sind Rechtshandlungen nur bei Vorliegen eines gesetzlich statuierten Anfechtungsgrundes. Für die hier in Rede stehende Besicherung von Krediten kommen mehrere Tatbestände in Betracht.

Die besondere Konkursanfechtung des § 30 KO hat außerhalb des Konkursverfahrens kein Gegenstück. Rechtshandlungen zur Sicherung von Konkursgläubigern können unter § 30 Nr. 1 2. Fall (kongruente Deckung) oder unter § 30 Nr. 2 KO (inkongruente Deckung) fallen[204]. Angesichts dieser besonderen Regelung sind die genannten Rechtshandlungen keine Rechtsgeschäfte i. S. d. § 30 Nr. 1 1. Fall KO[205].

Des weiteren ist es nicht a priori ausgeschlossen, daß die Besicherung der Poolbanken den Tatbestand der Absichtsanfechtung nach § 31 Nr. 1 KO bzw. § 3 Abs. 1 Nr. 1 AnfG erfüllt[206].

Eine Schenkungsanfechtung nach § 32 Nr. 1 KO bzw. § 3 Abs. 1 Nr. 3 kommt in dem hier interessierenden Fall, daß das notleidende Unternehmen eigene

---

200 Darum ging es der Sache nach auch in BGH NJW 1984, S. 803 bei der Anfechtung eines gemischten Poolvertrages, der der bisher ungesicherten Erstbekl. erstmals Rechte an dem bereits anderen Gläubigern übereigneten Schweinebestand verschaffte.

201 Vgl. *Scholz/Lwowski,* Rdn. 813; in BGH NJW 1984, S. 803, 804 (obige Fn.), ist von „Übersicherung" der Spar- und Darlehenskasse die Rede, während andere Poolgläubiger keine ausreichende Sicherheit besessen hätten.

202 Siehe hierzu ausführlich *M. Obermüller,* Die Bank im Konkurs, Rdn. 766ff. sowie Rdn. 765 (zum Saldenausgleich).

203 Vgl. *Kilger,* KO § 29, Anm. 16.

204 Siehe näher unten II.2.

205 *Kuhn/Uhlenbruck,* § 30 Rdn. 19; *Kilger,* KO, § 30 Anm. 3; *Serick* III, S. 341.

206 Siehe näher unten III.

Kredite besichert, regelmäßig nicht in Betracht[207]. Dabei kann offenbleiben, ob das Offenhalten der Kreditlinien als Entgelt anzusehen ist[208], ob man § 30 KO als abschließende Regelung ansieht[209] oder ob solche Sicherungen schon begrifflich keine unentgeltlichen Verfügungen sein können[210].

Die Anfechtungsgründe der §§ 32a KO, 3b AnfG können im Zusammenhang mit dem gesondert behandelten Problemkreis kapitalersetzender Bankenkredite relevant werden[211].

3. *Der Rückgewähranspruch*

a) Sind die Voraussetzungen der Anfechtung erfüllt, entsteht ein *gesetzliches Rückgewährschuldverhältnis;* die Anfechtung ist das Geltendmachen des schon entstandenen Rückgewähranspruchs aus § 7 Abs. 1 AnfG bzw. § 37 Abs. 1 KO[212]. Bei einer Anfechtung außerhalb des Konkursverfahrens muß der Anfechtungsgegner die Zwangsvollstreckung in den anfechtbar erworbenen Vermögenswert dulden[213], bei der konkursrechtlichen Anfechtung ist jener Wert zur Konkursmasse zurückzugewähren[214].

Fraglich ist, worauf der Anspruch gerichtet ist und gegen wen er geltend gemacht werden kann, wenn — wie es für den Bankenpool typisch ist — Sicherheiten einem Treuhänder mit der Maßgabe bestellt werden, daß (auch) die Forderungen Dritter gesichert werden. Es scheint nahezuliegen, daß der Konkursverwalter den Treuhänder unmittelbar auf Rückübertragung verklagen kann. Diese Lösung würde jedoch nicht hinreichend berücksichtigen, daß letztlich die einzelnen Poolpartner begünstigt sind, indem sie im Verhältnis ihrer Forderungen am Sicherungswert teilhaben.

b) Betrachtet man die zugrundeliegenden Vorgänge mehr unter wirtschaftlichen als unter formalrechtlichen Gesichtspunkten[215], stellt sich die Sicherung der

---

207 Vgl. *Serick* III, S. 147ff.; zur Sicherung einer fremden Schuld s. BGH NJW 1983, S. 1679.

208 OLG Schleswig, WM 1982, S. 25, 28: Kreditverlängerung bzw. Absehen von Kündigung als Gegenleistung; *Jäger / Lent,* 8. Aufl. § 32 Rdn. 7 nennt u. a. die Fälle einer Stundung oder Verlängerung der Kündigungsfrist; zu den Abgrenzungsschwierigkeiten bei einem Zahlungsaufschub siehe BGHZ 58, S. 240, 244. Zu weitgehend aber *Warneyer / Bohnenberg,* § 3 IV 1 (Forderung selbst als Entgelt für Hypothekenbestellung).

209 Vgl. BGHZ 58, S. 240, 245; *Kuhn / Uhlenbruck,* § 29 Rdn. 44a; *Jäger / Lent,* 8. Aufl., § 32 Rdn. 7; *Jäger,* Gläubigeranfechtung, § 3 Anm. 49: auch im Verhältnis zu § 3 Abs. 1 Nr. 3 AnfG.

210 Vgl. RGZ 9, S. 100, 103; offengelassen in BGHZ 58, S. 240, 244.

211 Siehe unten F.

212 *Fr. Baur,* Konkurs- und Vergleichsrecht, S. 110, 126; *Serick* III, S. 142; BGHZ 101, S. 286, 288.

213 *Kilger,* AnfG, § 7 Anm. I.2., III.2.f).

214 *Serick* III, S. 144f.

215 Vgl. BGHZ 72, S. 39, 41 = NJW 1978, S. 1921, 1922.

Poolbanken als eine sogenannte *„mittelbare Zuwendung"* dar, bei der regelmäßig der mittelbare Empfänger als Anfechtungsgegner anzusehen ist[216].

Eine solche mittelbare Zuwendung ist dadurch gekennzeichnet, daß der Schuldner Bestandteile seines Vermögens mit Hilfe einer Mittelsperson einem Dritten zuwendet, ohne zu diesem in unmittelbare Rechtsbeziehungen zu treten[217].

Dabei mag es sich typischerweise um Konstellationen handeln, in denen eine unmittelbare Leistung des Schuldners „umgangen" wird[218]. Da aber die Anfechtungsvorschriften nicht nur Verhaltensweisen erfassen, durch die der Schuldner planmäßig und systematisch Werte beiseiteschafft und eine Benachteiligung von Gläubigern bezweckt, ist es für eine mittelbare Zuwendung nicht konstitutiv, daß wegen der „Verschiebung"[219] von Vermögensbestandteilen auf „Schleichwegen"[220] ein Umgehungsgeschäft vorliegt[221]. Mittelbare Zuwendungen sind nicht wie unmittelbare Leistungen zu behandeln, weil sie verdeckt erfolgen, sondern weil sie zum gleichen wirtschaftlichen Ergebnis führen. Kennzeichnend ist ein Umweg und nicht eine Umgehung[222]. Daß aus der Art und Weise dieses Umweges insbesondere im Rahmen der Absichtsanfechtung u. U. auf subjektive Erforderisse geschlossen werden kann, steht auf einem anderen Blatt.

Als Beispiele mittelbarer Zuwendung werden u.a. auch Verträge zugunsten Dritter genannt[223]. In Rechtsprechung und Literatur finden sich zu diesem Problemkreis auch bereits Fallgestaltungen, in denen ein Treuhänder zur Befriedigung oder Sicherung bestimmter Gläubiger aus dem Treuhandvermögen eingeschaltet wurde[224]. Der Bankenpool ist hinsichtlich der rechtlichen Konstruktion und Interessenlage vergleichbar, da im Verhältnis zwischen Treuhänder und Sicherungsgeber ebenfalls ein echter Vertrag (auch) zugunsten Dritter vorliegt[225].

Wirtschaftlich betrachtet soll die Sicherung der einzelnen Banken angegriffen werden, so daß diese *Anfechtungsgegner* sind[226]. Daneben ist für eine Anfech-

---

216 Vgl. z. B. *Kilger,* KO, § 30 Anm. 13, § 37 Anm. 1; *Kuhn/Uhlenbruck,* § 29 Rdn. 18, 18c; *Hess/Kropshofer,* § 30 Rdn. 16, § 37 Rdn. 5.

217 *Gerhardt/Merz,* S. 136; *Kuhn/Uhlenbruck,* § 29 Rdn. 18; *Berges,* KTS 1961, S. 65; BGHZ 38, S. 44, 46.

218 Vgl. etwa BGH NJW 1980, S. 1795.

219 S. *Kuhn/Uhlenbruck,* § 29 Rdn. 18.

220 S. *Jäger/Lent,* 8. Aufl, § 30 Rdn. 32.

221 Anders aber wohl BGHZ 38, S. 44, 46f.; dagegen *Berges,* KTS 1962, S. 247.

222 Vgl. *Berges,* KTS 1962, S. 247.

223 S. *Kuhn/Uhlenbruck,* § 30 Rdn. 34; *Kilger,* KO, § 30 Anm.13; *Jäger/Lent,* 8. Aufl., § 30 Rdn. 34a; *Jäger,* Gläubigeranfechtung, § 1 Anm. 40; *Gerhardt/Merz,* S. 137f.

224 S. *Gerhardt/Merz,* S. 137ff. (Lieferanten); BGHZ 55, S. 307ff. (Werkunternehmer), unter Hinweis auf den Liquidationsvergleich (aaO. S. 309).

225 Siehe oben Kap.2 A.II.1.b)(1).

tung gegenüber dem Treuhänder als Mittelsperson kein Raum, da dieser aus den Sicherheiten keinen eigenen Vorteil erlangt[227]. Dies darf nicht mit der Möglichkeit verwechselt werden, gegenüber einem Treuhänder, der zum Kreis der begünstigten Poolbanken gehört, die von diesem als Kreditgeber erworbene Sicherungsposition anzufechten.

Die Anspruchsvoraussetzungen sind für jede Bank getrennt zu prüfen, so daß eine Anfechtung rein theoretisch auch nur gegenüber einem Teil der Banken durchgreifen könnte. Praktische Bedeutung wird diese Frage freilich kaum gewinnen. Insbesondere die oft entscheidene Kenntnis bestimmter Tatsachen dürfte regelmäßig bei allen Poolpartnern vorliegen, zumal ihnen die Kenntnis des Treuhänders entsprechend § 166 Abs. 1 BGB zuzurechnen ist[228].

Als *anfechtbar erlangter Vermögenswert* ist nicht die Sicherheit selbst, sondern das eigene Forderungsrecht der einzelnen Poolpartner aus dem Sicherungsvertrag anzusehen[229].

Solange die Sicherheit noch nicht verwertet ist, kann der Konkursverwalter die einzelnen Poolpartner auffordern, auf ihre Rechte aus dem Sicherungsvertrag zu verzichten. Kommen diese der Aufforderung nach, ist die Anfechtung vollzogen; andernfalls muß er den Anspruch innerhalb der Frist des § 41 KO gerichtlich geltend machen[230].

Steht nach wirksamer Anfechtung fest, daß aus einer bestimmten Sicherheit keiner der Poolpartner mehr Rechte herleiten kann, wird der Treuhandvertrag insofern gegenstandslos, weil sich die bezweckte Sicherung nicht mehr ereichen läßt[231]. Ähnlich wie im Falle endgültiger Nicht(mehr)valutierung der gesicherten Forderung bei fiduziarischen Sicherungsrechten kann die Rückübertragung des Treugutes verlangt werden. Der Rückgewähranspruch läßt sich dann entweder vertraglich als Abwicklungspflicht oder bereicherungsrechtlich begründen[232].

---

[226] Vgl. *Gerhardt / Merz,* S. 138; auch BGHZ 55. S. 307, 310 scheint ohne weiters davon auszugehen, daß der durch den Treuhandvertrag begünstigte Kl. der richtige Anfechtungsgegner ist.

[227] Vgl. *Kuhn / Uhlenbruck,* § 29 Rdn. 18c; *Gerhadt / Merz,* S. 136, 139. Eine Treuhändervergütung reicht als eigener Vorteil nicht aus, weil diese kein Äquivalent für die weggegebenen Werte darstellt; a.A. möglicherweise *Berges,* KTS 1961, S. 68.

[228] Dies läßt sich durch Umkehrschluß aus BGHZ 55, S. 307, 311 f. herleiten, weil der Treuhänder im Auftrag und mit Kenntnis der Banken tätig wird.

[229] Vgl. *Gerhardt / Merz,* S. 138; auch die Äußerungen von *Berges,* KTS 1962, S. 247 zur Anfechtung des Forderungserwerbs lassen sich auf den Pool übertragen.

[230] Vgl. *Fr. Baur,* Konkurs- und Vergleichsrecht, S. 130 f.; *Jäger / Lent,* 8. Aufl., § 29 Rdn. 36; ebenso auch *Marotzke,* KTS 1987, S. 1 f., 21 f., der entgegen der h.M. für die relative Unwirksamkeit der angefochtenen Rechtshandlung eintritt.

[231] Vgl. *Gerhardt / Merz,* S. 139.

[232] *Gerhardt / Merz,* S. 139; eine entsprechende Auslegung des Sicherungsvertrages ist m. E. der Zweckverfehlungskondiktion vorzuziehen.

Wurde die Sicherheit bereits verwertet und der Erlös anteilsmäßig an die Banken ausgekehrt, ist das Forderungsrecht aus dem Sicherungsvertrag durch Erfüllung erloschen. Ist Rückgewähr in Natur (hier durch Verzicht) nicht mehr möglich, muß Wertersatz in Geld geleistet werden[233]. Da der erzielte Erlös im Zweifel dem Wert entsprechen wird, den der Gegenstand für die Masse gehabt hätte[234], können die einzelnen Banken mangels gegenteiliger Anhaltspunkte in Höhe ihres jeweiligen Erlösanteils in Anspruch genommen werden. § 840 BGB ist nicht anwendbar, denn der Rückgewähranspruch ist kein Schadensersatzanspruch; eine gesamtschuldnerische Haftung mehrerer Anfechtungsgegner dürfte ausscheiden, weil die Leistung teilbar ist und hinsichtlich der Ansprüche aus § 328 BGB wohl auch keine Gesamthandsgemeinschaft besteht[235].

II. Die besondere Konkursanfechtung

1. Bargeschäfte

a) Sicherungsgeschäfte sind von §§ 30 Nr. 1 2. Fall, 30 Nr. 2 KO ausgenommen, wenn sie den *Charakter eines Bargeschäfts* (Bardeckung) haben, bei dem gleichwertige Leistungen Zug um Zug ausgetauscht werden[236]. Diese *Ausnahme* läßt sich nicht schon damit begründen, daß bei solchen Geschäften eine Gläubigerbenachteiligung generell ausscheidet[237], denn anders als bei § 30 Nr. 1 1. Fall KO genügt bei Deckungsgeschäften auch eine mittelbare Benachteiligung[238]. Eine solche ist z. B anzunehmen, wenn die gegen gleichwertige Sicherheiten ausgezahlten Kreditbeträge aufgrund von späteren Verlustgeschäften wertmäßig nicht mehr im Vermögen des Schuldners vorhanden sind[239]. „Vermögensumschichtungen“[240] sind den §§ 29 ff. KO nicht per se entzogen.

Daß die Sicherung selbst bei mittelbarer Benachteiligung als Bardeckung unanfechtbar ist, ergibt sich durch Auslegung der genannten Vorschriften: Mit der Formulierung „Rechtshandlungen, welche einem Konkursgläubiger Sicherung ... gewähren“ sind Fälle gemeint, bei denen der Sicherungsnehmer schon

---

233 Allgemeine Meinung, vgl. nur *Fr. Baur*, Konkurs- und Vergleichsrecht, S. 127; BGHZ 101, S. 286, 288 f. (Konkurseröffnung als Stichtag für die Berechnung).

234 Vgl. BGH NJW 1980, S. 1580, 1581; Hans. OLG Hamburg WM 1984, S. 1616, 1617.

235 Vgl. *Kilger*, KO, § 37 Anm. 6; zur Vermögensordnung des Pools s. oben Kap. 2 A.II.2.

236 BGH NJW 1977, S. 718; *Kilger*, KO, § 30 Rdn. 14; *Kuhn / Uhlenbruck*, § 30 Rdn. 23.

237 Zumindest sehr mißverständlich daher BGH NJW 1977, S. 718; BGHZ 77, S. 250, 255 = NJW 1980, S. 1962, 1963; BGH NJW 1980, S. 1961; *Kuhn / Uhlenbruck*, § 30 Rdn. 52; *Pottschmidt / Rohr*, Rdn. 733.

238 Vgl. *Kilger*, KO, § 29 Rdn. 13; *Serick* III, S. 332.

239 Hans. OLG Hamburg WM 1984, S. 1616, 1619.

240 So der von *K. Schmidt*, WM 1983, S. 490, 493 anstelle des „Bargeschäfts“ bevorzugte Ausdruck.

Gläubiger der zu sichernden Forderung ist[241]. Die Vorschriften beziehen sich aber nicht auf eine vor oder bei der Neubegründung einer Konkursforderung gewährte Sicherung[242]. Dabei ist es unschädlich, wenn zwischen dem Entstehen der Forderung und der Sicherung ein zeitlicher Abstand liegt, was vor allem bei Grundpfandrechten relevant werden kann[243]. Eine feste Zeitspanne läßt sich nach der Rechtsprechung des BGH nicht bestimmen; es wird entscheidend darauf abgestellt, ob die verflossene Zeit geeignet ist, den von den Parteien gewollten und durch ihr Verhalten angestrebten Zusammenhang zwischen der Kreditgewährung und der Sicherung zu beseitigen[244].

Sachgerecht dürfte es sein, auf das Erfordernis einer Zug-um-Zug-Leistung und damit auf das Zeitmoment ganz zu verzichten, wie es manche neuerdings fordern[245]. Erreichen ließe sich dies durch eine Modifizierung der oben dargestellten Auslegung. „Rechtshandlungen, die einem Konkursgläubiger Sicherung gewähren", liegen nicht vor, wenn die Kreditauszahlung vom Versprechen der konkreten Sicherheit abhängig gemacht wurde. Diese vom Wortlaut noch gedeckte restriktive Auslegung wird dem Zweck des § 30 KO gerecht, der als Ausfluß des Gedankens der par conditio creditorum anzusehen ist[246]. Zwar soll die nachträgliche Besicherung urprünglich ungesichert gewährter Kredite auf Kosten anderer Gläubiger unter bestimmten Voraussetzungen angreifbar sein, dem Schuldner soll aber nicht jeglicher wirtschaftliche Spielraum für den Abschluß neuer Verkehrsgeschäfte genommen werden[247]. Nimmt man solche Sicherheiten aus, auf die von vorneherin ein schuldrechtlicher Anspruch eingeräumt wurde, bleibt für § 30 Nr. 1 1. Fall KO gegenüber § 30 Nr. 2 KO immer noch ein eigenständiger Anwendungsbereich, wenn der Sicherungsanspruch zwar vor der kritischen Zeit, aber erst zeitlich nach der Begründung der Kreditforderung entstanden ist.

Unanfechtbare Bargeschäfte kommen in Betracht, soweit die Poolbanken nicht nur mit ihren bisherigen Kredite offenhalten, sondern neue Kreditmittel gegen Sicherheiten zur Verfügung stellen.

b) Dienen die neuen Sicherheiten auch zur Besicherung der Altkredite, stellt sich das *Problem der Teilanfechtung*.

Das Reichsgericht hatte eine solche nur zugelassen, wenn sich die Sicherung in einzelne voneinander unabhängige und darum selbständige Teile zerlegen

---

241 *Serick* III, S. 328; *Kilger,* KO, § 30 Anm. 14.

242 *Jäger/Lent,* 8. Aufl., § 30 Rdn. 37 mwN.

243 S. BGH NJW 1977, S. 708 (2 1/2 Monate zw. Kreditauszahlung und Eintragung); Hans. OLG Hamburg, WM 1984, S. 1616, 1617 (4 Monate).

244 S. BGH NJW 1977, S. 708, 709.

245 *Canaris,* FS 100 Jahre KO, S. 83; zust. *K. Schmidt,* WM 1983, S. 490, 494.

246 Zur ratio legis s. näher *Canaris,* FS 100 Jahre KO, S. 77f.

247 Die Überlegungen von *Serick* III, S. 328 sowie *Jäger/Lent,* 8. Aufl., § 30 Rdn. 37 lassen sich auch für die hier befürwortete weitergehende Restriktion des Tatbestandes heranziehen.

ließ[248]. Dies sei der Fall, wenn die Sicherheit in erster Linie für die neu hergegebenen Gelder und erst „zweitrangig" für die alten Forderungen haften sollte[249]. Die Literatur ist dieser Rechtsprechung soweit ersichtlich gefolgt[250]. Das Hans.OLG Hamburg hat diese Grundsätze auf einen Poolvertrag zur Besicherung eines Konsortialkredits angewandt[251].

Übertragen auf den Bankenpool i. e. S. wäre Teilbarkeit danach anzunehmen, soweit für Altkredite allenfalls eine subsidiäre Haftung vereinbart ist.

Ausdrückliche Regelungen über eine nachrangige Besicherung für den Fall eines Erlösüberschusses kommen in Bezug auf Überschreitungen der Kreditlinien bzw. außerhalb des Pools gewährte Kredite vor[252]. Die üblichen Vertragsmuster enthalten jedoch keine derartige Abstufung zwischen Alt- und Neukrediten innerhalb der im Rahmen des Poolvertrages festgelegten Linien.

Die herkömmliche Auffassung würde daher — eine (mittelbare) Gläubigerbenachteiligung vorausgesetzt[253] — zur Anfechtbarkeit der neu gewährten Sicherung insgesamt führen, selbst wenn der Sicherheitenwert nicht einmal die Neukredite abdecken sollte[254].

Ob dieser Lösungsweg nach Sinn und Zweck des § 30 KO geboten ist und zu befriedigenden Ergebnissen führt, erscheint zweifelhaft. Die Beeinträchtigung der anderen Gläubiger hängt nicht davon ab, ob die Sicherheit wegen einer Vorrangabrede oder rein faktisch primär für die Neukredite herangezogen wird. Aus deren Sicht ist es sogar unerheblich, auf welche Forderung der Sicherheitenerlös effektiv verrechnet wird, solange sich die Höhe der Absonderungsrechte insgesamt nicht zu ihren Ungunsten verändert. Wenn die Anfechtung einer Sicherheitsbestellung im ganzen die Wirkung einer Teilanfechtung haben kann[255], warum sollte dann nicht auch von vorneherein eine Teilanfechtung insoweit zulässig sein, als die Sicherung wertmäßig für die neu gewährten Kredite nicht benötigt wird?

Wie bei der Ermittlung des richtigen Anfechtungsgegners[256] ist hier ebenfalls mehr nach wirtschaftlichen als nach formalrechtlichen Gesichtspunkten zu

---

[248] RGZ 114, S. 206, 210; RG, WarnRspr. 1934, Nr. 198 (zu § 31 Nr.1 KO).

[249] RGZ 114, S. 206, 210ff.; RG JW 1937, S. 3241 mit Anm. *Bley* (zu § 31 Nr. 1 KO).

[250] Siehe etwa *Serick* III, S. 329f.; *W. Obermüller,* BuB, Rdn. 4/150; *Scholz/Lwowski,* Rdn. 813, 822; *Lwowski,* Insolvenzpraxis für Banken, S. 88; *Kilger,* KO, § 30 Anm. 14; *Bohlen,* S. 75f.; *Bley,* JW 1937, S. 3242f.

[251] Hans. OLG Hamburg, WM 1984, S. 1616ff.

[252] S. Anh. I § 4 Abs. 3; Anh. II § 4 Abs. 3c, d.

[253] Vgl. RGZ 114, S. 206, 210.

[254] Eine Einschränkung wegen Geringfügigkeit des alten Kredits (vgl. *Serick* III, S. 329f.) wird für die Poolbanken kaum jemals relevant werden.

[255] RGZ 114, S. 206, 210 zur (mittelbaren) Gläubigerbenachteiligung; vgl. a. BGHZ 77, S. 250, 255f. = NJW 1980, S. 1962, 1963 (Teilbarkeit eines teilweise unangemessenen Anwaltshonorars).

[256] S. oben I.2.b).

urteilen. Auch ohne rechtsgeschäftliche Einigung über ein Rangverhältnis dürfte es den Banken primär auf die Besicherung der in diesem Zusammenhang zugesagten Neukredite ankommen, zumal die Einbeziehung sämtlicher Forderungen in den Sicherungszweck oft außerhalb der Kreditzusage aufgrund Allgemeiner Geschäftsbedingungen erfolgt. Reicht der Sicherheitenerlös nicht einmal für die Neukredite aus, so sollte eine Anfechtbarkeit unter dem Gesichtspunkt des Bargeschäfts überhaupt ausscheiden; ist der Sicherungswert höher, mag eine entsprechende Teilanfechtung in Betracht kommen.

Solange freilich an den bisherigen Grundsätzen zur Teilanfechtung von Sicherungsgeschäften festgehalten wird, gilt es für die Kautelarpraxis, Vorsorge zu treffen. Bei der Bereitstellung neuer Geldmittel ist den Poolbanken daher zu empfehlen, separate Kreditkonten einzurichten und eine ausdrückliche Rangordnung dergestalt zu vereinbaren, daß die neu hereingenommene Sicherheiten primär die Neukredite sichern und allenfalls ein für diese nicht benötigter Mehrerlös zur Rückführung der Altkredite verwandt wird[257].

2. Kongruente oder inkongruente Deckung?

Sicherungshandlungen, die keine Bardeckung darstellen, sind nach § 30 Nr. 1 2. Fall KO anfechtbar, wenn dem Anfechtungsgegner zur Zeit ihrer Vornahme die Zahlungseinstellung oder der Konkursantrag bekannt war. § 30 Nr. 2 KO verbessert die Stellung „der Masse“ entscheidend, wenn es sich bei der Sicherung um eine sogenannte inkongruente Deckung handelt: Die kritische Zeit wird um zehn Tage vorverlegt und der Begünstigte muß beweisen, daß er weder Zahlungseinstellung bzw. Eröffnungsantrag noch eine Begünstigungsabsicht des Gemeinschuldners gekannt hat[258].

Inkongruent ist eine Sicherung, wenn sie der Gläubiger „nicht oder nicht in der Art oder nicht zu der Zeit zu beanspruchen hatte“. Der in Nr.19 Abs.1 ABG-Banken geregelte jederzeitige Anspruch auf Bestellung oder Verstärkung bankmäßiger Sicherheiten stellt keine hinreichende Konkretisierung dar. Eine aufgrund dieser Klausel vorgenommene Sicherung ist nicht kongruent[259].

Kongruenz läge aber vor, wenn der Schuldner die Bestellung einer genau bezeichneten Sicherheit verbindlich zugesagt hätte. Dies kann für solche Sicherheiten relevant werden, deren Einbeziehung in einen Pool bereits vor ihrem Entstehen vereinbart wurde. Ist also beispielsweise in einem Poolvertrag eine bestimmte Grundschuld aufgeführt, die erst zu einem späteren Zeitpunkt im Grundbuch eingetragen wird[260], wäre ein Anspruch auf gerade diese

---

[257] Die Möglichkeit, durch diese relativ geringfügige Modifizierung der Vertragsgestaltung einer Anfechtbarkeit im ganzen zu entgehen, dürfte ein Zeichen dafür sein, daß die herkömmliche Ansicht eher zu formalistisch geprägt ist.

[258] Zur Beweislast s. näher *Fr. Baur,* Konkurs- und Vergleichsrecht, S. 124.

[259] *Krebs,* Rdn. 21/41; *Kilger,* KO, § 30 Anm. 20.

Sicherheit anzunehmen[261]. Selbst wenn die Eintragung erst in den letzten zehn Tagen vor Zahlungseinstellung oder Konkursantrag erfolgt, wäre die Sicherung nach § 30 Nr. 2 KO unanfechtbar, wenn der Sicherungsanspruch zeitlich vor den kritischen zehn Tagen entstanden ist[262]. Fällt jedoch auch der Abschluß des Poolvertrags in die kritische Zeit, muß sich die fragliche Sicherheit an den schärferen Anfechtungsvoraussetzungen für inkongruente Deckungen messen lassen.

III. Die Absichtsanfechtung

Nach § 31 Nr. 1 KO bzw. § 3 Abs. 1 Nr. 1 AnfG sind Rechtshandlungen anfechtbar, die der Schuldner in der dem anderen Teil bekannten Absicht vorgenommen hat, seine Gläubiger zu benachteiligen. Eine Sicherung kann theoretisch selbst bei gleichzeitiger Krediteinräumung anfechtbar sein, denn eine mittelbare Benachteiligung genügt[263]. Umso wichtiger ist es bei fehlgeschlagenen Sanierungsversuchen, die Beurteilung des subjektiven Tatbestands auf wirtschaftlich vernünftige Weise vorzunehmen. Die Gläubigerbenachteiligung muß nicht Motiv oder Endzweck der Handlung gewesen sein; ausreichend ist bedingter Vorsatz[264]. Jedoch muß der Schuldner für den Fall, daß die Sanierung fehlschlagen würde, die Benachteiligung in seinen Willen aufgenommen haben[265].

Bei kongruenten Deckungen sind an die subjektive Feststellung strengere Anforderungen zu stellen als bei inkongruenten Deckungen. Im Falle kongruenter Deckung muß es dem Schuldner weniger auf die Erfüllung seiner Vertragspflichten als auf die Schädigung der anderen Gläubigerankommen[266]. Dagegen wird eine inkongruente Deckung als ein starkes Beweisanzeichen für das Bewußtsein und den Willen angesehen, andere Gläubiger zu benachteiligen[267].

Letztlich entscheiden die besonderen Umstände des Falles: Eine Benachteiligungsabsicht ist nicht schon zu verneinen, weil der Schuldner gehofft hat, einen Konkurs vermeiden zu können; andererseits ist auch bei inkongruenter

---

[260] Auf diesen Zeitpunkt ist abzustellen; *Kilger*, KO, § 30 Anm. 7b; vgl. a. BGH NJW 1983, S. 1679, 1680 zu § 3 Abs. 1 Nr. 3 AnfG.

[261] Zum vergleichbaren Fall, daß im Kreditbestätigungsschreiben schon die spätere Bestellung einer bestimmten Sicherheit aufgenommen wurde, s. *Scholz/Lwowski*, Rdn. 816 (vorrangig wäre hier aber das Vorliegen eines Bargeschäfts zu prüfen).

[262] Vgl. *Serick* III, S. 327; *Jäger/Lent*, § 30, Rdn. 54. Dagegen macht ein in der kritischen Zeit abgeschlossener „Vorvertrag" die Sicherung nicht kongruent; vgl. *Scholz/Lwowski*, Rdn. 822.

[263] *Fr. Baur*, Konkurs- und Vergleichsrecht, S. 119.

[264] *Serick* III, S. 139.

[265] *Kilger*, KO, § 31 Anm. 4; *Scholz/Lwowski*, Rdn. 817.

[266] BGH NJW 1984, S. 1893, 1898 (bei V 3., nicht abgedr. in BGHZ 90. S. 381 ff.).

[267] BGH NJW 1984, S. 1893, 1899; *Serick* III, S. 141; *Kilger*, KO, § 31 Anm.4; *Kuhn/Uhlenbruck*, § 31 Rdn. 9a; vgl. auch OLG Düsseldorf, WM 1988, S. 1861.

Deckung nicht die volle Überzeugung des Schuldners erforderlich, er werde in absehbarer Zeit seine sämtlichen Gläubiger befriedigen können[268]. Es müssen aber konkrete Tatsachen zu der Erwartung berechtigen, es werde zu erfolgversprechenden Bemühungen um die Rettung des Unternehmens kommen[269].

Ob greifbare Anhaltspunkte für das Gelingen einer Sanierung vorlagen, ist ungeachtet des konstruktiven Unterschieds der Tatbestände anhand ähnlicher Gesichtspunkte wie im Rahmen von § 826 BGB zu beurteilen. An den Tatbestand einer vorsätzlichen sittenwidrigen Schädigung sind keinesfalls geringere Anforderungen zu stellen als an eine Absichtsanfechtung nach § 31 Nr. 1 KO[270] Umgekehrt ist zu bedenken, daß die Erleichterung von Sanierungsversuchen im Rahmen des Sittenwidrigkeitsurteils nicht über eine zu weite Auslegung der Absichtsanfechtung zunichte gemacht werden sollte[271]

Eine gewisse Rechtsunsicherheit läßt sich auch hier nicht leugnen. Die Poolbanken können das Risiko einer Anfechtbarkeit ihrer Sicherung wegen absichtlicher Gläubigerbenachteiligung jedoch durch eine sorgfältige Prüfung der Sanierungsaussichten minimieren.

F. Kapitalersetzende Gesellschafterdarlehen

I. Die Problematik

M.Obermüller[272] vertritt unter Berufung auf *Fleck*[273] die Auffassung, daß die Regeln über kapitalersetzende Gesellschafterdarlehen die Poolbanken nicht treffen: Vergebe ein aus mehreren, teils an dem Schuldnerunternehmen beteiligten, teils nicht beteiligten Banken gebildetes Finanzierungskonsortium einen Kredit, so werde schon die Tatsache, daß sich Fremdgläubiger an der Aktion beteiligen, regelmäßig eine Behandlung des Kredits als Kapitalersatz ausschließen, da sich ein Gesellschafter in diesem Fall nicht anders als ein Fremdgläubiger und somit wie ein „ordentlicher Kaufmann" verhalte.

Zu dieser Begründung ist vorab anzumerken, daß der Pool im Gegensatz zum klassischen Kreditkonsortium keinen gemeinsamen Kredit gewährt[274] Aus dem Zitat ist jedoch nicht unbedingt auf eine hiervon abweichende Abgrenzung zu schließen. Verstehe ich *M. Obermüller* richtig, so sollen die von *Fleck* für das Finanzierungskonsortium angestellten Erwägungen, deren Tragfähigkeit im

---

[268] Anderes gilt für den Nachweis fehlender Begünstigungsabsicht bei § 30 Nr. 2 KO; vgl. *Kilger*, KO, § 30 Anm. 21 mwN.

[269] BGH NJW 1984, S. 1893, 1899 (bei V 4., nicht abgedr. in BGHZ 90, S. 381 ff.).

[270] BGHZ NJW 1984, S. 1893, 1900 (VI 3., nicht abgedr. in BGHZ 90, S. 381 ff.).

[271] *Rümker*, WM 1982, S. 289.

[272] *M. Obermüller*, Die Bank im Konkurs, Rdn. 761.

[273] *Fleck*, FS Werner, S.127.

[274] S. oben Kap. 1 A.III.2.

folgenden noch zu untersuchen ist, in gleichem Maße auf Gesellschafterdarlehen im Falle eines Bankenpools zutreffen.

Die Frage, ob das Recht der kapitalersetzenden Gesellschafterdarlehen für die Poolbanken tatsächlich kein Thema darstellt, ist schon wegen der möglichen Sanktionen näherer Betrachtung wert.

Bereits vor der GmbH-Novelle 1980 hatte die auf §§ 30, 31 ff. GmbHG aufbauende Rechtsprechung eigenkapitalersetzende Gesellschafterdarlehen besonderen Regeln unterworfen. Auch nach Einführung der §§ 32a, 32b GmbHG, 32a KO, 3b AnfG ist von der Fortgeltung der Rechtsprechungsgrundsätze neben diesen Spezialvorschriften auszugehen[275]. Im konkreten Fall muß daher sowohl hinsichtlich der rechtlichen Konstruktion als auch der Rechtsfolgen zwischen den §§ 32a, 32b GmbHG einerseits und den von der Rechtsprechung entwickelten Regeln andererseits differenziert werden. Ungeachtet der jeweiligen Besonderheiten und Unterschiede beider Regelungskomplexe läßt sich die allgemeine Feststellung treffen, daß eine Umqualifizierung von Krediten in haftendes Eigenkapital nach beiden Regelungskomplexen für den betroffenen Poolpartner *einschneidende Konsequenzen* haben kann:

Im Konkurs oder Vergleich dürften die Darlehensforderungen nicht geltend gemacht werden, § 32a Abs. 1 S. 1 GmbHG. Auch außerhalb dieser Verfahren unterläge der Kredit dem Rückzahlungsverbot des § 30 Abs. 1 GmbHG, soweit er eine Unterbilanz oder Überschuldung abdecken würde[276]. Verwertungserlöse aus den von der Gesellschaft gewährten Poolsicherheiten könnten nicht zur Rückführung der kapitalersetzenden Forderungen verwandt werden[277]. Lediglich auf Sicherheiten Dritter wäre der Zugriff auch zugunsten des betroffenen Poolpartners nicht ausgeschlossen[278]. Angesichts dieser gravierenden Rechts-

---

[275] BGHZ 90, S. 370, 376ff. = NJW 1984, S. 1891, 1893; *Rowedder,* § 32a Rdn. 1; *Scholz / K. Schmidt,* §§ 32a / b Rdn. 12, 70; *Fischer / Lutter / Hommelhoff,* §§ 32a / b Rdn. 4; *Meyer-Landrut / Miller / Niehus,* § 30 Rdn. 6; *Hachenburg / Ulmer,* §§ 32a / b Rdn. 143; *Baumbach / Hueck,* § 32a Rdn. 74; *Roth,* § 32a Anm. 3.5; *Hommelhoff,* ZGR 1988, S. 480ff., 486, 493 geht von einem „Nacheinander“ statt von einem „Nebeneinander“ der Schutzsysteme aus.

[276] *Scholz / K. Schmidt,* §§ 32a / b Rdn. 71.

[277] Zur Behandlung von Sicherheiten nach §§ 32a GmbhG, 32a KO, 3b AnfG. bzw. §§ 30, 31 GmbHG siehe näher *Scholz / K. Schmidt,* §§ 32a / b Rdn. 50ff.; *Hachenburg / Ulmer,* §§ 32a / b Rdn. 69, 151; *Baumbach / Hueck,* § 32a Rdn. 58f., 77; *Fischer / Lutter / Hommelhoff,* §§ 32a / b Rdn. 50, 55; *Fleck,* Kapitalaufbringung, S. 39f.; *Brandes,* WM 1983, S. 292; *Beinert / Hennerkes / Binz,* GmbH-Rdsch.1981, S. 12; vgl. auch *Mincke,* ZGR 1988, S. 537ff. (ausgehend von der dogmatischen Einordnung kapitalersetzender Darlehen als stille Beteiligung).

[278] Die Verwertbarkeit von Drittsicherheiten entspricht bei § 32a GmbHG der h. M.; vgl. *Scholz / K. Schmidt,* §§ 32a / b Rdn. 51 mwN. Anders ist es nach *Fischer / Lutter / Hommelhoff,* §§ 32a / b Rdn. 55 im Rahmen der BGH-Regeln. Danach könnten die Drittsicherheiten nur für die „Darlehensspitze“ (s. aaO. Rdn. 45) verwandt werden. Ob eine unterschiedliche Behandlung wirklich geboten ist, erscheint zweifelhaft, da auch § 30 Abs. 1 GmbHG nur eine Schmälerung des Gesellschaftsvermögens unterbinden soll.

folgen ist es für eine Poolbank von erheblichem Interesse, ob und unter welchen Voraussetzungen ihre Kredite als kapitalersetzende Gesellschafterdarlehen anzusehen sind.

II. Gesellschafterstellung

Der Darlehensgeber muß als Gesellschafter am Schuldnerunternehmen beteiligt sein[279]. Anteile Dritter können dem Kreditgeber unter dem Gesichtspunkt des Umgehungsschutzes zuzurechnen sein[280]. Für die Banken besonders wichtig ist die Erweiterung des Normadressatenkreises auf verbundene Unternehmen[281]. So wird eine Bank bei Zwischenschaltung einer Tochtergesellschaft behandelt, als hätte sie selbst die Anteile erworben[282]. Rechtstatsächliche Feststellungen, die nur den unmittelbaren Bankbesitz aufschlüsseln[283], lassen daher angesichts der erheblichen Bedeutung von Beteiligungsgesellschaften[284] nur in sehr begrenztem Umfang Rückschlüsse auf die tatsächliche Verbreitung und praktische Relevanz von Gesellschafterdarlehen der Banken zu.

Der Zurechnungszusammenhang kann auch auf einem Treuhandverhältnis beruhen[285]. Dieses muß sich jedoch auf die Mitgliedstellung[286] oder die Darlehensforderung beziehen. Das treuhänderische Halten von Poolsicherheiten ist insofern unschädlich.

Der weitergehende Versuch, § 32a Abs. 1, 3 GmbHG selbst dann auf Sanierungskredite anzuwenden, wenn die kreditgebende Bank weder unmittelbar noch mittelbar an dem Unternehmen beteiligt ist[287], hat zu Recht keine

---

[279] Zu den Formen des Anteilserwerbs durch Kreditinstitute mit ihren unterschiedlichen Zielsetzungen s. näher *Rümker,* FS Stimpel, S. 679ff.; zur Finanzierungsverantwortung atypischer stiller Gesellschafter s. BGH WM 1989, S. 14f.

[280] *K. Schmidt,* Gesellschaftsrecht, S. 865.

[281] Vgl. *Hachenburg/Ulmer,* §§ 32a/b Rdn. 109; *Rowedder,* § 32a Rdn. 25; kritisch: *Fischer/Lutter/Hommelhoff,* §§ 32a/b Rdn. 41.

[282] So geschehen in BGHZ 81, S. 311, 315f. = NJW 1982, S. 383, 384 „Sonnenring".

[283] Siehe *Ullrich,* GmbH-Rdsch. 1983, S. 135 (Fn. 19), der selbst erkennt, daß das wahre Ausmaß des Bankbesitzes verdeckt ist. Da außerdem Beteiligungen an GmbH von unter DM 500.000,-- Stammkapital außer Betracht blieben, liegt der Anteil der erfaßten zu allen GmbH unter 3% (aaO., S. 134, Fn. 169).

[284] Zur Kreditgewährung bei Beteiligung eines Kreditinstituts über eine Kapitalbeteiligungsgesellschaft s. *Rümker/Westermann,* S. 32, die auch auf die Privilegierung des § 25 UBGG (Gesetz vom 17. 12. 1986, BGBl.I S. 2488) hinweisen. Danach erfolgt keine Zurechnung der Anteile bis zum Ablauf von 4 Jahren nach erstmaliger Beteiligung, wenn die Gesellschafter als ordentliche Kaufleute zum Zeitpunkt der Darlehensgewährung kein Eigenkapital hätten zuführen müssen. Diese Befreiung in der Anfangsphase ist im Zusammenhang mit den sonstigen Neuerungen des Kapitalmarktrechts zu sehen; vgl. Schwark, NJW 1987, S. 2041ff., 2048.

[285] *K. Schmidt,* Gesellschaftsrecht, S. 865; *Hachenburg/Ulmer,* §§ 32a/b Rdn. 111.

[286] So in BGHZ 75, S.334, 336 = NJW 1980, S. 592; allgemein zu Treuhändern als Gesellschafter s. *Rowedder/Rittner,* § 2 Rdn. 23ff.

Gefolgschaft gefunden[288]. Die Vorschrift knüpft an die Finanzierungsverantwortung der Gesellschafter an, so daß der Normzweck die Einbeziehung eines außenstehenden „Veranlassers" einer Sanierung verbietet[289].

Das Problem der eigenkapitalersetzenden Kredite stellt sich nicht nur für die GmbH und die GmbH & Co (vgl. §§ 129a, 172a HGB). Die Rechtsprechungsgrundsätze — nicht aber §§ 32a, 32b GmbHG analog — gelten sinngemäß auch für Darlehen an eine Aktiengesellschaft, wenn der Aktionär unternehmerisch beteiligt ist, was bei einem Aktienbesitz von mehr als 25% regelmäßig vermutet wird[290]. Bei einer geringeren Beteiligung führt nicht allein der auf Kreditbeziehungen beruhende Einfluß zu einer unternehmerischen Position[291]. Anteile der Poolbanken sind bei der Ermittlung der 25% Grenze schon deshalb nicht zusammenzurechnen, weil der Poolvertrag keine Stimmenpoolung beinhaltet und auch kein gemeinsamer Kredit gewährt wird[292]. Für die GmbH überwiegt die Auffassung, daß es auf Art und Umfang der Beteiligung grundsätzlich nicht ankommt[293]. Lediglich für „Zwergbeteiligungen" wird teilweise eine Ausnahme befürwortet[294].

---

[287] *Kruppa,* S. 71ff., insbes. S. 88f.

[288] Siehe *K. Schmidt,* ZIP 1983, S. 635f.; *ders.,* ZHR 147 (1983), S. 183; *Scholz/K. Schmidt,* §§ 32a/b Rdn. 31; *Hachenburg/Ulmer,* §§ 32a/b Rdn. 60 (Fn. 112), 113 (Fn. 231); *Baumbach/Hueck,* § 32a Rdn. 18.

[289] I. ü. fehlt bereits eine überzeugende Begründung der Ausgangsthese, daß selbst bei extensiver Handhabung des § 826 BGB ein Bedürfnis für einen weitergehenden Gläubigerschutz bestehe (vgl. *Kruppa,* S. 43). Die Feststellung, daß in den meisten Fällen eine Klageabweisung erfolgte (aaO., S. 17), kann schwerlich die Begründung ersetzen, weshalb auch ernsthafte Sanierungsversuche erfaßt werden sollen.

[290] BGHZ 90, S. 381, 390f. = NJW 1984, S. 1893, 1895 „BuM/WestLB"; hierzu und allgemein zur Ausdehnung der Grundsätze auf sonstige Gesellschaften (entgegen der h. M.) s. *Scholz/K. Schmidt,* §§ 32a/b Rdn. 20 mwN.; *K. Schmidt,* Gesellschaftsrecht, S. 392ff.; gegen eine Ausdehnung auf „einfache" Personengesellschaften z. B. *Rümker,* ZGR 1988, S. 508ff.; LG Düsseldorf, ZIP 1988, S. 1569, 1570 (n. rkr.).

[291] BGHZ 90, S. 381, 392 f = NJW 1984, S. 1893, 1896 (gleiches gilt für Aufsichtsratsposten).

[292] Zutr. *Claussen,* AG 1985, S. 179f. zum „Sanierungskonsortium"; entgegen *Claussen* (aaO. Fn. 84) dürften die Ausführungen von *K. Schmidt,* ZHR 147 (1983), S. 185 diese Einschätzung nicht in Frage stellen: Hier geht es um die Zu(sammen)rechnung von Anteilen zur Begründung einer unternehmerischen Position und damit einer überhaupt erst relevanten Gesellschafterrolle, dort hingegen um die Zurechnung eines Kredits zu einer bereits bejahten Gesellschafterrolle bei koordinierter Kreditvergabe durch die Mehrheit der Gesellschafter.

[293] *Hachenburg/Ulmer,* §§ 32a/b Rdn. 32ff.; *Scholz/K. Schmidt,* §§ 32a/b Rdn. 27; *Baumbach/Hueck,* § 32a Rdn. 17, 19; *Fleck,* FS. Werner, S. 122f.; *Ullrich,* GmbH-Rdsch. 1983, S. 144; a.A.: *Fischer/Lutter/Hommelhoff,* §§ 32a/b Rdn. 35 (10% des Stammkapitals); zust. *Rümker,* ZGR 1988, S. 504f.; *Hommelhoff,* WM 1984, S. 1115 (Ausnahme für rein kapitalistische Engagements).

[294] *Fleck,* FS Werner; wohl auch *Ullrich,* GmbH-Rdsch. 1983, S. 144 Fn. 116 „Bagatellbeteiligungen"; vgl. a. *Gersch/Herget/Marsch/Stützle,* Rdn. 250, die zusätzlich auf die

III. Darlehensgewährung

Der Gesellschafter muß im kritischen Zeitpunkt ein Darlehen gewährt haben. Sofern anläßlich des Poolvertrages neue Kredite zur Verfügung gestellt werden, ist das Merkmal der Darlehensgewährung unproblematisch.

Nicht so eindeutig ist die Einbeziehung solcher Kredite zu beurteilen, die der Gesellschaft bereits unter gesunden wirtschaftlichen Verhältnissen eingeräumt wurden. Steht das weitere Belassen dieser Kredite einer Neugewährung gleich?

Das *„Stehenlassen"* eines Darlehens kann auf verschiedene Weisen erfolgen: durch Prolongation oder Nichtgeltendmachung des Rückzahlungsanspruchs trotz Fälligkeit[295], aber auch durch Nichtausübung des Kündigungsrechts oder Aufhebung einer bereits ausgesprochenen Kündigung[296]. Ob § 32a Abs. 1 oder Abs. 3 GmbHG einschlägig ist, mag hier dahinstehen[297]. Wichtiger ist die Streitfrage, ob das bloße Faktum der Nichtgeltendmachung oder Nichtkündigung ausreicht.

Der Bundesgerichtshof hält eine rechtsgeschäftliche Festlegung gegenüber der GmbH nicht für erforderlich; er hat nur offengelassen, ob dem Gesellschafter das Unterlassen der Rückforderung auch dann zuzurechnen ist, wenn er von der Lage der Gesellschaft nicht wußte oder wissen mußte[298]. Auf Unkenntnis wird sich eine Poolbank schon wegen § 18 KWG kaum je berufen können. Außerdem werden Poolverträge regelmäßig gerade angesichts einer erkannten Krise geschlossen.

Eine verbreitete Meinung fordert für ein rechtserhebliches Stehenlassen eine mindestens konkludent getroffene Finanzierungsabrede[299]. Freilich werden an eine solche Finanzierungsabrede keine allzu hohen Anforderungen gestellt[300]. So soll schon die Nichtkündigung einer alsdann weiter in Anspruch genommenen Kreditlinie zu einer Kreditverlängerung und -gewährung führen[301]. Stattgefundenen Gesprächen, die aus Anlaß der Krise dem Stehenlassen vorausgegan-

---

Gründe der Kreditvergabe abstellen; zust. *M. Obermüller,* Die Bank im Konkurs, Rdn. 697b; ähnlich *K. Schmidt,* ZHR 147 (1983), S. 187 sowie *Scholz/K. Schmidt,* §§ 32a/b Rdn. 38 für Kredite der Hausbank.

[295] Vgl. *Lutter/Hommelhoff,* ZGR 1980, S. 34.

[296] Vgl. *Fischer/Lepper,* ZIP 1986, S. 5 mwN.

[297] Die Streitfrage ist ohne praktische Bedeutung; vgl. *Scholz/K. Schmidt,* §§ 32a/b, Rdn. 39; siehe bereits oben Kap. 1 A.III,2.c) zum „Stillhaltekonsortium".

[298] BGH NJW 1985, S. 2719, 2720; BGHZ 105, S. 168, 185f. = NJW 1988, S. 3143, 3147.

[299] *Scholz/K. Schmidt,* §§ 32a/b Rdn. 40; *Hachenburg/Ulmer,* §§ 32a/b Rdn. 27ff.; *Baumbach/Hueck,* § 32a Rdn. 38; differenzierend (nur für § 32a GmbHG): *Lothar Fischer/Lepper,* ZIP 1986, S. 5; a.A.: *Fischer/Lutter/Hommelhoff,* §§ 32a/b Rdn. 29.

[300] Vgl. etwa *v. Gerkan,* GmbH-Rdsch. 1986, S. 221; nach *Rümker/H. P. Westermann,* S. 37 sind die Meinungsunterschiede mehr theoretischer Natur.

[301] *Scholz/K. Schmidt,* §§ 32a/b Rdn. 41 mwN.

gen sind, wird Indizwirkung für eine Finanzierungsabrede beigemessen[302]. Anstelle der Vereinbarung zwischen Gesellschafter und GmbH soll auch eine zugunsten der GmbH mit einem Dritten getroffene Abrede genügen, die sogar unverbindlich sein kann[303]

Gemessen an diesen Anforderungen führt der Poolvertrag zu einer Finanzierungsabrede. Er regelt als Resultat vorausgegangener Gespräche das weitere Offenhalten von Kreditlinien. Zwar ist insofern beim Fehlen weiterer Anhaltspunkte nicht unbedingt von einer rechtlichen Bindung gegenüber dem Schuldnerunternehmen auszugehen[304]. Die zwischen den Poolbanken getroffene Vereinbarung, die letzlich auch der Gesellschaft zugute kommen soll, reicht jedoch aus, zumal die Abrede verbindlich und dem Kreditnehmer bekannt ist. Auch unter Zugrundelegung der einschränkenden Ansicht ergibt sich daher, daß das weitere Offenhalten bisheriger Kreditlinien aufgrund eines Poolvertrages der Gewährung neuer Kredite gleichsteht.

IV. Die Kapitalersatzfunktion

Nach § 32a Abs. 1 S. 1 GmbHG muß das Darlehen in einem Zeitpunkt gewährt worden sein, in dem ihr die Gesellschafter als ordentliche Kaufleute Eigenkapital zugeführt hätten. Zur Konkretisierung dieser unklaren und ausfüllungsbedürftigen Formel wird das schon für die alte Rechtslage entwickelte Kriterium der Kreditunwürdigkeit herangezogen[305]. Für eine Gleichsetzung mit haftendem Eigenkapital ist danach erforderlich, daß die Gesellschaft von dritter Seite keinen Kredit zu marktüblichen Bedingungen hätte erhalten können und deshalb ohne die Leistung hätte liquidiert werden müssen[306].

1. Kurzfristige Überbrückungskredite

Eine Einschränkung gilt für Kredite, die zur kurzfristigen Deckung eines nur vorübergehenden Geldbedarfs bestimmt sind; solche kurzfristigen Überbrükkungskredite haben von ihrer Zwecksetzung her nicht die Bedeutung eines

---

302 *Baumbach/Hueck*, § 32a Rdn. 38 mwN.; *Hachenburg/Ulmer*, §§ 32a/b Rdn. 29.

303 *Hachenburg/Ulmer*, §§ 32a/b Rdn. 89.

304 Siehe oben Kap. 2 B.II.2.

305 *Hachenburg/Ulmer*, §§ 32a/b Rdn. 42ff., 45; *Scholz/K. Schmidt*, §§ 32a/b Rdn. 32; *K. Schmidt*, Gesellschaftsrecht, S. 395, 862; *Fischer/Lutter/Hommelhoff*, §§ 32a/b Rdn. 10; *Meyer-Landrut/Miller/Niehus*, § 32a Rdn. 3; *Roth*, § 32a Anm. 2.2; *Baumbach/Hueck*, § 32a Rdn. 43; *Gersch/Herget/Marsch/Stützle*, Rdn. 244f.; *Raiser*, S. 273f.; a.A.: *K. Müller*, Gmbh-Rdsch. 1982, S. 40; *Geßler*, ZIP 1981, S. 232. Gleichbedeutend wird teilweise auch von „Kreditunfähigkeit" gesprochen. In der Bankbetriebslehre versteht man jedoch unter Kreditfähigkeit die Fähigkeit, rechtsgültige Kreditgeschäfte abzuschließen; *Hagenmüller/Diepen*, S. 373.

306 BGHZ 76, S. 326, 329f. = NJW 1980,S. 1524, 1525; BGHZ 81, S. 365, 367 = NJW 1982, S. 386; BGH NJW 1985, S. 2719; BGH NJW 1987, S. 1080, 1081.

kapitalersetzenden Dalehens[307]. „Überbrückungskredit" ist nicht gleichbedeutend mit „Kontokorrentkredit"[308]. Nicht alle Kredite, für die eine schwankende und vorübergehende Inanspruchnahme charakteristisch ist, sind ausgenommen[309]. Entscheidend ist auch insbesondere nicht allein die Berechtigung, innerhalb von kurzer Zeit die Rückführung verlangen zu können. Es kommt auf die konkrete Zwecksetzung an. Eine anderweitige Deckung des Kapitalbedarfs muß ernsthaft in Aussicht genommen sein[310]. Der Poolvertrag schreibt die von den einzelnen Kreditinstituten für die Sanierung zur Verfügung gestellten Kreditlinien fest[311]. Die Kredite können daher nach ihrer Beschaffenheit für die Dauer der Krise als Eigenkapitalersatz fungieren[312]. Diese Eignung fehlt nur, wenn im Einzelfall von vorneherein eine vollständige Rückführung aus anderen Mittelzuflüssen in absehbarer Zeit vereinbart ist. Eine solche Ausnahme dürfte regelmäßig nur für solche Forderungen in Frage kommen, die die festgelegten Linien überschreiten[313]. Bei denjenigen Forderungen, die die engen Voraussetzungen eines kurzfristigen Überbrückungskredits nicht erfüllen, richtet sich die Kapitalersatzfunktion nach dem zentralen Kriterium der Kreditunwürdigkeit.

2. Gemeinsame Aktion mit Fremdgläubigern

a) Die Tatsache, daß auch gesellschaftsrechtlich nicht engagierte Kreditinstitute an einem Finanzierungskonsortium mitwirken, ist nach einer *verbreiteten*

---

[307] BGH NJW 1977, S. 104, 105f. m.Anm. *K. Schmidt* NJW 1977, S. 107; BGHZ 75, S. 334, 337 = NJW 1980, S. 592; BGHZ 90, S. 381, 394 = NJW 1984, S. 1893, 1896; zust. *Scholz/K. Schmidt,* §§ 32a/b Rdn. 36; *Hachenburg/Ulmer,* §§ 32a/b Rdn. 45; *Meyer-Landrut/Miller/Niehus,* § 32a Rdn. 3; *Roth,* § 32a Anm. 2.3; *Gersch/Herget/Marsch/Stützle,* Rdn. 243; *Rümker/H. P. Westermann,* S. 47; Bedenken wegen Abgrenzungsschwierigkeit: *Baumbach/Hueck,* § 32a Rdn. 29; differenzierend: *Fischer/Lutter/Hommelhoff,* §§ 32a/b Rdn. 22f.; gegen eine Ausklammerung kurzfristiger Mittel: *A. Müller,* S.28ff., 33ff.

[308] So aber wohl *Claussen,* AG 1985, S. 180, der gleichbedeutend von „Überziehungskredit spricht; vgl. demgegenüber *M. Obermüller,* Die Bank im Konkurs, Rdn. 681, wonach ein „Überziehungskredit" zur Überwindung übersehbarer einmaliger Liquiditätsanspannungen über die vereinbarte Linie eines Kontokorrentkredits hinaus kurzfristig gewährt wird.

[309] A.A. anscheinend *Rümker,* FS Stimpel, S. 695.

[310] Vgl. *Scholz/K. Schmidt,* §§ 32a/b Rdn. 36. Wohl ähnlich nehmen *Fischer/Lutter/Hommelhoff,* §§ 32a/b Rdn.22 Zwischenkredite aus, wenn mit einem alsbaldigen Mittelzufluß zu deren Ablösung nicht zu rechnen ist.

[311] *Heinsius,* in: Birk/Kreuzer, S.151; vgl. auch das Fallbeispiel bei *Herrhausen,* Die Bank 1979, S. 361, in dem zu einer Sanierung ein Bankenpool organisiert wurde und längerfristige Kredite bereitgestellt wurden. Die Aussage von *Uhlenbruck* (Die GmbH & Co.KG, S. 128), Sanierungskredite, die sich nicht als Überbrückungsdarlehen darstellen, seien regelmäßig Verschleppungsdarlehen und besonders gefährlich, stellt die Dinge auf den Kopf; gerade Sanierungskredite können häufig die erhoffte Wirkung nur dann zeigen, wenn sie für längere Zeit zur Verfügung stehen.

[312] Zu diesem Erfordenis s. *Scholz/K. Schmidt,* §§ 32a/b Rdn. 36.

[313] Vgl. Anh.I § 4 Abs. 3; Anh. II § 4 Abs. 3c.

Ansicht ein Indiz für die Kreditwürdigkeit der Gesellschaft[314]. Diese Überlegung wird sowohl für die Einräumung eines Kredits als auch für dessen Belassung angestellt[315]. Die Erwägung, daß die Gesellschaft auch für Dritte noch kreditwürdig ist, soll nicht nur bei Beteiligung an einem Finanzierungskonsortium zur Stützung der von der Krise betroffenen Gesellschaft gelten, sondern auch bei der sonstigen Mitwirkung an einer Sanierungsaktion gemeinsam mit Fremdgläubigern[316]. Wenn es auf die gleichrangige Beteiligung auch von Nichtgesellschaftern an einer gemeinsamen Aktion ankommt[317], besteht in der Tat kein Grund, die Indizwirkung auf das klassische Kreditkonsortium zu beschränken. Der Poolvertrag bewirkt ebenfalls eine Gleichbehandlung hinsichtlich des Kreditrisikos, so daß die Argumentation auch auf den Bankenpool übertragen werden kann[318].

Fraglich ist jedoch, ob wirklich von der Tatsache, daß sich auch Fremdgläubiger auf vergleichbare Weise in der Krise engagieren, auf die Kreditwürdigkeit des Schuldners geschlossen werden darf. Die Begründung klingt bestechend: Die Poolpartner sind Dritte und geben ebenfalls Kredit zu — dies sei hier unterstellt — marktüblichen Bedingungen[319].

b) Dennoch bestehen *Bedenken*, ob man noch ohne weiteres von Kreditwürdigkeit sprechen kann, wenn die Poolbildung auf wirtschaftlichen Schwierigkeiten des gemeinsamen Schuldners beruht. Auf diese Weise werden nämlich die *Gründe* vernachlässigt, die die Banken zu einer *weiteren Kreditgewährung* veranlassen[320]. Es handelt sich durchweg um bereits engagierte Gläubiger, so daß bei der Kreditentscheidung etwa auch die Rettung alter Kredite, soziale Faktoren, das „Standing“ und andere Aspekte eine Rolle spielen mögen[321].

---

[314] Vgl. *Scholz / K. Schmidt*, §§ 32a / b Rdn. 38; *Hachenburg / Ulmer*, §§ 32a / b Rdn. 53, 61; *Fleck*, FS Werner, S. 127; *M. Obermüller*, Die Bank im Konkurs, Rdn. 761; *Rümker*, FS Stimpel, S. 700f.; *Kilger*, KO, § 32a Anm. 2; *Fischer / Lutter / Hommelhoff*, §§ 32a / b Rdn. 14, 17, *Huber*, GmbH-Rdsch. 1988, S. 148; eher zurückhaltend *v. Gerkan*, GmbH-Rdsch. 1986, S. 220.

[315] *Rümker*, FS Stimpel, S. 701.

[316] *Hachenburg / Ulmer*, §§ 32a / b Rdn. 61; vgl. auch *Fischer / Lutter / Hommelhoff*, §§ 32a / b Rdn. 17, nach denen die zeitliche, wenn auch nicht in einem Konsortium mit dem Gesellschafterdarlehen koordinierte Kreditvergabe durch außenstehende Dritte der Annahme von Eigenkapitalersatz entgegensteht.

[317] Vgl. *Hachenburg / Ulmer*, §§ 32a / b Rdn. 53; ähnlich auch *K. Schmidt*, ZHR 147 (1983), S. 186 bei Negativerklärungen (jedoch nicht zur Kreditwürdigkeit, sondern zur Rollendifferenzierung).

[318] Zutr. insofern *M. Obermüller*, Die Bank im Konkurs, Rdn. 761; siehe bereits oben I.

[319] Ein wirklich angemessener „Risikozuschlag“ (vgl. *Menzel*, AG 1982, S. 199) würde die Kredite vielfach so verteuern, daß eine Sanierung schon deshalb aussichtslos wäre.

[320] In OLG Hamburg, NJW-RR 1988, S. 46, 48 (im Ergebnis bestätigt von BGHZ 105, S. 168, 179ff. = NJW 1988, S. 3143, 3146f.) wird dieser Aspekt erkannt; aus welchen Gründen die Gläubigerbanken in jenem Fall ihre Kredite nicht gekündigt haben, blieb aber offen, weil der Senat dessen ungeachtet von der Kreditunwürdigkeit der GmbH überzeugt war.

Nicht selten wird die Verantwortung für das weitere Schicksal des Kreditnehmers als eher unerwünschte Verpflichtung empfunden, der man sich nicht entziehen kann[322]. Sind mit der Formulierung „von dritter Seite“ nicht eher beliebige, durchschnittlich risikobewußte[323] professionelle Kreditgeber angesprochen, die sich ausschließlich von der wirtschaftlichen Lage und gegebenenfalls den persönlichen Verhältnissen des Kreditantragstellers leiten lassen[324]?

Die genannten Bedenken hängen eng mit einem weiteren Gesichtspunkt zusammen: Muß nicht an Stelle des Parallelverhaltens anderer Gläubiger auf den *konkreten Kredit* der Gesellschafter-Bank abgestellt werden? Dann wäre nämlich zu fragen, ob ein Dritter einspringen würde, wenn der Gesellschafter diesen Kredit zurückfordern oder gar nicht erst geben würde. Die Antwort würde vielfach negativ ausfallen. Die Festschreibung der Kreditlinien soll ja gerade das Ausscheren einzelner Kreditgeber verhindern. Dies wäre überflüssig, wenn der dadurch entstehende Ersatz-Bedarf ohne weiteres auf dem Kreditmarkt gedeckt werden könnte. Kaum ein Poolpartner geschweige denn ein bisher nicht engagiertes Kreditinstitut dürfte in der Krise des Schuldnerunternehmens bereit sein, die Finanzierungslücke zu füllen, wenn die Gesellschafter-Bank ihre Kredite zurückfordern würde.

Diese Einschätzung wird auch durch die Existenz der Poolsicherheiten regelmäßig nicht in Frage gestellt. Unter Umständen negative, keinesfalls aber positive Rückschlüsse auf die Kreditwürdigkeit erlauben diejenigen Sicherheiten, die von anderen Gesellschaftern oder sonstigen Dritten stammen[325]. Soweit die Gesellschaft aus ihrem eigenen Vermögen vollwertige Sicherheiten stellen kann, spricht dies zwar — wenn auch nicht zwingend — für ihre Kreditwürdigkeit[326]. Es sind aber stets Feststellungen erforderlich, ob die Sicherheiten tatsächlich eine ausreichende Kreditgrundlage sind[327]. In der Krise dürften ausreichende Sicherheiten, die trotz der gebotenen vorsichtigen Bewertung die

---

321 Vgl. bereits oben Kap. 1 C.III.2.

322 Vgl. etwa *Bönkhoff,* S. 22f.

323 Auf die Sicht eines besonders auf Risikovermeidung bedachten Kreditinstituts kommt es nicht an; *H. P. Westermann,* Haftungsfragen, S. 88 mwN.

324 Eher verneinend *Fleck,* FS Werner, S.118. Daß nicht *„jeder“* Kreditgeber bereit sein muß, der Gesellschaft Geld zu leihen, ergibt sich auch aus BGH DB 1988, S. 38f.: Ohne Feststellungen über die Finanzierungsmöglichkeiten auf dem allgemeinen Kapitalmarkt darf aus einer Kreditverweigerung durch die Hausbanken nicht auf die Kreditunwürdigkeit geschlossen werden. Freilich stellt der BGH in der Sache eher auf *beliebige* Kreditnehmer ab, wenn er nach dem (hypothetischen) Verhalten anderer, wirtschaftlich vernünftig handelnder Kreditgeber fragt, wobei primär wirtschaftliche Motive herangezogen werden („sicheres Geld zu verdienen ...“).

325 Vgl. hierzu *Fischer/Lutter/Hommelhoff,* §§ 32a/b Rdn. 18ff.; *Scholz/K.Schmidt,* §§ 32a/b Rdn. 34.

326 BGH NJW 1987, S. 1080, 1082; BGH NJW 1985, S. 858; *Fleck,* FS Werner, S. 117f.; *K. Schmidt,* ZIP 1981, S. 695; *Hachenburg/Ulmer,* §§ 32a/b Rdn. 51.

327 Vgl. BGH NJW 1987, S. 1080, 1082.

vollständige Kreditrückzahlung gewährleisten, nur selten vorhanden sein[328]. Speziell im Falle des Poolvertrages legen ausgeklügelte Risikoverteilungsklauseln die Annahme nahe, daß ein Forderungsausfall nicht nur als rein theoretische Gefahr gesehen wird. In dieser Situation scheidet eine Ablösung der Gesellschafter-Bank regelmäßig aus, so daß dem anwendbaren Vergleichsmaßstab entscheidende Bedeutung zukommt.

c) Soweit es um die *Belassung* eines bei seiner Gewährung neutralen Darlehens geht, wird teilweise in *Abwandlung des generellen Maßstabs* darauf abgestellt, ob auch ein nicht an der Gesellschaft beteiligter Gläubiger mit Rücksicht auf die finanzielle Lage der Gesellschaft in eine Verlängerung oder Stundung eingewilligt hätte; maßgebend sei insoweit nicht die generelle Kreditwürdigkeit für einen Kredit dieser Größenordnung, sondern das hypothetische Verhalten eines entsprechenden Drittgläubigers[329]. Dies gelte namentlich dann, wenn das Verlangen nach sofortigem Abzug des Darlehens den Zusammenbruch der Gesellschaft auslösen würde[330].

Interessant an diesem Ansatz ist, daß der zwischenzeitliche Eintritt der Krise keineswegs geleugnet wird[331]. Damit taucht die Frage auf, ob man noch von Gleichstellung sprechen kann, wenn hinsichtlich des kritischen Zeitpunkts dergestalt zwischen dem Stehenlassen von Altkrediten und der Gewährung von Neukrediten differenziert wird.

Im Sinne des *Gesetzgebers* dürfte dieses Vorgehen nicht sein: In § 32a Abs.2 S.2 des Regierungsentwurfs[332] heißt es für die Stundung einer Forderung ausdrücklich, daß der Zeitpunkt der Stundung als Zeitpunkt der Darlehensgewährung gilt. Wenn diese Formulierung in der gestrafften Fassung des Gesetzestextes nicht mehr enthalten ist, so war damit keine inhaltliche Abschwächung beabsichtigt; auf die in der Entwurfsfassung enthaltene Kasuistik kann vielmehr weiterhin als Auslegungshilfe zurückgegriffen werden[333].

Vereinzelte Äußerungen der *Rechtsprechung* scheinen die genannte Ansicht zu stützen: Der Grund für die Gleichbehandlung liege darin, daß ein Gesellschafter sich zu einer Finanzhilfe entschlossen, für diese aber die für ihn scheinbar

---

[328] Bei beschränkter Sicherungsmöglichkeit könnte sich allenfalls die weitere Frage stellen, ob die Aufspaltung eines Darlehens in einen kapitalersetzenden und einen nicht kapitalersetzenden Teil möglich ist; verneinend: *Hachenburg / Ulmer*, §§ 32a / b Rdn. 50; *Scholz / K. Schmidt*, §§ 32a / b Rdn. 44; *Fischer / Lutter / Hommelhoff*, §§ 32a / b Rdn. 43; a.A.: *Rowedder*, § 32a Rdn. 12; *Roth*, § 32a Anm. 2.3; *Baumbach / Hueck*, § 32a Rdn. 48.

[329] *Hachenburg / Ulmer*, §§ 32a / b Rdn. 44, 49; *Fleck*, FS Werner, S. 117f.

[330] *Hachenburg / Ulmer*, §§ 32a / b Rdn. 49.

[331] S. Hachenburg / Ulmer, §§ 32a / b Rdn. 49 a. E.; vgl. auch *A. Müller*, S. 102, der aber wohl nur an die (seltenen) Fälle denkt, in denen Kredite trotz Konkursreife vollständig besichert werden können, und nicht auch an die auf aaO. S. 101 angesprochenen externen Stützungsmaßnahmen.

[332] Abgedruckt bei *Roth*, § 32a Anm. 1.

[333] Vgl. *Roth*, § 32a Anm. 1, 5.1.

weniger riskante Form der Darlehensgewährung gewählt habe, obwohl die Vermögenslage der Gesellschaft die Zufuhr echten Eigenkapitals erfordert hätte und ein außenstehender Geldgeber in sonst gleicher Lage (!) nicht bereit gewesen wäre, der Gesellschaften zu denselben Bedingungen Kredit zu geben[334]. Aber schon die darauffolgende Aussage in derselben Entscheidung deutet in eine andere Richtung: Entscheidend sei die Wahlfreiheit zwischen einem finanziellen Beitrag überhaupt mit dem Risiko seiner Inanspruchnahme als haftendes Kapital und dem Absehen von jeglicher Finanzhilfe, was zu einer sofortigen, für die Gläubiger unter Umständen günstigeren Liquidation führen könne[335]. Erforderlich ist nämlich nicht nur, daß die Gesellschaft von dritter Seite keinen Kredit zu marktüblichen Bedingungen erhalten hätte, sondern daß sie deshalb ohne die Leistung hätte liquidiert werden müssen. Damit ist konkret der finanzielle Beitrag des Gesellschafters angesprochen. Eine Analyse der einschlägigen Entscheidungen zeigt, daß die Rechtsprechung nie wirklich prüft, ob externe Gläubiger sich ebenso verhalten hätten. Zu Recht wird vielmehr auch bei stehengelassenen Darlehen gefragt, ob die Gesellschaft ohne die Hilfe *des Gesellschafters* noch lebensfähig wäre oder ob sie liquidiert werden müßte, wenn er *sein* Darlehen abzöge[336].

d) Es darf nicht verkannt werden, daß diese Rechtsprechung — insbesondere wenn man sie auf besicherte Bankenkredite überträgt — schwerwiegende Konsequenzen nach sich ziehen kann[337]. Die grundsätzliche Berechtigung von *Differenzierungsversuchen* soll daher auch keineswegs bestritten werden. Nur dürfte die *Kreditunwürdigkeit nicht der geeignete Ansatzpunkt* sein. Die einmal getroffene Entscheidung, unter welchen Voraussetzungen finanzielle Leistungen überhaupt als Darlehensgewährung oder als rechtsrelevantes Stehenlassen erfaßt werden[338], sollte man nicht zu korrigieren versuchen, indem ohne zwingenden sachlichen Grund der kritische Zeitpunkt für das Stehenlassen später angesetzt wird. Ist das gefundene Ergebnis aufgrund besonderer Umstän-

---

[334] BGHZ 90, S. 381, 390 = NJW 1984, S. 1893, 1895 (zu Gelddarlehen ohne ausdrückliche Differenzierung zwischen Alt- und Neukrediten) unter Hinweis auf BGHZ 81, S. 252, 263 = NJW 1981, S. 2570, 2573 (dort ging es um die Stundung von Forderungen aus Warenlieferungen); vgl. auch BGH DB 1988, S. 38 (hierzu bereits oben bei b) Fn. 324).

[335] BGHZ 90, S. 381, 390 = NJW 1984, S. 1893, 1895.

[336] Vgl. BGHZ 75, S. 334, 336f. = NJW 1980, S. 592; BGHZ 76, S. 326, 330 = NJW 1980, 1524, 1525; BGHZ 81, S. 252 = NJW 1981, S. 2570, 2571; BGHZ 81, S. 311, 317 = NJW 1982, S. 383, 384f.; BGH NJW 1985, S. 2719; BGH NJW 1987, S. 1080, 1081; vgl. auch *Hommelhoff,* ZGR 1988, S. 462; *Rümker,* ZGR 1988, S. 499, 503.

[337] Vgl. *K. Schmidt,* ZHR 147 (1983), S. 190f.

[338] Zu dieser grundsätzlichen Frage vgl. etwa den Ansatz von *Ullrich,* GmbH-Rdsch.1983, S. 145, wonach beim Stehenlassen zwischen gesellschaftsrechtlich begründeten Ansprüchen und solchen aus Verkehrsgeschäften zu unterscheiden ist; ähnlich K.Schmidt, ZHR 147 (1983), S. 191; s. aber BGHZ 81, 311, 317f. = NJW 1982, S. 383, 384f., wo auch bei Bankdarlehen nicht zwischen Alt- und Neukrediten differenziert wird.

de des Einzelfalles nicht mit dem Gesetzeszweck vereinbar, mag eine teleologische Reduktion diskutiert werden[339].

Im übrigen ist es problematisch, diesen Zeitpunkt nach objektiven Kriterien festzustellen, wenn eine Gesellschaft einmal nicht mit mehreren Banken zusammenarbeitet. Wie lange ein Dritter in sonst gleicher Lage das Schuldnerunternehmen gestützt hätte, ist eine eher spekulative Frage[340]. Im Zweifel müßte man eine entsprechende Bereitschaft unterstellen, solange eine ernsthafte Aussicht auf Sanierung bestand. Faktisch käme man damit aber auf Umwegen in bedenkliche Nähe eines Sanierungsprivilegs, das die herrschende Meinung mit Recht ablehnt[341].

Ähnlichen Bedenken begegnet es, das Kriterium der Kreditunwürdigkeit für gutachterlich abgesicherte Sanierungskredite zu verneinen, auch wenn die Gesellschaft für marktübliche Kredite kreditunwürdig ist[342]. Die Aufgabe der Informationsbeschaffung und -aufbereitung kann externen Personen übertragen werden; das Urteil, ob der Kreditnehmer kreditwürdig ist, der Kredit also gewährt werden kann, obliegt dem Kreditgeber selbst[343]. Selbst wenn das Gutachten bestätigt, daß eine Sanierung möglich ist, muß jeder Kreditgeber für sich entscheiden, ob er die Kreditrückzahlung als „hinreichend" gesichert ansieht[344]. Einen Gesellschafter trifft aber eine besondere Finanzierungsverantwortung[345]. Wenn ein Sanierungskredit für einen außenstehenden Kreditgeber vertretbar ist, heißt das noch nicht, daß auch ein Gesellschafter das Finanzierungsrisiko trotz unzureichender Kapitalausstattung des Unternehmens auf die Gläubiger abwälzen darf. Zumindest recht mißverständlich ist insofern auch die eingangs vorgestellte Begründung von *Fleck*[346]: Wenn sich ein Gesellschafter ebenso wie ein als „ordentlicher (Bank-)Kaufmann" handelnder Fremdgläubiger verhält, schließt dies nicht aus, daß ein *„Gesellschafter* als ordentlicher Kaufmann" (§ 32a Abs. 1 S. 1 GmbHG) statt des Darlehens Eigenkapital zugeführt hätte.

---

339 Zur Rollendifferenzierung s. u. bei V.

340 Vgl. *H. P. Westermann,* ZIP 1982, S. 390; ders., ZIP 1983, S. 1285; die Schwierigkeit entspr. hypothetischer Feststellungen erkennt auch *Fleck,* FS Werner, S. 119, der jedoch übersieht, daß nicht allein objektiv meßbare Anhaltspunkte entscheiden.

341 *Scholz / K. Schmidt,* §§ 32a / b Rdn. 33; *K. Schmidt,* ZHR 147 (1983), S. 175ff. 180f.; *Hachenburg / Ulmer,* §§ 32a / b Rdn. 57; jeweils mwN.

342 Diese Differenzierung wurde von *K. Schmidt,* ZHR 147 (1983), S. 188f., 194 zur Diskussion gestellt.

343 Vgl. *Bönkhoff,* S. 16.

344 Vgl. *Bönkhoff,* S. 38f. (für ein bisher nicht engagiertes Kreditinstitut dürfte der Beurteilungsprozeß spätestens auf der zweiten Stufe des Ablaufdiagramms (aaO. Abb. 1) beendet sein).

345 *Scholz / K. Schmidt,* §§ 32a / b Rdn. 4.

346 *Fleck,* FS. Werner, S. 127 (s. oben I.).

Der Ausdruck „Kreditunwürdigkeit“ ist daher für sich genommen zur Bestimmung der Kapitalersatzfunktion nur in begrenztem Maße geeignet, denn er umschreibt nur schlagwortartig und in stark verkürzter Form die dahinter stehende Formel[347]. Ein eigenständiger, von jener Zwecksetzung losgelöster Argumentationswert ist diesem Begriff nicht beizumessen[348], zumal der Schluß von der tatsächlichen Kreditgewährung auf die Kreditwürdigkeit keineswegs zwingend ist[349].

Die berechtigte Feststellung, daß selbst ein guter Zweck, z. B. der einer mit Gesellschafterdarlehen teuer zu erkaufenden Sanierung, nicht von der Anwendung der Bestimmungen befreit[350], sollte nicht durch eine zu starke Aufweichung des Kriteriums der Kreditunwürdigkeit unterlaufen werden. Es ist einzuräumen, daß Märkte und marktübliche Bedingungen für Sanierungskredite nicht existieren[351]. Dies ist jedoch kein Grund, die Formel von den Fremdkrediten zu marktüblichen Bedingungen zu relativieren. Gerade weil die Gesellschaft den lebensnotwendigen Kapitalbedarf wegen ihrer wirtschaftlichen Lage[352] auf dem allgemeinen Kreditmarkt nicht mehr decken kann, ist die Situation eingetreten, die es zu erfassen gilt: die Krise der GmbH[353].

Zusammenfassend ergibt sich, daß der Eintritt des kritischen Zeitpunkts einheitlich festzustellen ist. Es ist zu fragen, ob die Lebensfähigkeit der Gesellschaft durch Kredite von dritter Seite zu marktüblichen Bedingungen auch dann noch gewährleistet gewesen wäre, wenn der Gesellschafter *seinen* Kredit nicht gegeben bzw. abgezogen hätte. Die Bildung eines Pools ist dann eher ein Indiz für als gegen die „Kreditunwürdigkeit“ der Gesellschaft.

---

[347] Daß nämlich die Gesellschaft von dritter Seite keinen Kredit zu marktüblichen Bedingungen hätte erhalten können und deswegen hätte liquidiert werden müssen.

[348] Daher kann es entgegen *Rümker*, FS Stimpel, S. 701 auch nicht darauf ankommen, daß jedes Kreditinstitut gemäß § 18 KWG die Kreditwürdigkeit des Schuldners prüfen muß. Dies mag für eine einen ernsthaften und seriösen Sanierungsversuch sprechen (s.oben A.II.2.a)(2) zu §§ 138, 826 BGB), dispensiert jedoch nicht von den Regeln über kapitalersetzende Gesellschafterdarlehen.

[349] Vgl. die oben bei b) geäußerten Bedenken.

[350] *Scholz / K. Schmidt*, §§ 32a a / b Rdn. 8.

[351] Vgl. *K. Schmidt*, ZHR 147 (1983), S. 188; *Fleck*, FS Werner, S. 117; *Claussen*, ZHR 147 (1983), S. 205f; s.a. den Diskussionsbericht in ZHR 147 (1983), S. 220.

[352] Nur auf diese kommt es an; ein „faktischer Kreditstop“ aus nicht in der Gesellschaft liegenden Gründen (vgl. *Claussen*, ZHR 147 (1983), S. 205f.) hat selbstverständlich außer Betracht zu bleiben.

[353] Kredite im Vorfeld einer etwaigen Insolvenz bilden nach dem Normzweck einen Hauptanwendungsfall der Vorschriften über Gesellschafterdarlehen; vgl. etwa *Hachenburg / Ulmer*, §§ 32a / b Rdn. 41, 57. Konkursabwendende Sanierungskredite sind die klassische Fallgruppe; *K. Schmidt*, Gesellschaftsrecht, S. 862.

V. Das Problem der Rollendifferenzierung

Das Recht der kapitalersetzenden Gesellschafterdarlehen kennt kein allgemeines Bankenprivileg in dem Sinne, daß Banken als institutionelle Kreditgeber von seiner Geltung ausgenommen sind[354]. Ein Poolpartner kann sich somit nicht allein unter Hinweis auf sein Gewerbe entlasten; der Einwand, er sei institutioneller Kreditgeber, ist unbeachtlich. Gilt dies aber auch für den Einwand, er habe im konkreten Fall „als Bank“ und nicht „als Gesellschafter“ gehandelt?

1. Die Zulässigkeit eine *Rollendifferenzierung* ist *umstritten.* Namentlich K.Schmidt hält eine Trennung von Gesellschafterrolle und Kreditgeberrolle im Wege teleologischer Reduktion in Ausnahmefällen für möglich[355]. Dem Gesellschafter müsse der Einwand gestattet sein, daß jeder Zusammenhang zwischen der Mitgliedschaft und der Kreditvergabe nach Lage des Falles ausscheide[356]. So sei es insbesondere, wenn ein Kreditinstitut gemeinsam mit anderen gesellschaftsrechtlich nicht engagierten Kreditinstituten ein Finanzierungskonsortium bilde[357]. Auch diese Argumentation ließe sich gleichermaßen auf gemeinsame Aktionen in Form des Bankenpools übertragen[358]. Die herrschende Meinung folgt diesem Lösungsansatz bislang jedoch nicht[359].

Die Feststellung des Bundesgerichtshofs im „Sonnenring“-Fall, es sei gleichgültig, von welchen Beweggründen sich ein Gesellschafter bei der Darlehensgewährung leiten lasse[360], steht dem genannten Vorschlag nicht schon entgegen. Wenn in diesem Zusammenhang weiter ausgeführt wird, daß sich Gesellschaf-

---

[354] *Scholz/K. Schmidt,* §§ 32a/b Rdn. 31 mwN.; selbst die als „a.A.“ genannten Autoren tendieren eher zu einem auf Kreditinstitute begrenzten Sanierungsprivileg (zu diesem Verständnis eines allgemeinen Bankenprivilegs s. *Fleck,* FS Werner, S. 125).

[355] S. *K. Schmidt,* ZHR 147 (1983), S. 182ff.; *ders.,* ZIP 1981, S. 690; zust.: *Schröter/Weber,* ZIP 1982, S. 1028; grds. auch *Menzel,* AG 1982, S. 202f.; ähnlich: *Rümker,* ZIP 1982, S. 1391ff.; weitergehend: *H. P. Westermann,* ZIP 1982, S. 390f.; *ders.,* ZIP 1983, S. 1284f.

[356] *Scholz/K. Schmidt,* §§ 32a/b Rdn. 38; vgl. auch *Gersch/Herget/Marsch/Stützle,* Rdn. 250, nach denen eine innere Beziehung zwischen Darlehensgewährung und Gesellschaftereigenschaft bestehen muß.

[357] *Scholz/K. Schmidt,* §§ 32a/b Rdn. 38; *K. Schmidt,* ZHR 147 (1983), S. 182ff., 185f., 193; *Schlegelberger/K. Schmidt,* § 172a Rdn. 28; vgl. a. *Rümker,* ZIP 1982, S. 1393 („tatsächliches (Alternativ-)Verhalten anderer Kreditinstitute“) sowie *Claussen,* ZHR 147 (1983), S. 211.

[358] S. bereits oben IV.2.a) zur Kreditwürdigkeit; besonders der auch für Negativerklärungen geltende Gesichtspunkt der Gleichbehandlung (vgl. *K. Schmidt,* ZHR 147 (1983), S. 186) kommt hier zum Tragen.

[359] Vgl. *Ulmer,* Zip 1984, S. 1164ff.; *Hachenburg/Ulmer,* §§ 32a/b Rdn. 33, 61; *Fischer/Lutter/Hommelhoff,* §§ 32a/b Rdn. 26; *Fleck,* FS Werner, S. 121f.; *Ullrich,* GmbH-Rdsch. 1983, S. 142ff.; *Roth,* § 32a Anm. 2.3.; *v. Gerkan,* GmbH-Rdsch. 1986, S. 221; wohl auch *Baumbach/Hueck,* § 32a Rdn. 17f.; unklar: *Rowedder,* § 32a Rdn. 22.

[360] BGHZ 81, S. 311, 315 = NJW 1982, S. 383, 384; vgl. a. *Ulmer,* ZIP 1984, S. 1167; *Hachenburg/Ulmer,* §§ 32a/b Rdn. 61; *Fleck,* FS Werner, S. 120f.

ter- und Gläubigerinteressen nicht trennen lassen, so bezieht sich dies auf eine Differenzierung nach subjektiven Kriterien. Gegen derartige Unterscheidungen bestehen in der Tat berechtigte Bedenken[361]. Die Mitwirkung an einem Bankenpool ließe ohnehin keine verläßlichen Rückschlüsse in dieser Richtung zu, weil die Beweggründe der Poolpartner nicht identisch sein müssen. Die von *K. Schmidt* vorgeschlagene Differenzierung knüpft jedoch nicht an die Motivation des Gesellschafters an. Die Abgrenzung erfolgt auch nicht nach der objektiven Interessenlage[362]. Die Zurechnung wird vielmehr verneint, wenn sich das *Handeln* des Kreditinstituts von dem eines Gesellschafters objektiv trennen läßt[363]. Daß die Motivation eines Gesellschafters an dessen Finanzierungsverantwortung nichts ändert, hat der Bundesgerichtshof jüngst noch einmal nachdrücklich bestätigt[364]. Unentschieden bleibt aber weiterhin die davon zu trennende Frage, ob der Gesellschafter ausnahmsweise darlegen und beweisen kann, daß er den Kredit als Drittdarlehen gegeben habe[365].

In der Mehrzahl aller Fälle dürfte eine derartige Trennung nicht möglich sein. Daraus folgt aber nicht zwingend, daß eine teleologische Reduktion selbst dann ausgeschlossen ist, wenn sich das objektive Verhalten eines Gesellschafters ausnahmsweise doch eindeutig seiner Kreditgeberrolle zuordnen läßt[366]. Gesetz und Rechtsprechungsgrundsätze knüpfen an die Doppelrolle von Gesellschafter und Kreditgeber an. Tragender Gedanke dieser Rechtssätze ist, daß die Gesellschafter ihre Doppelrolle nicht zu Lasten Dritter ausnützen dürfen[367]. Falls (nur) die Bankenrolle ausgenützt wird, sind andere Normen einschlägig[368]. Für eine teleologische Reduktion ist grundsätzlich Raum, wenn im konkreten Fall tatsächlich eine Rollendifferenzierung gelingt.

2. Damit stellt sich die Frage, ob der hier interessierende *Bankenpool* eine derartige Unterscheidung ermöglicht. Die *Gesellschafter-Bank* verhält sich nicht anders als die anderen Poolpartner und unterwirft sich hinsichtlich des

---

[361] S. *K. Schmidt,* ZHR 147 (1983), S. 182.

[362] A.A. wohl *Fleck,* FS Werner, S. 121 (Fn. 75).

[363] *K. Schmidt,* ZHR 147 (1983), S. 185, 193 (Hervorhebung hinzugefügt). Ob sich der Gesellschafter „in der Rolle als Kreditgeber gesehen hat" (vgl. *v. Gerkan,* GmbH&Rdsch. 1986, S. 221), gibt daher nicht den Ausschlag. Interessanterweise enthält auch BGHZ 81, S. 316 = NJW 1982, S. 383, 384 (obwohl es darauf „nicht einmal entscheidend ankommt") Feststellungen zur „Gesellschafterrolle" der klagenden Bank. Für eine Rollentrennung aufgrund objektiver Verhaltensweisen bot der Sachverhalt indes keinen Anlaß.

[364] BGHZ 105, S. 168, 176 = NJW 1988, S. 3143, 3145 (Hamburger Stahlwerke gegen Hamburger Landesbank); vgl. auch das vorinstanzliche Urteil, OLG Hamburg, NJW-RR 1988, S. 46 = GmbH-Rdsch. 1988, S. 141 m. Anm. *Huber.*

[365] *K. Schmidt* in seiner Urteilsanmerkung, NJW 1988, S. 3148f.

[366] Zu weitgehend die Auffassung von *Uhlenbruck,* GmbH-Rdsch. 1982, S. 152, daß ein Kreditinstitut im Zweifel in seiner Eigenschaft als Gläubiger handelt; siehe hierzu auch *K. Schmidt,* ZHR 147 (1983), S. 187 („weiches" Bankenprivileg).

[367] *Wiedemann,* S. 569.

[368] Insbes. §§ 138, 826 BGB, s. hierzu oben A.

Kreditrisikos einer strengen Gleichbehandlung. Entgegen einer verbreiteten Auffassungspricht dies zwar nicht für die „Kreditwürdigkeit" des gemeinsamen Schuldners[369], wohl aber für ein typisches Rollenverhalten. Wenn die anderen Banken trotz des gesellschaftsrechtlichen Engagements eine Gleichbehandlung akzeptieren, ohne auf eine besondere Finanzierungsverantwortung zu pochen, so deutet dies im übrigen darauf hin, daß sie den Gesellschafter hinsichtlich der Kreditgewährung als ihresgleichen betrachten. Das beteiligte Kreditinstitut agiert, sofern gegenteilige Anhaltspunkte fehlen[370], aus dem „Lager" der Banken und somit als „reiner Kreditgeber"[371]. Freilich wird man außenstehende Kreditgeber dann nicht als Maßstab typischen Bankenverhaltens heranziehen können, wenn diesen von dritter Seite — etwa durch staatliche Bürgschaften — jegliches Kreditrisiko abgenommen wird[372].

Die typische Insider-Stellung des GmbH-Gesellschafters mag anderen Differenzierungsversuchen entgegenstehen[373]. Angesichts der umfassenden Informationsmöglichkeiten sämtlicher Poolbanken[374] dürfte der Einblick in die wirtschaftlichen Verhältnisse der Gesellschaft jedenfalls kein Kriterium sein, das eine Differenzierung nach dem Rollenverhalten von institutionellen Kreditgebern ausschließt.

3. Gegen eine teleologische Reduktion wird eingewandt, es fehle ein *praktisches Bedürfnis*, das die damit verbundene Rechtsunsicherheit rechtfertigen könne[375]. Gewähre die Bank den Kredit unabhängig von ihrer Gesellschafterstellung, so werde die Qualifizierung als Eigenkapitalersatz regelmäßig schon daran scheitern, daß die Gesellschaft auch für Dritte noch kreditwürdig sei[376].

---

369 S. oben IV.2.

370 So könnte etwa diskutiert werden, ob eine Mehrheitsherrschaft die negative Zurechnung ausschließt; vgl. *K. Schmidt*, ZHR 147 (1983), S. 185. In erster Linie ist jedoch zu prüfen, ob sich das *Verhalten* des Gesellschafters als Kreditgeber trotz der Poolung von dem der anderen Partner unterscheidet oder ob letztere selbst — aus welchen Gründen auch immer — nicht „banküblich" handeln.

371 Zu den Formulierungen s. *K. Schmidt*, ZHR 147 (1983), S. 186, 193.

372 Vgl. den Fall Hamburger Stahlwerke gegen Hamburger Landesbank, BGHZ 105, S. 168, 184f. = NJW 1988, S. 3143, 3147. Der BGH, der diesen Aspekt bei der Frage der Kreditwürdigkeit trotz interner quotaler Beteiligung an Konsortialkrediten anspricht, hatte daher letztlich auch in dieser Entscheidung keinen zwingenden Anlaß, sich mit dem Problem der Rollendifferenzierung auseinanderzusetzen. Daß die Konsorten den Kredit nur gewährten, weil sie mit der öffentlichen Hand einen sicheren Rückzahler hatten (vgl. Huber, GmbH-Rdsch. 1988, S. 148 in seiner Anmerkung zum vorinstanzlichen Urteil), dürfte der Entscheidung unausgesprochen zugrundegelegen haben.

373 S. Ulmer, ZIP 1984, S. 1166f.; *Hachenburg/Ulmer*, §§ 32a/b Rdn. 33; a.A.: *Immenga*, ZIP 1983, S. 1410 (arg.: auch Kreditgeber haben Einblick ...).

374 Der mit der Prüfung der Sanierungsaussichten verbundene Informationsvorsprung der Kreditinstitute veranlaßt *Uhlenbruck*, GmbH-Rdsch.1986, S. 113, auch im Zusammenhang mit Sanierungskrediten von „Insiderhaftung" (wohl nach § 826 BGB) zu sprechen.

375 *Ulmer*, ZIP 1984, S. 1167; *Hachenburg/Ulmer*, §§ 32a/b Rdn. 33, 61.

376 *Hachenburg/Ulmer*, §§ 32a/b Rdn. 61.

Bei einer Sanierungsaktion gemeinsam mit Fremdgläubigern, auf die namentlich hingewiesen wird[377], trifft diese Einschätzung aber dann nicht zu, wenn man das hier vertretene Verständnis von der „Kreditunwürdigkeit" zugrundelegt. Entfällt damit aber die Möglichkeit, derartige Verhaltensweisen bereits mit den herkömmlichen Kriterien befriedigend zu erfassen, läßt sich das fehlende praktische Bedürfnis einer teleologischen Reduktion nicht hilfsweise mit der eher vagen Feststellung begründen, daß Bankbeteiligungen an Gesellschaften mbH zu den Ausnahmen gehören[378].

4. Trotz des unterschiedlichen Ansatzes dürften aber, wie gerade die Hinweise auf das fehlende praktische Bedürfnis einer Rollendifferenzierung zeigen, *Gemeinsamkeiten* in den angestrebten Ergebnissen bestehen. So wird auch von denjenigen, die einer Restriktion ablehnend gegenüberstehen, nicht in Frage gestellt, daß es sich bei gemeinsamen Sanierungsaktionen prinzipiell um rechtspolitisch erwünschte Finanzierungen handelt[379]. Überdies sieht man wohl ebenfalls nicht recht ein, weshalb aus Gründen des Gläubigerschutzes auch solche Kredite zu solchen Bedingungen kapitalersetzend sein sollen, die andere Banken „in sonst gleicher Lage" genauso gewährt haben[380]. Das als wirtschaftlich vernünftig erachtete Ergebnis wird auch jeweils aus dem Verhalten anderer Kreditgeber abgeleitet. Nur geschieht dies im einen Fall mittelbar durch eine meines Erachtens problematische Interpretation der „Kreditunwürdigkeit", während die teleologische Reduktion unmittelbar an das Rollenverhalten anknüpft. Wenn man im Ergebnis auf beiden Wegen zu einer „Rollendifferenzierung" gelangt[381], besteht für einen Umweg kein überzeugender Grund.

Eine vermehrte Rechtsunsicherheit ist mit der hier befürworteten teleologischen Reduktion nicht verbunden. In beiden Fällen sind eindeutige Aussagen praktisch nur möglich, wenn mehrere Kreditinstitute vorhanden sind, auf deren konkretes Parallelverhalten verwiesen werden kann[382]. Dies ist aber im Rahmen eines eng begrenzten *Ausnahmetatbestands*, den der Gesellschafter darlegen und

---

[377] *Hachenburg / Ulmer,* §§ 32a / b Rdn. 127; *Fleck,* FS Werner, S. 127.

[378] Siehe aber *Hachenburg / Ulmer,* §§ 32a / b Rdn. 61 unter Hinweis auf die rechtstatsächlichen Feststellungen von *Ullrich,* GmbH-Rdsch. 1983, S. 134f.; zu deren begrenzter Aussagekraft s. o. II (bei Fn. 283).

[379] Siehe namentlich *Fleck,* FS Werner, S. 126f.; wohl auch insofern übereinstimmend *Hachenburg / Ulmer,* §§ 32a / b Rdn. 61.

[380] Siehe *Fleck,* FS Werner, S. 127: „Auch hier (bei gemeinsamen Sanierungsaktionen) handelt der Gesellschafter, der an der Sanierungsaktion mitwirkt, nicht anders als die Fremdgläubiger." Eine derartige Gesellschafterkonkurrenz haben die Drittgläubiger zu erwarten; vgl. *Ullrich,* GmbH-Rdsch. 1983, S. 143: Das Ziel des § 32a GmbHG sei es, den Gesellschafter-Gläubiger nur in dem Maße am Konkurs teilhaben zu lassen, in dem er einem außenstehenden Drittgläubiger gleichstehe und dessen allgemeine Gläubigergefahren teile.

[381] Vgl. *Fleck,* FS Werner, S. 128.

[382] S. o. IV.2.d) zur spekulativen Frage, wie lange ein Dritter das Unternehmen gestützt hätte.

beweisen muß[383], eher hinzunehmen als für das anspruchsbegründende Kriterium der „Kreditunwürdigkeit", denn die Feststellungsschwierigkeiten gehen so zu Lasten desjenigen, der durch seine gleichzeitige Gesellschafterstellung die „Vermutung" für einen inneren Zusammenhang mit der Kreditgewährung begründet hat. Unter dem Gesichtspunkt des Gläubigerschutzes läßt sich die faktische Benachteiligung des Kreditgebers im Falle einer einzigen Bankverbindung sogar damit rechtfertigen, daß ein unkontrollierter Alleingang eher die abstrakte Gefahr einer Spekulation auf dem Rücken anderer Gläubiger mit sich bringen kann als ein koordinierter Sanierungsversuch mehrerer Banken[384].

Als *Ergebnis* ist festzuhalten: Wirken an einem Bankenpool Kreditinstitute mit, die am Schuldnerunternehmen nicht gesellschaftsrechtlich beteiligt sind, so sind auch die Kredite der Gesellschafter-Bank regelmäßig nicht als kapitalersetzend zu behandeln. Dies folgt jedoch nicht schon aus der hieraus zu schließenden „Kreditwürdigkeit" der Gesellschaft, sondern aus der — von der herrschenden Meinung bislang nicht anerkannten — Möglichkeit, ausnahmsweise Gesellschafterrolle und Kreditgeberrolle zu trennen.

---

[383] *Schlegelberger / K. Schmidt,* § 172a, Rdn. 28; zur Beweislast im übrigen s. aaO. Rdn. 32.

[384] Vgl. *Fleck,* FS Werner, S. 127 unter Hinweis auf *Ullrich,* GmbH-Rdsch.1983, S. 144(?), der aber wohl eher an kollektive Sanierungsverfahren unter Beteiligung *aller* Gläubiger denkt (s. aaO., S. 137).

4. KAPITEL

Kartellrechtliche Beurteilung des Poolvertrages

A. Problematik und erste Orientierung

I. Stand der Kartellrechtspraxis

Das Bundeskartellamt hat im Jahre 1977 in einem Schreiben an den Zentralen Kreditausschuß[1] kartellrechtliche Bedenken gegen Sicherheiten-Poolverträge geltend gemacht, die eine sogenannte „Zustimmungsklausel" enthalten[2]. Die ihm zur Kenntnis gelangte Regelung, nach der eine Erhöhung, Reduzierung oder Streichung der Kreditlinien nur im gegenseitigen Einverständnis vorgenommen werden darf[3], sah das Amt als Wettbewerbsbeschränkung im Sinne von § 1 GWB an. Die Kreditnehmer stünden durch die Verträge einem Anbieterkartell mit weitgehend vereinheitlichtem Geschäftsgebaren gegenüber. Eine Freistellung im Rahmen des § 102 GWB und eine Berufung auf § 102 Abs. 1 S. 4 (nunmehr S. 3 n. F.[4]) GWB sei nicht möglich. Das Amt drohte ferner die Verhängung von Bußgeldern wegen einer Ordnungswidrigkeit gemäß § 38 Abs. 1 Nr. 1 GWB an (vgl. § 38 Abs. 4 GWB), soweit ihm künftig derartige Verträge bekannt würden.

Der Zentrale Kreditausschuß äußerte in einer Stellungnahme zu diesem Schreiben starke Vorbehalte gegenüber dieser pauschalen Bewertung und wies dabei insbesondere auf die wirtschaftlichen Hintergründe und die verschiedenen Anlässe einer Poolbildung hin. Nachdem die Ausführungen des Zentralen Kreditausschusses zunächst keine Änderung des Rechtsstandpunktes der Beschlußabteilung bewirkten, vorsorglich jedoch um eine Meldung nach § 102 GWB gebeten wurde[5], fand zur Klärung der Rechtsunsicherheit ein Gespräch

[1] Der Zentrale Kreditausschuß (ZKA) ist ein Zusammenschluß der fünf Spitzenverbände der Kreditwirtschaft mit beratenden Funktionen; *Klaue,* in: Wettbewerbsprobleme im Kreditgewerbe, S. 71.

[2] Schreiben des Bundeskartellamtes — 1. Beschlußabteilung — an den Zentralen Kreditausschuß vom 8. Februar 1977, Akt.Z B 1 — 80 00 00 — NZ — 186/76; abgedruckt bei *Reischauer/Kleinhans,* Kza. 315 Nr. 5a.

[3] Siehe bereits oben Kap. 2 B.II.2.; vgl.auch Anh. II § 1 Abs. 2.

[4] Inhaltlich weicht die derzeit geltende Fassung (abgesehen von den hier nicht interessierenden Verträgen i. S. d. § 15 GWB) insofern ab, als die Ausnahme von der Meldepflicht eine Vereinbarung „für den Einzelfall" voraussetzt (zur geplanten Novellierung s. u. bei B.I. a. E.).

[5] Schreiben des Bundeskartellamts — 1.Beschlußabteilung — an den Zentralen Kreditausschuß vom 3. Juni 1977, Akt.Z. B 1 — 80 00 00 — NZ — 186/76; abgedruckt bei *Reischauer/Kleinhans,* Kza. 315 Nr. 5b.

zwischen Vertretern des Bundeskartellamts und der Spitzenverbände des Kreditgewerbes statt, das zu einer mit dem Bundeskartellamt abgestimmten Erklärung des Zentralen Kreditausschusses[6] (im folgenden kurz: „abgestimmte Erklärung“) führte.

Nach Schilderung der „Vorgeschichte“[7] wird darin das Ergebnis der Aussprache zusammengefaßt[8], dessen wesentlicher Teil hier im vollen Wortlaut wiedergegeben sei:

> „Das Schreiben des Bundeskartellamtes vom 8. 2. d. J. findet keine Anwendung auf Sicherheitspoolverträge im Zusammenhang mit Konsortialkrediten (§ 102 Abs. 1 Satz 4 GWB). Für Sicherheitspoolverträge im laufenden Geschäft mit den ausdrücklich aufgeführten Zustimmungsklauseln, die die gesamten bestehenden und künftigen Kreditbeziehungen der beteiligten Kreditinstitute erfassen, und zwar die an den Pool gebundenen wie die außerhalb von ihm gewährten Kredite, bejaht das Bundeskartellamt generell die Anwendung des § 1 GWB. Sie können nach Ansicht der Behörde nicht sanktioniert werden. Die Vertreter der Spitzenverbände äußerten demgegenüber Vorbehalte. Andere Sicherheitspoolverträge mit Zustimmungsklauseln, insbesondere die zur Regulierung von Sanierungsfällen getroffenen Vereinbarungen, aber auch sonstige Verträge, deren Zustimmungsklauseln sich nur auf die poolgebundenen Kredite erstrecken und somit die Entscheidung der beteiligten Institute über poolfreie Kredite nicht berühren, sind nach Ansicht des Bundeskartellamts jeweils im Einzelfall kartellrechtlich zu prüfen. Ihnen kann jegliche kartellrechtliche Relevanz fehlen. Anderenfalls können sie aber auch durch Meldung gem. § 102 Abs. 1 GWB legalisiert werden.“

Da die Praxis der Sicherheitspoolverträge weitgehend unbekannt und dem Bundeskartellamt deshalb auch ihre kartellrechtliche Beurteilung sehr erschwert sei, bittet die Behörde laut „abgestimmter Erklärung“ schließlich um vorsorgliche Meldungen, denen bei kartellrechtlich nicht relevantem Vertragsinhalt lediglich der Charakter einer freiwilligen Information zukäme[9].

Nach dem Bericht des Bundeskartellamts über seine Tätigkeit im Jahre 1978[10] haben daraufhin verschiedene Kreditinstitute Poolverträge zur Prüfung nach § 1 GWB vorgelegt, die bis auf eine Ausnahme keine Zustimmungsklausel enthielten. In jenem Fall, der eine Sanierung betraf, wurde die Eignung zur spürbaren Beeinflussung der Marktverhältnisse verneint.

In der Folgezeit ist es um diese Problematik ruhiger geworden. Zu Beanstandungen in konkreten Fällen oder gar zu Verfügungen des Amtes ist es dem Vernehmen nach seither nicht gekommen. Mangels anderweitiger Verlautba-

---

[6] Mit dem Bundeskartellamt abgestimmte Erklärung des Zentralen Kreditausschusses nach der Sitzung vom 22. August 1977 betr. Sicherheitspoolverträge; abgedruckt bei *Reischauer/Kleinhans,* Kza. 315, Nr. 5c.

[7] Vgl. „abgestimmte Erklärung“, aaO. Abs. 1 bis 4; insbes. Abs. 2 zur Stellungnahme des Zentralen Kreditausschusses vom 13. 5. 1977.

[8] Vgl. „abgestimmte Erklärung“, aaO. Abs. 5.

[9] S. „abgestimmte Erklärung“, aaO. Abs. 5 a. E.

[10] TB 1978, S. 90, Bundestags-Drucksache 8/2980.

rungen wird man davon auszugehen haben, daß die „abgestimmte Erklärung" auch heute noch die Rechtsauffassung des Bundeskartellamts widerspiegelt.

Das Kreditgewerbe hat das Abrücken des Bundeskartellamts von seiner pauschalen „Verurteilung" der Zustimmungsklausel begrüßt. Aus Bankkreisen wird jedoch weiterhin darauf hingewiesen, daß die vom Bundeskartellamt aufgegriffene Zustimmungsklausel keineswegs die von ihm angenommene Bedeutung hat[11]. Bedenkt man, daß Poolverträge in der Unternehmenskrise ihren eigentlichen Anwendungsbereich haben und die Zustimmungsklausel hauptsächlich in Sanierungsfällen Bedeutung erlangt[12], so ist insbesondere die hierzu vertretene Ansicht des Bundeskartellamtes, die Verträge seien „im Einzelfall kartellrechtlich zu prüfen", nur sehr begrenzt geeignet, die angestrebte Beseitigung der (Rechts-)Unsicherheit herbeizuführen. Welche Kriterien entscheiden im Einzelfall? So erfreulich es für die betroffenen Poolpartner sein mag, daß ihrem Vertrag jegliche kartellrechtliche Relevanz fehlen *kann:* Bedeutsamer ist für sie, ob dem tatsächlich so *ist*. Im folgenden soll daher näher untersucht werden, ob und ggf. unter welchen Voraussetzungen das Kartellverbot die Zustimmungsklausel erfaßt.

Für den primär am Ergebnis interessierten Praktiker scheint mir eine jenes vorwegnehmende *Vorbemerkung* angezeigt: Ich halte die kartellrechtlichen Bedenken letztlich für unbegründet. Der Umfang der nachstehenden Prüfung steht daher nicht unbedingt in Relation zu dem ihnen zukommenden Gewicht. Um aber das „Schreckgespenst" des § 1 GWB, das immer wieder im Zusammenhang mit dem Bankenpool in der Diskussion „umherspukt" und teilweise von den eigentlichen Sachfragen ablenkt, zu vertreiben und unnötige Befürchtungen auszuräumen, habe ich versucht, tiefer in die Kartellrechtsdogmatik einzudringen. Für den (auch oder überwiegend) wissenschaftlich Interessierten mag die nachstehende Untersuchung vielleicht deshalb nicht ohne Reiz sein, weil sie theoretische Ansätze, die ursprünglich für andere Sachverhalte entwickelt wurden, heranzieht und ihre Verallgemeinerungsfähigkeit und Aussagekraft anhand doch recht konkreter Fragestellungen überprüft.

II. Regelungskomponenten der „Zustimmungsklausel"

1. Wie die Unterscheidung zwischen poolgebundenen und außerhalb des Pools gewährten Krediten zeigt, richten sich die Bedenken des Bundeskartellamts gegen *Bindungen der Banken* untereinander in bezug auf ihre *effektive Kreditgewährung* an das Schuldnerunternehmen. Unbedenklich, aber mit der Nennung der Kreditlinien in einer Zustimmungsklausel normalerweise nicht gemeint[13], wäre eine Regelung, die Änderungen des Erlösverteilungsschlüssels

---

[11] Vgl. *Schröter / Graf v. Westphalen,* S. 38ff., insbesondere S. 40; *W. Obermüller,* BuB, Rdn. 4/73ff., insbes. 4/76.

[12] Nach *Schröter / Graf v. Westphalen,* S. 41 reduziert sich die kartellrechtliche Problematik der Zustimmungsklausel auf Sicherheiten-Poolverträge in Sanierungsfällen.

an ein allseitiges Einvernehmen knüpft[14]. Es ist selbstverständlich und bedarf keiner ausdrücklichen Erwähnung im Poolvertrag, daß die vertraglich festgelegte Quote nicht nachträglich zum Nachteil anderer Poolpartner ohne deren Einverständnis geändert werden darf[15]. Außerdem bindet die bloße Möglichkeit, bei entsprechender Ausnutzung der Linien durch den Kreditnehmer proportional an den Poolsicherheiten teilzuhaben, die Banken noch nicht in ihrem Marktverhalten.

Die Zustimmungsklausel erfaßt die effektive Kreditgewährung in zweierlei Hinsicht und läßt sich demgemäß in *zwei* voneinander unabhängige *Regelungskomplexe* mit unterschiedlicher wirtschaftlicher Zielrichtung aufteilen[16]: zum einen das Verbot einseitiger Kreditreduzierung, wobei die daneben genannte Streichung der Linien nur den Extremfall (nämlich die Reduzierung auf Null) darstellt; zum anderen das Verbot einseitiger Krediterhöhung.

2. Das *Verbot einseitiger Kreditreduzierung* soll das Offenhalten der vereinbarten Kreditlinien gewährleisten. Positiv ausgedrückt, denn darin liegt das Schwergewicht der Regelung, verpflichtet es die Banken untereinander, dem Kreditnehmer während der Laufzeit des Poolvertrages mit den festgelegten Krediten zur Verfügung zu stehen. Eine Pflicht des Kreditnehmers, den Rahmen auszuschöpfen, resultiert daraus nicht.

Fraglich ist, ob diese Verpflichtung ihrem Inhalt nach überhaupt als Wettbewerbsbeschränkung in Betracht kommt. Nicht jede kooperative Zusammenarbeit zwischen Unternehmen erfüllt den Tatbestand der Wettbewerbsbeschränkung[17]. In wirtschafts- und wettbewerbspolitischer Hinsicht sind nicht alle Verhaltenskoordinierungen relevant oder gar bedenklich. Kartelle koordinieren das *Wettbewerbsverhalten* der betr. Unternehmen in dieser oder jener Weise[18].

---

[13] A.A. offenbar *Jährig/Schuck,* S. 291; *Schröter,* in: *Schröter/Graf von Westphalen,* S. 39, 41 ff. scheint die Klausel als doppelsinnig anzusehen; wie hier wohl *W. Obermüller,* BuB, Rdn. 4/76, 78, 82 (insbes. der zutr. Vergleich mit dem Saldenausgleich zeigt, daß es um die effektive Kreditgewährung geht).

[14] Die Vereinbarung einer Erlösverteilung anhand festgelegter Kreditlinien wird auch vom BKartA nicht beanstandet; vgl. TB 1978, S. 90, wo allein auf die Zustimmungsklausel abgestellt wird. Genausowenig ist gegen (einvernehmliche) nachträgliche Änderungen des Verteilungsschlüssels etwas einzuwenden.

[15] Siehe bereits oben Kap. 2 B.II.2.; umgekehrt dürften die anderen Partner nichts dagegen haben, wenn eine Bank ihren Anteil am Sicherheitenwert reduziert, solange — und darauf kommt es ihnen in erster Linie an — die Kreditmittel weiterhin von allen Banken zur Verfügung gestellt werden.

[16] Dies kann ggf. im Hinblick auf eine salvatorische Klausel oder § 139 BGB (vgl. *Schwarz,* S. 146 mwN.) bedeutsam werden. Da die Regelungskomplexe schon sprachlich getrennt werden können, stellt sich die Frage einer geltungserhaltenden Reduktion (s. *Nassal,* BB 1988, S. 1264ff.; *Bechtold,* NJW 1984, S. 145) im Falle der Unwirksamkeit einer Komponente nicht (vgl. auch oben Kap. 2. B.III.4.b)(2)).

[17] *Belke,* ZHR 143 (1979), S. 88.

[18] Vgl. *Rittner,* Wirtschaftsrecht, § 14 Rdn. 44 (Hervorhebung hinzugefügt).

Bei aller gebotenen und berechtigten Skepsis gegenüber Versuchen, die Begriffe „Wettbewerb" und „Wettbewerbsbeschränkung" abschließend und umfassend zu definieren[19], läßt sich doch über folgende Grundaussagen eine weitgehende Einigkeit feststellen: Wettbewerbs*beschränkung* hat etwas mit der Einengung unternehmerischen Markt*verhaltens* zu tun, und der Wettbewerb ist als ein durch die Bemühungen konkurrierender Unternehmer gekennzeichneter *Prozeß* zu begreifen[20]. Zur Erklärung dieses Prozesses stellen die einen auf das Verhalten der Mitbewerber ab: Kennzeichnend sei das selbständige Streben nach Geschäftsverbindung mit Dritten durch Inaussichtstellen günstig erscheinender Geschäftsverbindungen[21]. Andere beschreiben den Prozeß aus der Sicht der Marktgegenseite: Abzustellen sei auf die Wahl- und Ausweichmöglichkeiten der Abnehmer zwischen mehreren Anbietern[22].

Betrachtet man den Bankenpool im Lichte dieser Umschreibungen und Erklärungsversuche, so verstärken sich die Zweifel, ob das Verbot einseitiger Kreditreduzierung eine wettbewerbsbeschränkende Funktion besitzt[23]. Schon rein begrifflich kann nämlich kaum von einer Wettbewerbsbeschränkung gesprochen werden.

Nicht dem selbständige *Streben nach Geschäftsverbindung* mit dem Kreditnehmer, sondern gerade im Gegenteil der einseitigen „Flucht" aus der Geschäftsverbindung soll entgegengewirkt werden. Das Verbot trägt der Erkenntnis Rechnung, daß Krisen kaum zu bewältigen sind, wenn die erforderlichen Maßnahmen nicht von allen Geldkreditgebern mitgetragen werden.

Wäre gewährleistet, daß die Banken auch aus eigenem Antrieb an der Ausschöpfung der Linien interessiert blieben, bedürfte es der Klausel nicht. Die

---

[19] Siehe hierzu des näheren *Rittner,* Wirtschaftsrecht, § 14 Rdn. 20ff.; *ders.,* ZVersWiss. 1985, 205f. (treffende Parallele zum Kunstbegriff in Art. 5 Abs. 3 S. 1 GG); *ders.,* AcP (188) 1988, S. 111f., 119; *Immenga,* in: *Immenga/Mestmäcker,* § 1 Rdn. 191ff. Der Begriff des Wettbewerbs ist nicht zuletzt deshalb ein „ewiges Thema", weil ihm unterschiedliche wettbewerbspolitische Konzepte zugrundeliegen; vgl. *Tuchtfeld,* FS Kummer, S. 549; *Behrens,* S. 131ff.

[20] So zutreffend *K. Schmidt,* Kartellverbot, S. 57f. mwN. (Hervorhebungen im Original).

[21] S. *Fikentscher,* WuW 1961, S. 790ff., 798; *Müller/Gießler/Scholz,* § 1 Rdn. 96c; ähnlich *Sandrock,* S. 123ff., 129; *Loewenheim/Belke,* § 1 Rdn. 51, wo die Formulierung des wirtschaftspolitischen Bundestagsausschusses (BT-Drucks.II/3644, 1158, S. 15) für ein „allgemeines Vorstellungsbild" vom Wettbewerb herangezogen wird.

[22] Siehe namentlich *Knöpfle,* S. 214ff., 222: „die wirtschaftlichen Erfordernisse ..., Risiken und Chancen, die sich für die einzelnen Marktbeteiligten daraus ergeben, daß die Marktpartner unter den verschiedenen Anbietern (Nachfragern) wählen oder doch von dem einen Anbieter (Nachfrager) auf andere ausweichen können."; zust. etwa *Müller-Henneberg,* in: GK, § 1 Rdn. 4. Der Nachfragewettbewerb interessiert hier nicht weiter, denn der Pool sieht sich dem Verdacht ausgesetzt, ein Anbieterkartell zu sein.

[23] Zum kartellrechtlich-funktionalen Verständnis des Tatbestandes von § 1 GWB s. *Rittner,* Wirtschaftsrecht, § 15 Rdn. 13; nach *v.Gamm,* NJW 1988, S. 1245, 1246 geht auch der BGH im Ergebnis von einer funktionellen Betrachtungsweise aus.

Verpflichtung zum Offenhalten der Kreditlinien wird nur in einer Situation relevant, in der eine Bank eigentlich lieber das Feld den anderen Instituten überlassen und sich selbst ohne allzu große Verluste zurückziehen würde, ein Ersatz für den „Aussteiger“ aber nicht zu finden wäre. Ein Wettbewerbsverhältnis besteht dann nicht in bezug auf die Gewährung, sondern allenfalls in bezug auf die Rückführung von Krediten[24]. Von einem „Streben“[25] nach Geschäftsverbindung kann daher nicht die Rede sein.

Aus der Sicht der *Marktgegenseite* wird diese Einschätzung bestätigt. Die *Alternativen* des betroffenen Kreditnehmers werden nicht verringert. Vielmehr soll verhindert werden, daß ein Poolpartner aus dem Kreis der überhaupt noch zur Kreditgewährung bereiten Banken ausscheidet. Die Regelung greift also gerade für den Fall ein, daß das Schuldnerunternehmen seinen Kreditbedarf anderweitig nicht mehr ohne weiteres decken kann. Sofern man in dieser Lage noch von „Wahlmöglichkeiten“ des Kreditnehmers sprechen kann, werden diese durch die Regelung gerade gewährleistet und nicht etwa eingeengt[26].

Vereinbarungen, die sich auf die Angebotsmenge beziehen, sind nur Wettbewerbshandlungen, soweit die Möglichkeit, mehr anzubieten, ausgeschlossen wird; verpflichten sich Unternehmen umgekehrt dazu, ihr Angebot zu steigern oder doch nicht zu verringern, so wird die Möglichkeit für den Abnehmer, vorteilhafte Wettbewerbshandlungen vorzunehmen, dadurch nicht beeinträchtigt[27]. Dies gilt auch für das Verbot einseitiger Kreditreduzierung, das auf eine Festlegung von Angebotsmindestmengen gegenüber dem gemeinsamen Kreditnehmer hinausläuft.

Die Vertragspartner gehen keine „restriktiven Bindungen“ in bezug auf ihre Aktionen und Reaktionen im Marktprozeß ein[28]; sie verpflichten sich vielmehr positiv zu einem Marktverhalten[29], das eine Verringerung der Alternativen des Kreditnehmers verhindern soll[30]. Das angestrebte Offenhalten der Kreditlinien

---

[24] Dies deckt sich mit der Feststellung von *Groß,* S. 112 zu Kreditkonsortien bei sanierungsbedürftigen Großunternehmen: „Die Mitglieder treten meist nicht begierig, sondern notgedrungen bei und sind dabei bemüht, möglichst geringe Quoten zu übernehmen“. Vgl. auch *Schröter/Graf v. Westphalen,* S. 39 (eher „Anbieterzwang“ als Anbieterkartell).

[25] Von *Fikentscher,* WuW 1961, S. 791 als „Tätigwerdenwollen“ umschrieben.

[26] *W. Obermüller,* BuB, Rdn. 4/82 weist zutr. darauf hin, daß sich die wirtschaftlich vergleichbare Saldenausgleichsregelung in erster Linie zugunsten des Kreditnehmers auswirken wird.

[27] *Müller-Henneberg,* in: GK, § 1 Rdn. 55.

[28] Vgl. *Belke,* ZHR 143 (1979), S. 81.

[29] Vielleicht sollte man eher von einem „Pseudo“- oder „Quasi“-Marktverhalten sprechen, denn die Banken wollen den Status quo aufrechterhalten und Kredite weiterhin so gewähren, „als ob“ noch Wettbewerb bestünde.

[30] Zwar weist *Hoppmann,* DB 1970. S. 95f. zu Recht darauf hin, daß auch Vereinbarungen, gemeinsam etwas *zu tun,* den Wettbewerb beschränken können. Anders als bei den als Beispiel genannten Torso-Syndikaten erfolgt beim Pool jedoch das Tun nicht gegenüber

läßt den Pool nicht als wettbewerbsbeschränkende, sondern im Gegenteil als „wettbewerbserhaltende" Kooperation[31] erscheinen.

Wie diese wettbewerbstheoretisch orientierte Betrachtung des Verbots einseitiger Kreditreduzierung zeigt, hat diese Regelungskomponente der Zustimmungsklausel keinen „wettbewerbsbeschränkenden Charakter"[32]. Sie kann daher bei der weiteren Untersuchung außer Betracht bleiben.

3. Für das *Verbot einseitiger Krediterhöhung* läßt sich diese Feststellung nicht ohne weiteres treffen, denn zumindest seinem Wortlaut nach kann es zu einer Verringerung der Angebotsmenge führen. Es ist nicht von vornherein auszuschließen, daß ein Poolpartner aufgrund dieser Regelung in der Möglichkeit beeinträchtigt wird, weitere Kredite zu vergeben.

Mit der aus der Anschauung und aus wirtschaftspolitischer Zwecksetzung gewonnenen Begrifflichkeit[33] kann eine Wettbewerbsbeschränkung hier im Gegensatz zum Verbot einseitiger Kreditreduzierung nicht verneint werden. Freilich bedeutet diese negative Feststellung noch keinen positiven Befund unter dem Gesichtspunkt des § 1 GWB. Die sich nunmehr stellende Frage, ob das Verbot einseitiger Krediterhöhung wirklich einen Kartellvertrag darstellt, bedarf noch einer eingehenden rechtlichen Prüfung[34].

III. Bindungen des Kreditnehmers

1. Die vom Bundeskartellamt aufgegriffene Zustimmungsklausel ist Teil des zwischen den Banken bestehenden Gesellschaftsvertrages und bindet diese untereinander. In der bankrechtlichen *Literatur* wurde im Hinblick auf die dargestellte Kartellrechtspraxis darüber hinaus die Frage aufgeworfen, ob nicht auch *Bindungen des Kreditnehmers*, die diesen in bezug auf eine weitere Kreditaufnahme einschränken, aus kartellrechtlichen Gründen beanstandet werden könnten.

So wird vor Abreden in Poolverträgen gewarnt, die die Aufnahme weiterer Kredite ohne weiteres an die Zustimmung sämtlicher Poolpartner bindet; darin

---

einer gemeinsamen Absatzorganisation, sondern unmittelbar gegenüber dem „Endabnehmer". Das Offenhalten der Kreditlinien impliziert hier kein wettbewerbsbeschränkendes Unterlassen.

[31] Die Formulierung knüpft an *Belke,* ZHR 143 (1979), S. 88 an: „Gruppe der ‚wettbewerbsbegründenden' Kooperationsverträge". Eine „Rivalitätsbeziehung" wird nicht abgeschwächt oder ausgeschaltet (vgl. aaO. S. 82), sondern künstlich aufrechterhalten.

[32] Vgl. die Formulierung in BGHZ 65, S. 30, 38 „ZVN"; siehe hierzu *Rittner,* Wirtschaftsrecht, § 15 Rdn. 14.

[33] Siehe *K. Schmidt,* Kartellverbot, S. 58, der auf die große Bedeutung dieser Begrifflichkeit für die Anwendung des GWB als eines wirtschaftspolitisch orientierten Gesetzes überall dort hinweist, wo nach dem Warum und dem Inwieweit kartellrechtlicher Korrekturen gefragt wird.

[34] Siehe ausführlich unten C.

könne nämlich im Einzelfall eine gemäß § 1 GWB wettbewerbswidrige Maßnahme liegen[35]. Bedenklich sollen ferner Vereinbarungen sein, nach denen der Kreditnehmer ohne Zustimmung der Poolbanken Dritten keine Sicherheiten stellen darf[36]. Auch solche Bindungen können letztlich dem Schuldner die Möglichkeit nehmen, über die Aufnahme zusätzlicher Kredite allein zu entscheiden. Aufgrund der kartellrechtlichen Bedenken ist man dazu übergegangen, den Kreditnehmer nur noch zu verpflichten, anderweitige Sicherheiten erst nach Unterrichtung der Poolbanken zu stellen[37]. Die Poolvertragsregelungen, die unmittelbar oder mittelbar dazu führen, daß der Kreditnehmer vor einer weiteren Kreditaufnahme der Zustimmung sämtlicher Poolpartner bedarf, binden diesen gegenüber den einzelnen Banken. Zwar sind beim Pool die Bindungen des Kreditnehmers in derselben Urkunde, ja sogar in derselben Vertragsklausel geregelt. Da jedoch jede Bank ihr Einverständnis erklären muß, übernimmt der Schuldner der Sache nach separate Verpflichtungen, die nur der Einfachheit halber nicht sprachlich getrennt formuliert sind[38].

Es handelt sich der wirtschaftlichen Zielrichtung nach um Schutzbestimmungen zu den Kreditverträgen, die theoretisch auch in diese selbst aufgenommen werden könnten. Schutzbestimmungen sollen die Entscheidungsfreiheit des Unternehmers einengen, so daß er an der Durchführung von Maßnahmen gehindert wird, die das Risiko des Kreditgebers in unvertretbarer Weise erhöhen[39].

2. Im *Verhältnis zwischen einzelner Bank und Kreditnehmer* scheidet aber § 1 GWB aus, da insofern ein Wettbewerbsverhältnis und damit ein gemeinsamer Zweck fehlt. Prüfungsmaßstab sind vielmehr die Vorschriften über „Sonstige Verträge", §§ 15ff. GWB. Hier käme allenfalls ein Einschreiten der Kartellbehörde gegen eine Ausschließlichkeitsbindung i. S. von § 18 Abs. 1 Nr. 2 GWB in Betracht. Die fraglichen Bestimmungen dienen jedoch nicht dazu, den Kredit-

---

[35] *Scholz / Lwowski,* Rdn. 216 (S. 219). Zu widersprechen ist der Einschätzung, die Interessen der Poolpartner würden durch eine weitere Kreditaufnahme nicht berührt, denn das Risiko für die poolgebundenen Kredite kann hierdurch erhöht werden. Wenn gleichwohl in den seltensten Fällen ein praktisches Bedürfnis für eine derart weitgehende Bindung besteht, dann deshalb, weil der Kreditnehmer vielfach ohnehin keinen Kredit mehr außerhalb des Pools erhalten würde.

[36] Vgl. *Schröter / Graf von Westphalen,* S. 44; *Merkel,* S. 218; *W. Obermüller,* BuB, Rdn. 4/80.

[37] S. bereits oben Kap. 2 B.III.5.

[38] Dabei kann hier dahinstehen, ob die Vereinbarungen unmittelbar mit den einzelnen Banken getroffen werden, oder ob diese über den Sicherungsvertrag mit dem Treuhänder begünstigt werden (§ 328 BGB). Jedenfalls besteht zum Pool als Innengesellschaft keine Rechtsbeziehung.

[39] *Stahlschmidt,* S. 49; die Ausgestaltungsmöglichkeiten solcher Schutzbestimmungen sind überaus vielfältig; von den aufgeführten Gruppen ist hier Ziffer 3. einschlägig. Die Poolvertragsregelungen sind im Vergleich zu den dort genannten Beispielen insofern „weicher", als sie statt eines absoluten Verbots nur einen Zustimmungsvorbehalt enthalten.

kunden ausschließlich an die Poolbanken zu binden, sondern sollen den Banken die Möglichkeit geben, den Kreditverkehr zu überwachen[40] und eine zusätzliche Kreditvergabe zu unterbinden, falls hierdurch die Sicherheit der bisherigen Kredite konkret gefährdet wäre. Angesichts dieser Sachlage kann man schon nicht von „unbillig" sprechen, aber auch im übrigen liegen die engen Eingriffsvoraussetzungen der Buchstaben a) bis c) in § 18 Abs. 1 GWB nicht vor.

Würde nur eine Bank unabhängig von anderen Kreditinstituten mit ihrem Schuldner eine solche Vereinbarung treffen, wäre die kartellrechtliche[41] Prüfung damit beendet.

3. Bei der Aufnahme entsprechender Klauseln in Poolverträge besteht jedoch die *Besonderheit*, daß sich der Kreditnehmer *gegenüber allen Poolbanken* in gleicher Weise bindet.

Dies erinnert an die Konstruktion eines sogenannten Sternvertrages. Hinter dieser Bezeichnung steht die Vorstellung, daß ein gemeinsamer Zweck i. S. v. § 1 GWB nicht nur durch Vertrag zwischen den Beteiligten, sondern auch durch eine Mehrzahl von vertikalen Verträgen, die die Interessierten mit einem identischen Partner abschließen, verwirklicht werden kann[42].

Richtiger Ansicht nach fällt das Sternvertragssystem nicht aufgrund einer Gesamtvertragsbetrachtung unter § 1 GWB; vielmehr besteht das Sternvertragsproblem im Einzelfall in der Frage, ob den parallelen Vertikalverträgen eine rechtlich relevante *horizontale Abstimmung* zugrundeliegt[43]. Vielfach wird die Bezeichnung „Sternvertrag" nur für Konstellationen verwandt, bei denen — wie etwa im Falle eines (Torso-)Syndikats — mehrere Gebundene mit einem identischen Partner in Beziehung treten[44]. Beim Pool bindet sich umgekehrt ein gemeinsamer Kreditnehmer gleichartig gegenüber mehreren Banken. Ob man bei mehreren Bindenden ebenfalls bildhaft von einem Sternvertrag sprechen möchte, kann letztlich auf sich beruhen. Entscheidend ist, daß die Abstimmung unter den (potentiellen) Konkurrenten, also die horizontale Absprache unter § 1 GWB fallen kann, gleich, ob sie auf der Seite der Gebundenen oder auf der Seite der Bindenden oder auf beiden Marktstufen vorliegt[45].

---

[40] Vgl. *Rittner*, Ausschließlichkeitsbindungen, 1957, S. 139f., der schon damals de lege ferenda jedenfalls für die Fälle eine Ausnahme forderte, in denen die wirtschaftliche Lage oder die persönlichen Verhältnisse des Kreditnehmers eine solche Maßnahme erfordern.

[41] Daneben kommt eine Kontrolle nach § 138 BGB, namentlich als „Knebelungsvertrag", in Betracht; s. *Rittner*, Wirtschaftsrecht, § 17Rdn. 29 sowie oben Kap. 3 A.III.1.c).

[42] Vgl. *Immenga*, in: *Immenga/Mestmäcker*, § 1 Rdn. 183; *Müller-Henneberg*, in: GK, § 1 Rdn. 36; *Langen*, § 1 Rdn. 37.

[43] Siehe namentlich *K. Schmidt*, Kartellverbot, S. 129ff., 134ff.; zust. *Schwarz*, S. 168 (ausführliche Darstellung des Meinungsstands auf S. 157ff.); *Immenga*, in: *Immenga/Mestmäcker*, § 1 Rdn. 184.

[44] *K. Schmidt*, Kartellverbot, S. 134; *Loewenheim/Belke*, § 1 Rdn. 43; wohl auch *Schwarz*, S. 168.

[45] S. *K. Schmidt*, Kartellverbot, S. 130.

Die hier in Betracht kommende Abstimmung unter den Bindenden wird als der einfachste Fall horizontal koordinierter Vertikalbindungen angesehen[46]. Zunächst muß geprüft werden, ob überhaupt eine vertragliche (§ 1 GWB) oder außervertragliche (§§ 25, 1 GWB) Abstimmung über den Inhalt der mit dem Dritten getroffenen Vereinbarung besteht. Ein solcher Nachweis, der in der Praxis durchaus problematisch sein kann[47], bereitet im Falle des Bankenpools keine Schwierigkeiten, denn alle beteiligten Banken bringen durch Unterzeichnung des Poolvertrages erkennbar zum Ausdruck, daß sie den Kreditnehmer übereinstimmend in der jeweils geregelten Weise binden wollen.

Die „Bündelung" der vertikalen Bindungen des Kreditnehmers im Poolvertrag beruht demnach auf einer horizontalen Absprache der Banken untereinander, die als solche theoretisch unter § 1 GWB fallen kann, obwohl die Bindungen einzeln betrachtet keinen kartellrechtlichen Bedenken begegnen.

Freilich verstößt nicht jede Abstimmung unter bindenden Unternehmen gegen das Kartellverbot. Es muß jeweils im Einzelfall untersucht werden, ob die Absprache eine wettbewerbsbeschränkende Funktion hat[48]. Ebenso wie das Verbot einseitiger Krediterhöhung sollen die fraglichen Bindungen des Kreditnehmers den Poolbanken ermöglichen, dessen künftigen Kreditverkehr zu kontrollieren, wobei letztere nicht nur Geschäftsbeziehungen außerhalb des Pools zu den beteiligten Banken, sondern daüber hinaus auch zu außenstehenden Kreditinstituten erfassen[49]. Die folgende Untersuchung konzentriert sich auf das von den Banken untereinander vereinbarte unmittelbare Verbot einseitiger Krediterhöhung. Die zu dessen kartellrechtlicher Beurteilung angestellten Erwägungen[50] können unschwer auf die hier angesprochenen Bindungen des Kreditnehmers übertragen werden.

Sollte sich dabei herausstellen, daß die zugrundeliegende Absprache gegen das Kartellverbot verstößt, würde sich die Frage anschließen, welche Auswirkungen dies auf die Vertikalbindungen hat. Im Gegensatz zu den sogenannten Folgeverträgen, die von der Rechtsfolge des § 1 GWB nicht erfaßt werden[51], sind die horizontal koordinierten Vertikalbindungen nicht nur das Ergebnis der Marktbeeinflussung durch Wettbewerbsbeschränkung, sondern selbst das Mittel solcher Wettbewerbsbeschränkungen[52]. Richtet sich bei einseitig bindenden Abreden das Kartellverbot gegen den an der Abstimmung beteiligten Binden-

---

[46] *K. Schmidt,* Kartellverbot, S. 131f.; ähnlich *Schwarz,* S. 168f.

[47] *Immenga,* in: *Immenga/Mestmäcker,* § 1 Rdn. 184.

[48] Vgl. *Rittner,* Wirtschaftsrecht, § 15 Rdn. 13.

[49] Die Aufnahme neuer Gläubiger erhöht für alle Gläubiger das gesamte Ausfallrisiko; vgl. *Duttle,* S. 113.

[50] S. unten C.

[51] H. M., vgl. *Rittner,* Wirtschaftsrecht, § 15 Rdn. 55; *K. Schmidt,* Kartellverbot, S. 143; *Immenga,* in: *Immenga/Mestmäcker,* § 1 Rdn. 416; *Möschel,* Wettbewerbsbeschränkungen, Rdn. 225; *Emmerich,* Kartellrecht, S. 77; jeweils mwN.

[52] *K. Schmidt,* Kartellverbot, S. 145, 142f.

den, spricht einiges dafür, daß auch die Vertikalbindung nach § 134 BGB unwirksam ist[53]. Jedenfalls wenn der Gebundene — wie es hier der Fall wäre — die Abstimmung kennt[54], wird man dem zustimmen können.

B. Bereichsausnahme für die Kreditwirtschaft

I. Das Verbot einseitiger Krediterhöhung kann nur gemäß § 1 GWB unwirksam sein, wenn diese Vorschrift überhaupt anwendbar ist. *§ 102 GWB* trifft eine *Sonderregelung* für die Kreditwirtschaft. Kartellverträge von Kreditinstituten sind nach § 102 Abs. 1 S. 1 Nr. 1 Buchst. b GWB freigestellt und unterliegen nur einer Mißbrauchsaufsicht (§ 102 Abs. 4 GWB), wenn sie bei der zuständigen Ausichtsbehörde angemeldet worden sind[55].

Ein Anmeldeverfahren wird jedoch bei Poolverträgen in der Praxis nicht durchgeführt. Soweit einzelne Verträge dem Bundeskartellamt zur Prüfung oder Information vorgelegt wurden[56], hatte dies schon deshalb nicht den Charakter förmlicher Anmeldungen (vgl. § 102 Abs. 2 GWB), weil diese nach der derzeit geltenden Fassung des Gesetzes beim Bundesaufsichtsamt für das Kreditwesen eingereicht werden müssen[57].

§ 102 Abs. 1 S. 3 GWB nimmt die für den Einzelfall vereinbarte gemeinsame Übernahme von Einzelrisiken im Konsortialgeschäft der Kreditinstitute von der Meldeobliegenheit[58] aus. Derartige Verträge unterliegen zwar ebenfalls der Mißbrauchsaufsicht durch die Kartellbehörde (§ 102 Abs. 4 GWB); ihre Wirksamkeit hängt aber nicht von einer Anmeldung ab. Für solche „Ad-hoc-Geschäfte" wird aller Voraussicht nach auch die geplante Novellierung des GWB, die die rechtspolitisch umstrittene[59] Vorschrift des § 102 GBW einbezieht, im Ergebnis keine wesentlichen Änderungen bringen[60].

---

[53] So *K. Schmidt,* Kartellverbot, S. 148f.; offengelassen von *Schwarz,* S. 172f.. Die Problematik ist noch nicht völlig ausdiskutiert; vgl. des näheren *K. Schmidt,* aaO., S. 140ff., bes. 145ff.; *Schwarz,* S. 170ff.; *Möschel,* Wettbewerbsbeschränkungen, Rdn. 221 ff., bes. 223.

[54] Die Überlegungen von *Schwarz,* S. 173, sind hier nicht einschlägig; sie beziehen sich auf Fälle in denen der Dritte nicht weiß, daß sein Vertragspartner gegen ein gesetzliches Verbot verstößt. I. ü. bedarf der Kreditnehmer hier keines Schutzes vor einer unvermuteten Nichtigkeit, denn diese würde nur die fragliche Klausel erfassen.

[55] Grundsätzlich muß eine Wartefrist von drei Monaten eingehalten werden, vgl. § 102 Abs.1 S. 1 Nr. 2, Abs. 3 S. 5 GWB.

[56] S. oben A.I., TB 1978, S. 90.

[57] Der Regierungsentwurf der geplanten 5. GWB-Novelle sieht statt dessen in § 102 Abs. 1 S. 2 eine Anmeldung bei der Kartellbehörde vor (vgl. Bundesrats-Drucksache 123/89, S. 15, 83). Selbst wenn das BKartA außerhalb des Anmeldeverfahrens ein „Negativattest" erteilen sollte, bestünde wegen §§ 48, 49 VwVfG keine absolute Gewißheit für die Zukunft; vgl. *Dreher,* BB 1986, S. 1805ff., der Negativatteste für unzulässig und entsprechende Verwaltungsakte für rechtswidrig hält.

[58] Vgl. *Immenga,* Wettbewerbsbeschränkungen, S. 186; der Ausdruck „Meldepflicht" kann leicht zu Mißverständnissen führen (siehe etwa bei *Falter,* Rdn. 140 a. E.).

[59] Vgl. *Emmerich,* in: Wettbewerbspolitik und Wettbewerbsrecht, S. 247; *Hüfner,*

II. Fraglich ist, ob diese *Privilegierung* der Konsortialgeschäfte auch *für Poolverträge* gilt.

1. Dies ist ohne weiteres für einen solchen *Poolvertrag i. w. S.* zu bejahen, der zur Besicherung eines klassischen Konsortialkredits vereinbart wird. Er stellt lediglich einen „Annex" des Konsortialgeschäfts dar und wird aus reinen Zweckmäßigkeitserwägungen in dieser separaten Form abgeschlossen[61].

Für den Spezialfall des sogenannten Stillhaltekonsortiums gilt das Gesagte gleichermaßen. Der Begriff des Stillhaltekonsortiums war schon bei Inkrafttreten des GWB bekannt. Der Gesetzgeber hat nicht zum Ausdruck gebracht, daß er dieses Konsortialgeschäft nicht erfassen und nur die anfängliche gemeinsame Übernahme von Einzelrisiken von der Meldepflicht befreien wollte. Würde man die nachträgliche Risikovergemeinschaftung unterschiedlich behandeln, müßte man den Banken raten, ihre Kredite sofort zurückzuverlangen und unmittelbar darauf wieder — anfänglich — zur Verfügung zu stellen. Mit dieser absurden Konsequenz wäre niemandem gedient. § 102 Abs. 1 S. 3 GWB gilt auch bei einer nachträglichen gemeinsamen Übernahme von Einzelrisiken[62].

2. Bei einem *Pool i. e. S.* ist die Rechtslage nicht so eindeutig, denn die Risikoübernahme muß *„im Konsortialgeschäft"* erfolgen. Dies könnte zweifelhaft sein, wenn die Sicherheitenpoolung gerade nicht im Zusammenhang mit einem herkömmlichen Konsortialkredit steht. Im Gegensatz zum klassischen Kreditkonsortium gewährt der Pool keinen gemeinschaftlichen Kredit[63].

Die Gründe für die Anmeldefreiheit[64] treffen jedoch gleichermaßen zu, denn Poolvereinbarungen haben Einzelaktionen zum Gegenstand, die immer schnel-

---

ebenda S. 261 ff., 276; *Kindermann,* ebenda S. 277 ff., 298; *Klaue,* FLF 1987, S. 39 f.; *Markert,* WuW 1988, S. 185; *Ulmer,* WuW 1988, S. 371 f.; *Röller,* in: Problematik der Ausnahmebereiche im Kartellrecht, S. 23 ff.; zu den grundsätzlichen Fragen einer Reform der Ausnahmebereiche s. *Rittner,* ebenda, S. 79, 92 ff.; aus den früheren Diskussionen s. etwa *Möschel,* ZHR 139 (1975), S. 361; *ders.,* BB 1975, S. 1030; *D. Schmidt,* ZKW 1974, S. 796, 843 f.; *Kupitz,* S. 202 ff., 208.

[60] Vgl. *Markert,* WuW 1988, S. 831 sowie die Begründung zu Artikel 1 Nr. 22 des Regierungsentwurfs (Bundesrats-Drucksache 123/89, S. 83; insoweit nicht abgedruckt in WuW 1989, S. 209 ff.). Die darin vorgesehene Fassung des neuen § 102 Abs. 2 GWB erreicht dies gesetzestechnisch durch Verweisung auf § 12 GWB. Für die nachträgliche Überprüfung soll es vor allem darauf ankommen, ob der Erfolg des Ad-hoc-Geschäfts in einem angemessenen Verhältnis zu der damit verbundenen Wettbewerbsbeschränkung steht. Die 5. Novelle soll am 1. 1. 1990 in Kraft treten; für nach geltendem Recht wirksam gewordene Verträge ist in § 102 Abs. 6 eine Übergangsregelung vorgesehen.

[61] S. oben Kap. 1 A.II.1.

[62] So auch *W. Obermüller,* BuB, Rdn. 4/74.

[63] Zur Abgrenzung des Pools vom Konsortium s. näher oben Kap. 1 A.III.2.

[64] Zu den Gründen s. näher *Möschel,* in: *Immenga/Mestmäcker,* § 1 Rdn. 34; *Immenga,* Wettbewerbsbeschränkungen, S. 201; Bericht des BT-Ausschusses für Wirtschaftspolitik zu § 76a, abgedruckt in GK, 1. Aufl. 1958, Anh. III.E., S. 1215; *Immenga,* Wettbewerbsbeschränkungen, S. 201; *Wrabetz,* in: *Loewenheim/Belke,* § 102 Rdn. 88; *Gleiss/Pollems,* in: GK, 1. Aufl. 1958, § 102 Rdn. 13; *Schork,* WuW 1958, S. 433; vgl. a. *R. Raiser,* FS Prölss, S. 210 zu Versicherungspools.

ler Abwicklung bedürfen. Abgesehen von atypischen Sonderfällen, in denen es allein um die rechtstechnische Vereinfachung der Sicherheitenbestellung oder -verwaltung geht[65], sollen auch Poolverträge eine gemeinsame Risikotragung[66] und dadurch vielfach erst die Durchführung bestimmter Geschäfte (hier: das Offenhalten der Kreditlinien) ermöglichen. Der Gesetzeszweck legt daher eine Gleichbehandlung nahe.

Freilich knüpfte der historische Gesetzgeber mit dem Ausdruck „Konsortialgeschäft" an einen Begriff aus der Wirtschaftspraxis bzw. der Bankbetriebslehre an. Sicherheitenpoolverträge konnte er sich darunter nicht vorstellen, denn diese gab es seinerzeit noch nicht. Indes kann die Gesetzesauslegung von den Vorstellungen des historischen Gesetzgebers abweichen[67].

Begriffe aus Wirtschaftswissenschaft und Wirtschaftspraxis werden durch Aufnahme in den gesetzlichen Tatbestand grundsätzlich zu Rechtsbegriffen, die primär im Kontext des Gesetzes und seiner Systemtik zu verstehen und auszulegen sind; nur selten wird man annehmen können, daß der Kartellgesetzgeber an einen vorgefundenen Begriff schlechthin anknüpfen wollte[68]. Die juristische Begriffsbestimmung kann sich von der vorjuristischen Herkunft des Begriffs lösen und eigene Wege gehen.

Dies ließe sich hier schon deshalb mit guten Gründen vertreten, weil der Ausdruck „Konsortium" nicht immer eindeutig gebraucht wird[69]. Die Bezugnahme auf das Konsortialgeschäft dürfte nur der Veranschaulichung und Beschreibung dessen dienen, was das Gesetz selbst als entscheidenden Begriffskern formuliert: die „für den Einzelfall vereinbarte Übernahme von Einzelrisiken"[70].

Man könnte sich aber auch auf den Standpunkt stellen, daß der Gesetzgeber den Juristen mit Gebrauch dieser Fachsprache an die Vorstellungen der Wirtschaftswissenschaft oder Wirtschaftspraxis binden wollte[71]. Dann müßte der Jurist erst einmal die außerrechtliche Deutung des Begriffs ermitteln. Im

---

[65] S. oben Kap. 1 A.II.1.

[66] Nach *Schreihage*, ZKW 1969, S. 16 sind Konsortialgeschäfte, soweit sie ihrem Inhalt nach überhaupt Kartellcharakter haben, bankpolitisch erwünscht, weil durch sie das Risiko für das einzelne Insitut vermindert wird.

[67] *Rinck*, in: Recht und Wandel, S. 369 mwN.

[68] Vgl. *Rittner*, Wirtschaftsrecht, § 5 Rdn. 24, § 13 Rdn. 58.

[69] Vgl. *Rinck*, in: Recht im Wandel, S. 373f., zu wirtschaftswissenschaftlichen Begriffen, die vieldeutig und zum „Allgemeingut" geworden sind.

[70] Die Einschränkung auf fallweise Vereinbarungen wurde erst mit der 4. Novelle eingeführt; vgl. *Möschel*, in: *Immenga / Mestmäcker*, § 102 Rdn. 34; *Langen*, § 102 Rdn. 19. *Möschel*, ZHR 136 (1972), S. 276, 284f. weist darauf hin, daß das Verhältnis der Tatbestandsmerkmale „gemeinsame Übernahme von Einzelrisiken" und „Konsortialgeschäft" unklar ist. Zu Recht stellt *Möschel* darauf ab, ob sachverhaltstypisch eine Risikenteilung gegeben ist. Dies trifft auch für Poolverträge zu, die jedenfalls zum „Umkreis" (aaO., S. 285) der Kreditkonsortien zählen.

[71] Vgl. *Rinck*, in: Recht und Wandel, S. 370; *Börner*, FS Hartmann, S. 81, 85.

ersten Kapitel wurde der Pool anderen Erscheinungsformen aus dem Wirtschaftsleben gegenübergestellt und vom Kreditkonsortium anhand des Merkmals gemeinschaftlicher Kreditgewährung unterschieden. Folgt man diesem — keineswegs zwingenden[72] — Abgrenzungsversuch, so stellt der Poolvertrag kein Konsortialgeschäft dar[73]. Die Freistellung von der Meldepflicht könnte dann jedoch im Wege der Analogie aufgrund eines Erst-recht-Schlusses erreicht werden.

Wie beim Kreditkonsortium wird das Risiko der Kreditgewährung beim Pool auf mehrere Schultern verteilt und auf diese Weise vielfach erst tragbar. Während man früher nur die Möglichkeit kannte, hierzu das gesamte (Konsortial-)Geschäft auf gemeinsame Rechnung durchzuführen[74], erzielt der Pool aufgrund seiner besonderen Vertragsgestaltung das gleiche Resultat, indem lediglich die Besicherung „auf gemeinsame Rechnug" erfolgt. Aus der Sicht des Wettbewerbs stellt der Pool wegen der getrennten Kreditvergabe ein minus, ein milderes Mittel dar, denn nach außen treten weiterhin mehrere Anbieter auf. Würde man den Bankenpool gegenüber dem Kreditkonsortium schlechterstellen, so könnten sich die Banken veranlaßt sehen, stattdessen ein klassisches Konsortium zu bilden, was eine stärkere Vereinheitlichung der Aktionsparameter zur Folge hätte und wettbewerbspolitisch kaum erwünscht sein kann.

§ 102 Abs. 1 S. 3 GWB ist daher zumindest entsprechend anwendbar. Der typische Poolvertrag ist auch *ohne Anmeldeverfahren* von § 1 GWB freigestellt.

III. Auch Poolverträge unterliegen somit nach dem deutschem Kartellrecht[75] allenfalls einer *Mißbrauchsaufsicht* seitens der Kartellbehörde. Welche Bedeutung der Suspendierung des Verbotsprinzips zugunsten des Mißbrauchsprinzips effektiv beizumessen ist, wird zumindest auf dem Boden des derzeit geltenden Rechts sehr unterschiedlich beurteilt. weil die Konkretisierung des Mißbrauchsbegriff in § 102 Abs. 4 GWB heftig umstritten ist.

---

[72] Siehe bereits oben. Kap. 1 A.III.2.c) a. E. sowie Kap. 2 A.I. zur Einordnung des Pools als Gelegenheitsgesellschaft.

[73] A.A. *W. Obermüller*, BuB, Rdn. 4/74 sowie *Jährig/Schuck*, S. 291, wobei aber nicht klar erkennbar ist, ob nicht eine von der Wirtschaftspraxis abweichende Bestimmung des Rechtsbegriffs in § 102 Abs. 1 S. 3 GWB zugrundeliegt. Vgl. auch *Röller*, in: Problematik der Ausnahmebereiche im Kartellrecht, S. 29, der als Konsortialgeschäft i. S. d. § 102 GWB u.a. das Aufrechterhalten von Kreditlinien in Problemfällen nennt.

[74] Vgl. *Gleiss/Pollems*, in: GK, 1. Aufl. 1958, § 102 Rdn. 13.

[75] Im europäischen Kartellrecht, das für die Banken grundsätzlich volle Gültigkeit hat, gibt es — jedenfalls bislang — keine Sonderregelung für die Kreditwirtschaft; siehe insbes. *Frömke*, S. 15ff. mwN. (Art. 90 Abs. 2 EWGV kann allenfalls bei Sanierungskartellen eingreifen, die von Ministerien oder Behörden aus wirtschaftspolitischen Gründen angeregt worden sind, vgl. S. 142ff., 147); des weiteren: *Wrabetz*, in: *Loewenheim/Belke*, § 102 Rdn. 115ff.; *Langen*, § 102 Rdn. EG 39ff.; *Kindermann*, in: Wettbewerbspolitik und Wettbewerbsrecht, S. 296; *Brühann*, S. 173ff.; *Markert*, WuW 1988, S. 828 f.

Nach einer sehr weitgehenden Auffassung[76] sind privatautonome Wettbewerbsbeschränkungen in der Bank- (und Versicherungs-)wirtschaft grundsätzlich mißbräuchlich. Die Bedeutung des § 102 GWB reduziert sich hiernach im wesentlichen auf Verfahrens- und Beweislastvorteile. Die wohl überwiegende Ansicht nimmt eine Interessenabwägung vor und orientiert sich dabei vorrangig an der Frage, ob die Wettbewerbsbeschränkung in ihrem Ausmaß und ihrer Ausgestaltung über das für die Sicherung der Leistungs- und Zahlungsfähigkeit der Unternehmen Erforderliche hinausgehen[77].

Die Praxis der Kartellbehörde wird als zwiespältig empfunden[78]. Eine förmliche Mißbrauchsverfügung ist bisher noch nicht ergangen[79], so daß auch die Gerichte noch keine Gelegenheit hatten, zur Konkretisierung des § 102 Abs. 4 GWB[80] beizutragen.

Die Konkretisierung des Mißbrauchsbegriffs wird freilich nur relevant, wenn die Freistellungsbedürftigkeit der fraglichen Maßnahme feststeht, denn diese muß an sich überhaupt unter die Verbote der §§ 1, 15, 38 Abs. 1 Nr. 11 GWB fallen[81]. Damit greift auch hier die Mißbrauchsaufsicht nur ein, wenn das Verbot einseitiger Krediterhöhung die sachlichen Voraussetzungen des § 1 GWB erfüllt.

C. Das Verbot einseitiger Krediterhöhung als Kartellvertrag?

I. Vertrag zwischen Unternehmen

§ 1 GWB erfaßt von Unternehmen geschlossene Verträge. Die fragliche Bestimmung, die die Poolpartner hinsichtlich einer weiteren Kreditvergabe außerhalb des Poolvertrages bindet, ist Teil des zwischen den Banken als

---

[76] *Möschel,* Wirtschaftsrecht, S. 445ff.; *ders.,* in: *Immenga/Mestmäcker,* § 102 Rdn. 43 mwN.; *Emmerich,* Kartellrecht, S. 433f.; *Klaue,* FS Bartholomeyczik, S. 191ff., bes. S. 199f.; *ders.,* WuW 1975, S. 5ff., bes.S. 11f.; *Hollenders* S. 323ff. (kritisch *Dreher,* ZWS 107 (1987), S. 487f.); vgl. auch bereits *Arnold,* WuW 1960, S. 476.

[77] S. *Wrabetz,* in: *Loewenheim/Belke,* § 102 Rdn. 97ff. mwN.; *Langen,* § 102 Rdn. 35; *Hootz,* in: GK, § 102 Rdn. 41; vgl. auch *Brühann,* S. 119ff., 143ff., 162ff., 170ff. sowie, speziell zu Konsortialgeschäften, *Immenga,* Wettbewerbsbeschränkungen, S. 206.

[78] *Möschel,* in: *Immenga/Mestmäcker,* § 102 Rdn. 44; vgl. auch *Brühann,* S. 128f.

[79] Wenn es dennoch eine kartellrechtliche Mißbrauchsaufsicht gegeben hat, weil beanstandete Wettbewerbsbeschränkungen bereits im Vorfeld eines Mißbrauchsverfahrens beseitigt wurden (s. Bericht der Bundesregierung über die Ausnahmebereiche des GWB, BT-Drucks.7/3206 v. 4. 2. 1975, S. 21), so zeigt sich auch hier trotz „guter“, vielleicht sogar „richtiger“ Ergebnisse, daß informelle Verfahren die Konkretisierung von Rechtsbegriffen (hier: des Mißbrauchsbegriffs) verhindern können; eingehend zu diesem Problemkreis *Dreher,* ZG 1987, S. 312ff., insbes. S. 333ff., 340.

[80] Die Rechtsprechung zu § 104 a. F. GWB (vgl. die Nachweise bei *Möschel,* in: *Immenga/Mestmäcker,* § 102 Rdn. 39) scheint auch bei § 102 GWB eine Abwägung nahezulegen.

[81] Vgl. *Emmerich,* Kartellrecht, S. 432; *Langen,* § 102 Rdn. 9; *Hootz,* in: GK, § 102 Rdn. 40.

Unternehmen vereinbarten Gesellschaftsvertrages, der nach den Vorschriften des Zivilrechts zustandekommt und die Banken rechtlich bindet, so daß der Vertragsbegriff des § 1 GWB[82] keine Probleme bereitet.

II. Der gemeinsame Zweck

Mit der Formulierung „zu einem gemeinsamen Zweck" in § 1 GWB hatte der Gesetzgeber zwar an § 705 BGB angeknüpft. Inzwischen hat sich jedoch die Auffassung durchgesetzt, daß dieses Merkmal eigenständig, unter Berücksichtigung der auf die Freiheit des Wettbewerbs gerichteten Zielsetzung des Gesetzes, auszulegen ist[83].

1. Wettbewerbsverhältnis zwischen den Banken

a) Das gebotene funktionale Verständnis der Vorschrift wirft zunächst die Frage auf, ob überhaupt *Wettbewerbsverhältnisse geregelt* werden[84]. So stellen — ungeachtet der Unterschiede im einzelnen — die heute wohl herrschende Lehre[85] und auch der Bundesgerichtshof[86] vor allem darauf ab, ob sich die Vertragsbeteiligten als (aktuelle oder potentielle) Wettbewerber gegenüberstehen[87]. Ob sich das Kriterium des gemeinsamen Zwecks in der Feststellung eines Wettbewerbsverhältnisses zwischen den Vertragsparteien erschöpft, ist freilich eine andere Frage, auf die noch zurückzukommen sein wird[88].

Daß die beteiligten Banken auf dem allgemeinen Kreditmarkt wenigstens potentielle Wettbewerber sind, kann nicht bezweifelt werden. Erforderlich ist jedoch, daß sie sich im konkreten Fall, also hinsichtlich des von der Absprache

---

[82] Hierzu *Rittner,* Wirtschaftsrecht, § 15 Rdn. 17ff.

[83] Ständige Rspr. seit BGHZ 68, S. 6, 10 = NJW 1977, S. 804 „Fertigbeton" ; *Ulmer,* NJW 1977, S. 805; *Rittner,* Wirtschaftsrecht, § 15 Rdn. 23; *K. Schmidt,* Kartellverbot, S. 51ff.; *ders.* BB 1979, S. 1173; *Immenga,* in: *Immenga/Mestmäcker,* § 1 Rdn. 154ff.; *Emmerich,* Kartellrecht, S. 50f.; *Schwarz,* S. 69ff.

[84] Vgl. *Rittner,* Wirtschaftsrecht, § 15 Rdn. 23.

[85] Vgl. z. B. *K. Schmidt,* Kartellverbot, S. 57, 59 f.; *ders.* BB 1979, S. 1174; *ders.,* ZHR 149 (1985), S. 6; *Belke,* ZHR 143 (1979), S. 81; *Immenga,* in: *Immenga/Mestmäcker,* § 1 Rdn. 159; *Schwarz,* S. 88; *Möschel,* Wettbewerbsbeschränkungen, Rdn. 175; *Emmerich,* Kartellrecht, S. 51.

[86] Siehe WuW/E BGH 2285, 2287 „Spielkarten"; das früher geforderte Kriterium gleichgerichteter Interessen taucht in der Entscheidung nicht mehr auf. Bereits zuvor wurde die Stellung als — potentieller — Wettbewerber im Rahmen des gemeinsamen Zwecks erörtert; vgl. etwa BGHZ 68, S. 6, 8f.

[87] Da die fragliche Klausel allenfalls „inter partes" wirkt, kann die Berechtigung weitergehender Auslegungsversuche dahinstehen, die auch die Beeinträchtigung von Drittwettbewerb erfassen wollen; vgl. z. B. *Köhler,* ZHR 149 (1984), S. 489; *Steindorff,* BB 1981, S. 379f. („Sowohl-als-auch"-Theorie); hierzu *K. Schmidt,* ZHR 149 (1985), S. 9f.

[88] Siehe unten 2.a). Das von *Schwarz,* S. 94, aufgestellte zusätzliche Erfordernis einer „kollektiven Bindung" bedarf hier keiner Stellungnahme, da sich alle Poolbanken in gleicher Weise binden.

erfaßten Wirtschaftsgutes, als solche gegenüberstehen[89]. Die vom Bundeskartellamt angegriffene Bestimmung regelt nur die Kreditvergabe an das im Poolvertrag genannte Schuldnerunternehmen. Im übrigen, d. h. in bezug auf andere Nachfrager, unterliegen die Banken keinerlei Beschränkungen. Zu prüfen ist daher, ob die Banken überhaupt ernsthaft als Anbieter weiterer Kredite an den gemeinsamen Schuldner in Betracht kommen.

Aus Bankkreisen wurde zu Recht darauf hingewiesen, daß in Sanierungsfällen vielfach kein Wettbewerb zwischen Kreditgebern in bezug auf das sanierungsbedürftige Unternehmen stattfindet[90]. Dies mag einer der Gründe sein, weshalb auch das Bundeskartellamt seine ursprüngliche Auffassung dahingehend modifiziert hat, daß Sicherheitenpoolverträgen in Sanierungsfällen jegliche kartellrechtliche Relevanz fehlen kann[91].

b) Vom *potentiellen Wettbewerb* ist der Fall eines *lediglich theoretisch denkbaren Wettbewerbs* zu unterscheiden; die Annahme eines potentiellen Wettbewerbs ist nur dann gerechtfertigt, wenn vernünftigerweise überhaupt mit seiner Aktualisierung gerechnet werden kann[92]. Gegen diese Einschränkung hat *K. Schmidt* eingewandt, die im Hinblick auf das Kartellverbot unwirksame wettbewerbsbeschränkende Abrede falle schon *wegen ihres Inhalts* unter § 1 GWB[93]. Dem ist entgegenzuhalten, daß § 1 GWB Wettbewerbsbeschränkungen wegen ihrer Außenwirkungen auf dem Markt verbietet, also nicht schon deshalb, weil dadurch die Handlungsfreiheit der Vertragsbeteiligten in ihrem Verhältnis zueinander eingeschränkt wird; spätestens im Rahmen des Eignungselements bedarf es daher der *Feststellung konkreter Tatsachen*, die den Schluß zulassen, daß der Vertrag in der Lage ist, diese Wirkungen zu begründen[94]. Erst recht sind keine Außenwirkungen zu befürchten, wenn eine vertragliche Regelung schon im Innenverhältnis leer läuft.

Auch *K. Schmidt* geht davon aus, daß die Abrede wettbewerbspolitisch natürlich uninteressant sei, solange feststehe, daß wirklich nur „theoretisch denkbarer Wettbewerb", daß also eben kein Wettbewerb betroffen sei; Verbot und Bußgelddrohung würden erst akut, wenn das Fehlen von Wettbewerb auf

---

[89] Vgl. *Möschel,* in: *Immenga/Mestmäcker,* § 102 Rdn. 34, der bei Konsortialgeschäften danach unterscheidet, ob bezüglich des konkret abzuwickelnden Geschäfts Wettbewerb möglich war; siehe auch *Hootz,* in: GK, § 102 Rdn. 32.

[90] *W. Obermüller,* BuB, Rdn. 4/76.

[91] Mit dem BkartA abgestimmte Erklärung des Zentralen Kreditausschusses (oben A.I.).

[92] *Müller-Henneberg,* in: GK, § 1 Rdn. 61; *Müller/Gießler/Scholz,* § 1 Rdn. 98; ähnlich *Frankfurter Kommentar,* § 1 Rdn. 23; *Knöpfle,* DB Beilage Nr. 11/86, S. 9 Fn. 45, der vor einem uferlos verstandenen Begriff des potentiellen Wettbewerbs warnt.

[93] *K. Schmidt,* Kartellverbot, S. 75 (Hervorhebung im Original).

[94] Vgl. BGHZ 68, S. 6, 11 „Fertigbeton I" (Hervorhebung hinzugefügt); hierzu *Ulmer,* NJW 1977, S. 805; *v.Gamm,* FS Pfeiffer, S. 655. *K. Schmidt,* Kartellverbot, S. 78f. hingegen mißt der Eignung zur Marktbeeinflussung keine eigenständige Bedeutung bei.

der (vertraglichen) Abstimmung beruhe[95]. Die praktischen Auswirkungen dieser Streitfrage dürften sich für die Banken daher in Grenzen halten. Nach hiesiger Auffassung wäre die Vertragsklausel bei nur theoretisch vorstellbarem Wettbewerb unangreifbar, aber auch überflüssig. Nach der Gegenmeinung könnte sie u. U. im Wege der Mißbrauchsaufsicht für unwirksam erklärt werden (§ 102 Abs. 4 GWB), aber weitergehende Sanktionen würden ausscheiden, weil zwischen der Abrede und dem Verhalten am Markt kein Zusammenhang besteht[96].

Zwar soll bereits das Vorliegen einer zu einem gemeinsamen Zweck getroffenen Abrede die Kausalität für den Zustand auf dem Markt indizieren[97]. Eine derartige Schlußfolgerung ist jedoch ebenso wie auch die Ableitung eines potentiellen Wettbewerbsverhältnisses[98] dann nicht gerechtfertigt, wenn die fragliche Klausel in einen umfangreichen Vertrag eingebettet ist, der — wie im Fall des Bankenpools — regelmäßig anhand von vorformulierten Vertragsmustern abgeschlossen wird[99]. Bei dieser Sachlage kann den Banken nicht unterstellt werden, sie seien selbst von einem Wettbewerbsverhältnis ausgegangen.

Potentieller Wettbewerb ist nicht nur objektiv nach den Fähigkeiten eines Unternehmens zum Markteintritt zu beurteilen, sondern auch subjektiv nach seiner Bereitschaft hierzu; die Bereitschaft ihrerseits ist aber objektiv zu bestimmen, wobei insbesondere wirtschaftliche Gesichtspunkte eine Rolle spielen können[100]. Nicht entscheidend ist daher, ob die Kreditinstitute aufgrund iher Größe und Finanzkraft zur Gewährung zusätzlicher Kredite in der Lage wären. Das Abstellen allein auf die objektiven Fähigkeiten stünde in Widerspruch zu der Lebenserfahrung, daß Entscheidungen von Unternehmen im allgemeinen durch wirtschaftliche Zweckmäßigkeit und kaufmännische Vernunft bestimmt werden[101].

---

[95] *K. Schmidt,* Kartellverbot, S. 76 (ausgehend von der These, daß § 25 Abs.1 GWB das allgemeine „Kartellverbot" zum Ausdruck bringt und § 1 GWB nur eine Verbotssanktion ausspricht; vgl. *K. Schmidt,* Kartellverfahrensrecht, S. 34; kritisch *Rittner,* Wirtschaftsrecht, § 15 Rdn. 15; *Wilhelm,* ZHR 149 (1985), S. 444).

[96] Vgl. *K. Schmidt,* Kartellverbot, S. 76f.

[97] *K. Schmidt,* Kartellverbot, S. 77, der aber wohl eher andere Fälle vor Augen hat.

[98] Vgl. *v.Gamm,* FS Pfeiffer, S. 656.

[99] Vgl. *Immenga,* WuW 1985, S. 462f.(zu Verzichtsklauseln in Konzessionsverträgen), der zu Recht die Aussage in WuW/E BGH 1732, 1734 „Fertigbeton II" relativiert. I. ü. hatte die dort zu beurteilende Vereinbarung eine ganz andere Stellung im Gesamtvertrag (vgl. S. 1735f. zu § 139 BGB). Nach *Knöpfle,* DB Beilage Nr. 11/86, S. 9 Fn. 45, ist die „Fertigbeton II"-Entscheidung durch WuW/E BGH 2050 „Bauvorhaben Schramberg" überholt; vgl. auch aaO. S. 11 zu einem Wettbewerbsverbot in einem Vertragsformular.

[100] *Immenga,* WuW 1985, S. 463 unter Hinweis auf WuW/E BGH 2050 „Bauvorhaben Schramberg".

[101] Vgl. WuW/E BGH 2050, 2051 „Bauvorhaben Schramberg".

c) Welche sind aber jene *wirtschaftlichen Gesichtspunkte,* die die Feststellung ermöglichen, ob die Poolbanken potentielle Wettbewerber sind? Bei der Frage nach den Anlässen einer Poolbildung konnte hinsichtlich des Eintritts der Unternehmenskrise auf die Einschätzung der Beteiligten verwiesen werden[102]. Die kartellrechtliche Beurteilung darf jedoch nicht allein von der Sichtweise der Vertragsparteien abhängen, sondern muß sich auf nachprüfbare Maßstäbe stützen.

Zur Bestimmung objektiver Anhaltspunkte, die Schlußfolgerungen auf die Bereitschaft der Banken zu einseitiger Krediterhöhung zulassen, kann auf das zum Recht der Gesellschafterdarlehen entwickelte Kriterium der „Kreditunwürdigkeit“[103] zurückgegriffen werden: Wenn das Schuldnerunternehmen aufgrund seiner wirtschaftlichen Lage von dritter Seite keinen Kredit zu marktüblichen Bedingungen mehr erhalten hätte, kann auch den Pool-Banken nicht vorgehalten werden, sie stünden sich als potentielle Wettbewerber gegenüber. Wenn in einer solchen Situation ausnahmsweise doch Anhaltspunkte für die Bereitschaft eines Poolpartners vorlägen, über die vereinbarten Linien hinaus neue Kredite zu gewähren, so läge die Vermutung nahe, daß diese nur durch die Poolbildung hervorgerufen wurde, weil erst die Einigung über das Offenhalten der alten Kredite das Gesamtrisiko kalkulierbarer und tragbar machte. Wenn aber keine Bank einen totalen Alleingang gewagt hätte, sprechen gegen ein Wettbewerbsverhältnis ähnliche Erwägungen wie im Fall einer Konsortialvereinbarung, die das einzelne Geschäft erst ermöglicht[104].

Gegen die Heranziehung der „Kreditunwürdigkeit“ könnte eingewandt werden, daß dieses Merkmal zu einem völlig anderen Rechtsgebiet entwickelt wurde. In der Tat besteht kein direkter Zusammenhang zwischen der Kapitalersatzfunktion eines etwaigen Gesellschafterdarlehens und einem Wettbewerbsverhältnis der Banken. Es ist jedoch zu bedenken, daß es sich bei der „Kreditunwürdigkeit“ lediglich um ein Hilfskriterium handelt, das gerade an das (hypothetische) Finanzierungsverhalten gewerblicher Kreditgeber anknüpft[105]. Es liegt daher nahe, sich dieses Merkmals zu erinnern, wo es jenes Verhalten (und seine Auswirkungen auf den Wettbewerb) selbst zu beurteilen gilt. Ist die Krise so akut, daß der Kreditnehmer seinen Kreditbedarf auf dem allgemeinen Kreditmarkt[106] nicht mehr zu decken vermag, wäre die Annahme

---

[102] S. oben Kap. 1 A.II.2.

[103] Zu diesem siehe näher oben Kap. 3 F.IV.

[104] Vgl. *Möschel,* in: *Immenga/Mestmäcker,* § 102 Rdn. 34; *ders.,* Wirtschaftsrecht, S. 479f.; *Immenga,* Wettbewerbsbeschränkungen, S. 187.

[105] Vgl. *Scholz/K. Schmidt,* §§ 32a/b Rdn. 34 a. E.

[106] Das ist mit der Charakterisierung „zu marktüblichen Bedingungen“ gemeint. Ein Spezialmarkt für Sanierungskredite dürfte ohnehin nicht existieren: Eine Bank wird im Firmenkundengeschäft entweder mit ihren Konditionen „im Rahmen“ (wenn auch sicher nicht im untersten Bereich) bleiben oder auf die Kreditvergabe ganz verzichten. Kreditgeber sind im Prinzip nicht zur Übernahme geplanter Einzelrisiken bereit; vgl. *Duttle,* S. 107. Die Risikoabgeltungsthese versagt jedenfalls in der Krise.

eines potentiellen Wettbewerbs zwischen dessen bisherigen Kreditgebern realitätsfern[107].

Sicherlich ist die fehlende Kreditwürdigkeit nicht immer leicht zu beurteilen[108]. Immerhin konnten aber mit diesem Kriterium bereits Erfahrungen gesammelt werden, die auch für unser Problem nutzbar zu machen sind. Der vorgeschlagene Weg ermöglicht die gebotene Berücksichtigung wirtschaftlicher Gesichtspunkte, ohne andererseit die Rechtssicherheit übermäßig zu strapazieren.

Als *Zwischenergebnis* ist festzuhalten, daß das Verbot einseitiger Krediterhöhung mangels (potentiellen) Wettbewerbs zwischen den Poolbanken kartellrechtlich irrelevant ist, wenn der Kreditnehmer auch von dritter Seite keinen Kredit mehr zu marktüblichen Bedingungen erhalten hätte. Damit dürfte die Mehrzahl aller Poolverträge als unbedenklich einzustufen sein[109].

Für die weitere Prüfung sind folgende eher seltenen Fallgruppen im Auge zu behalten: zum einen Poolverträge, die zwar anläßlich wirtschaftlicher Schwierigkeiten des Schuldnerunternehmens geschlossen werden, ohne daß jedoch schon dessen „Kreditunwürdigkeit" feststellbar wäre; zum anderen Poolverträge i. w. S., die bei hinreichender Bonität während einer laufenden, ungetrübten Geschäftsverbindung aus anderen Gründen zustandekommen[110].

2. *Erlaubte Nebenabrede?*

Kern und Hauptanliegen der Poolverträge ist die gleichmäßige Besicherung der Poolbanken sowie — in der Krise — die Aufrechterhaltung der Kreditlinien[111]. Der Gesellschaftszweck selbst ist nicht auf eine Wettbewerbsregelung gerichtet. Das Verbot einseitiger Krediterhöhung hat diesem gegenüber nur eine dienende, untergeordnete Aufgabe. Es soll Risiken ausschließen oder verringern, die sich für die poolgebundenen Kredite aus einer unkontrollierten Kreditausweitung ergeben können. Die fragliche Bestimmung hat den Charakter einer Nebenabrede im Rahmen eines im übrigen kartellfreien Hauptvertrages.

Die Problematik von Nebenabreden in Nicht-Kartellverträgen wird hauptsächlich im Zusammenhang mit typischen Wettwerbsverboten behandelt, die

[107] Die „plausiblen Gründe", weshalb Banken einem langjährigen Kreditnehmer zur Überwindung einer Liquiditätskrise zusätzliche Kredite gewähren (s. *Duttle,* S. 107), beruhen nicht auf den normalen Marktmechanismen.

[108] Vgl. etwa *Hachenburg/Ulmer,* §§ 32a/b, Rdn. 49; *Scholz/K. Schmidt,* §§ 32a/b, Rdn. 32ff.

[109] Wenn nach *Schröter/Graf von Westphalen,* S. 43 die weite Zustimmungsklausel regelmäßig verzichtbar ist, so dürfte auch dahinter die Überlegung stehen, daß die Banken in den meisten Sanierungsfällen zu einer einseitigen Kreditausweitung ohnehin nicht bereit sind.

[110] S. oben Kap. 1 A.II.1.

[111] S. oben Kap. 1 C.III.2.

sich in vielen Gesellschafts- und Interessenwahrungsverträgen sowie in manchen Austauschverträgen finden[112]. Bei Gesellschaftsverhältnissen geht es dabei zumeist um Regelungen, die den Gesellschaftern verbieten, zu dem Gesellschaftsunternehmen in Konkurrenz zu treten; das Wettbewerbsverbot dient regelmäßig dazu, das gemeinsame Unternehmen gegen gesellschaftswidrige Sonderinteressen der Gesellschafter zu sichern[113]. Das Verbot einseitiger Krediterhöhung hat eine ganz andere Funktion, denn der Bankenpool ist als Innengesellschaft kein Unternehmensträger[114]; die Poolbildung ändert nichts daran, daß die Banken weiterhin als selbständige Unternehmen ihren eigenen Erwerbsinteressen nachgehen. Auch untereinander wird nicht etwa eine Marktaufteilung vorgenommen und durch ein gegenseitiges Konkurrenzverbot abgesichert. Die Bindungen beschränken sich vielmehr auf die künftige Kreditvergabe an ein einzelnes, genau bezeichnetes Schuldnerunternehmen und sollen nur die wirtschaftlichen Ziele der Gelegenheitsgesellschaft fördern.

Sind die konkreten Fragestellungen somit nicht ohne weiteres vergleichbar, so steht doch hinter dem Ganzen das allgemeine Problem: „Inwieweit nimmt das Gesetz wettbewerbsbeschränkende Vertragsnebenpflichten als für die Verwirklichung billigenswerter Vertragszwecke notwendig hin?“[115]. Gerichtsentscheidungen und Diskussionsbeiträge, die sich unmittelbar nur mit typischen Wettbewerbsverboten beschäftigen, können daher (zumal sie oft generalisierende Aussagen enthalten) zur Beurteilung der hier fraglichen Klausel herangezogen werden.

Wenn auch die Auffassungen im einzelnen divergieren, so ist doch unstreitig, daß Wettbewerbsverbote, die in den Dienst eines kartellfreien Hauptvertrages gestellt sind, einer Sonderbehandlung unterliegen[116]. Nebenabreden in Nicht-Kartellverträgen werfen unabhängig von ihrer jeweiligen Ausgestaltung und von dem Typ des Vertrages, in dem sie vereinbart sind, zwei Fragen auf: zum einen nach der Methodenwahl, zum anderen nach den Kriterien für eine sachgerechte Erfassung.

a) Die Methodenwahl

Die frühere Rechtsprechung hat die Problematik bei der Auslegung des Tatbestandsmerkmals „zu einem gemeinsamen Zweck“ angesiedelt. Insbesondere bei Austauschverträgen wurde geprüft, ob die Vertragspartner „gleichgerichtete Interessen“ verfolgten, was bei Wettbewerbsverboten angenommen

---

[112] Vgl. *Rittner,* Wirtschaftsrecht, § 15 Rdn. 26.

[113] Siehe etwa *Schütte,* S. 6f.; *Rittner,* Wirtschaftsrecht, § 15 Rdn. 27 mwN.

[114] S. oben Kap. 2 A.II.; zur Unterscheidung zwischen schlicht zivilistischer Gesellschaft und Mitunternehmer-BGB-Gesellschaft siehe *K. Schmidt,* Gesellschaftsrecht, S. 1276f.

[115] *K. Schmidt,* Kartellverbot, S. 82f.

[116] *K. Schmidt,* ZHR 149 (1985), S. 11.

wurde, die zur Erreichung des mit dem Vertrag verfolgten Zwecks sachlich nicht erforderlich waren[117].

Namentlich von den Befürwortern der sogenannten „Immanenenztheorie" wurde diese Gerichtspraxis kritisiert, weil sie einzelfallbezogene Wertungen in den Begriff des „gemeinsamen Zwecks" aufnehme, der ausschließlich zur Abgrenzung zwischen §§ 1 ff. und §§ 15 ff. GWB diene[118]. Jedes vertragliche Wettbewerbsverbot falle unter den Tatbestand des Vertrages zu einem gemeinsamen Zweck i. S. von § 1 GWB; wenn die wettbewerbsbeschränkende Abrede trotz formaler Erfüllung des Kartelltatbestands im Ergebnis gebilligt werden könne, so sei dies methodisch besser durch Restriktion des Tatbestandes zu erreichen[119]. Der methodische Ansatz, Nebenabreden in Nicht-Kartellverträgen im Wege teleologischer Reduktion[120] vom Kartellverbot auszunehmen, ist Ausgangspunkt der heute wohl herrschenden Lehre[121].

Die Kritik an der Gerichtspraxis ist berechtigt, soweit sie die Leistungsfähigkeit des Merkmals „Verfolgung gleichgerichteter Interessen" anzweifelt[122]. Dieses Kriterium ist selbst ausfüllungsbedürftig und vermag die schwierigen Abgrenzungsprobleme nur unter Heranziehung von Wertungen zu lösen, die in der Tat offengelegt werden sollten. Die neuere Rechtsprechung scheint den kritischen Stimmen Rechnung zu tragen[123]: Ohne das Erfordernis „gleichgerichteter Interessen" zu erwähnen, stellt der Kartellsenat des BGH nur noch fest, daß wettbewerbsbeschränkende Vereinbarungen dann der Anwendung des § 1 GWB entzogen sein können, wenn sie aus dem im übrigen kartellrechtsneutralen

---

117 Z. B. BGHZ 68, S. 6, 10 f. „Fertigbeton"; BGH NJW 1980, S. 185 „Erbauseinandersetzung"; BGH NJW 1982, S. 2000, 2001 „Holzpaneele".

118 S. *K. Schmidt*, ZHR 149 (1985), S. 10 ff.; ähnlich *Steindorff*, BB 1981, S. 380.

119 Vgl. des näheren *K. Schmidt*, ZHR 149 (1985), S. 6 f., 10 ff.

120 Die teilweise auch anzutreffenden Versuche, entsprechende Eingrenzungen durch die Anerkennung von Rechtfertigungsgründen, also auf der Rechtswidrigkeitsebene, vorzunehmen (s. *Müller/Gießler/Scholz*, § 1 Rdn. 145 a; *Müller-Henneberg*, in: GK, § 1 Rdn. 101 ff.), sind dogmatisch schon deshalb abzulehnen, weil § 1 GWB keine besondere Rechtswidrigkeit voraussetzt (zutr. *Rinck/Schwark*, Rdn. 281; *Rittner*, Wirtschaftsrecht, § 15 Rdn. 48).

121 *K. Schmidt*, Kartellverbot, S. 79 ff.; *ders.*, BB 1979, S. 1174; *ders.*, ZHR 149 (1985), S. 10 ff.; *Ivens*, DB 1988, S. 215 f.; *Lenz*, S. 304, 349; der Sache nach auch *Steindorff*, BB 1977, S. 569 ff. (wenngleich mißverständlich von „teleologischer Auslegung" bzw. „gerechtfertigt" die Rede ist); ders., BB 1981, S. 380; *Immenga*, in: *Immenga/Mestmäcker*, § 1 Rdn. 164 ff., 370 ff.; *Schwarz*, S. 144 ff.; *Köhler*, ZHR 148 (1984), S. 490; wohl auch *Kellermann*, FS R.Fischer, S. 314 ff. (vgl. aaO. S. 308); *Emmerich*, Kartellrecht, S. 70 ff., der die Problematik jedoch unter der Überschrift „Außergesetzliche Rechtfertigungsgründe" behandelt.

122 Vgl. etwa *Belke*, ZHR 143 (1979), S. 80 f.; *Steindorff*, BB 1981, S. 381; *ders.*, BB 1977, S. 570; *Schwarz*, S. 42 ff.; *Ulmer*, NJW 1982, S. 1976; *Köhler*, ZHR 148 (1984), S. 489 f.; a.A. *Ebel*, WuW 1979, S. 794, 796.

123 Vgl. *Hönn*, JuS 1988, S. 49 mwN.

Rechtsverhältnis notwendigerweise folgen[124]. In methodischer Hinsicht dürfte der BGH nunmehr ebenfalls zur Vornahme einer Restriktion tendieren[125].

Der Verzicht auf die Formel von den gleichgerichteten Interessen bedeutet jedoch nicht, daß das Abgrenzungsproblem nicht bereits durch Interpretation des Tatbestandsmerkmals „zu einem gemeinsamen Zweck" zu lösen wäre. Namhafte Autoren sprechen sich für ein solches Vorgehen aus[126]. Mitunter wird auch das Merkmal „Wettbewerbsbeschränkung" als sedes materiae angesehen[127]. Von einer Auslegung des gemeinsamen Zwecks dürfte dieser Weg zumindest dann nicht so weit entfernt sein, wenn man den Zweck auf die Wettbewerbsbeschränkung bezieht[128]. Übereinstimmung besteht jedenfalls im methodischen Ansatz, das Problem nicht außerhalb der gesetzlichen Tatbestandsmerkmale anzusiedeln.

Geht man von der Prämisse aus, daß der gemeinsame Zweck i. S. von § 1 GWB eigenständig, unter Berücksichtigung der auf Freiheit gerichteten Zielsetzung des Gesetzes auszulegen ist[129], so dürfte eine teleologische Auslegung vorzuziehen sein, nach der Nebenabreden in Nicht-Kartellverträgen unter bestimmten, im einzelnen noch zu klärenden Voraussetzungen von diesem Tatbestandsmerkmal erst gar nicht erfaßt werden[130]. Auf den gemeinsamen Zweck einer Wettbewerbsregelung sind danach nur solche Abreden gerichtet, die eine *eigenständige wettbewerbsregelnde Funktion* besitzen[131].

Der Wortsinn, der überhaupt etwas in den Hintergrund der Betrachtungen zu rücken scheint, steht einer solchen Auslegung nicht entgegen[132]. Es dürfte eher

---

124 WuW/E BGH 2285, 2288 „Spielkarten"; vgl. auch bereits WuW/E BGH 2085, 2086 „Strohgäu-Wochenjournal".

125 Vgl. *Tilmann,* ZHR 151 (1987), S. 475: „Anwendungsreduktion des § 1 GWB"; besonders deutlich in WuW/E BGH 2271, 2273 „Taxigenossenschaft", wo der BGH die Ausnahme für „genossenschaftsimmanente" Wettbewerbsbeschränkungen prüft, nachdem der gemeinsame Zweck i. S. d. § 1 GWB bejaht wurde.

126 Siehe *Rittner,* Wirtschaftsrecht, § 15 Rdn. 24ff.; *Oppenländer,* WuW 1981, S. 395; *Wilhelm,* ZHR 150 (1986), S. 352, der jedoch (bei extensiver Auslegung des § 18 GWB) den gemeinsamen Zweck recht eng interpretiert; *Knöpfle,* DB Beilage Nr. 11/86, S. 4; wohl auch *v. Gamm,* Kartellrecht, § 1 Rdn. 21; *Loewenheim/Belke,* § 1 Rdn. 45; *Langen,* § 1 Rdn. 36; siehe auch bereits *Gleiss/Hootz,* NJW 1963, S. 1339 (bei Fn. 8).

127 *Belke,* ZHR 143 (1979), S. 80, 90); *Möschel,* Wettbewerbsbeschränkungen, Rdn. 175, 204.

128 Sehr deutlich *Belke,* ZHR 143 (1979), S. 80, 90; enger wohl (aber jedenfalls auch gegen die These von der inhaltlichen Beliebigkeit des gemeinsamen Zwecks) *Möschel,* Wettbewerbsbeschränkungen, Rdn. 175.

129 S. bereits oben vor 1.a).

130 Daß das Merkmal die §§ 1ff. von den §§ 15 GWB abgrenzen soll, besagt nämlich noch nichts darüber, welcher positive Inhalt hierdurch hinzukommt; s. *Rittner,* Wirtschaftsrecht, § 15 Rdn. 10. Die Gleichsetzung von eigenständiger, kartellrechtlicher mit extensiver Auslegung (so *Lenz,* S. 344, vgl. auch S. 353, 360, 373) leuchtet angesichts der Notwendigkeit teleologischer Reduktion jedenfalls nicht ohne weiteres ein.

131 *Rittner,* Wirtschaftsrecht, § 15 Rdn. 25.

problematisch sein, den möglichen Wortsinn noch als so offen anzusehen, daß er jedes vertragliche Wettbewerbsverbot allein deshalb erfaßt, weil Wettbewerb unter den Beteiligten betroffen ist[133]. Demgegenüber erscheint es weniger bedenklich, den gemeinsamen Zweck nur auf Wettbewerbsregelungen mit eigenständiger Funktion zu beziehen und untergeordnete Nebenbestimmungen ggf. von vornherein auszunehmen. Auf diese Weise wird bereits das Entstehen einer „verdeckten Lücke" vermieden, die gemäß der immanenten Teleologie des Gesetzes einer Einschränkung im Wege der Restriktion bedürfte[134].

Bei der Konkretisierung des so verstandenen gemeinsamen Zwecks steht die teleologische Auslegung dieser „Interpretationstheorie"[135] freilich vor denselben Sachfragen wie die Gegenansicht, die den Tatbestand zunächst erheblich ausweitet, um ihn anschließend wieder teleologisch zu reduzieren. Die Rechtssicherheit ist bei beiden Ansätzen gleichermaßen tangiert[136], insofern sind allein die — von der Methodenwahl unabhängigen — Kriterien für die Abgrenzung zwischen kartellrechtlich bedenklichen und erlaubten Nebenabreden entscheidend[137].

Nunmehr gilt es zu klären, ob das Verbot einseitiger Krediterhöhung eine eigenständige wettbewerbsregelnde Funktion hat und damit zu einem gemeinsamen Zweck i. S. von § 1 GWB dient[138].

---

[132] A.A., aber nicht überzeugend, *Gaertner,* S. 186; die sachlich fundierteren Bedenken von *Schwarz,* S. 139 sind insofern berechtigt, als der Wortsinn eine Erforderlichkeitsprüfung oder Interessenabwägung nicht unmittelbar trägt. Dies hindert jedoch nicht, zur Konkretisierung der „eigenständigen wettbewerblichen Funktion" ggf. auch derartige Erwägungen heranzuziehen.

[133] Kritisch gegenüber der h.L. *Wilhelm,* ZHR 150 (1986), S. 327ff.; zur „Verrechtlichung" im Kartellrecht durch Rechtsauslegung statt durch freie Rechtsschöpfung der Rechtsanwendungsorgane s. grundsätzlich *Dreher,* ZG 1987, S. 328ff., bes. 332 f.

[134] Zur Ausfüllung „verdeckter Lücken" durch teleologische Reduktion s. des näheren *Larenz,* Methodenlehre, S. 375ff., der darauf hinweist, daß die Grenze zwischen einengender Auslegung und teleologischer Reduktion „flüssig" ist.

[135] Diese Bezeichnung wurde von *Rittner,* ZHR 135 (1971), S. 294 in anderem Zusammenhang (Wettbewerbsverbote der Handelsvertreter und § 18 GWB) als Gegensatz zur „Immanenztheorie" verwandt (zu jener Immanenztheorie s. WuW / E BKartA 2283, 2285 „Touristik Union").

[136] Die Fragestellung wird durch die Restriktion nicht schwieriger und unsicherer (zutr. *K. Schmidt,* ZHR 149 (1985), S. 12), aber umgekehrt auch nicht leichter und sicherer, solange die Wertungen auch bei der Auslegung nicht verborgen bleiben.

[137] Die Kritik von *Immenga,* in: *Immenga / Mestmäcker,* § 1 Rdn. 374 a. E. verkennt, daß auch die „selbständige wettbewerbsbeschränkenden Funktion" noch der Konkretisierung bedarf. I.ü. ist die „Funktion" des Wettbewerbsverbots zumindest nicht weniger objektivierbar als die „Notwendigkeit" für den Vertrag (dessen Zweck immer von den individuellen Parteiabsichten bestimmt wird).

[138] Die Gegenansicht würde stattdessen fragen, ob es — obwohl zu einem gemeinsamen Zweck vereinbart — aufgrund einer ungeschriebenen Einschränkung vom Kartellverbot auszunehmen ist.

b) Die Kriterien

(1) Zur Beurteilung von Nebenabreden in Nicht-Kartellverträgen werden *unterschiedliche Kriterien vorgeschlagen.*

Allein mit der Klassifizierung als Nebenabrede ist die kartellrechtliche Prüfung nicht abgeschlossen[139]. Wettbewerbsklauseln in Verträgen, die als Hauptzweck eine marktneutrale Regelung verfolgen, bleiben nicht schon deshalb von § 1 GWB verschont, weil sie „typischerweise" nicht der Regelung von Wettbewerb dienen[140]

Nach der *Immanenztheorie* können Wettbewerbsverbote, die erlaubten Privatrechtsverhältnissen immanent sind, nicht gegen § 1 GWB verstoßen[141]. Die Bezeichnung umschreibt damit den Maßstab der Abgrenzung: die Vertragsimmanenz[142]. Die Kriterien dieser „Theorie" sind noch nicht vollständig ausdiskutiert[143]. Dies überrascht nicht, denn es ist bereits eine wertende Entscheidung, wann eine Bestimmung als vertragsimmanent anzusehen ist[144]. Ist die „Vertragsimmanenz" schon selbst ausfüllungsbedürftig, so ist überdies nicht recht ersichtlich, wieso sie überhaupt über die kartellrechtliche Zulässigkeit entscheiden soll. Zum einen fehlt eine überzeugende Begründung, weshalb nur vertragsimmanente Bestimmungen — was immer man darunter verstehen mag — privilegiert sein sollen. Zum anderen beruht ihre schlagwortartige Begründung („Das Kartellrecht verbietet nicht, was das Vertragsrecht gebietet!"[145]) auf einer wettbewerbsfernen Wertung[146]. Sie erweckt den — unrichtigen —

[139] Vgl. z. B. *Immenga,* in: *Immenga/Mestmäcker,* § 1 Rdn. 164; in diesem Punkt herrscht weithin Übereinstimmung.

[140] So aber *Gaertner,* S. 198f., 206f.; dagegen zu Recht *K. Schmidt,* ZHR 149 (1985), S. 3. In Wirklichkeit vertritt auch *G.* keine kategorische per-se-Ausnahme, sondern modifiziert seine absolute Aussage anschließend durch das Kriterium der Erforderlichkeit. Damit zieht er als „typisierende Verdichtungsfaktoren" dieselben Gesichtspunkte heran wie die Immanenztheorie, die er zuvor (S. 178f.) wegen ihrer „unscharfen, außerrechtlichen Maßstäbe" abgelehnt hatte.

[141] Vgl. *K. Schmidt,* ZHR 149 (1985), S. 11 mwN.; *Steindorff,* BB 1977, S. 570; *Immenga,* in: *Immenga/ Mestmäcker,* § 1 Rdn. 170; ähnlich: *v.Gamm.* NJW 1988, S. 1247.

[142] Nicht etwa die — hiervon unabhängige — Methodenwahl i. S. gesetzesimmanenter Einschränkungen, was bei dem Eintreten für eine Restriktion auch vermutet werden könnte; zur „rechtsimmanenten" funktionalen Betrachtungsweise s. *K. Schmidt,* Kartellverfahrensrecht, S. 5f.

[143] *K. Schmidt,* ZHR 149 (1985), S. 12.

[144] Nach *Rittner,* Wirtschaftsrecht, § 15 Rdn. 32 läßt sich ein Kriterium, das über die „Vertragsimmanenz" des einzelnen Wettbewerbsverbots entscheiden könnte, weder theoretisch finden noch praktisch handhaben. Der Gedanke, zwischen institutsnotwendigen und darüber hinausgehenden, willkürlichen Wettbewerbsverboten zu unterscheiden, hat seinen Ursprung allein in wettbewerbspolitischen Überlegungen; vgl. *Rittner,* ZHR 135 (1971), S. 293 f. (im Zusammenhang mit § 18 GWB).

[145] *K. Schmidt,* Kartellverbot, S. 81; ähnlich *Immenga,* in: *Immenga/Mestmäcker,* § 1 Rdn. 170.

[146] *Schwarz,* S. 147.

Anschein, sie gehe von einem Vorrang des Schuldvertragsrechts gegenüber dem Kartellrecht aus[147]. Wenn aber die Vertragsnebenpflichten ihrerseits im Lichte des § 1 GWB zu sehen sind[148], so wird einer ohnehin recht vagen „Vertragsimmanenz" jegliche Unterscheidungskraft genommen. Es bleibt nur der allzu berechtigte Aufruf zu einer Besinnung auf die inneren Grenzen des Kartellverbots[149]. Da der Immanenzgedanke als solcher nicht weiterführt, soll im folgenden der Blick den bisher — nicht zuletzt von den Vertretern jener Theorie — herausgearbeiteten Kriterien im einzelnen zugewandt werden.

Zentrale Bedeutung kommt nach der Rechtsprechung[150] und dem überwiegenden Teil der Literatur[151] mit teilweise unterschiedlicher Akzentuierung dem Kriterium der *„Erforderlichkeit"* zu, wobei mitunter statt „erforderlich" auch der Ausdruck „notwendig" verwandt wird: Wettbewerbsbeschränkende Nebenabreden sind dann der Anwendung des § 1 GWB entzogen, wenn sie zur Erreichung des im übrigen kartellrechtsneutralen Vertragszwecks erforderlich sind.

Wonach bemißt sich aber der Grad der Erforderlichkeit? Die anzutreffenden Umschreibungen deuten auf ein recht enges Verständnis hin, denn die Bestimmung soll „unentbehrlich"[152] bzw. „unerläßlich"[153] sein. Doch auch hier ist Raum für Wertungen[154]. Wofür muß die Nebenabrede unerläßlich sein? Es bedeutet einen Unterschied, ob der Hauptvertrag mit dem Wettbewerbsverbot steht und fällt, es also für Bestand und Durchführung des Vertragsverhältnisses überhaupt unerläßlich ist[155], oder ob die Nebenabrede unentbehrlich für die

---

[147] *K. Schmidt,* ZHR 149 (1985), S. 11 hält insofern die Kritik von *Schwarz,* S. 147 für berechtigt.

[148] *K. Schmidt,* Kartellverbot, S. 81.

[149] Vgl. *K. Schmidt,* ZHR 149 (1985), S. 11; darauf läuft auch der Vorschlag von *Schwarz,* S. 147 ff. hinaus, die herkömmliche Immanenztheorie durch eine wettbewerbsrechtliche zu ersetzen.

[150] Vgl. BGHZ 104, S. 246, 251 ff. = NJW 1988, S. 2737, 2738 = WuW/E BGH 2505, 2508 „neuform-Artikel"; WuW/E BGH 2285, 2287 „Spielkarten"; WuW/E BGH 2085, 2087 „Strohgäu-Wochenjournal"; BGH NJW 1982, S. 2000, 2001 „Holzpaneele"; BGH NJW 1980, S. 185, 186 „Erbauseinandersetzung"; BGHZ 70, S. 331, 335 = NJW 1978, 1001 „Gabelstapler"; BGHZ 68, S. 6, 9 „Fertigbeton".

[151] Vgl. *Immenga,* in: *Immenga/Mestmäcker,* § 1 Rdn. 170, 369, 374; *K. Schmidt,* ZHR 149 (1985), S. 12; *ders.,* Kartellverbot, S. 81 ff.; *Steindorff,* BB 1977, S. 571; *Emmerich,* Kartellrecht, S. 72; *Möschel,* Wettbewerbsbeschränkungen, Rdn. 204; *Müller-Henneberg,* in: GK, § 1 Rdn. 104; *Belke,* ZHR 143 (1979), S. 90 f.; *Köhler,* ZHR 148 (1984), S. 490 f.; *v.Gamm,* Kartellrecht, § 1 Rdn. 21.

[152] Vgl. etwa *K. Schmidt,* ZHR 149 (1985), S. 7; *ders.,* BB 1979, S. 1174.

[153] Z. B. *Beuthin,* ZHR 142 (1978), S. 289; *Loewenheim/Belke,* § 1 Rdn. 83; *Möschel,* Wettbewerbsbeschränkungen, Rdn. 206; *Immenga,* in: *Immenga/Mestmäcker,* § 1 Rdn. 170; *Köhler,* ZHR 142 (1984), S. 491; *Emmerich,* Kartellrecht, S. 72; kritisch *Wilhelm,* ZHR 150 (1986), S. 452.

[154] Vgl. etwa *Emmerich,* Kartellrecht, S. 72: „bei Berücksichtigung der Wertungen des GWB unerläßlich ...".

„sachgerechte Durchführung" des billigenswerten Vertrages ist[156]. Was im konkreten Fall noch als sachgerecht anzusehen ist, kann je nach Standpunkt durchaus unterschiedlich beurteilt werden.

Ähnliches gilt für die Differenzierung zwischen nur förderlichen und *„funktionsnotwendigen"* Nebenabreden[157]. Selbst Befürworter dieser Unterscheidung müssen einräumen, daß die Abgrenzung im Einzelfall schwierig[158] und ihr praktischer Wert daher gering ist[159].

Recht unbestimmt und ebenfalls problematisch ist die damit eng verwandte Anknüpfung an *vertragliche Treupflichten*[160]. Einerseits sollen nur deklaratorische Beschränkungen, die also auch ohne die fragliche Klausel gelten würden, Bestand haben[161]. Andererseits entscheiden die Parteien letztlich weitgehend frei über den Umfang der für das konkrete Vertragsverhältnis geltenden Treupflicht[162]. Weder Treupflicht noch Funktionsnotwendigkeit können daher einziges Kriterium der kartellrechtlichen Beurteilung sein[163].

Mißt man beim Bankenpool die Erforderlichkeit der Zustimmungsklausel daran, ob die Poolpartner zur (sachgerechten) Durchführung des Poolvertrages

---

155 In dieser Richtung wohl *Köhler,* ZHR 148 (1984), S. 487ff.; *Beuthin,* ZHR 142 (1978), S. 289 („für die Erreichung des Gesellschaftszwecks ... unerläßlich").

156 In letzterem Sinne *K. Schmidt,* Kartellverbot, S. 81, 84; ähnlich *Belke,* ZHR 143 (1979), S. 90; ohne den Zusatz „sachgerecht" indes *K. Schmidt,* ZHR 149 (1985), S. 7 sowie S. 16, wo es aber wohl eher um die Beschreibung zweier eindeutig erfaßbarer Extreme geht. Zwischen der Unentbehrlichkeit für die Durchführung des kartellfreien Gesellschaftsverhältnisses einerseits und der in den Dienst der Wettbewerbsbeschränkung gestellten Kooperation andererseits sind die eigentlich problematischen Fälle angesiedelt.

157 Vgl. *Schütte,* S. 10ff., *Voges,* DB 1977, S. 2085f.; *Beuthin,* ZHR 142 (1978), S. 285; *Loewenheim/Belke,* § 1 Rdn. 82f.; zum Konkurrenzverbot des GmbH-Gesellschafters s. *Ivens,* DB 1988, S. 216ff., der freilich zusätzlich das Verhältnis zwischen eingebrachten und unterdrückten Ressourcen berücksichtigt; siehe unlängst auch WuW/E BGH 2285, 2287 „Spielkarten": „funktional notwendig".

158 Bei Personalhandelsgesellschaften gibt es durchaus ernstzunehmende Konkretisierungsversuche (s. *Schütte,* S. 20ff.; vgl. auch *Ivens,* DB 1988, S. 217ff. zur GmbH), die jedoch bei dem „Allzweck-Instrument" der BGB-Gesellschaft wenig Erfolg versprechen. I. ü. läßt sich der Gedanke, die Unternehmensform der typischen Personalhandelsgesellschaft nicht hinfällig zu machen (vgl. *Schütte,* S. 102), auf eine schlicht zivilistische GbR (als klassische Kartellform) schwerlich übertragen.

159 Vgl. *Beuthin,* ZHR 142 (1978), S. 289.

160 Siehe *Knöpfle,* WuW 1986, S. 2254; *Müller/Gießler/Scholz,* § 1 Rdn. 147a; *Gleiss/Hootz,* NJW 1963, S. 1339; auch *Kellermann,* FS R. Fischer, S. 319; kritisch z. B. *Oppenländer,* WuW 1981, S. 390. Auch BGHZ 70, S. 331, 335 = NJW 1978, S. 1001 „Gabelstapler" argumentiert u. a. mit der Treuepflicht. Jedenfalls wenn das Vertragsverhältnis im übrigen nicht kartellrechtsneutral ist, ändert auch die Treupflicht an der Unwirksamkeit des Wettbewerbsverbots nichts; BGH NJW 1982, S. 938, 939 „Transportbeton Vertrieb II". In BGHZ 104, S. 246, 253 = NJW 1988, S. 2737, 2739 = WuW/E BGH 2505, 2509 „neuform Artikel" wurde die Treupflicht als unerheblich angesehen.

161 Vgl. *Schütte,* S. 100ff.; 140 (II.3.4.).

162 Vgl. *Rittner,* ZHR 135 (1971), S. 293 (im Zusammenhang mit § 18 GWB).

163 So zutr. *Schütte,* S. 92, ähnlich S. 115.

auf ihre Gültigkeit angewiesen sind, so wird man sich in erster Linie daran zu orientieren haben, in welchem Maße die Sicherheit der Poolkredite durch eine unkontrollierte Kreditausweitung gefährdet wäre. Dieses Vorgehen impliziert eine u. U. sehr schwierige Prognoseentscheidung über die hypothetische wirtschaftliche Entwicklung des Schuldnerunternehmens. Speziell in Sanierungsfällen wäre zu untersuchen, ob die besprochene Finanzplanung durch unabgestimmte, zusätzliche Kreditaufnahmen beeinträchtigt und dadurch das Sanierungskonzept in Frage gestellt würde[164]. In vielen Fällen wird man dann wohl zu dem Ergebnis kommen, daß die fragliche Klausel im Rahmen der zwischen den Poolbanken bestehenden Rechtsbeziehungen für „funktional notwendig" zu erachten ist. Es erscheint allerdings kaum möglich, den Banken genauere und verläßlichere Anhaltspunkte an die Hand zu geben, wann sie das Verbot einseitiger Krediterhöhung für unbedenklich halten dürfen. Die wettbewerbspolitisch wertende, d. h. mehr oder weniger willkürliche Entscheidung des Tatrichters über die „Erforderlichkeit"[165] läßt sich weder vorwegnehmen noch vorhersehen.

(2) Die bisherige Prüfung gibt Anlaß zu *Bedenken.* Beschneidet nicht die Erforderlichkeitsprüfung, wie sie zumeist formuliert wird (nicht unbedingt, wie sie im Ergebnis gehandhabt wird), den Spielraum der handelnden Wirtschaftssubjekte zu sehr?[166] Auch wenn das Wettbewerbsverbot im Einzelfall über das (schuldrechtlich) notwendige Maß hinausgeht, begründet dies allein noch keinen gemeinsamen Zweck einer Wettbewerbsbeschränkung[167]. Aufgabe einer kartellrechtlich-funktionalen Auslegung[168] ist es, den rechtspolitischen Gehalt des Gesetzes zu verwirklichen, zugleich aber die Leistungsfähigkeit und die Leistungsbereitschaft der privatautonomen Kräfte und die für sie wesentliche Rechtssicherheit nicht ohne Not einzuschränken[169].

Es ist nicht das Thema und Anliegen dieser Arbeit, eine umfassende und abschließende Lösung zur sachgerechten Erfassung sämtlicher Nebenabreden in Nichtkartellverträgen zu enwickeln, zumal eine Verifizierung in diesem Rahmen überhaupt nicht möglich wäre. Um es dennoch nicht bei der bloßen Äußerung

---

[164] S. *Schröter/Graf von Westphalen,* S. 43.

[165] Vgl. *Rittner,* Wirtschaftsrecht, § 15 Rdn. 32.

[166] *Wilhelm,* ZHR 150 (1986), S. 343 weist darauf hin, daß der Maßstab des für den Vertrag Unerläßlichen tendenziell auf eine Vertragsangemessenheitskontrolle hinausläuft; gewarnt wird vor einer Einmischung in die innervertragliche Abmessungsproblematik (vgl. aaO., S. 344). Die hiergegen vorgebrachte Kritik von *Lenz,* S. 332, Fn. 242 überzeugt nicht.

[167] *Oppenländer,* WuW 1981, S. 395, 400; relativ großzügig auch *Frankfurter Kommentar,* § 1 Rdn. 14 a.E.: „Solange die Vereinbarungen, bezogen auf den Zeitpunkt des Vertragsschlusses, im Rahmen sachgerechter Regelung lagen, ist § 1 ausgeschlossen"; vgl. auch *Wilhelm,* ZHR 150 (1986), S. 455f.(„nachvollziehbar").

[168] Für eine Restriktion, die an der dem Gesetz eigenen Teleologie ausgerichtet und damit nicht minder gesetzestreu ist (s. *Larenz,* Methodenlehre, S. 376), gilt nichts anderes.

[169] *Rittner,* Wirtschaftsrecht, § 13 Rdn. 65.

von Bedenken zu belassen, sei im folgenden der Versuch einer konstruktiven Kritik gewagt.

(3) Als *Lösungsvorschlag* möchte ich daher zur Diskussion (die noch offen genug zu sein scheint) stellen, dem Begriff der *„Erforderlichkeit"*, ohne von diesem gänzlich abzurücken, ein *grundlegend anderes Gepräge* zu geben.

Im Verfassungsrecht begegnet uns der Ausdruck „Erforderlichkeit" im Rahmen der verhältnismäßigen Zuordnung kollidierender Rechtsgüter[170]. Die Erforderlichkeit steht dort für das Prinzip des geringstmöglichen Eingriffs, also das Gebot des Interventionsminimums. Danach ist unter mehreren geeigneten, gleich wirksamen Mitteln immer jenes zu wählen, welches das kollidierende Rechtsgut am wenigsten beeinträchtigt[171] Würde man dieses verfassungsrechtliche Verständnis auf die kartellrechtliche Problematik übertragen[172], so wäre nicht nach der Notwendigkeit der Nebenbestimmung für die Funktionsfähigkeit des anerkannten Rechtsinstituts oder für die Erreichbarkeit des Vertragszwecks überhaupt zu fragen, sondern nach der Notwendigkeit in Bezug auf die mit der fraglichen Regelung angestrebte Wirkung.

Eine *Kollisionslage* besteht zwischen dem Interesse der Vertragspartner, ihre ihre Beziehungen möglichst frei und effektiv zu gestalten, und dem Interesse an einem möglichst unbeschränkten Wettbewerb[173]. *Erforderlich* wäre eine Vertragsbestimmung, wenn die Vertragspartner den kartellrechtsneutralen Hauptzweck nicht mit einer anderen geeigneten Regelung, die den Wettbewerb weniger beeinträchtigt, *gleich wirksam* fördern könnten. Nur wenn ihnen *kein milderes* als das gewählte *Mittel* zur Verfügung stünde, wären sie schutzwürdig[174].

(a) Die *Anwendung* dieser Formel setzt auf einer *ersten Stufe* die Prüfung voraus, ob die fragliche Nebenabrede überhaupt *geeignet* ist, die mit dem Hauptvertrag verfolgten wirtschaftlichen Ziele zu fördern. Daß die nicht einmal fördernden wettbewerbsbeschränkenden Nebenabreden wettbewerbspolitisch nicht zu legitimieren sind, dürfte heute außer Streit stehen[175]. Jedenfalls ihnen

---

[170] Vgl. *Hesse,* Rdn. 318.

[171] Vgl. z. B. *Erichsen,* S. 14.

[172] Dies liegt umso näher, als Grenzen und Richtung der Konkretisierungsarbeit in erster Linie durch die Grundsätze der Verfassung einerseits und die Sachzusammenhänge andererseits bestimmt sind; vgl. *Rittner,* WuW 1969, S. 71.

[173] Letzteres beinhaltet sowohl den Schutz der Marktgegenseite als auch den Schutz des Wettbewerbs als Institution, was sich ohnehin kaum sinnvoll trennen läßt (vgl. *Rittner,* Wirtschaftsrecht, § 13 Rdn. 39).

[174] Das Prinzip des mildesten Mittels klingt auch in WuW/E BGH 2271, 2273 „Taxigenossenschaft" sowie in WuW/E BGH 2341, 2343 „Taxizentrale Essen" an; vgl. hierzu *Niederleithinger / Held,* S. 6f.; wenngleich die Erforderlichkeit auf die Sicherung des Zwecks oder der Funktionsfähigkeit der Genossenschaft bezogen wird („genossenschaftsimmanent"), ist doch die Tendenz erkennbar, den „angemessenen Gestaltungsraum" nicht zu sehr einzuengen.

[175] Die schon von *Schütte,* S. 59 geforderte isolierte Beurteilung würde nach heutigem Verständnis von § 1 GWB ohne weiteres zu dessen Anwendbarkeit führen.

fehlt nach der herkömmlichen Terminologie die Funktionsnotwendigkeit[176]. Über das Erfordernis der Eignung des Mittels können von vornherein solche Klauseln ausgeschieden werden, die zwar formell als Nebenabreden ausgestaltet sind, ihrem materiellen Gehalt nach aber „jenseits" des — kartellrechtlich neutralen — Vertragszwecks liegen[177].

Bezogen auf den Bankenpool hätte die fragliche Regelung, die dem Sicherheitsbedürfnis der Kreditinstitute Rechnung trägt, keine vertragsfördernde Wirkung, wenn der Gedanke gemeinsamer Risikotragung für den Poolvertrag praktisch bedeutungslos wäre. Dies würde für solche Pools i.w.S. gelten, die während einer laufenden, ungetrübten Geschäftsverbindung einzig aus dem Grund gebildet werden, um eine Aufteilung von Sicherheiten rechtstechnisch zu bewerkstelligen oder die Sicherheitenverwaltung zu vereinfachen. Solche Poolverträge stellen allenfalls eine Randerscheinung dar. Sofern sie — etwa weil ein hierfür nicht vorgesehenes Vertragsmuster der Situation nicht angepaßt wurde — überhaupt eine entsprechende Klausel enthalten, wäre diese entbehrlich und durch ein „Nebenabreden-Privileg" nicht gedeckt.

Anders ist es bei Poolverträgen i. w. S. zur Besicherung eines Konsortialkredits. Kommt es zu einer Kooperation von Kreditinstituten, die im Alleingang einen großen Kreditbedarf des Unternehmens nicht decken können oder wollen, so besteht regelmäßig ein gemeinschaftliches Interesse, das Risiko des Kredits möglichst gering zu halten. Eine Kontrolle in bezug auf zusätzliche Kredite, die ebenso auch im Konsortialvertrag selbst geregelt sein kann[178], ist geeignet, diesem Interesse zu dienen.

Entsprechende Erwägungen gelten erst Recht für den eigentlichen Anwendungsfall des Bankenpools, bei dem sich die Kreditinstitute anläßlich einer Unternehmenskrise zusammenfinden: Jeder weitere Kredit ist potentiell geeignet, Sanierungsmaßnahmen zu unterlaufen und damit das Risiko für die Poolkredite zu erhöhen[179]. Da sich die wirtschaftliche Entwicklung des Krisenunternehmens nicht exakt voraussehen läßt und ein Sanierungskonzept den jeweiligen Gegebenheiten angepaßt werden muß, läßt sich diese Gefahr selbst dann nicht ausschließen, wenn bei Abschluß des Poolvertrages die Vergabe zusätzlicher Kredite unbedenklich erscheint. Die Möglichkeit, während der gesamten Laufzeit des Vertrages die Vergabe zusätzlicher Kredite zu kontrollieren, ist geeignet, den Schutz der Poolpartner zu bewirken und ihre wirtschaftlichen Interessen zu fördern.

---

[176] Vgl. *Voges*, DB 1977, S. 2085.

[177] Zu dieser Formulierung siehe *Rittner*, Wirtschaftsrecht, § 15 Rdn. 28.

[178] Ggf. enthält auch der Konsortial-Kreditvertrag eine flankierende Schutzbestimmung, die dem Kreditnehmer Bindungen auferlegt.

[179] Das Ausfallrisiko wächst, ceteris paribus, mit der Höhe der gewährten Kredite; *Dorndorf/Frank*, ZIP 1985, S. 74. Wie sich § 14 Abs. 2 KWG entnehmen läßt, hat auch der Gesetzgeber die Gefahren einer unkontrollierten Kreditausweitung erkannt.

(b) Steht die Eignung fest, so ist auf einer *zweiten Stufe* die *eigentliche Erforderlichkeitsprüfung* vorzunehmen: Die Regelung wäre dann nicht erforderlich, wenn die Banken die gleiche Schutzwirkung auch durch ein milderes, den Wettbewerb weniger beeinträchtigendes Mittel erreichen könnten.

Ebenso wirksam vor den Risiken einer unkontrollierten Kreditausweitung zu schützen vermag anstelle der Zustimmungsklausel eigentlich nur ein absolutes Verbot jeglicher Krediterhöhung oder ein Verbot, das eine Ausnahme nur für einvernehmlich beschlossene quotale, an die bisherigen Linien anknüpfende Erhöhungen vorsieht. Von den in Betracht kommenden Mitteln stellt die zu beurteilende Regelung noch die geringste Beeinträchtigung dar, zumal eine ergänzende Vertragsauslegung ergibt, daß die Zustimmung nur aus risikospezifischen Gründen versagt werden darf. Eine willkürliche Verweigerung der Zustimmung wäre unbeachtlich. Ebenso kann ein Poolpartner dem anderen die Kreditaufstockung nicht nur deshalb versagen, weil er selbst das Geschäft machen oder daran partizipieren möchte[180]. Ein milderes, gleich förderliches Mittel ist nicht ersichtlich. Das Verbot unabgestimmter Krediterhöhung ist abgesehen von den seltenen Fällen, in denen bereits die Eignung verneint wurde, zur Erreichung der angestrebten Schutzwirkung erforderlich.

Das hier zugrundegelegte Verständnis der Erforderlichkeit enthält bereits eine spezifisch wettbewerbsrechtliche Wertung: Die Privatautonomie hat zurückzutreten, wenn die Parteien ohne eigenen Nachteil genausogut ein weniger wettbewerbsbeschränkendes Mittel wählen könnten. Freilich muß sich dieser Ansatz damit auseinandersetzen, daß die Parteien, indem sie die fragliche Nebenabrede treffen, den Grad des hierdurch bewirkten Fördereffekts, an dem sich die Zwecktauglichkeit anderer Mittel messen lassen muß, selbst bestimmen. Damit stellt sich die Frage, ob die wettbewerbsrechtliche Wertung auf dieser Stufe endet. Vertreten ließe sich dies mit dem Argument, daß die Vertragspartner — immer vorausgesetzt: ernsthaft — kartellrechtsneutrale Hauptzwecke verfolgen und es eine zu weitgehende Einmischung in die internen Rechtsbeziehungen wäre, ihnen auch noch vorzuschreiben, in welchem Maße sie diese von der Rechtsordnung anerkannten Zwecke durch lediglich untergeordnete Bestimmungen fördern oder sichern dürfen.

(c) Zu erwägen wäre jedoch, nicht zuletzt um schwer beweisbare mißbräuchliche Ausnutzungen eines „Nebenabreden-Privilegs" auszuschließen, eine Art „Notbremse" einzubauen. Erreichen ließe sich dies durch eine (ebenfalls aus dem Verfassungsrecht bekannte) Prüfung der *Verhältnismäßigkeit i. e. S.* auf einer *dritten Stufe*.

Ganz neu ist dieser Gedanke nicht. So hat auch *Voges*[181] versucht, das Prinzip „praktischer Konkordanz"[182] für die kartellrechtliche Problematik nutzbar zu

---

[180] Das Verbot einseitiger Krediterhöhung besagt daher nicht, daß ein Kreditinstitut nicht auch als einziger Poolpartner seine Kredite aufstocken darf. Es darf dies nur nicht unabgestimmt tun, sondern muß die Einwilligung der anderen Banken einholen.

[181] *Voges*, DB 1977, S. 2086.

machen. Indes beruht dessen keineswegs zwingende Schlußfolgerung, daß nur die funktionsnotwendigen Wettbewerbsverbote gegenüber § 1 GWB Bestand haben können[183], nicht auf einer nachvollziehbaren Anwendung dieses Prinzips, sondern erweckt selbst den Eindruck einer von ihm zu Recht abgelehnten „vorschnellen" Güterabwägung[184].

Die Modifizierung der herkömmlichen Immanenztheorie durch die von *Schwarz* skizzierte „wettbewerbsrechtliche Immanenztheorie" greift ebenfalls auf das Verhältnismäßigkeitsprinzip zurück[185]. Die vorgeschlagene Abwägung zwischen dem beeinträchtigten Drittschutz und der Belebung des Wettbewerbs[186] scheint jedoch auf eine reine Marktfolgenprüfung hinauszulaufen, die das Gesetz allenfalls an anderer Stelle vorsieht.

Die Herstellung praktischer Konkordanz erfordert die verhältnismäßige Zuordnung der kollidierenden Rechtsgüter selbst. Konkret geht es — schlagwortartig formuliert — um das Spannungsverhältnis von Vertragsfreiheit und Wettbewerbsfreiheit[187]. Deshalb kann die Frage nicht lauten, ob die Nachteile für den Wettbewerb (insbesondere für die Marktgegenseite) durch entsprechende Vorteile für den Wettbewerb (etwa durch dessen Belebung) kompensiert werden[188]. Es ist vielmehr darauf abzustellen, ob im Einzelfall das Interesse der Vertragspartner an privatautonomer Gestaltung außer Verhältnis zu den negativen Auswirkungen auf den Wettbewerb steht. Abzuwägen sind die Güter und Interessen, denen die Nebenabrede dient, und die durch § 1 GWB geschützte Wettbewerbsfreiheit[189]. Müßten etwa relativ geringfügige Vorteile für die Vertragspartner durch schwerwiegende Nachteile für die Marktgegensei-

---

182 Hierzu näher *Hesse,* Rdn. 72, 317ff.

183 *Voges,* DB 1977, S. 2086.

184 Die Kritik von *Kellermann,* FS R.Fischer, S. 313, dürfte sich denn auch weniger gegen den Ansatz als vielmehr gegen das gewonnene Ergebnis richten, denn auch *Kellermann* tritt für eine Güter- und Interessenabwägung ein; s. aaO., S. 314ff.; vgl. a. *ders.,* Höchstrichterliche Rechtsprechung zum Personengesellschaftsrecht, S. 96.

185 *Schwarz,* S. 148ff., 155; ähnlich *Ivens,* DB 1988, S. 218f.

186 Vgl. *Schwarz,* S. 155.

187 Dieses kennzeichnet die gesetzeseigene Teleologie. Die Abwägung zur Konkretisierung der inneren Grenzen des gesetzlichen Tatbestandes ist nicht zu verwechseln mit dem Versuch, Rechtsgüterabwägungen unter Einbeziehung außergesetzlicher Wertungen (womöglich auf der Rechtswidrigkeitsebene) vorzunehmen; zu diesem Problemkreis s. *Immenga,* in: *Immenga/Mestmäcker,* § 1 Rdn. 384ff.

188 Bei einer solchen Fragestellung wäre zu berücksichtigen, daß die Sanierung eines vor dem Zusammenbruch stehenden Unternehmens durch einen Nichtkonkurrenten grundsätzlich wettbewerbsfördernd ist; vgl. *Dreher,* Konglomerate Zusammenschlüsse, S. 130 zu Sanierungszusammenschlüssen.

189 So auch BGHZ 89, S. 162, 169 = NJW 1984, S. 1351, 1353 „Werbeagentur" für ein gesellschaftsrechtliches Wettbewerbsverbot; hierzu *K. Schmidt,* ZHR 149 (1985), S. 16, der hierin ein Anwendungsbeispiel für die Immanenztheorie sieht; da Gesellschaft und Mitgesellschafter auf das Wettbewerbsverbot angewiesen waren, hielt der BGH § 1 GWB für unzweifelhaft nicht verletzt. Sehr ähnlich auch *Kellermann,* FS R.Fischer, S. 317, der freilich enger als hier vor allem auf das Interesse am Bestand der Gesellschaft abstellt.

te erkauft werden, so hätten die Interessen an der Aufnahme oder Beibehaltung der fraglichen Regelung zurückstehen.

Freilich darf nicht verkannt werden, daß die Frage der Verhältnismäßigkeit je nach (wettbewerbs-)politischer Auffassung über die Bedeutung der kollidierenden Rechtsgüter unterschiedlich beantwortet werden kann. Es wäre eine Illusion, von jener Formel immer eindeutige und zweifelsfreie Aussagen über die jeweils „richtige" Entscheidung zu erwarten. Ein gewisses Quantum an Rechtsunsicherheit muß angesichts der äußerst komplexen Abgrenzungsproblematik, die nivellierende Lösungen verbietet, wohl als unvermeidbar hingenommen werden. Wichtig ist jedoch, daß auf nachvollziehbare und nachprüfbare Weise gesagt werden muß, welche Interessen in die Wertung einfließen und welche Erwägungen im Einzelfall den Ausschlag geben.

Bei der Ermittlung der inneren Grenzen des Kartellverbots ist zu bedenken, daß der *privatautonomen Gestaltung* von Verfassungs wegen ein hoher Stellenwert zukommt[190]. Das Kartellverbot ist kein Selbstzweck. Aufgabe des Rechts gegen Wettbewerbsbeschränkungen ist es, die Privatautonomie so zu begrenzen, daß sie sich nicht selbst aufhebt[191].

Ist die Vertragsfreiheit schon formal gesehen imstande, sich jedenfalls partiell selbst aufzuheben[192], so dürfte die hieraus resultierende abstrakte Gefahr für den Wettbewerb bei echten Nebenabreden in Nicht-Kartellverträgen doch um einiges geringer sein als bei Vertragsverhältnissen, deren Hauptgegenstand auf eine Wettbewerbsregelung gerichtet sind. Nebenabreden, die in den Dienst eines im übrigen wettbewerbsneutralen Vertragsverhältnisses gestellt sind, werden nur ausnahmsweise als Kartellvertrag i. S. d. § 1 GWB anzusehen sein[193]. Die untergeordnete, dienende Rolle im Rahmen eines von der Rechtsordnung anerkannten und gebilligten Rechtsverhältnisses spricht im Regelfall gegen eine eigenständige wettbewerbsregelnde Funktion. Sieht man in § 1 GWB den Ausnahmetatbestand gegenüber der Vertragsfreiheit[194], so gebührt letzterer im Zweifel der Vorrang[195]. Man sollte daher Nebenabreden in Nicht-Kartellverträ-

---

[190] Zum Vorrang privatautonomer Gestaltung s. näher *Rittner,* Wirtschaftsrecht, § 3 Rdn. 4ff.; *ders.,* in: FS Müller-Freienfels, S. 509 ff, bes. S. 515, 518ff.

[191] *Rittner,* Wirtschaftsrecht, § 13 Rdn. 2; man kann auch hier durchaus von der „selbstmörderischen Tendenz der Freiheit" sprechen; vgl. *Rittner,* Ausschließlichkeitsbindungen, S. 13 mwN.

[192] Vgl. *Rittner,* § 13 Rdn. 35.

[193] Vgl. *Rittner,* Wirtschaftsrecht, § 15 Rdn. 25ff., insbes. Rdn. 28, 32; ähnlich *Oppenländer,* WuW 1981, S. 395; im Ergebnis auch *Wilhelm,* ZHR 150 (1986), S. 341 im Rückschluß aus § 18 GWB: Der Übergang zur Alternative des per-se-Konzepts des § 1 GWB bedürfe besonderer Rechtfertigung; a.A. K.Schmidt, ZHR 149 (1985), S. 12: Jedes vertragliche Wettbewerbsverbot bedürfe der kritischen Rechtfertigung im Einzelfall.

[194] Vgl. *Rittner,* Wirtschaftsrecht, § 15 Rdn. 32.

[195] Wenig tröstlich daher die Feststellung *Bechtolds,* NJW 1984, S. 145, die Unsicherheit bei der Anwendung des § 1 GWB auf Wettbewerbsverbote sei zumindest dadurch geringer geworden, daß die Rechtsprechung im Zweifel § 1 anwendet. Eine solche Tendenz

gen nur in eindeutigen Fällen, in denen das Interesse an der Freiheit des Wettbewerbs offensichtlich überwiegt, als unverhältnismäßig ansehen[196].

Zu welchem Ergebnis führt die Anwendung dieser Grundsätze auf den Pool? Dem Vorteil der Poolbanken, die aus einer unkontrollierten Kreditausweitung u.U. resultierenden Risiken für die bereits vergebenen Kredite zu begrenzen, steht im Extremfall der Nachteil des Kreditnehmers gegenüber, daß er von einem an sich hierzu willigen Poolpartner keine weiteren Kredite erhält, weil sich das erforderliche Einvernehmen der Banken nicht erreichen läßt. Nicht in die Abwägung einzubeziehen ist hingegen der Nachteil der an der Kreditvergabe gehinderten Bank, daß ihr ein Geschäft entgangen ist. Der Kartellvertragspartner wird durch das Kartellverbot nicht geschützt[197].

Bei der Abwägung ist zu berücksichtigen, daß die anderen Banken die Zustimmung nur verweigern dürfen, wenn konkrete Anhaltspunkte bestehen, daß die Sicherheit der Poolkredite beeinträchtigt wird[198]. Außerdem ist auf der Marktgegenseite nur ein einziger Nachfrager betroffen, der mit der Unterschrift auf der Poolvertragsurkunde seine Kenntnis von dieser Regelung und deren Billigung dokumentiert. Bedenkt man weiterhin, daß die Klausel insbesondere in Sanierungsfällen nicht zuletzt auch dem Schuldnerunternehmens selbst zugute kommt, so stehen die Vorteile der Poolbanken, die schon im Interesse ihrer Einleger die Kreditrisiken möglichst gering halten müssen, nicht außer Verhältnis zu den Nachteilen auf seiten des Kreditnehmers.

Die hier vorgeschlagene Auslegung führt zu dem *Ergebnis*, daß das Verbot einseitiger Krediterhöhung regelmäßig nicht zu einem gemeinsamen Zweck i. S. d. § 1 GWB vereinbart wird, weil es, sofern überhaupt ein Wettbewerbsverhältnis zwischen den Banken besteht, als erlaubte Nebenabrede in einem Nicht-Kartellvertrag keine eigenständige wettbewerbsregelnde Funktion besitzt.

III. Das Eignungselement

1. Sofern ausnahmsweise doch der gemeinsame Zweck bejaht wird, sei es, weil in einem atypischen Fall die Eignung zur Vertragsförderung fehlt, sei es, weil man den Kreis der erlaubten Nebenabreden enger zieht, wäre weiterhin zu

---

läßt sich jedoch m. E. der um Differenzierung bemühten Rechtsprechung (auch wenn noch Unsicherheiten bestehen) nicht entnehmen.

[196] Eindeutigkeit der Wettbewerbswidrigkeit der Absprache fordert auch *Wilhelm* (ZHR 150 (1986), S. 353; vgl. auch *ders.*, ZHR 150 (1986), S. 444f.), der dies freilich entgegen der h. M. aus einer extensiven Auslegung des § 18 GWB schließt; bei der Ermittlung eines „sonstigen selbständigen Gegenstands" eines Vertrages (aaO. S. 352) können u. U. ähnliche Überlegungen herangezogen werden wie hier zur Konkretisierung der „eigenständigen wettbewerbsregelnden Funktion". Vgl. auch *Ivens*, DB 1988, S. 219, der bei seiner Ressourcenbetrachtung ein evidentes Mißverhältnis verlangt.

[197] *K. Schmidt*, ZHR 142 (1978), S. 155; zust. *Müller-Henneberg*, in: GK, § 1 Rdn. 4.

[198] S. oben (b).

prüfen, ob die Regelung *geeignet* ist, die *Marktverhältnisse durch Beschränkung des Wettbewerbs zu beeinflussen.*

Entnimmt man dem Verbot einseitiger Krediterhöhung eine Wettbewerbsbeschränkung, so wäre diese ausdrücklich im Vertrag formuliert, denn das Verbot ist in den Text der Vereinbarung aufgenommen[199]. Mit anderen Worten: Der Vertrag selbst enthält die Verhaltensabstimmung[200]. Auf die Problematik Gegenstands-, Zweck-, Folge- bzw. eingeschränkte Folgetheorie kommt es in einem solchen Fall nicht an[201]. Selbst nach der (vertragsbezogenen[202]) Gegenstandstheorie, der auch die Rechtsprechung eine klare Absage erteilt hat[203], wäre die Wettbewerbsbeschränkung dem Vertrag zuzurechnen.

Eine nur gedanklich vorstellbare Eignung zur Marktbeeinflussung genügt nicht; es bedarf der Feststellung konkreter Tatsachen, daß der Vertrag hierzu in der Lage ist[204]. Eine solche Feststellung wird jedenfalls in den Fällen, in denen mangels eines Wettbewerbsverhältnisses bereits der gemeinsame Zweck i. S. von § 1 GWB verneint wurde[205], nicht möglich sein.

2. Sollte jedoch ausnahmsweise nicht schon jegliche Außenwirkung auszuschließen sein, wäre weiterhin zu untersuchen, ob der Vertrag geeignet ist, die Marktverhältnisse *in spürbarer Weise* zu beeinflussen[206].

a) § 1 GWB, der nach seinem Wortlaut alle zu einem gemeinsamen Zweck geschlossenen Verträge erfaßt, die in irgendeiner Art geeignet sind, die Marktverhältnisse zu beeinflussen, bedarf wegen des weiten Umfangs des Tatbestandsmerkmals der Eignung zur Marktbeeinflussung, das gedanklich selbst minimale Einflüsse auf das Geschehen in einem bestimmten Markt

---

[199] Das Schriftformerfordernis des § 34 GWB gilt nach § 105 GWB auch für die in § 102 GWB geregelten Verträge; vgl. *Emmerich,* NJW 1980, S. 1364.

[200] Vgl. *K. Schmidt,* ZHR 142 (1978), S. 165.

[201] Vgl. *K. Schmidt,* ZHR 142 (1978), S. 165; *Hönn,* JuS 1988, S. 50 (bei Fn. 23); *Schütte,* S. 88. Zum Theorienstreit s. näher *K. Schmidt,* aaO. S. 148ff.; *ders.,* Kartellverfahrensrecht, S. 36ff.; *ders.,* Kartellverbot, S. 24ff.; *Immenga,* in: *Immenga/Mestmäcker,* § 1 Rdn. 298ff.; *Rittner,* Wirtschaftsrecht, § 15 Rdn. 11ff.

[202] Nicht zu verwechseln mit der von *K. Schmidt* vertretenen vertragsunabhängigen Gegenstandstheorie; vgl. ZHR 142 (1978), S. 160ff., *ders.,* Kartellverfahrensrecht, S. 36ff.

[203] BGHZ 65, S. 30, 38 „ZVN".

[204] BGHZ 68, S. 6, 11 = NJW 1977, S. 804f. „Fertigbeton".

[205] S. oben II.1.

[206] Zum Erfordernis der Spürbarkeit vgl. insbes. BGHZ 68, S. 6, 11f. „Fertigbeton"; bestätigt u. a. in BGHZ 76, S. 55, 73 = NJW 1980, S. 1381, 1386 „Elbe Wochenblatt"; WuW/E BGH 1709, 1710 „Sortimentsabgrenzung"; BGH NJW 1982, S. 938 „Transportbeton-Vertrieb II"; WuW/E BGH 2469, 2470 „Brillenfassungen"; s. auch bereits BGHZ 37, S. 194, 200 „SPAR" (zur früheren Rechtsprechung vgl. *J. F. Baur,* ZHR 134 (1970), S. 126f. mwN., der auf Widersprüche hinweist); *v.Gamm,* NJW 1988, S. 1249f. mwN.; *Immenga/Mestmäcker,* § 1 Rdn. 352ff.; *Zindel,* WuW 1978, S. 411ff.; *Sauter,* FS Günther, S. 363ff.; *Holtschneider,* WuW 1980, S. 99ff., dessen aus § 5b GWB hergeleitete Bedenken gegen eine selbständige Spürbarkeitsgrenze jedoch nicht überzeugen.

umfaßt, einer an Sinn und Zweck des Gesetzes ausgerichteten *graduellen*[207] *Einengung* dahin, daß nur Vereinbarungen mit einer Eignung zu spürbaren Auswirkungen verboten sind[208].

Es wurde bereits berichtet, daß das Bundeskartellamt bei einem ihm vorgelegten Poolvertrag mit Zustimmungsklausel die Eignung zur spürbaren Beeinflussung der Marktverhältnisse verneint hat[209]. Nicht klar ersichtlich ist dabei, ob dem Vertrag die Eignung zur Marktbeeinflussung überhaupt fehlte oder ob nur die fehlende Spürbarkeit den Ausschlag gab[210]. Da es sich um einen Sanierungsfall handelte, liegt die erstgenannte Möglichkeit näher. Diese Verwaltungspraxis läßt daher nicht unbedingt den Schluß zu, daß nach Ansicht der Behörde bei Poolverträgen prinzipiell die Spürbarkeit fehlt[211].

Anerkannt ist, daß § 1 GWB nicht erst bei einer „wesentlichen" Beeinflussung der Marktverhältnisse verletzt ist[212]. Welcher Intensitätsgrad unterhalb dieser Schwelle für die Spürbarkeit erforderlich ist, läßt sich jedoch nur im Einzelfall unter sorgfältiger Berücksichtigung und Abwägung aller in Betracht kommenden Umstände bestimmen[213]. Die wirtschaftlichen Betätigungsmöglichkeiten und die zur Verfügung stehenden Alternativen der Marktbeteiligten müssen merklich beeinträchtigt werden[214].

b) Unterstellt man, daß im Extremfall eine Bank aufgrund der fraglichen Klausel von einer zusätzlichen Kreditvergabe an das Schuldnerunternehmen absieht, so ist eine Betrachtung aus *zwei Perspektiven* denkbar.

Für den unmittelbar *betroffenen Kreditnehmer* läßt sich kaum leugnen, daß seine Wahlmöglichkeiten merklich beeinträchtigt werden. Unabhängig von der Anzahl der außerhalb des Pools theoretisch noch als Kreditgeber in Frage kommenden Banken bestehen hier regelmäßig subjektive Präferenzen[215]. Nicht

---

207 Vgl. *Hoppmann,* DB 1970, S. 96f.: „Wettbewerbsfreiheit ist ein graduelles Phänomen ...".

208 WuW/E BGH 2000, 2002 „Beistand bei Kostenangeboten" mwN.

209 S. oben A.I.; TB 1978, S. 90.

210 So interpretieren *Langen,* § 1 Rdn. 70 und wohl auch *Müller/Gießler/Scholz,* § 1 Rdn. 134 den Bericht des Bundeskartellamts.

211 Die in der „Bagatellbekanntmachung" vom 8. 7. 1980 (abgedruckt z. B. bei *Bechtold,* Das neue Kartellrecht, S. 24f.) aufgestellten Grundsätze zum Verfolgungsermessen bei leistungssteigernden Kooperationen sind schon deshalb nicht einschlägig, weil die beteiligten Banken regelmäßig keine kleinen und mittleren Unternehmen sind.

212 BGHZ 68, S. 6, 11 „Fertigbeton" unter Hinweis auf die Entstehungsgeschichte des Gesetzes. Zwischen „wesentlich" und „spürbar" liegt aber ein weites Spektrum; vgl. *Zindel,* WuW 1978, S. 413.

213 Vgl. BGHZ 68, S. 6, 12 „Fertigbeton"; *Rittner,* Wirtschaftsrecht, § 15 Rdn. 42; *Müller-Henneberg,* in: GK, § 1 Rdn. 99.

214 BGHZ 68, S. 6, 11 „Fertigbeton".

215 Auch diese sind bedeutsam; vgl. *Immenga,* in: *Immenga/Mestmäcker,* § 1 Rdn. 354 a. E.

zu vernachlässigen ist insbesondere der Zeitfaktor bei Kreditentscheidungen. Während eine bereits mit Krediten zur Verfügung stehende Bank die wirtschaftlichen Verhältnisse ihres Kunden kennt, muß ein fremdes Kreditinstitut erst die für eine Kreditwürdigkeitsprüfung erforderlichen Informationen beschaffen und auswerten, so daß u. U. mit erheblichen Verzögerungen zu rechnen ist, die gerade in eiligen Fällen ein Ausweichen auf andere Banken zumindest stark erschweren[216]. Aus der Sicht des Schuldnerunternehmens können die Außenwirkungen durchaus spürbar werden.

Für die *übrigen Marktbeteiligten* stellt sich die Situation völlig anders dar. An den Alternativen der restlichen potentiellen Nachfrager auf dem Markt für vergleichbare Firmenkredite[217] ändert sich praktisch nichts. Weder jene Unternehmen noch Wettbewerber der Vertragsbeteiligten, also andere Kreditinstitute, brauchen einen Anlaß für Reaktionsmaßnahmen zu sehen[218]. Bei einer Gesamtbetrachtung unter Einbeziehung aller Marktteilnehmer fällt eine Beschränkung in bezug auf einen einzelnen Kreditnehmer nicht nennenswert ins Gewicht, so daß aus dieser Perspektive die Spürbarkeit zu verneinen wäre.

An dieser Einschätzung würde sich selbst dann nichts ändern, wenn die Poolbanken zusammen einen nicht unerheblichen Marktanteil erreichen würden. Wenn teilweise versucht wird, allgemeine quantitative Grenzen zu ziehen[219], so wird dabei stillschweigend von der Prämisse ausgegangen, daß sich die Absprache auf alle Marktteilnehmer des relevanten Marktes auswirken kann. Hingegen sagt ein bestimmter Marktanteil denkbar wenig über die Beeinflussung der Marktverhältnisse aus, wenn von einer größeren Zahl von Marktteilnehmern auf der Marktgegenseite nur ein einziger beeinträchtigt wird[220]. In einem solchen Fall käme etwa eine 5%-Hürde, um eine oft genannte Zahl aufzugreifen, allenfalls bei doppelter Anwendung in Betracht: 5% Marktanteil

[216] Im übrigen muß sich der Kreditnehmer auf die Frage gefaßt machen, weshalb er die zusätzlichen Kredite nicht bei seinen „Hausbanken“ aufnimmt.

[217] Trotz Homogenität des „Gutes“ Geld (s. *Hüfner*, in: Wettbewerbspolitik und Wettbewerbsrecht, S. 269) besteht Heterogenität auf dem Kreditmarkt, der sich in diverse Teilmärkte aufspalten läßt; vgl. *Aust*, S. 15, 29; *Röper*, Wettbewerbsfunktion, S. 56, 58f.; *ders.*, in: Wettbewerbsprobleme im Kreditgewerbe, S. 16ff. Da die Zustimmungsklausel Kredite aller Art an das Schuldnerunternehmen erfaßt, ist eine weitergehende Eingrenzung in sachlicher Hinsicht kaum möglich.

[218] Vgl. BGHZ 86, S. 6, 11 „Fertigbeton“. Es tritt auch nicht etwa ein Anbieter an die Stelle von mehreren bedeutenden Anbietern in einem Raum (vgl. BGH NJW 1982, S. 938 „Transportbeton-Vertrieb II“), denn der Pool gewährt selbst keine Kredite.

[219] Nach *Belke*, ZHR 143 (1979), S. 84 (Fn. 33) scheint sich bei Anbieterkartellen die kritische Schwelle bei 5% einzupendeln; vgl. auch „Bagatellbekanntmachung“ des BKartA vom 8. 7. 1980; nach *Zindel*, WuW 1978, S. 418 sind regelmäßig bis zu 10% hinzunehmen; zu weitgehend *Sandrock*, S. 291 (oligopolistisches Marktstellung der beteiligten Unternehmen in ihrer Gesamtheit); mißtrausch gegenüber allen quantitativen Grenzbestimmungen *Rittner*, WuW 1969, S. 70; ders., Wirtschaftsrecht, § 15 Rdn. 42.

[220] Gleiches gilt für die von *Holtschneider*, WuW 1980, S. 109 vorgeschlagenen qualitativen „Negativkriterien“ (Absprachen über zentrale Aktionsparameter) sowie die Beteiligung von Großunternehmen.

der Poolbanken auf dem Gesamtmarkt und kumulativ 5% Anteil des Kreditbedarfs des Kreditnehmers am Gesamtvolumen vergleichbarer Kredite. Diese zweite Schwelle, die wegen ihrer willkürlichen Setzung ohnehin eher eine Formalisierung als eine echte Konkretisierung wäre[221], dürfte so gut wie nie überschritten werden. Auch ohne eine genauere Ermittlung von Marktanteilen läßt sich daher festhalten, daß für die Gesamtheit der Marktteilnehmer keine spürbaren Auswirkungen zu erwarten sind[222].

c) *Entscheidende Frage* ist somit, ob es für § 1 GWB ausreicht, wenn die Spürbarkeit nur aus der Sicht eines einzigen Nachfragers zu bejahen ist, dessen (potentielle) Nachfragemenge für den relevanten Markt insgesamt von allenfalls marginaler Bedeutung ist.

§ 1 GWB stellt ausdrücklich auf die „Marktverhältnisse" ab. Darunter versteht man die Summe aller Eigenschaften, die Gesamtheit der geschäftlichen Verhältnisse, die einem bestimmten Markt das besondere Gepräge geben[223]. Von allen Umständen, die auf dem Markt für vergleichbare Firmenkredite wirken, stellen die Kredite an das Schuldnerunternehmen nur einen kleinen Ausschnitt dar und sind somit nicht mit den Verhältnissen auf jenem Markt gleichzusetzen. Den Ausschnitt aber als eigenen Teilmarkt anzusehen, um an diesen den Spürbarkeits-Meßstab anzulegen, wäre realitätsfern und vom Zweck des § 1 GWB nicht gedeckt[224]. Die Wettbewerbsbeschränkung muß eine gewisse Breitenwirkung haben; daran fehlt es, wenn nur ein einzelnes Geschäft oder ein einzelner Marktteilnehmer berührt wird[225].

Solche Erwägungen scheint auch der BGH zugrundezulegen, wenn er bei Bau-Submissionsabsprachen die Auswirkungen auf den regionalen Baumarkt prüft[226]. Wäre nämlich der konkrete Auftrag oder das einzelne Bauvorhaben als abgrenzbarer Teilmarkt anzusehen, würden sich derartige Untersuchungen

---

[221] Vgl. *Rittner,* WuW 1969, S. 70.

[222] Damit ist auch eine Marktabgrenzung in räumlicher Hinsicht (vgl. *Emmerich,* Kartellrecht, S. 61) entbehrlich. Nach *Rittner,* Wirtschaftsrecht, § 14 Rdn. 33 bedarf es überhaupt keiner Marktabgenzung, um die Eignung für die Beeinflussung der Marktverhältnisse zu ermitteln.

[223] Vgl. z. B. *Immenga,* in: *Immenga / Mestmäcker,* § 1Rdn. 346; *Frankfurter Kommentar,* § 1 Rdn. 47; beide unter Hinweis auf *Günther,* MA 1957, S. 42.

[224] Das GWB schützt grundsätzlich den Wettbewerb als Institution sowie die Freiheit des einzelnen; vgl. *Rittner,* Wirtschaftsrecht, § 13 Rdn. 39. Soweit es aber ausschließlich um Individualschutz geht, ist das Kartellrecht nicht einschlägig; hier können ggf. andere Vorschriften (z. B. §§ 138, 826 BGB) helfen.

[225] Vgl. *Frankfurter Kommentar,* § 1 Rdn. 50, wo dies noch nicht aus dem Merkmal der Spürbarkeit, sondern aus dem Begriff der Marktbeeinflussung gefolgert wird. Im Ergebnis ist dieser „graduellen Einengung" des § 1 GWB zuzustimmen.

[226] Vgl. WuW / E BGH 2000, 2002f. „Beistand bei Kostenangeboten"; im konkreten Fall ging es um den Baumarkt in Berlin. Das OLG Celle, WuW / E OLG 522, 524 nahm hingegen hinsichtlich eines einzelnen ausgeschriebenen Bauobjekts einen Markt i. S. v. § 1 GWB an; diese Entscheidung läßt sich jedoch schon wegen der Besonderheiten einer beschränkten öffentlichen Ausschreibung nicht auf den Kreditmarkt übertragen.

erübrigen[227]. Freilich bejaht der BGH im Ergebnis die Eignung zur spürbaren Beeinflussung des Baumarktes auch bei Absprachen zwischen relativ kleinen Bauunternehmen über Aufträge geringen Umfangs[228]. Läßt sich angesichts dieser Rechtsprechung die Feststellung noch halten, auf dem Markt für Firmenkredite sei insgesamt die Spürbarkeit zu verneinen?

Der BGH stellt entscheidend auf die in der Baubranche verbreitete Gepflogenheit ab, durch Submissionsabsprachen den Wettbewerb auszuschalten. Sei der freie Wettbewerb durch wettbewerbshindernde Umstände ohnehin bereits eingeschränkt, dann sei auch eine — gemessen am gesamten Marktgeschehen — relativ geringe weitere Einschränkung, welche die Verhältnisse zumindest verfestige, geeignet, zu einer spürbaren Beeinträchtigung des freien Wettbewerbs zu führen[229].

Vom Bankenpool sind keine vergleichbaren mittelbaren Auswirkungen zu befürchten. In bezug auf Bankmarktleistungen im allgemeinen und Firmenkredite im besonderen herrscht insgesamt gesehen reger Wettbewerb[230]. Es kann keine Rede davon sein, daß der Wettbewerb durch Poolvereinbarungen bereits eingeschränkt ist. Poolverträge sind, da sie nur aus bestimmten Anlässen — namentlich in der Krise — geschlossen werden, weder in der Kreditwirtschaft weit verbreitet noch wird ein großer Anteil am gesamten Kreditvolumen erfaßt[231]. Auch enthält längst nicht jeder Poolvertrag eine Zustimmungsklausel. Anders als bei Submisionsabsprachen kennt überdies der auf der Gegenseite betroffene Marktteilnehmer die Absprache, so daß keine ähnlich gefährlichen Marktmanipulationen zu befürchten sind. Im übrigen sind die meisten Poolverträge im Gegensatz zu Sumissionsabsprachen unabhängig von der Frage der Spürbarkeit kartellrechtlich irrelevant[232]. Besteht mithin schon keine „Gepflogenheit", Wettbewerb auszuschalten, so kann eine solche auch nicht durch einzelne Poolverträge verfestigt werden.

Es bleibt bei dem *Ergebnis:* Das Verbot einseitiger Krediterhöhung in einem Poolvertrag ist *nicht* geeignet, die Marktverhältnisse *spürbar* zu beeinflussen. Spätestens in diesem Prüfungsstadium erweisen sich *kartellrechtliche Bedenken* daher als *unbegründet.*

---

[227] Entgegen *Niederleithinger / Held,* S. 1 legt der BGH der Sache nach keinen Teilmarkt für das einzelne Bauvorhaben zugrunde (auch wenn er eher mißverständlich von einem „Teilmarkt" i. S. von § 1 GWB spricht; vgl. WuW / E BGH 2000, 2002), sondern er stellt entscheidend auf die mittelbaren Auswirkungen auf den lokalen Baumarkt ab. Nur deshalb kommt er zu einer Bejahung des spürbaren Einflusses.

[228] Siehe WuW / E BGH 2000, 2002.

[229] WuW / E BGH 2000, 2002.

[230] Zur Wettbewerbssituation der Kreditwirtschaft siehe z. B. *Hüfner,* in: Wettbewerbspolitik und Wettbewerbsrecht, S. 261 ff.; *Geiger,* Der Landkreis 1987, S. 53 ff.; *Kaven,* ZKW 1987, S. 55 ff.; *Poullain,* FS Günther, S. 493 ff., 499.

[231] Vgl. die entspr. Feststellungen zur Bauwirtschaft in WuW / E BGH 2000, 2003.

[232] Bei Submissionsabsprachen besteht praktisch immer ein Wettbewerbsverhältnis zwischen den beteiligten Unternehmern. Außerdem ist der Hauptgegenstand der Absprache auf eine Wettbewerbsbeschränkung gerichtet, während es beim Pool um eine (regelmäßig erlaubte) Nebenabrede geht.

Zusammenfassung der wichtigsten Ergebnisse

I.

1. Der Bankenpool entsteht durch Abschluß eines Sicherheitenpoolvertrages, der es mehreren Geldkreditgebern eines bestimmten Kreditnehmers ermöglicht, in einem festgelegten Verhältnis an denselben Sicherheiten teilzuhaben. Die Quote richtet sich nach der Höhe der einbezogenen Forderungen. Entscheidender Gedanke ist die gemeinsame Risikotragung der Kreditinstitute.

2. Wichtigster und häufigster Anlaß einer Poolbildung ist die Krise eines Unternehmens. Da der Poolvertrag hier über die technische Bewältigung oder Vereinfachung einer gemeinschaftlichen Besicherung hinaus eine eigenständige Bedeutung erlangt, kann man von einem „Bankenpool im engeren Sinne" sprechen.

3. Der sogenannte „Bassinvertrag" ist als Vorläufer der heutigen Poolverträge (i.w.S.) anzusehen. Vom klassischen Kreditkonsortium unterscheidet sich der Bankenpool durch das Fehlen einer gemeinschaftlichen Kreditgewährung.

4. Der Poolvertrag führt zu einer Verhaltenskoordinierung der Kreditinstitute in der Unternehmenskrise. Der Bankenpool kann daher als Instrument einer freien Sanierung dienen.

5. Der Bankenpool ist eine Gesellschaft bürgerlichen Rechts. Als gemeinsamer Zweck i.S.d. § 705 BGB ist das durch die gleichmäßige Besicherung und sonstige Vertragsbestimmungen bewirkte einvernehmliche Vorgehen in der Krise anzusehen. Der Kreditnehmer wird nicht Gesellschafter.

II.

6. Die Erscheinungsform des Pools entspricht den Strukturtypen der Gelegenheits- und Innengesellschaft.

Nach außen tritt der Pool selbst nicht auf. Die Rechtsbeziehungen im Rahmen des Poolvertrages sind als doppelseitige Treuhand ausgestaltet. Zwischen der Treuhänder-Bank und dem Sicherungsgeber besteht ein Sicherungsvertrag, der auch die übrigen Poolpartner begünstigt (§ 328 BGB). Im Verhältnis zu den anderen Kreditinstituten ist die Treuhändertätigkeit der Geschäftsführung nach §§ 709ff. BGB zuzuordnen.

Ein Gesamthandsvermögen wird nicht gebildet.

7. In den Poolverträgen werden die zu sichernden Kreditlinien der beteiligten Banken fixiert. Auch ohne ausdrückliche Bestimmung kann sich die Verpflich-

tung gegenüber den anderen Poolpartnern ergeben, die vereinbarten Kreditlinien aufrechtzuerhalten.

8. Die Verträge regeln die Einbeziehung genau bezeichneter Sicherheiten und deren Verwaltung. Als Sicherungsnehmer tritt — namentlich bei neu bestellten, nicht akzessorischen Sicherheiten — üblicherweise die als Poolführer eingesetzte Hausbank auf. Die Erweiterung des Sicherungszwecks ist mit dem AGB-Gesetz vereinbar.

9. Die Verwertung von Sicherheiten erfordert im Normalfall einen einstimmigen Verwertungsbeschluß der Poolpartner. Die Bestimmungen über die Erlösverteilung, die sich nach der jeweiligen Kreditinanspruchnahme richtet, sind von zentraler Bedeutung. Überschreitungen der Kreditlinien werden nur nachrangig berücksichtigt.

10. Eine Saldenausgleichsklausel bewirkt, daß für die interne Risikoverteilung das Verhältnis der vereinbarten Kreditlinien maßgebend bleibt, selbst wenn sich die tatsächliche Kreditinanspruchnahme abweichend entwickelt.

11. Kündigungsklauseln haben nur eine geringe praktische Bedeutung. Bestimmungen, nach denen eine ausscheidende Bank ihre Sicherheitenposition einbüßt, sind nach § 723 Abs.3 BGB nichtig. Detaillierte Regelungen über eine etwaige Auseinandersetzung können insbesondere bei schwer aufteilbaren Sicherheiten angebracht sein.

III.

12. Sicherungsverträge können u.U. nach § 138 BGB nichtig sein. Anläßlich einer Poolbildung neu bestellte Sicherheiten sind in ihrer Gesamtheit zu würdigen. Eine rückwirkende Nichtigkeit einwandfrei bestellter Altsicherheiten scheidet aus. Deren nachträgliche Einbeziehung in den Pool kann jedoch gegen die guten Sitten verstoßen.

13. Bei einem Sittenverstoß müssen die Banken außerdem mit Schadensersatzansprüchen anderer Gläubiger gemäß §§ 826, 830 Abs.1 S.1, 840 Abs.1 BGB rechnen.

14. Allein aus dem Umfang der Poolsicherheiten und den üblichen Vertragsbestimmungen folgt noch keine Knebelung des Schuldners.

15. Die Festschreibung der Kreditlinien kann zu einer sittenwidrigen Kredittäuschung unter dem Gesichtspunkt der Konkursverschleppung führen, wenn durch das Hinausschieben des Zusammenbruchs eine Besserstellung gegenüber anderen Gläubigern angestrebt wird. Ein Haftungsrisiko läßt sich vermeiden, indem die Erfolgsaussichten von Sanierungsmaßnahmen sorgfältig geprüft werden. Die Bildung eines Pools kann für eine ernsthafte Sanierung sprechen.

16. Eine Gläubigergefährdung ist denkbar, wenn Umfang und Undurchsichtigkeit der Sicherheiten eine Täuschung anderer Gläubiger nahelegen. Selbst

eine nachträgliche Besicherung ist jedoch nur bei Hinzutreten besonderer Umstände als Sittenverstoß anzusehen. Die Prüfungspflicht erlangt auch in dieser Fallgruppe erhebliche Bedeutung.

17. Sofern man § 419 BGB überhaupt bei Sicherungsgeschäften für anwendbar hält, sind mehrere anläßlich eines Poolvertrages vorgenommene Sicherungsübertragungen eine einheitliche Vermögensübernahme, wenn sie in ihrer Gesamtheit nahezu das gesamte freie Vermögen des Sicherungsgebers umfassen. Nachträglich einbezogene Altsicherheiten bleiben hingegen außer Betracht. Den Poolbanken steht ein Vorwegbefriedigungsrecht zu, so daß eine Haftung aus § 419 BGB weitgehend leerläuft.

18. Die Besicherung der Poolbanken hat in aller Regel keine Haftung nach § 25 Abs.1 HGB zur Folge, weil der Unternehmensträger nicht wechselt.

19. Auch ein Wechsel des Betriebsinhabers findet normalerweise nicht statt. § 613a BGB ist somit nicht einschlägig.

20. Die Bestellung neuer Pool-Sicherheiten kann unter den Voraussetzungen der §§ 30 Nr.1 2.Fall, Nr.2, 31 Nr.1 KO, 3 Abs.1 Nr.1 AnfG anfechtbar sein. Der Rückgewähranspruch richtet sich dann gegen die mittelbar begünstigten Poolbanken.

21. Sogenannte Bargeschäfte sind von der besonderen Konkursanfechtung ausgenommen. Pool-Sicherheiten können als Bardeckung unanfechtbar sein, soweit die Bereitstellung neuer Kreditmittel von dem Versprechen dieser konkreten Sicherung abhängig gemacht wurde. Nach herkömmlicher Auffassung wäre freilich Voraussetzung, daß die Altkredite allenfalls nachrangig an den Sicherheiten teilhaben. Diesem Erfordernis ließe sich durch eine modifizierte Vertragsgestaltung Rechnung tragen.

22. Sicherheiten sind als kongruente Deckung nur unter den strengeren Voraussetzungen des § 30 Nr.1 2.Fall KO anfechtbar, wenn ihre Bestellung in einem Poolvertrag zugesagt wurde, der selbst vor der kritischen Zeit des § 30 Nr.2 KO zustande gekommen ist.

23. Eine Absichtsanfechtung nach § 31 Nr.1 KO bzw. § 3 Abs.1 Nr.1 AnfG scheidet aus, wenn konkrete Anhaltspunkte für das Gelingen einer Sanierung vorlagen.

24. Ist eine der Poolbanken (auch mittelbar) als Gesellschafter an dem Schuldnerunternehmen beteiligt, so stellt sich die Frage, ob ihre Kredite als kapitalersetzende Gesellschafterdarlehen anzusehen sind. Erfaßt würden nicht nur die in der Krise gewährten Neukredite, sondern auch die weiterhin belassenen Altkredite. Die Einschränkung für kurzfristige Überbrückungskredite greift bei den vorläufig festgeschriebenen Kreditlinien typischerweise nicht ein.

25. Wirken an einem Pool gesellschaftsrechtlich nicht beteiligte Kreditinstitute in vergleichbarer Weise mit, so sind auch die Kredite der Gesellschafter-

Bank regelmäßig nicht als kapitalersetzend zu behandeln. Entgegen einer verbreiteten Ansicht ist die gemeinsame Aktion mit Fremdgläubigern jedoch kein Indiz für die „Kreditwürdigkeit" der Gesellschaft. Entscheidend ist vielmehr, daß ausnahmsweise Gesellschafter- und Kreditgeberrolle getrennt werden können. Die herrschende Meinung erkennt freilich die Möglichkeit einer Rollendifferenzierung bislang nicht an.

IV.

26. Die vom Bundeskartellamt beanstandete „Zustimmungsklausel" enthält zwei Regelungskomponenten: das Verbot einseitiger Kreditreduzierung, welches schon aufgrund einer wettbewerbstheoretischen Betrachtung als Wettbewerbsbeschränkung ausscheidet, und das näher zu untersuchende Verbot einseitiger Krediterhöhung.

27. In einem Poolvertrag geregelte Bindungen des Kreditnehmers in bezug auf eine weitere Kreditaufnahme beruhen auf einer horizontalen Absprache der Banken untereinander, die als solche gegen das Kartellverbot verstoßen kann. Für die Prüfung, ob dies der Fall ist, lassen sich die Erwägungen zum Verbot einseitiger Krediterhöhung heranziehen.

28. Der typische Poolvertrag ist nach § 102 Abs.1 Satz 1 u. 3 GWB auch ohne Anmeldeverfahren von § 1 GWB freigestellt. Jedoch besteht eine Mißbrauchsaufsicht nach § 102 Abs.4 GWB, wenn das Verbot einseitiger Krediterhöhung die sachlichen Voraussetzungen des § 1 GWB erfüllt.

29. In den meisten Fällen liegt schon deshalb kein gemeinsamer Zweck i.S.d. § 1 GWB vor, weil sich die Poolbanken nicht als (aktuelle oder potentielle) Wettbewerber in bezug auf Kredite an das Schuldnerunternehmen gegenüberstehen. Dabei kann auf das zum Recht der Gesellschafterdarlehen entwickelte Hilfskriterium der „Kreditunwürdigkeit" zurückgegriffen werden.

30. Bestehen im Einzelfall doch einmal Anhaltspunkte für ein Wettbewerbsverhältnis, so besitzt das Verbot einseitiger Krediterhöhung regelmäßig keine eigenständige wettbewerbsregelnde Funktion und ist deshalb als erlaubte Nebenabrede in einem Nicht-Kartellvertrag anzusehen.

31. Schließlich ist die fragliche Regelung nicht zu einer spürbaren Beeinflussung der Marktverhältnisse geeignet. Kartellrechtliche Bedenken erweisen sich spätestens in diesem Prüfungsstadium als unbegründet.

Anhang

Anhang I: Vertragsmuster (W. Obermüller[1])

Sicherheiten-Poolvertrag

Bank: (Name und Anschrift der treuhänderisch handelnden Bank)

Bank: .....

Zwischen den beiden obengenannten Banken und der Firma

(Name und Anschrift — nachstehend „Firma“ genannt —)

wird folgendes vereinbart:

§ 1

Die beiden Banken stehen mit der Firma in laufender Geschäftsverbindung und haben ihr bei Abschluß des Vertrages folgende Kreditlinien eingeräumt:

DM (Kreditlinie der treuhänderisch handelnden Bank)

DM .....

§ 2

Die Firma hat der erstgenannten Bank

a) auf ihrem im Grundbuch des Amtsgerichts ..... Band ..... Blatt ..... eingetragenen Grundbesitz eine Grunschuld bestellt
in Höhe von DM ..... zuzüglich ..... v.Hundert Zinsen
Urkunde vom .....
Zweckerklärung vom .....

b) ihr Fertigwarenlager übereignet;
Vertrag vom .....

c) ihre Forderungen aus dem Verkauf von Waren abgetreten;
Vertrag vom .....

Die Sicherungsverträge sind Gegenstand dieser Vereinbarung.

---

[1] Der im folgenden wiedergegebene Vertragstext ist dem Loseblattwerk „Bankrecht und Bankpraxis“, Stand 12.80, S.4/28 f., Bearbeiter: *Walter Obermüller*, entnommen. Der Verfasser hat sich freundlicherweise mit der Übernahme des Musters in diese Arbeit einverstanden erklärt.

Erhält eine Bank für die in § 1 aufgeführten Kredite weitere Sicherheiten, so werden diese in den Poolvertrag einbezogen. Gewährt eine Bank der Firma zusätzliche Kredite und erhält sie hierfür weitere Sicherheiten, so sind diese in den Poolvertrag einzubringen, soweit sie nicht zur Absicherung des weiteren Kredits benötigt werden.

Die Sicherheiten dienen zur Sicherung der von beiden Banken der Firma gewährten Kredite nach Maßgabe der einzelnen Sicherungsvereinbarungen.

Die Firma verpflichtet sich, Dritten (— weitere —) Sicherheiten erst nach Unterrichtung der beteiligten Banken zu bestellen.

§ 3

Die erstgenannte Bank wird die Sicherheiten zugleich treuhänderisch für die zweitgenannte Bank mit der Sorgfalt eines ordentlichen Kaufmanns verwalten. Sie ist jederzeit berechtigt, nach vorheriger Unterrichtung der zweitgenannten Bank die Verwaltung einem anderen geeigneten Treuhänder zu übertragen.

Der jeweilige Treuhänder ist von den Beschränkungen des § 181 BGB freigestellt.

Die zweitgenannte Bank kann jederzeit Auskunft über die Verwaltung verlangen.

Im übrigen finden auf das Rechtsverhältnis zwischen dem jeweiligen Treuhänder und den übrigen Vertragsparteien die Vorschriften des Bürgerlichen Gesetzbuches über den Auftrag (§§ 662 ff) Anwendung.

Die Kosten der Verwaltung und Verwertung der Sicherheiten trägt die Firma. Sie sind ggf. vorab aus dem Sicherheitenerlös zu begleichen.

Die erstgenannte Bank wird die Sicherheiten nur mit Zustimmung der zweitgenannten Bank freigeben.

§ 4

Soweit die gesicherten Kredite bei Fälligkeit nicht zurückgezahlt werden, wird die erstgenannte Bank oder der an ihre Stelle getretene Treuhänder die Sicherheiten im Einvernehmen mit der zweitgenannten Bank verwerten.

Der Erlös aus den Sicherheiten ist unter den beiden Banken im Verhältnis ihrer Forderungen im Zeitpunkt der Verwertung der Sicherheiten aufzuteilen. Bei der Errechnung dieses Verteilungsschlüssels sind nur die Forderungen der beiden Banken zugrundezulegen, welche die in § 1 genannten Kreditlinien nicht überschreiten. Von den Forderungen sind etwaige Guthaben der Firma bei einer der beiden Banken oder der Wert etwaiger einer der Banken außerhalb dieses Vertrages haftender Sicherheiten abzusetzen.

Soweit eine Bank den auf sie entfallenden Erlös zur Abdeckung ihrer im Rahmen der Kreditlinien liegenden Forderungen nicht benötigt, steht er derjenigen Bank zu, deren Kreditlinie überschritten ist. Sind die Kreditlinien beider Banken überschritten worden, so werden Sicherheitenerlöse, die nicht zur Begleichung der im Rahmen liegenden Forderungen benötigt werden, im Verhältnis der Überschreitungen unter den beiden Banken aufgeteilt. Ein etwa auch dafür nicht benötigter Erlös ist an die Firma abzführen.

Die Banken sind berechtigt, ohne Zustimmung der Firma den vorgenannten Verteilungsschlüssel jederzeit zu ändern.

§ 5

Die beiden Banken sind berechtigt, und jede Bank ist auf Verlangen der anderen Bank verpflichtet, jederzeit die im Rahmen der in § 1 genannten Kreditlinien liegenden Forderungen der beiden Banken gegen die Firma im Verhältnis dieser Linien untereinander aufzuteilen.

Soweit ein Saldenausgleich nach Absatz 1 aus Rechtsgründen gegenüber den Kreditschuldnern oder Dritten nicht wirksam wird, werden die Banken ein entsprechendes Ergebnis im Innenverhältnis herbeiführen.

§ 6

Jede Bank ist berechtigt und auf Verlangen der anderen verpflichtet, der anderen Bank Auskunft über ihre Forderungen gegen die Firma und die Sicherheiten zu geben, soweit sie diesen Vertrag und seine Abwicklung betreffen.

§ 7

Jede Bank ist berechtigt, diesen Vertrag mit einer Frist von einem Monat auch ohne Grund zu kündigen. Im Falle der Kündigung ist der Erlös aus etwa schon verwerteten Sicherheiten unter den Banken gemäß § 4 aufzuteilen. Im gleichen Verhältnis sind noch nicht verwertete Sicherheiten aufzuteilen und gleichrangig zu übertragen. Die Firma verpflichtet sich, hierbei mitzuwirken, soweit dies rechtlich erforderlich ist.

Die Firma kann diesen Vertrag erst kündigen, wenn sie ihre Verpflichtungen aus den Krediten erfüllt hat.

Für diesen Vertrag gelten im Verhältnis der Banken untereinander und zu der Firma die Allgemeinen Geschäftsbedingungen der erstgenannten Bank, die in den Geschäftsräumen dieser Bank eingesehen werden können und die auf Wunsch zugesandt werden.

Ort/Datum ..... Unterschrift(en) der treuhänderisch handelnden Bank

Ort/Datum ..... Unterschrift(en) der zweitgenannten Bank

Ort/Datum ..... Unterschrift(en) der Firma

Anhang II: Vertragsmuster (Schröter[2])

Sicherheiten-Poolvertrag

zwischen

1. A-Bank

— nachstehend auch „Poolführerin" genannt —

2. B-Bank

3. C-Bank

— nachstehend insgesamt „Banken" und jede von ihnen „Bank" genannt —

und

der Firma XY

— nachstehend „Firma" genannt —

§ 1 *Kredite*

(1) Die Banken haben der Firma bei Abschluß dieses Vertrages folgende Kreditlinien eingeräumt:

---

[2] Das nachstehende Muster eines Banken-Poolvertrages wurde von *Schröter,* in: *Schröter / Graf von Westphalen,* Sicherheitenpoolverträge der Banken und Warenlieferanten (WM-Script 107), Frankfurt 1986, S.153-162, dargestellt. Der Abdruck erfolgt mit freundlicher Genehmigung des Verfassers.

A-Bank

a) Barkredit	DM
b) Diskontkredit	DM
c) Avalkredit	DM

B-Bank

a) Barkredit	DM
b) Diskontkredit	DM
c) Avalkredit	DM

C-Bank

a) Barkredit	DM
b) Diskontkredit	DM
c) Avalkredit	DM

(2) Die Banken werden die Kreditlinien aufrechterhalten und Erhöhungen, Reduzierungen und Streichungen nur im gegenseitigen Einvernehmen vornehmen. Dies gilt nicht für außerhalb des Pools gewährte Kredite.

§ 2 *Sicherheiten*

(1) Die Firma hat mit den Banken folgende Sicherheitenverträge geschlossen:

...

(2) Erhält eine Bank künftig für eine der in § 1 Nr.1 aufgeführten Kreditlinien weitere Sicherheiten, so besteht jetzt schon Einigkeit, daß diese in den Poolvertrag einbezogen werden.

(3) Gewährt eine Bank der Firma zusätzliche Kredite und erhält sie hierfür weitere Sicherheiten, so besteht bereits jetzt Einigkeit, daß diese in den Poolvertrag einbezogen werden, soweit sie nicht zur Absicherung des weiteren Kredites benötigt werden.

(4) Die Banken werden die in den Poolvertrag einbezogenen Sicherheiten für sich und treuhänderisch für die anderen am Pool beteiligten Banken halten und auf Verlangen der Poolführerin auf diese übertragen.

(5) Die in den Poolvertrag einbezogenen Sicherheiten dienen zur Sicherung aller bestehenden und künftigen — auch bedingten oder befristeten — Ansprüche, die den Banken aus der Geschäftsverbindung (insbesondere aus laufender Rechnung und aus der Gewährung von Krediten jeder Art), aus Bürgschaften und aus abgetretenen oder kraft Gesetzes übergegangenen Forderungen (auch soweit diese von Dritten hereingenommen worden sind) gegen die Firma zustehen.

(6) Die Firma verpflichtet sich, Dritten erst nach Unterrichtung der Banken Sicherheiten zu stellen.

§ 3 *Sicherheitenverwaltung*

(1) Die Poolführerin wird die in den Poolvertrag einbezogenen Sicherheiten mit der Sorgfalt eines ordentlichen Kaufmanns zugleich treuhänderisch für die übrigen Banken verwalten. Sie wird zu diesem Zweck ermächtigt, alle sich aus den Sicherungsverträgen ergebenden Kontroll-, Verwaltungs- und Verfügungsrechte im eigenen Namen auszuüben. Die ganze oder teilweise Freigabe von Sicherheiten bedarf der Zustimmung der Banken.

(2) Jede Bank kann von der Poolführerin jederzeit Auskunft über die Verwaltung der Sicherheiten verlangen. Unabhängig davon wird die Poolführerin die anderen Banken nach pflichtgemäßem Ermessen unterrichten.

(3) Die Poolführerin ist berechtigt, nach vorheriger Unterrichtung der anderen Banken die Sicherheitenverwaltung auf einen anderen, ihr geeignet erscheinenden Treuhänder zu übertragen.

(4) Der jeweilige Treuhänder ist von den Beschränkungen des § 181 BGB freigestellt.

§ 4 *Verwertung und Erlösverteilung*

(1) Die Verwertung der in § 2 erwähnten Sicherheiten wird von der Poolführerin im eigenen Namen, jedoch für Rechnung der Banken, vorgenommen.

(2) Über die Frage, ob und wann Verwertungsmaßnahmen eingeleitet und/oder durchgeführt werden sollen, entscheiden die Banken im gegenseitigen Einvernehmen. In eiligen Fällen entscheidet die Poolführerin hierüber allein nach eigenem pflichtgemäßen Ermessen; in diesem Fall wird die Poolführerin die anderen Banken über die getroffenen Maßnahmen unverzüglich unterrichten.

(3) Der Erlös aus der Verwertung der Poolsicherheiten ist nach folgender Rangordnung zu verwenden:

a) zur Begleichung der Kosten, etwaiger Steuern und sonstiger Aufwendungen, die durch Verwaltung und Verwertung des Sicherunsgutes entstehen;

b) zur Tilgung der Forderungen der Banken aus ihren Kreditgewährungen, und zwar gleichrangig im Verhältnis der Kreditinanspruchnahmen in dem Zeitpunkt, in dem die Verwertung beschlossen wird oder den Banken eine Benachrichtigung über die getroffenen Maßnahmen zugeht, wobei nur diejenigen Forderungen der Berechnung zugrunde zu legen sind, welche die in § 1 Nr.1 genannten Kreditlinien nicht überschreiten. Die Firma wird die Banken nach Möglichkeit im Verhältnis der genannten Kreditlinien in Anspruch nehmen.

Die Banken verpflichten sich im Auftrag der Firma, für den Fall, daß eine Erlösverteilung stattfindet, ihre die Kreditlinien gemäß § 1 Nr.1 nicht übersteigenden Kreditforderungen durch entsprechende Überträge auf einen solchen Stand zu bringen, daß für sämtliche Banken eine Kreditinanspruchnahme nach dem Verhältnis der genannten Kreditlinien entsteht. Die einzelnen Banken haben eventuelle Guthaben auf nicht zweckgebundenen Konten zunächst mit ihrer Kreditforderung zu verrechnen, die sich im Rahmen der in § 1 Nr.1 genannten Kreditlinie bewegt. Wenn derartige Verrechnungen nach Durchführung des Saldenausgleichs erfolgen, sind weitere Saldenausgleichungen vorzunehmen;

c) zur Tilgung der Forderungen der Banken, deren Kreditlinie überschritten ist, und zwar gleichrangig im Verhältnis der Überschreitungen;

d) zur Tilgung der Forderungen der Banken aus zusätzlich gewährten Krediten, und zwar gleichrangig im Verhältnis der Inanspruchnahmen der zusätzlichen Kredite, soweit sie nicht aus den Verwertungserlösen der für sie gesondert bestellten Sicherheiten (§ 2 Nr.3) zurückgeführt sind;

e) ein etwa nicht mehr benötigter Erlös ist an die Sicherungsgeberin abzuführen.

(4) Diskont- und Avalkredite gelten erst als in Anspruch genommen, wenn ein Ausfall feststeht.

(5) Den Inanspruchnahmen sind eventuell später entstehende Saldenerhöhungen aus Lastschriftretouren und/oder Scheckretouren hinzuzurechnen. Dies gilt nicht, wenn hierdurch die in § 1 Nr.1 genannte Kreditlinie überschritten wird.

(6) Steht die Höhe der zu berücksichtigenden Forderungen im Zeitpunkt der Erlösverteilung noch nicht fest, bleiben sie zunächst bei der Ermittlung des Beteiligungsverhältnisses am Verwertungserlös unberücksichtigt. Erst wenn diese Beträge endgültig feststehen, erfolgt eine abschließende Berechnung des Beteiligungsverhältnisses. Die sich hieraus eventuell ergebenden Veränderungen des auf die einzelnen Vertragsparteien entfallenden Erlöses sind — auch soweit bereits Zahlungen erfolgt sind — untereinander auszugleichen.

(7) Die Banken sind berechtigt, den vorgenannten Verteilungsschlüssel jederzeit zu ändern.

§ 5 *Kosten*

(1) Sämtliche Kosten, die der Poolführerin aus diesem Sicherheitenpoolvertrag, insbesondere im Zusammenhang mit der Verwaltung sowie der etwaigen Verwertung der Sicherheiten, entstehen, gehen zu Lasten der Firma. Die Poolführerin erhält, solange sie keinen Treuhänder eingeschaltet hat, von der Firma für die Wahrnehmung ihrer Aufgaben aus diesem Vertrag eine Vergütung in Höhe von DM ... p.a.; diese Vergütung ist in monatlichen Raten im voraus zahlbar.

(2) Soweit die Kosten von der Firma nicht bezahlt werden, tragen sie die Banken im Verhältnis der in § 1 Nr.1 genannten Kreditlinien; die Poolfüherin ist insoweit berechtigt, sich aus etwaigen Verwertungserlösen vorab zu befriedigen.

§ 6 *Unterrichtung*

Jede Bank ist berechtigt und auf Verlangen der anderen verpflichtet, der anderen Bank Auskunft über ihre Forderungen gegen die Firma und die Sicherheiten zu geben, soweit sie diesen Vertrag und seine Abwicklung betreffen.

§ 7 *Befristung und Kündigung*

(1) Dieser Poolvertrag wird auf unbestimmte Zeit abgeschlossen.

(2) Jede Bank ist berechtigt, den Vertrag unter Einhaltung einer Frist von drei Monaten zu kündigen, wobei für die Einhaltung der Frist der Zugang des Kündigungsschreibens bei der Poolführerin maßgebend ist. Mit dem Wirksamwerden der Kündigung scheidet die betreffende Bank aus dem Pool aus. Dieser wird von den übrigen Banken fortgesetzt.

Die Aufteilung der Sicherheiten bleibt besonderen Absprachen vorbehalten. Auf Verlangen auch nur einer der Banken ist zum Zeipunkt des Ausscheidens der kündigenden Bank ein Saldenausgleich entsprechend der Regelung in § 4 Nr.3 b durchzuführen.

(3) Die Firma kann diesen Vertrag erst kündigen, wenn sie ihre Verpflichtungen aus den Krediten erfüllt hat.

§ 8 *Salvatorische Klausel*

Sollte eine Bestimmung dieses Vertrages nicht rechtswirksam sein oder sich als nicht durchführbar erweisen, so wird die Wirksamkeit des übrigen Vertragsinhalts hiervon nicht berührt. Die Vertragsparteien werden die unwirksame oder undurchführbare Bestimmung durch eine Vereinbarung ersetzen, die dem wirtschaftlich Gewollten entspricht und dem Inhalt der zu ersetzenden Bestimmung möglichst nahe kommt.

Ort, ...
Datum, ...

— Unterschriften —

Literaturverzeichnis

Adams, Michael: Ökonomische Analyse der Sicherungsrechte, Köngstein/Ts., 1980

Aden, Memo: Der Vorwurf der Konkursverschleppung gegen den Mitgläubiger, MDR 1979, S.891

Adler/Düring/Schmaltz: Rechnungslegung und Prüfung der Aktiengesellschaft, Band 1, 4.Auflage, Stuttgart 1968

Arens, Peter/*Lüke,* Wolfgang: Einwand der Vermögensübernahme gegen Drittwiderspruchsklage, JuS 1984, S.263

Arnold, Hans: Wettbewerb, Wettbewerbsbeschränkungen und Mißbrauchsaufsicht im Kreditwesen, WuW 1960, S.469

Ashölter, Antraud: Der Einfluß und die Auswirkungen des AGB Gesetzes auf die Praxis der Kreditsicherung, Köln 1983

Assmann, Heinz-Dieter: Zur Haftung von Konsortien für das rechtsgeschäftliche Handeln ihrer Vertreter, ZHR 152 (1988), S.371

Aust, Eberhard: Der Wettbewerb in der Bankwirtschaft, Frankfurt 1963

Ballerstedt, Kurt: Der gemeinsame Zweck als Grundbegriff des Rechts der Personengesellschaften, JuS 1963, S.253

Balz, Manfred: Sanierung von Unternehmen oder von Unternehmensträgern?, Köln 1986

Bankrecht und Bankpraxis, Loseblattwerk in vier Bänden, Köln 1979 ff.; zitiert: (Bearbeiter), BuB

Barkhausen, W.: Anmerkung zu BGH, Urteil v. 2.2.1955, NJW 1955, S.1272

Ders.: Anmerkung zu BGH, Urteil v. 2.11.1955, NJW 1956, S.417

Ders.: Anmerkung zu BGH, Urteil v. 9.7.1953 (BGHZ 10, S.228), NJW 1953, S.1665

Bauer, Wolf-Dieter: Die EG-Bankbilanzrichtlinie und ihre Auswirkungen auf die Bilanzierungsvorschriften der deutschen Kreditinstitute, WM 1987, S.861

Baumann, Hans: Salvatorische Klauseln in Allgemeinen Geschäftsbedingungen, NJW 1978, S.1953

Baumbach/Duden/Hopt: Handelsgesetzbuch, 27.Auflage, München 1987

Baumbach/Hueck: GmbH-Gesetz, 15.Auflage, München 1988

Baumbach/Lauterbach/Albers/Hartmann: Zivilprozeßordnung, 47.Auflage, München 1989

Baur, Fritz: Konkurs- und Vergleichsrecht, 2.Auflage, Heidelberg 1983

Ders.: Lehrbuch des Sachenrechts, 14.Auflage, München 1987; zitiert: Fr.Baur, Sachenrecht

Baur, Jürgen F.: Das Tatbestandsmerkmal „Wettbewerb", ZHR 134 (1970), S.97

Bechtold, Rainer: Das neue Kartellrecht, München 1981

Ders.: Die Entwicklung des deutschen Kartellrechts von 1981 — 1983, NJW 1984, S.145

Becker, Reimund: Die Sanierungsfähigkeit der Unternehmung, Bergisch Gladbach 1986

Beck'scher Bilanz-Kommentar: siehe Budde u.a.

Behrens, Peter: Die ökonomischen Grundlagen des Rechts, Tübingen 1986

Beinert/Hennerkes/Binz: Kapitalersetzende Darlehen und GmbH-Novelle, GmbH-Rdsch.1981, S.10

Belke, Rolf: Grundfragen des Kartellverbots, ZHR 143 (1979), S.74

Berges, August Maria: Anmerkung zu BGH, Urteil v. 24.9.1962 (BGHZ 38, S.44 = KTS 1962, S.242), KTS 1962, S.245

Ders.: Die Anfechtung mittelbarer Zuwendungen im Konkurs, KTS 1961, S.65

Ders.: Die Sanierung des Konkurses, BB 1976, S.387

Beuck, Reimer: Poolvereinbarungen bei Unternehmensinsolvenz, Diss. Kiel 1985

Beuthin, Volker: Gesellschaftsrecht und Kartellrecht, ZHR 142 (1978), S.259

Beyerle, Franz: Die Treuhand im Grundriss des deutschen Privatrechts, Weimar 1932

BGB-RGRK: siehe RGRK

Birk/Kreuzer (Hrsg.): Das Unternehmen in der Krise — Probleme der Insolvenzvermeidung aus rechtsvergleichender Sicht, Frankfurt 1986

Blaurock, Uwe: Aktuelle Probleme des Kreditsicherungsrechts, RWS-Skript 164, 2. Auflage, Köln 1987

Bley: Anmerkung zu RG, Urteil v. 17.9.1937, JW 1937, S.3241

Bley/Mohrbutter: Vergleichsordnung (Großkommentar),4.Auflage, Zweiter Band (§§ 82 bis 132), Berlin/New York 1981

Böhle-Stamschräder/Kilger: siehe Kilger (AnfG, KO, VerglO)

Bönkhoff, Franz Josef: Die Kreditwürdigkeitsprüfung, Düsseldorf 1983

Börner, Bodo: Wirtschaftswissenschaftliche Begriffe im Gesetz gegen Wettbewerbsbeschränkungen?, in: Festschrift für Gunther Hartmann, Köln 1976, S.77; zitiert: Börner, FS Hartmann

Bohlen, Edgar: Der Sicherheitenpool, Bielefeld 1984

Brandes, Helmut: Die Rechtsprechung des BGH zur GmbH, WM 1983, S.286

Brühann, Ulf: Grenzüberschreitende Kooperation und Konzentration deutscher Kreditinstitute im Gemeinsamen Markt, Köln 1980

BuB: siehe Bankrecht und Bankpraxis

Budde, Wolfgang Dieter/*Clemm,* Hermann/*Pankow,* Max/*Sarx,* Manfred: Beck'scher Bilanz-Kommentar, München 1986; zitiert: (Bearbeiter), in: Beck'scher Bilanzkommentar

Bülow, Peter: Recht der Kreditsicherheiten, 2.Auflage, Heidelberg 1988

Buksch, Georg: Der Poolvertrag (Heidelberger Musterverträge), Heidelberg 1987

Bulla, Werner: Gerichtliche Nachprüfbarkeit von Schiedsgutachten, NJW 1978, S.397

Bundeskartellamt: Bericht des Bundeskartellamts über seine Tätigkeit im Jahre 1978 sowie über Lage und Entwicklung auf seinem Aufgabengebiet (§ 50 GWB); zitiert: BKartA, TB 1978

Bundesregierung: Bericht der Bundesregierung über die Ausnahmebereiche des Gesetzes gegen Wettbewerbsbeschränkungen, Bundestags-Drucksache 7/3206 v. 4.2.1975

Bunte, Hermann-Josef: Ergänzende Vertragsauslegung bei Unwirksamkeit von AGB-Klauseln, NJW 1984, S.1145

Ders.: Zehn Jahre AGB-Gesetz — Rückblick und Ausblick, NJW 1987, S.921

Bunte, Hermann-Josef / *Schröter*, Jürgen: Allgemeine Geschäftsbedingungen und Sonderbedingungen der Kreditinstitute — Neuere Entwicklungen sowie Änderung der AGB zum 1.Januar 1986, WM-Script 101, Frankfurt 1986

Canaris, Claus-Wilhelm: Aktuelle insolvenzrechtliche Probleme des Zahlungsverkehrs und des Effektenwesens, in: Festschrift Einhundert Jahre Konkursordnung 1877 — 1977, Köln / Berlin / Bonn / München 1977, S.73; zitiert: Canaris, FS 100 Jahre KO

Ders.: Bankvertragsrecht, Erster Teil, 3.Auflage, Berlin / New York 1988 (Sonderausgabe der Kommentierung des Bankvertragsrechts aus Handelsgesetzbuch, Großkommentar, 4.Auflage, Teil 1); zitiert: Canaris, Bankvertragrecht

Ders.: Großkommentar Handelsgesetzbuch, 3.Auflage, Dritter Band, 3.Teil, Bankvertragsrecht, 2.Bearbeitung, Berlin / New York 1981; zitiert: Canaris, Bankvertragsrecht (2.Bearb.)

Ders.: Kreditkündigung und Kreditbelassung gegenüber sanierungsbedürftigen Kunden, ZHR 143 (1979), S.113

Claussen, Carsten P.: Kapitalersatzrecht und Aktiengesellschaft, AG 1985, S.173

Ders.: Kapitalersetzende Darlehen und Sanierungen durch Kreditinstitute, ZHR 147 (1983), S.195

Clemente, Clemens: Die Zweckerklärung der Sicherungsgrundschuld in der Bankpraxis — eine kritische Bestandsaufnahme, NJW 1983, S.6

Ders.: Sicherungsabreden im Spiegel der neueren Rechtsprechung, ZIP 1985, S.193

Coing, Helmut: Die Treuhand kraft privaten Rechtsgeschäfts, München 1973; zitiert: Coing, Die Treuhand

Ders.: Eine neue Entscheidung zur Haftung der Banken wegen Gläubigergefährdung, WM 1980, S.1026

Delorme, Hermann / *Hoessrich*, Hans-Joachim: Konsortial- und Emissionsgeschäft, 2.Auflage, Frankfurt 1971

Dorndorf, Eberhard: Kreditsicherungsrecht und Wirtschaftsordnung, Heidelberg 1986

Dorndorf, Eberhard / *Frank*, Jürgen: Reform des Rechts der Mobiliarsicherheiten — unter besonderer Berücksichtigung der ökonomischen Analyse der Sicherungsrechte, ZIP 1985, S.65

Dreher, Meinrad: Anmerkung zu KG, Beschluß v. 18.11.1985 („Aral"), BB 1986, S.1805

Ders.: Buchbesprechung: Hollenders, Christoph, Die Bereichsausnahme für Versicherungen nach § 102 GWB, Baden-Baden 1985, in: ZWS 107 (1987), S.483

Ders.: Konglomerate Zusammenschlüsse, Verbotsvermutungen und Widerlegungsgründe, Berlin 1987; zitiert: Dreher, Konglomerate Zusammenschlüsse

Ders.: Verrechtlichung und Entrechtlichung: Gesetzgebung und Gesetzesanwendung im Kartellrecht, ZG 1987, S.311

Drukarczyk, Jochen / *Duttle*, Josef / *Rieger*, Reinhard: Mobiliarsicherheiten. Arten, Verbreitung, Wirksamkeit, Köln 1985

Düringer / Hachenburg / Geiler: Das Handelsgesetzbuch, II.Band / 1.Hälfte, Allgemeine Einleitung: Das Gesellschaftsrecht des bürgerlichen Rechts, 3.Auflage, Mannheim / Berlin / Leipzig 1932

Duttle, Josef: Ökonomische Analyse dinglicher Sicherheiten, Krefeld 1986

Ebel, Hans-Rudolf: Der gemeinsame Zweck in § 1 GWB und Austauschverträge, WuW 1979, S.792

Eberding, Ekkehard: Elemente eines Pool-Vertrages, BB 1974, S.1004

Ehlers, Harald: Der Poolvertrag zur Absicherung des Kreditrisikos, ZKW 1977, S.912

Eilenberger, Guido: Banken im Wettbewerb. Grundlagen und Instrumente bankbetrieblicher Wettbewerbspolitik, Berlin 1975

Emmerich, Volker: Die Form wettbewerbsbeschränkender Verträge, NJW 1980, S.1363

Ders.: Die Problematik der Ausnahmebereiche im GWB, in: Wettbewerbspolitik und Wettbewerbsrecht (Hrsg.: Helmrich, Herbert), Köln / Berlin / Bonn / München 1987, S. 237

Ders.: Kartellrecht, 5.Auflage, München 1988

Engel, Christoph: Abfindungsklauseln — eine systematische Übersicht, NJW 1986, S.345

Erichsen, Hans-Uwe: Staatsrecht und Verfassungsgerichtsbarkeit I, 3.Auflage, München 1982

Erman: Handkommentar zum Bürgerlichen Gesetzbuch, 7.Auflage, 1.Band, Münster 1981; zitiert: Erman / (Bearbeiter)

Eucken, Walter: Die Wettbewerbsordnung und ihre Verwirklichung, Ordo 2 (1949), S.1

Falter: Die Praxis des Kreditgeschäfts, begr. von Manuel Falter, neubearb. von Fritz Hermanns, 12.Auflage, Stuttgart 1987

Feldbausch, Friedrich K.: Handbuch der Bankpraxis, 2.Auflage, Frankfurt 1972

Fell, Wolfgang: Hintereinandergeschaltete Allgemeine Geschäftsbedingungen, ZIP 1987, S.690

Fikentscher, Wolfgang: Neuere Entwicklungen der Theorie zum Tatbestandsmerkmal der Wettbewerbsbeschränkung § 1 GWB, WuW 1961, S.788

Ders.: Zu Begriff und Funktion des „gemeinsamen Zwecks" im Gesellschafts- und Kartellrecht, in: Festschrift für Harry Westermann, Karlsruhe 1974, S.87; zitiert: Fikentscher, FS H.Westermann

Fischer, Lothar / *Lepper,* Martin: Das Belassen von Gesellschafterdarlehen im Zeitpunkt der Krise — neue Rechtsprechung zu § 32a GmbHG, ZIP 1986, S.1

Fischer, Lutz: Die Gesellschaft bürgerlichen Rechts, Bielefeld 1977

Fischer, Robert / *Lutter,* Marcus / *Hommelhoff,* Peter: GmbH-Gesetz, 12.Auflage, Köln 1987

Fleck, Hans-Joachim: Das kapitalersetzende Bankdarlehen in der GmbH, in: Festschrift für Winfried Werner zum 65.Geburtstag, Berlin / New York 1984, S.107; zitiert: Fleck, FS Werner

Ders.: Kapitalaufbringung, Kapitalerhaltung und Insolvenzprobleme in der GmbH (RWS-Skript 76), 2.Auflage, Köln 1982

Flessner, Axel: Sanierung und Reorganisation, Tübingen 1982

Flume, Werner: Allgemeiner Teil des Bürgerlichen Rechts,

— Erster Band, Erster Teil, Die Personengesellschaft, Berlin / Heidelberg / New York 1977; zitiert: Flume, Die Personengesellschaft

— Zweiter Band, Das Rechtsgeschäft, 3.Auflage, Berlin / Heidelberg / New York 1979; zitiert: Flume, Das Rechtsgeschäft

Frankfurter Kommentar zum GWB: siehe Glassen u.a.

Frömke, Peter: Die Stellung der Kreditinstitute im Wettbewerbsrecht der Europäischen Wirtschaftsgemeinschaft nach Art.90 Abs.2 EWGV, Baden-Baden 1987

Gaertner, Reinhard: Wandlungen in der Interpretation des § 1 GWB durch die Rechtsprechung, Diss. Mainz 1984

Gagel, Alexander: Arbeitsentgelt im Konkurs und Konkursausfallgeld (RWS-Seminarskript Nr.66), Köln 1980

von Gamm, Otto-Friedrich Frhr.: Kartellrecht, Köln / Berlin / Bonn / München 1979

Ders.: Neuere Rechtsprechung zum Kartellverbot und zur Abgrenzung der zu einem gemeinsamen Zweck geschlossenen Verträge, NJW 1988, S.1245

Ders.: Potentieller Wettbewerb — Substitutionswettbewerb, in: Strafrecht, Unternehmensrecht, Anwaltsrecht, Festschrift für Gerd Pfeiffer, Köln / Berlin / Bonn / München, 1988, S.643; zitiert: v.Gamm, FS Pfeiffer

Geiger, Helmut: Private, öffentlich-rechtliche und genossenschaftliche Kreditinstitute im Wettbewerb: Welche Spielregeln gelten noch?, Der Landkreis 1987, S.53

Gerhardt, Walter / *Merz*, Franz: Aktuelle Probleme der Gläubigeranfechtung im Konkurs (RWS-Skript 82), 4.Auflage, Köln 1988

von Gerkan, Hartwin: Schwerpunkte und Entwicklungen im Recht der kapitalersetzenden Gesellschafterleistungen, GmbH-Rdsch. 1986, S.218

Gernhuber, Joachim: Die fiduziarische Treuhand, JuS 1988, S.355

Gersch / Herget / Marsch / Stützle: Die GmbH-Reform 1980, Wiesbaden 1980

Geßler, Ernst: Zur Problematik bei kapitalersetzenden Gesellschafterdarlehen, ZIP 1981, S.228

Gessner, Volkmar / *Rhode*, Barbara / *Strate*, Gerhard / *Ziegert*, Klaus A.: Die Praxis der Konkursabwicklung in der Bundesrepublik Deutschland, Köln 1978

GK (Gemeinschaftskommentar): siehe Müller-Henneberg / Schwartz

Glassen, Helmut / *von Hahn*, Helmuth / *Kersten*, Hans-Christian / *Kolvenbach*, Walter / *Lehmann*, Jürgen (Hrsg.): Frankfurter Kommentar zum Gesetz gegen Wettbewerbsbeschränkungen, Köln 1958 ff.; zitiert: Frankfurter Kommentar

Gleiss, Alfred / *Hootz*, Christian: Die kartellrechtliche Zulässigkeit des gesellschaftsrechtlichen Wettbewerbsverbots im Recht der OHG, NJW 1963, S.1338

Goldberg, Alfred / *Müller*, Helmut: Versicherungsaufsichtsgesetz, Kommentar, Berlin / New York 1980

Gottwald, Peter: Rechtliche Möglichkeiten der Unternehmenssanierung im Insolvenzfall, KTS 1984, S.1

Groß, Paul J.: Sanierung durch Fortführungsgesellschaften, 2.Auflage, Köln 1988

Großkommentar HGB: siehe Handelsgesetzbuch (3.Aufl) sowie Staub (4.Aufl.)

Günther, Eberhard: Einkaufsvereinigungen und Kartellgesetzentwurf, MA 1957, S.35

Hachenburg: Gesetz betreffend die Gesellschaften mit beschränkter Haftung (GmbHG), 7.Auflage, Berlin / New York; zitiert: Hachenburg / (Bearbeiter)
— Dritter Band (§§ 53-85), 1984
— Ergänzungsband (§§ 1-12 und GmbH-Novelle 1980), 1985

Hadding, Walther / *Häuser*, Franz: Gutschrift und Widerruf des Überweisungsauftrags im Giroverhältnis, WM 1988, S.1149

Hagenmüller, Karl Fr.: Der Bankbetrieb, Band II: Aktivgeschäfte und Dienstleistungsgeschäfte, 3.Auflage, Wiesbaden 1970

Hagenmüller, Karl Fr. / *Diepen,* Gerhard: Der Bankbetrieb, 11.Auflage, Wiesbaden 1987

Handelsgesetzbuch: Großkommentar (begr. von Hermann Staub), 3.Auflage; zitiert: (Bearbeiter), in: Großkomm.HGB (3.Aufl.)
— Erster Band (§§ 1-104), Berlin 1967
— Dritter Band, 2.Halbband (§§ 352-372), Berlin / New York 1978
— Dritter Band, 3.Teil, Bankvertragsrecht, 2.Bearbeitung, Berlin / New York 1981: siehe Canaris
(4.Auflage: siehe Staub)

Harms, Wolfgang: Sachenrecht, 4.Auflage, Frankfurt 1983

Haupt, H.G.: Sicherungsrechte mehrerer Gläubiger an einem Warenlager, DB 1953, S.1008

Heckel, Heinrich: Zivil-, konkurs- und verfassungsrechtliche Probleme des Sicherheitenpoolvertrages, Diss. Heidelberg, 1983

Heinrichs, Helmut: Erfolgsrechnung und Buchungsmethode beim Versicherungspool, ZVersWiss 1963, S.377

Heinsius, Theodor: Das Unternehmen in der Krise — Probleme der Insolvenzvermeidung aus rechtsvergleichender Sicht, in: Birk / Kreuzer (Hrsg., gleicher Titel), Frankfurt 1986, S.147

Helmrich, Herbert (Hrsg.): Wettbewerbspolitik und Wettbewerbsrecht, Köln / Berlin / Bonn / München 1987

Henckel, Wolfram: Aktuelle Probleme der Warenlieferanten beim Kundenkonkurs (RWS-Skript 125), 2.Auflage, Köln 1984

Hennecke, Bernd: Das Sondervermögen der Gesamthand, Berlin 1976

Hensen, Horst-Dieter: Die Auswirkungen des AGB-Gesetzes auf den kaufmännischen Verkehr, NJW 1987, S.1986

Herold, Hermann: Das Kreditgeschäft der Banken, 15.Auflage, Hamburg 1950

Herrhausen, Alfred: Die Rolle der Banken bei der Unternehmenssanierung, Die Bank 1979, S.358

Heß, Rainer: Miteigentum der Vorbehaltslieferanten und Poolbildung, Berlin 1985

Hess, Harald / *Fechner,* Dietrich: Sanierungshandbuch, Neuwied 1987

Hess, Harald / *Kropshofer,* Birger: Kommentar zur Kokursordnung, 2.Auflage, Neuwied / Darmstadt 1985

Hesse, Konrad: Grundzüge des Verfassungsrechts der Bundesrepublik Deutschland, 16.Auflage, Heidelberg 1988

Hilger, Norbert: Miteigentum der Vorbehaltslieferanten gleichartiger Ware, Göttingen 1983

Hinsch, L.Christian / *Horn,* Norbert: Das Vertragsrecht der internationalen Konsortialkredite und Projektfinanzierungen, Berlin / New York 1985

Hönn, Günther: Der praktische Fall — Wirtschaftsrecht: Ein bedenklicher Vertrag, JuS 1988, S.48

Ders.: Inhaltskontrolle von Gesellschaftsverträgen, JA 1987, S.337

Hofmann, Edgar: Privatversicherungsrecht, 2.Auflage, München 1983

Hollenders, Christoph: Die Bereichsausnahme für Versicherungen nach § 102 GWB, Baden-Baden 1985

Holtschneider, Rainer: Zur Bagatellgrenze im Kartellverbot, WuW 1980, S.99

Hommelhoff, Peter: Die Gesellschafterdarlehen als Beispiel institutioneller Rechtsfortbildung, ZGR 1988, S.460

Ders.: Eigenkapital-Ersatz im Konzern und in Beteiligungsverhältnissen, WM 1984, S.1105

Honsell, Heinrich: Anmerkung zu OGH, Urteil vom 14.7.1986, ZIP 1987, S.705

Hoppmann, Erich: Die sogenannten Bagatellkartelle der „neuen Wettbewerbspolitik", DB 1970, S.93

Hopt, Klaus J.: Das Unternehmen in der Krise — Probleme der Insolvenzvermeidung aus rechtsvergleichender Sicht, in: Birk / Kreuzer (Hrsg., gleicher Titel), Frankfurt 1986, S.11

Ders.: Rechtspflichten der Kreditinstitute zur Kreditversorgung, Kreditbelassung und Sanierung von Unternehmen, ZHR 143 (1979), S.139

Hopt, Klaus J. / *Mössle*, Klaus P.: Handelsrecht, München 1986

Hopt, Klaus J. / *Ratge*, Rainer: Der praktische Fall — Handelsrecht: Die mißlungene Sanierung, JuS 1987, S.224

Huber, Herwart: Anmerkung zu Hanseatisches OLG Hamburg, Urteil vom 24.7.1987, GmbH-Rdsch. 1988, S.147

Hueck, Götz: Gesellschaftsrecht, 18.Auflage, München 1983

Hüffer, Uwe: 100 Bände BGHZ: Personengesellschaftsrecht, ZHR 151 (1987), S.396

Hüfner, Martin: Zur Wettbewerbssituation des deutschen Kreditgewerbes, in: Wettbewerbspolitik und Wettbewerbsrecht (Hrsg.: Helmrich, Herbert), Köln / Berlin / Bonn / München 1987, S.261

Immenga, Ulrich: Die kartellrechtliche Zuordnung von Konzessionsverträgen, WuW 1985, S.453

Ders.: Die Stellung der Emissionskonsortien in der Rechts- und Wirtschaftsordnung, Bielefeld 1981; zitiert: Immenga, Emissionskonsortien

Ders.: Kapitalersetzende Aktionärsdarlehen als Haftkapital?, ZIP 1983, S.1405

Ders.: Wettbewerbsbeschränkungen auf staatlich gelenkten Märkten, Tübingen 1967; zitiert: Immenga, Wettbewerbsbeschränkungen

Immenga, Ulrich / *Mestmäcker*, Ernst, Joachim: Gesetz gegen Wettbewerbsbeschränkungen, Kommentar, München 1981; zitiert: (Bearbeiter), in: Immenga / Mestmäcker

Ivens, Michael: Das Konkurrenzverbot der GmbH-Gesellschafter und § 1 GWB, DB 1988, S.215

Jäger, Ernst: Die Gläubigeranfechtung außerhalb des Konkurses, Berlin 1905

Jäger: Konkursordnung, Großkommentar, 9.Auflage, 2.Lfg. §§ 10-18 (Bearb.: Henckel, Wolfram), Berlin / New York 1980; zitiert: Jäger / Henckel

Jäger: Konkursordnung, 8.Auflage, Erster Band (Bearb.: Lent, Friedrich), Berlin 1958; zitiert: Jäger / Lent, 8.Aufl.

Jährig, Alfred / *Schuck*, Hans: Handbuch des Kreditgeschäfts, 4.Auflage, Wiesbaden 1982

Jauernig, Othmar: Zwangspool von Sicherungsgläubigern im Konkurs, ZIP 1980, S.318

Jauernig / Schlechtriem / Stürner / Teichmann / Vollkommer: Bürgerliches Gesetzbuch, 4. Auflage, München 1987

Kaeferlein, Hans / *Simon,* Ernst: Der Bankkredit und seine Sicherungen, Stuttgart 1953

Kaven, Jürgen-Peter: Alte und neue Dimensionen des Bankenwettbewerbs, ZKW 1987, S.55

Kellermann, Alfred: Einfluß des Kartellrechts auf das gesellschaftsrechtliche Wettbewerbsverbot des persönlich haftenden Gesellschafters, in: Festschrift für Robert Fischer, Berlin / New York 1979, S.307; zitiert: Kellermann, FS R.Fischer

Ders.: Höchstrichterliche Rechtsprechung zum Personengesellschaftsrecht (RWS-Skript 20), 2.Auflage, Köln 1985

Kilger, Joachim: Der Konkurs des Konkurses, KTS 1975, S.142

Ders.: Gesetz betreffend die Anfechtung von Rechtshandlungen eines Schuldners außerhalb des Konkursverfahrens, 7.Auflage, München 1986; zitiert: Kilger, AnfG

Ders.: Konkursordnung, 15.Auflage, München 1987; zitiert: Kilger, KO

Ders.: Probleme der Sequestration im Konkurseröffnungsverfahren, in: Einhundert Jahre Konkursordnung, Festschrift, Köln / Berlin / Bonn / München 1977, S.189; zitiert: Kilger, FS 100 Jahre KO

Ders.: Vergleichsordnung, 11.Auflage, München 1986; zitiert: Kilger, VerglO

Kindermann, Elmar: Zur Rechtfertigung der kreditwirtschaftlichen Bereichsausnahme nach § 102 GWB, in: Wettbewerbspolitik und Wettbewerbsrecht (Hrsg.: Helmrich, Herbert), Köln / Berlin / Bonn / München 1987, S.277

Klaue, Siegfried: Die Ausnahmeregelung für Banken im Gesetz gegen Wettbewerbsbeschränkungen, FLF 1987, S.39

Ders.: Die Wettbewerbeschränkungen im Kreditgewerbe aus der Sicht des Bundeskartellamts, in: Wettbewerbsprobleme im Kreditgewerbe (Hrsg.: Röper, Burkhardt), Berlin 1976, S.65

Ders.: Zur Problematik der kartellrechtlichen Mißbrauchsaufsicht über Versicherungsunternehmen, in: Festschrift für Horst Bartholomeyczik, Berlin 1973, S.191; zitiert: Klaue, FS Bartholomeyczik; erweiterte Fassung in WuW 1975, S.5

Kleene, Ursula: Die Orientierung der Rechtsprechung an wirtschaftlichen Interessen — dargestellt am Beispiel der Sicherungsübereignung, Pfaffenweiler 1985

Knöpfle, Robert: Anmerkung zu BGH, Beschluß vom 15.4.1986 ("Wegenutzungsrecht"), WuW / E BGH 2252 = WuW 1986, S.734

Ders.: Anwendung des § 1 GWB auf einseitige Wettbewerbsverbote, DB Beilage Nr.11 / 86

Ders.: Der Rechtsbegriff „Wettbewerb" und die Realität des Wirtschaftslebens, Köln / Berlin / Bonn / München 1966; zitiert: Knöpfle, Der Rechtsbegriff „Wettbewerb"

Koch, Ulrich: Die Entwicklung des Gesellschaftsrechts in den Jahren 1984 / 85, NJW 1986, S.1651

Köhler, Helmut: Wettbewerbsverbote bei Veräußerung und Stillegung von Unternehmen in kartellrechtlicher Sicht, ZHR 148 (1984), S.487

Koenen, Jürgen: Bankrechtliche Aspekte der Insolvenzrechtsreform, Köln 1988

Kohler, Hans-Jürgen: Bilanzanalyse in der Kreditpraxis und in der Insolvenzprognose, 2.Auflage, Köln 1985

Koller, Ingo: Sittenwidrigkeit der Gläubigergefährdung und Gläubigerbenachteiligung, JZ 1985, S.1013

Kommission für Insolvenzrecht: Erster Bericht (Hrsg.: Bundesministerium der Justiz), Köln 1985

Krebs, Ernst: Kommentar zu den AGB der Sparkassen und privaten Banken, 2.Auflage, Stuttgart 1986

Kruppa, Thomas: Die Bankenhaftung bei der Sanierung einer Kapitalgesellschaft im Insolvenzfall, Frankfurt a.M. / Bern 1982

Kübler, Friedrich: Gesellschaftsrecht, 2.Auflage, Heidelberg 1985

Kümpel, Siegfried: Die AGB und ihre Bedeutung für die Kreditsicherheiten — unter Berücksichtigung des AGB-Gesetzes, WM 1978, S.970

Künne, Karl: Außergerichtliche Vergleichsordnung, 7.Auflage, München 1968

Küting, Karlheinz / *Weber,* Claus-Peter (Hrsg.): Handbuch der Rechnungslegung, 2.Auflage, Stuttgart 1987

Kuhn / Uhlenbruck: Konkursordnung, 10.Auflage, München 1986

Kupitz, Rolf: Die Kreditwirtschaft als wettbewerbspolitischer Ausnahmebereich, Frankfurt 1983

Langen, Eugen / *Niederleithinger,* Ernst / *Ritter,* Lennart / *Schmidt,* Ulrich: Kommentar zum Kartellgesetz, 6. Auflage, Neuwied / Darmstadt 1982; zitiert: Langen

Lambsdorf, Hans Georg Graf / *Lewental,* Rafael: Neue Aspekte der Vermögensübernahme, NJW 1977, S.1854

Larenz, Karl: Methodenlehre der Rechtswissenschaft, 5.Auflage, Berlin / Heidelberg / New York 1983; zitiert: Larenz, Methodenlehre

Lehmann, Heinrich / *Dietz,* Rolf: Gesellschaftsrecht, 3.Auflage, Berlin / Frankfurt 1970

Lenz, Uwe: Personenverbände — Verbandspersonen — Kartellverträge, München 1987

Liebich, Dieter / *Mathews,* Kurt: Treuhand und Treuhänder in Recht und Wirtschaft, 2.Auflage, Herne / Berlin 1983

Löffler, Joachim: Betriebsführungsverträge mit Personengesellschaften, NJW 1983, S.2920

Löwe / Graf von Westphalen / Trinkner: Großkommentar zum AGB-Gesetz, Band III: Einzelklauseln und Klauselwerke, 2.Auflage, Heidelberg, Stand September 1985

Loewenheim, Ulrich / *Belke,* Rolf: Gesetz gegen Wettbewerbsbeschränkungen, Kommentar, 4.Auflage (vormals Rasch / Westrick / Loewenheim), Herne / Berlin 1977 ff.

Lohmann, Herbert: Rechtsprobleme der Globalzweckerklärung insbesondere in Formularverträgen, Düsseldorf 1988

Loos, Norbert: Die Marktpolitik der Kreditinstitute, Stuttgart 1969

Lutter, Marcus: Die GmbH-Novelle und ihre Bedeutung für die GmbH, die GmbH & Co.KG und die Aktiengesellschaft, DB 1980, S.1317

Lutter, Marcus / *Hommelhoff,* Peter: Nachrangiges Haftkapital und Unterkapitalisierung in der GmbH, ZGR 1979, S.31

Lutter, Marcus / *Hommelhoff,* Peter / *Timm,* Wolfram: Finanzierungsmaßnahmen zur Krisenabwehr in der Aktiengesellschaft, BB 1980, S.737

Lwowski, Hans-Jürgen: Insolvenzpraxis für Banken (RWS-Skript 124), Köln 1983

Lwowski, Hans-Jürgen / *Gößmann,* Wolfgang: Kreditsicherheiten, 6.Auflage, Berlin 1987

Markert, Kurt: Brauchen wir eine Kartellnovelle?, WuW 1988, S.181

Ders.: Die Novellierung des § 102 GWB nach den „Eckwerten" der Bundesregierung vom 29.Juni 1988, WuW 1988, S.827

Marotzke, Wolfgang: „Dingliche" Wirkungen der Gläubiger und Konkursanfechtung, KTS 1987, S.1

Marx, Thomas: Die gemeinsame Wahrnehmung von Sicherungsrechten im Konkurs (Pool-Vereinbarungen), NJW 1978, S.246

Mathews, Kurt: Die Behandlung von Treuhandverhältnissen im Bilanzrichtlinien-Gesetz und in der Bankbilanzrichtlinie, BB 1987, S.642

Ders.: Rechenschaftslegung über Treuhandverhältnisse, Herne / Berlin 1978

Medicus, Dieter, Bürgerliches Recht, 14.Auflage, Köln / Berlin / Bonn / München 1989

Mentzel / Kuhn / Uhlenbruck, Konkursordnung, Kommentar, 9.Auflage (Vorauflage von Kuhn / Uhlenbruck), München 1979

Menzel, Hans-Jürgen: Die Bedeutung der BGH-Rechtsprechung zu den Gesellschafterdarlehen für die Unternehmenssanierung, AG 1982, S.197

Merkel, Helmut: Die Negativklausel, Berlin 1985

Mertens, Hans-Joachim: Zur Bankenhaftung wegen Gläubigerbenachteiligung, ZHR 143 (1979), S.174

Meyer-Cording, Ulrich: Konkursverzögerung durch erfolglose Sanierungsversuche, NJW 1981, S.1242

Meyer-Landrut / Miller / Niehus: Gesetz betreffend die Gesellschaften mit beschränkter Haftung, Berlin / New York 1987

Mincke, Wolfgang: Kreditsicherung und kapitalersetzende Darlehen, ZGR 1987, S.521

Möschel, Wernhard: Bankenrecht und Wirtschaftsordnung, BB 1975, S.1025

Ders.: Das Konsortialgeschäft der Kreditinstitute im Recht der Wettbewerbsbeschränkungen. Emissionskonsortien als marktbeherrschende Unternehmen, ZHR 136 (1972), S.273

Ders.: Das Wirtschaftsrecht der Banken, Frankfurt 1972; zitiert: Möschel, Wirtschaftsrecht

Ders.: Kreditwirtschaft und Bereichsausnahme nach § 102 GWB, ZHR 139 (1975), S.347

Ders.: Recht der Wettbewerbsbeschränkungen, Köln / Berlin / Bonn / München 1983; zitiert: Möschel, Wettbewerbsbeschränkungen

Mohrbutter, Jürgen / *Mohrbutter,* Harro: Handbuch der Konkurs- und Vergleichsverwaltung, 5.Auflage, Köln / Berlin / Bonn / München 1985

Müller, Andreas: Regeln für eigenkapitalersetzende Gesellschafterdarlehen bei der GmbH und ihre Übertragbarkeit auf die AG, Frankfurt 1987

Müller, Heinz / *Gießler,* Peter / *Scholz,* Ulrich: Wirtschaftskommentar: Kommentar zum Gesetz gegen Wettbewerbsbeschränkungen. Kartellgesetz, 2 Bände, 4.Auflage, Frankfurt 1981

Müller, Horst: Der Einfluß von Besicherungsmöglichkeiten auf die Vergabe von Bankkrediten, Die Bank 1984, S.524

Müller, Klaus: Der Tatbestand der kapitalersetzenden Gesellschafterdarlehen in § 32a Abs.1 GmbHG, GmbH-Rdsch.1982, S.33

Müller-Henneberg, Hans / *Schwartz,* Gustav (Begr.); *Benisch,* Werner (Hrsg.): Gesetz gegen Wettbewerbsbeschränkungen und Europäisches Kartellrecht, Gemeinschaftskommentar, Köln / Berlin / Bonn / München, 4.Aufl.1980 ff.; zitiert: (Bearbeiter), in: GK

Müller-Henneberg, Hans / *Schwartz,* Gustav: Gesetz gegen Wettbewerbsbeschränkungen (Gemeinschaftskommentar 1.Auflage), Köln / Berlin 1958; zitiert: (Bearbeiter), in: GK, 1.Aufl.1958

Münchener Kommentar zum Bürgerlichen Gesetzbuch; zitiert: MünchKomm / (Bearbeiter):
— Band 1: Allgemeiner Teil, 2.Auflage, München 1984
— Band 2: Schuldrecht — Allgemeiner Teil, 2.Auflage, München 1985
— Band 3: Schuldrecht — Besonderer Teil, 1.Halbband, 2.Auflage, München 1988
— Band 3: Schuldrecht — Besonderer Teil, 2.Halbband, 2.Auflage, München 1986; 1.Auflage, München 1980

Münchener Vertragshandbuch (Hrsg.: Schütze / Weipert):
— Band 2: Handels- und Wirtschaftsrecht, 2.Auflage, München 1987
— Band 3: Wirtschaftsrecht, 2.Auflage, München 1987

Nassall, Wendt: Reduzierte Geltungserhaltung kartellrechtswidriger Klauseln?, BB 1988, S.1264

Neumann, Johannes: Geltungserhaltende Reduktion und ergänzende Vertragsauslegung von Allgemeinen Geschäftsbedingungen, Baden Baden 1988

Niederleithinger, Ernst / *Held,* Stefan: Neue Kartellrechtspraxis und Kartellrechtsprechung (RWS-Skript 162), 2.Auflage, Köln 1987

Niehus, R.J. / *Küntzel,* W.: Steuerliche Behandlung von Sanierungsmaßnahmen, DB 1987, S.246

Obermüller, Manfred: Anmerkung zu OLG Düsseldorf, Urteil vom 8.5.1985, WuB IV A. § 419 BGB 3.85

Ders.: Bestellung von Kreditsicherheiten an einen Treuhänder, DB 1973, S.1833

Ders.: Die Bank im Konkurs und Vergleich ihres Kunden, 3.Auflage, Wiesbaden 1985; zitiert: M.Obermüller, Die Bank im Konkurs

Ders.: Die Gewährung neuer Kredite in der Krise, ZIP 1980, S.1059

Ders.: Ersatzsicherheiten im Kreditgeschäft, Wiesbaden 1987; zitiert: M.Obermüller, Ersatzsicherheiten

Ders.: Kredite vor Konkurseröffnung, ZIP 1980, S.337

Ders.: Nachträgliche Besicherung von Krediten, ZIP 1981, S.352

Obermüller, Walter: Poolung von Kreditsicherheiten, Bank-Betrieb 1970, S.456

Ders.: Poolung von Kreditsicherheiten, in: Bankrecht und Bankpraxis (Stand 12.80), Band IV, Rdn.4 / 70-97; zitiert: W.Obermüller, BuB

Oppenländer, Frank: Die Beurteilung von Wettbewerbsverboten nach §§ 1 und 18 GWB, WuW 1981, S.389

Palandt: Bürgerliches Gesetzbuch, 48.Auflage, München 1989; zitiert: Palandt / (Bearbeiter)

Paulus, Gotthard: Die Behelfe des Sicherungseigentümers gegen den Vollstreckungszugriff, ZZP 64 (1950 / 51), S.169

Pottschmidt / Rohr: Kreditsicherungsrecht, 3.Auflage, München 1986

Poullain, Ludwig: Die Landesbanken als Wettbewerbskorrektiv in der Kreditwirtschaft, in: Wettbeweb im Wandel. Eberhard Günther zum 65.Geburtstag, Baden-Baden 1976, S.493; zitiert: Poullain, FS Günther

Prölss / Martin: Versicherungsvertragsgesetz, 24.Auflage, München 1988

Przyskowski, M.E.: Kreditsicherung durch „Bassinvertrag", BB 1953, S.549

Rabe, Dieter: Die Auswirkungen des AGB-Gesetzes auf den kaufmännischen Verkehr, NJW 1987, S.1678

Raiser, Anno: Die Auswirkungen des AGB-Gesetzes auf die formularmäßige Sicherungszweckerklärung für Grundschulden und die dingliche und persönliche Zwangsvollstreckungsunterwerfung, WM 1988, S.1657

Raiser, Rolf: Die Freistellung der Versicherungswirtschaft vom Kartellverbot, in: Rechtsfragen der Individualversicherung, Festgabe für Erich R. Prölss, Karlsruhe 1957, S.203; zitiert: R.Raiser, FS Prölss

Raiser, Thomas: Recht der Kapitalgesellschaften, München 1983

Reinhard, Rudolf / *Schultz,* Dietrich: Gesellschaftsrecht, 2.Auflage, Tübingen 1981

Reinicke, Dietrich / *Tiedtke,* Klaus: Die Bedeutung von Poolvereinbarungen im Konkursverfahren, WM 1979, S.186

Reischauer / Kleinhans: Kreditwesengesetz (KWG), Loseblattkommentar, I.Band, Berlin 1963 ff. (Stand Januar 1989)

Reithmann, Christoph: Anmerkung zu BGH, Urteil vom 19.9.1986, ZIP 1986, S.1543

RGRK: Das Bürgerliche Gesetzbuch mit besonderer Berücksichtigung der Rechtsprechung des Reichsgerichts und des Bundesgerichtshofs, 12.Auflage, Band I (§§ 1-240), Berlin / New York 1982; zitiert: BGB-RGRK / (Bearbeiter)

Rieder, Josef: Die Abwicklung notleidender Kredite (Sparkassenheft 77), Stuttgart 1984

Rimmelspacher, Bruno: Kreditsicherungsrecht, 2.Auflage, München 1987

Rinck, Gerd: Wirtschaftswissenschaftliche Begriffe in Rechtsnormen, in: Recht im Wandel, Festschrift Hundertfünfzig Jahre Carl Heymanns Verlag KG, Köln / Berlin / Bonn / München, 1965, S. 361

Rinck, Gerd / *Schwark,* Eberhard: Wirtschaftsrecht, 6. Auflage, Köln / Berlin / Bonn / München 1986

Rittner, Fritz: Buchbesprechung: Karsten Schmidt, Gesellschaftsrecht, Köln 1986, ZIP 1987, S.1624

Ders.: Die Ausschließlichkeitsbindungen in dogmatischer und rechtspolitischer Betrachtung, Düsseldorf 1957; zitiert: Rittner, Ausschließlichkeitsbindungen

Ders.: Die Beurteilung der Ausnahmebereiche aus wissenschaftlicher Sicht, in: Problematik der Ausnahmebereiche im Kartellrecht (FIW-Schr.128), 1988, S.79

Ders.: Die Rechtssicherheit im Kartellrecht, WuW 1969, S.65

Ders.: Die werdende juristische Person, Tübingen 1973

Ders.: Die Wettbewerbsverbote der Handelsvertreter und § 18 GWB, ZHR 135 (1971), S.289

Ders.: Einführung in das Wettbewerbs- und Kartellrecht, Heidelberg 1985; zitiert: Rittner, Wettbewerbs- und Kartellrecht

Ders.: Kooperation zwischen Gesellschafts- und Kartellrecht, in: Schriften zur Kooperationsforschung, Studien, Bd.3, Tübingen 1971, S.155

Ders.: Über das Verhältnis von Vertrag und Wettbewerb, AcP 188 (1988), S.102

Ders.: Über den Vorrang des Privatrechts, in: Festschrift für Wolfram Müller-Freienfels, Baden-Baden 1986, S.509; zitiert: Rittner, FS Müller-Freienfels

Ders.: Wettbewerb auf den Versicherungsmärkten aus rechtswissenschaftlicher Sicht, ZVersWiss.1985, S.201

Ders.: Wirtschaftsrecht, 2.Auflage, Heidelberg 1987

Ders.: Zur Verantwortung des Vorstands nach § 76 Abs.1 AktG 1965, AG 1973, S.113

Röller, Wolfgang: Die Novellierungsbestrebungen aus der Sicht der Kreditwirtschaft, in: Problematik der Ausnahmebereiche im Kartellrecht (FIW-Schr.128), 1988, S.23

Röper, Burkhardt: Die Wettbewerbsfunktion der deutschen Sparkassen und das Subsidiaritätsprinzip, Berlin 1973; zitiert: Röper, Wettbewerbsfunktion

Ders.: Marktstruktur und Marktverhalten im Kreditgewerbe der Bundesrepublik Deutschland, in: Wettbewerbsprobleme im Kreditgewerbe (Hrsg.: Röper, Burckhardt), Berlin 1976, S.13

Rosenau, Heinz: Die rechtsgeschäftliche Treuhand in rechtlicher und steuerlicher Sicht, DB Beilage Nr.18/66

Roth, Günther H.: Gesetz betreffend die Gesellschaften mit beschränkter Haftung (GmbHG), 2.Auflage, München 1987

Rowedder / Fuhrmann / Koppensteiner / Lanfermann / Rasner / Rittner / Zimmermann: Gesetz betreffend die Gesellschaften mit beschränkter Haftung (GmbHG), München 1985; zitiert: Rowedder/(Bearbeiter)

Rümker, Dietrich: Bankkredite als kapitalersetzende Gesellschafterdarlehen unter besonderer Berücksichtigung der Sanierungssituation, ZIP 1982, S.1385

Ders.: Formen kapitalersetzender Gesellschafterdarlehen in der Bankpraxis, in: Festschrift für Walter Stimpel, Berlin/New York 1985, S.673; zitiert: Rümker, FS Stimpel

Ders.: Gläubigerbenachteiligung durch Gewährung und Belassung von Krediten, ZHR 143 (1979), S.195

Ders.: Überlegungen zur gesellschafterlichen Finanzierungsverantwortung, ZGR 1988, S.494

Ders.: Verhaltenspflichten der Kreditinstitute in der Krise des Kreditnehmers, KTS 1981, S.493

Ders.: Zur Bankenhaftung bei fehlgeschlagenem Sanierungsversuch, WM 1982, S.286

Rümker, Dietrich / *Westermann,* Harm Peter: Kapitalersetzende Darlehen (WM-Script), Frankfurt 1987

Sack, Rolf: Das Anstandsgefühl aller billig und gerecht Denkenden und die Moral als Bestimmungsfaktor der guten Sitten, NJW 1985, S.761

Sandrock, Otto: Grundbegriffe des Gesetzes gegen Wettbewerbsbeschränkungen, München 1968

Sauter, Herbert: Die Bagatelle im Kartellrecht der Europäischen Gemeinschaften und § 1 GWB, in: Wettbewerb im Wandel. Eberhard Günther zum 65.Geburtstag, Baden-Baden 1976, S.361; zitiert: Sauter, FS Günther

Serick, Rolf: Eigentumsvorbehalt und Sicherungsübertragung,
— Band I: Der einfache Eigentumsvorbehalt, Heidelberg 1963; zitiert: Serick I
— Band II: Die einfache Sicherungsübertragung - Erster Teil, Heidelberg 1962; zitiert: Serick II

— Band III: Die einfache Sicherungsübertragung - Zweiter Teil, Heidelberg 1970; zitiert: Serick III

— Band V: Verlängerungs- und Erweiterungsformen des Eigentumsvorbehalts und der Sicherungsübertragung — Zweiter und Dritter Teil, Heidelberg 1982; zitiert: Serick V

— Band VI: Verlängerungs- und Erweiterungsformen des Eigentumsvorbehalts und der Sicherungsübertragung, Dritter Teil: Sonstiges. Insolvenzrecht (Vergleich), Insolvenzrechtsreform; zitiert: Serick VI

Sichtermann (Begr.): Bankgeheimnis und Bankauskunft, 3.Auflage, Bearb: S.Feuerborn/ R.Kirchherr/R.Terdenge, Frankfurt 1984

Siebert, Wolfgang: Das rechtsgeschäftliche Treuhandverhältnis, Marburg 1933

Sieg, Karl: Buschbesprechung: Bohlen, Edgar, Der Sicherheitenpool, Bielefeld 1984, ZVersWiss.1986, S.287

Ders.: Grenzfälle der aufsichtspflichtigen Versicherungsunternehmen, ZVersWiss.1969, S.495

Soergel: Kommentar zum Bürgerlichen Gesetzbuch, Stuttgart/Berlin/Köln/Mainz; zitiert: Soergel/(Bearbeiter)

— Band 1: Allgemeiner Teil, 12.Auflage 1988

— Band 3: Schuldrecht II, 11.Auflage 1980

— Band 4: Schuldrecht III, 11.Auflage 1985

Sudhoff, Heinrich: Der Gesellschaftsvertrag der Personengesellschaften, 6.Auflage, München 1985

Schiffer, K.Jan: Die formularmäßige erweiterte Zweckabrede bei Fremdkrediten, NJW 1988, S.2779

Schilling, Wolfgang/*Winter,* Martin: Einseitige Leistungsbestimmungsrechte in Gesellschaftsverträgen, in: Festschrift für Ernst C. Stiefel, München 1987, S.665; zitiert: Schilling/Winter, FS Stiefel

Schimann, Gerhard: EG-Bankbilanzrichtlinie — Neuregelung der Rechnungslegungsvorschriften für Kreditinstitute, DB 1987, S.1497

Schlechtriem, Peter: Schuldrecht, Besonderer Teil, Tübingen 1987

Schlegelberger: Handelsgesetzbuch, Kommentar von Ernst Geßler, Wolfgang Hefermehl u.a., 5.Auflage; zitiert:Schlegelberger/(Bearbeiter)

— Band I (§§ 1-47a), Bearb: Hildebrandt/Steckhan, München 1973

— Band III, 2.Halbband (§§ 161-177a, 335-342), Bearb.: Martens/K.Schmidt, München 1986

Schmidt, Dirk: Kreditwirtschaft und Kartellpolitik, ZKW 1974, S.794, 841

Schmidt, Karsten: Anmerkung zu BGH, Urteil vom 19.9.1988, NJW 1988, S.3148

Ders.: Buchbesprechung: Thomas Kruppa, Die Bankenhaftung bei der Sanierung einer Kapitalgesellschaft, Frankfurt/Bern 1982, ZIP 1983, S.635

Ders.: Das Insolvenzrisiko der Banken zwischen ökonomischer Vernunft und Rechtssicherheit, WM 1983, S.490

Ders.: Die Konkursverwalterhaftung aus unzulässiger Unternehmensfortführung und ihre Grenzen, NJW 1987, S.812

Ders.: Fortschritte und Abstimmungsprobleme im Recht der kapitalersetzenden Gesellschafterdarlehen, ZGR 1980, S.567

Ders.: Gesellschafterdarlehen als Insolvenzrechtsproblem, ZIP 1981, S.689

Ders.: Gesellschaftsrecht, Köln / Berlin / Bonn / München, 1986

Ders.: Handelsrecht, 3.Auflage, Köln / Berlin / Bonn / München 1987

Ders.: 100 Bände BGHZ: Allgemeines Handelsrecht, ZHR 151 (1987), S.302

Ders.: Kapitalersetzende Bankenkredite?, ZHR 147 (1983), S.165

Ders.: Kartellverfahrensrecht—Kartellverwaltungsrecht—Bürgerliches Recht, Köln / Berlin / Bonn / München 1977; zitiert: K.Schmidt, Kartellverfahrensrecht

Ders.: Kartellverbot und „sonstige Wettbewerbsbeschränkungen": Begriff und Funktion des „gemeinsamen Zwecks" im GWB, Köln / Berlin / Bonn / München 1978; zitiert: K.Schmidt, Kartellverbot

Ders.: Konkursverschleppungshaftung und Konkursverursachungshaftung, ZIP 1988, S.1497

Ders.: Möglichkeiten der Sanierung von Unternehmen durch Maßnahmen im Unternehmens-, Arbeits-, Sozial- und Insolvenzrecht, in: Verhandlungen des vierundfünfzigsten Deutschen Juristentages, Band I (Gutachten), Teil D, München 1982; zitiert: K.Schmidt, Gutachten

Ders.: Organverantwortlichkeit und Sanierung im Insolvenzrecht der Unternehmen, ZIP 1980, S.328

Ders.: Unternehmenskonkurs — Unternehmensträgerkonkurs — Gesellschafterkonkurs, in: Einhundert Jahre Konkursordnung 1877-1977, Festschrift, Köln / Berlin / Bonn / München 1977, S.247; zitiert: K.Schmidt, FS 100 Jahre KO

Ders.: Vertragliche Wettbewerbsverbote im deutschen Kartellrecht, ZHR 149 (1985), S.1

Ders.: Was will und was leistet die Folgetheorie?, ZHR 142 (1978), S.147

Ders.: Wettbewerbsverbot und Kartellrecht, BB 1979, S.1173

Ders.: Zur Vermögensodnung der Gesamthands-BGB-Gesellschaft, JZ 1987, S.909

Schneider, Dieter: Eine Warnung vor Frühwarnsystemen, DB 1985, S.1489

Scholz, Franz (Begr.): Kommentar zum GmbH-Gesetz, Bd.1 (§§ 1-40), 7.Auflage, Köln 1986; zitiert: Scholz / (Bearbeiter)

Scholz, Helmut / *Lwowski,* Hans-Jürgen: Das Recht der Kreditsicherung, 6.Auflage, Berlin 1986

Scholze, Herbert: Das Konsortialgeschäft der deutschen Banken, Erster und Zweiter Halbband, Berlin 1973

Schork, L.: Banken und Versicherungen im Gesetz gegen Wettbewerbsbeschränkungen, WuW 1958, S.429

Schreihage, Heinrich: Wettbewerb und Wettbewerbsbeschränkung im Kreditgewerbe, ZKW 1960, S.15

Schröter, Jürgen / *Graf von Westphalen,* Friedrich: Sicherheitenpoolverträge der Banken und Warenlieferanten (WM-Script 107), Frankfurt 1986

Schröter, Jürgen / *Weber,* Ahrend: Sanierungsverfahren aus der Sicht der Banken, ZIP 1982, S.1023

Schrötter, Hans Jörg: Der Schutzgemeinschaftsvertrag, NJW 1979, S.2592

Schütte, Dietz: Wettbewerbsverbote der Personalhandelsgesellschafter und ihre Beurteilung nach § 1 GWB, Köln 1971

Schütz, Wilhelm: Bankgeschäftliches Formularbuch, 18.Ausgabe, Köln 1969

Schulze-Osterloh, Joachim: Das Prinzip der gesamthänderischen Bindung, München 1972

Ders.: Der gemeinsame Zweck der Personengesellschaften, Berlin / New York 1973

Schwab, Karl Heinz: Sachenrecht, 21.Auflage, München 1987

Schwark, Eberhard: Das neue Kapitalmarktrecht, NJW 1987, S.2041

Schwarz, Günter Christian: Kartellverbot und sonstige wettbewerbsbeschränkende Verträge, Köln / Berlin / Bonn / München 1984

Stahlschmidt, Dirk: Schutzbestimmungen in Kreditverträgen, Wiesbaden 1982

Staub: Handelsgesetzbuch, Großkommentar, 4.Auflage (Hrsg.: Canaris, Schilling, Ulmer), 3.Lfg.: §§ 17-37, Bearb.: Hüffer; zitiert: (Bearbeiter), in: Großkomm.HGB; 10.Lfg.: Bankvertragsrecht, siehe Canaris; (3.Auflage: siehe Handelsgesetzbuch)

Staudinger: Kommentar zum Bürgerlichen Gesetzbuch mit Einführungsgesetz und Nebengesetzen, 12.Auflage, Berlin; zitiert: Staudinger / (Bearbeiter)
— Erstes Buch: Allgemeiner Teil (§§ 90-240), 1979
— Zweites Buch: Recht der Schuldverhältnisse (§§ 741-822), 1986
— Zweites Buch: Recht der Schuldverhältnisse (§§ 823-832), 1986

Steckhan, Hans-Werner: Die Innengesellschaft, Berlin 1966

Steindorff, Ernst: Bezugsbindungen und gemeinsamer Zweck in § 1 GWB, BB 1981, S.377

Ders.: Gesetzeszweck und gemeinsamer Zweck des § 1 GWB, BB 1977, S.569

Stürner, Rolf: Aktuelle Probleme des Konkursrechts, ZZP 94 (1981), S.263

Ders.: Möglichkeiten der Sanierung von Unternehmen durch Maßnahmen im Unternehmens- und Insolvenzrecht, ZIP 1982, S.761

Thomas, Heinz / *Putzo,* Hans: Zivilprozeßordnung, 15.Auflage, München 1987

Tilmann, Winfried: 100 Bände BGHZ: Recht gegen den unlauteren Wettbewerb und Recht gegen Wettbewerbsbeschränkungen, ZHR 151 (1987), S.462

Timm, Wolfram: Das neue GmbH-Recht in der Diskussion, GmbHRdsch. 1980, S.286

Ders.: Die Sanierung von Unternehmen, ZIP 1983, S.225

Tuchtfeldt, Egon: Konzepte der Wettbewerbspolitik, in: Recht und Wirtschaft heute. Festgabe zum 65.Geburtstag von Max Kummer, Bern 1980, S.549; zitiert: Tuchtfeldt, FS Kummer

Uhlenbruck, Wilhelm: Die GmbH & Co.KG in Krise, Konkurs und Vergleich, 2.Auflage, Köln 1988; zitiert: Uhlenbruck, Die GmbH & Co.KG

Ders.: Gläubigerberatung in der Insolvenz, Köln 1983; zitiert: Uhlenbruck, Gläubigerberatung

Ders.: Insolvenzrechtliche Insiderregeln, GmbH-Rdsch.1986, S.107

Ders.: Privilegierung statt Diskriminierung von Sanierungskrediten de lege lata und als Problem der Insolvenzrechtsreform, GmbH Rdsch.1982, S.141

Ders.: Sanierung und Reorganisation als drittes Insolvenzverfahren in einem künftigen Recht?, KTS 1981, S.513

Uhlenbruck, Wilhelm / *Obermüller,* Manfred: Insolvenzrecht und Insolvenzpraxis für die Kreditwirtschaft (WM-Script 100), Frankfurt 1985

Ullrich, Hanns: Gesellschafterdarlehen der Banken in der Finanzkrise der GmbH, GmbH-Rdsch.1983, S.133

Ulmer, Peter: Anmerkung zu BGH, Urteil vom 14.10.1976, NJW 1977, S.805

Ders.: Die Gesellschaft bürgerlichen Rechts (Systematischer Kommentar der §§ 705-740 BGB — Sonderausgabe aus Band 3, 2.Halbband des Münchener Kommentars zum BGB), 2.Auflage, München 1986; zitiert: Ulmer, GbR

Ders.: Die kartellrechtliche Beurteilung von Wettbewerbsverboten bei Unternehmensveräußerung, NJW 1982, S.1975

Ders.: Standpunkte zur Novellierung des GWB, WuW 1988, S.365

Ders.: Teilunwirksamkeit von teilweise unangemessenen AGB-Klauseln, NJW 1981, S.2025

Ders.: Umstrittene Fragen im Recht der Gesellschafterdarlehen (§ 32a GmbHG), ZIP 1984, S.1163

Ders.: Wirksamkeitsschranken gesellschaftsvertraglicher Abfindungsklauseln, NJW 1979, S.81

Ulmer / Brandner / Hensen: AGB-Gesetz, 5.Auflage, Köln 1987

Vallenthin, Wilhelm: Rechtgrundlagen des Bankgeschäfts, Frankfurt 1974

Voges, Hans-Joachim: Zum Verhältnis der gesellschaftsrechtlichen Wettbewerbsverbote zum Kartellrecht, DB 1977, S.2081

Wagner, Herbert: Insolvenzrecht, 2.Auflage, Wiesbaden 1986

Warneyer, Otto / *Bohnenberg,* Heinrich: Anfechtungsgesetz, 4.Auflage, Köln / Berlin 1955

Weitnauer, Herrmann: Einige Bemerkungen zu den Verwertungsgemeinschaften („Pools") der Sicherungsgläubiger im Unternehmenskonkurs, in: Festschrift für Fritz Baur, Tübingen 1981, S.709; zitiert: Weitnauer, FS Baur

Westermann, Harm Peter: Banken als Kreditgeber und Gesellschafter, ZIP 1982, S.379

Ders.: Die Anpassung von Gesellschaftsverträgen an veränderte Umstände, in: Festschrift für Wolfgang Hefermehl, München 1976, S.225; zitiert: H.P.Westermann, FS Hefermehl

Ders.: Haftungsfragen bei Gründung und Finanzierung der GmbH und GmbH & Co KG (RWS-Skript 143), Köln 1984; zitiert: H.P.Westermann, Haftungsfragen

Ders.: Zur Rückführung eines Überziehungskredits eines am Schuldnerunternehmen als Aktionär beteiligten Kreditinsituts, ZIP 1983, S.1281

Ders.: Zur Rückführung eines Überziehungskredits in der Unternehmenskrise, KTS 1982, S.165

Westermann, Harry: Personengesellschaftsrecht, 4.Auflage, Köln 1979

Ders.: Gesellschaftsrechtliche Schiedsgerichte, in: Festschrift für Robert Fischer, Berlin / New York 1979, S.853; zitiert: H.Westermann, FS Fischer

Graf von Westphalen, Friedrich: Notwendiges Umdenken bei Poolverträgen? BB 1987, S.1186

Wiedemann, Herbert: Gesellschaftsrecht, Band I, Grundlagen, München 1980

Wilhelm, Jan: Der gemeinsame Zweck als Merkmal des Kartellverbots wie der daran anknüpfenden Verbote, ZHR 150 (1986), S.320

Ders.: Gemeinsamer Zweck und Wettbewerbsbeschränkung, ZHR 150 (1986), S.434

Ders.: Wo ist das Kartellverbot?, ZHR 149 (1985), S.444

Wilke, Armin: Vermögensübernahme durch Sicherungsübereignung?, NJW 1975, S.2098

Wolf, Manfred: Beständigkeit und Wandel im Sachenrecht, NJW 1987, S.2647

Wolf, Manfred / *Horn,* Norbert / *Lindacher,* Walter F.: AGB-Gesetz, Kommentar, München 1984

Zindel, Johannes: Die Spürbarkeit der Marktbeeinflussung als Tatbestandsmerkmal des § 1 GWB, WuW 1978, S.411

Sachregister